江戸遺跡研究会編

徳川御殿の考古学

吉川弘文館

1　鴻巣御殿（『江戸図屏風』より，国立歴史民俗博物館蔵）

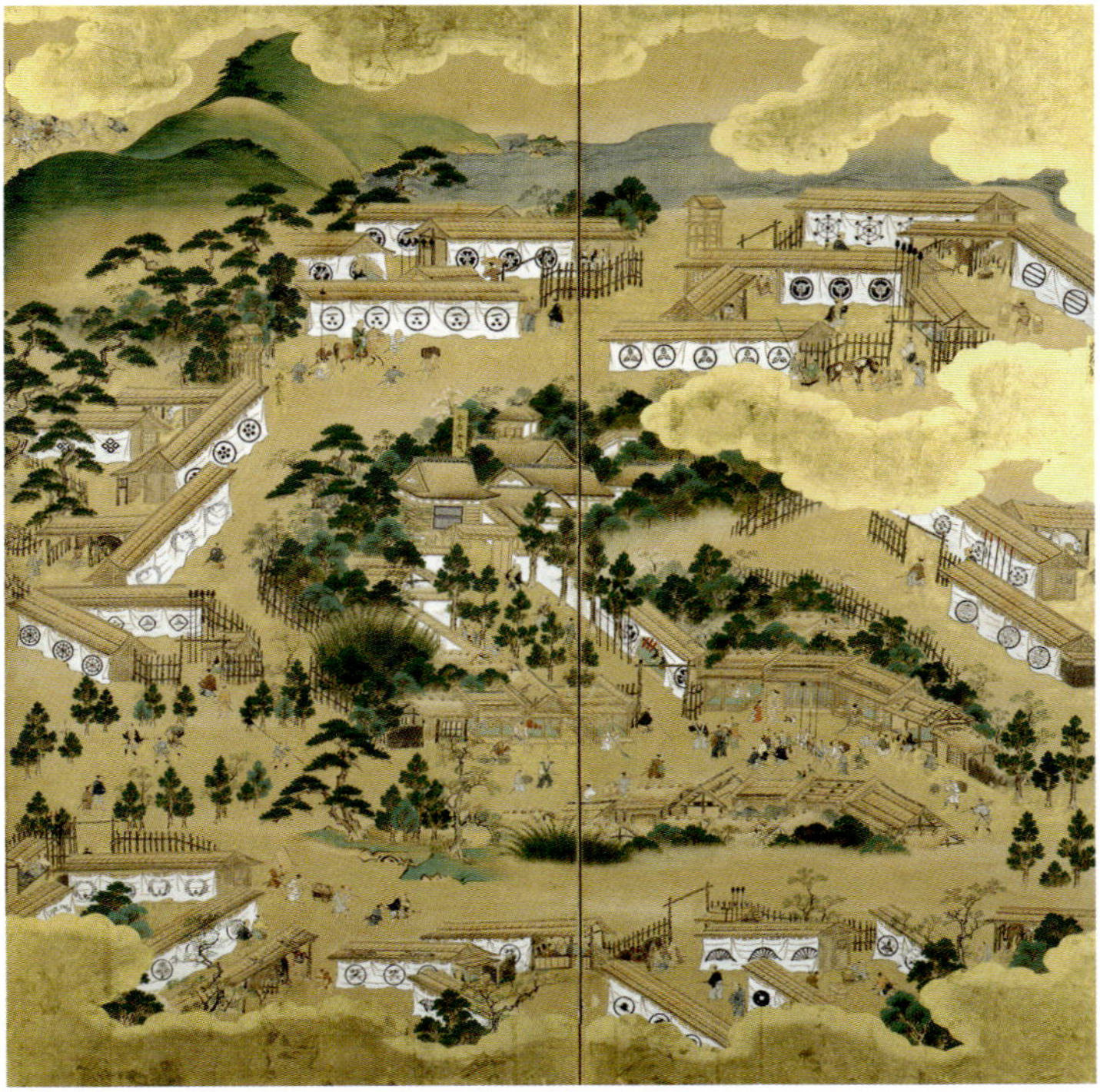

2　今市御殿（『日吉山王社日光東照宮参詣図屏風』より，東京都江戸東京博物館蔵，同館／DNPartcom 提供）

3　千葉御茶屋御殿跡（千葉市教育委員会提供）
上：御殿を画する堀と土塁
中：御殿内部の建物群
下：厩と推定される掘立柱建物跡

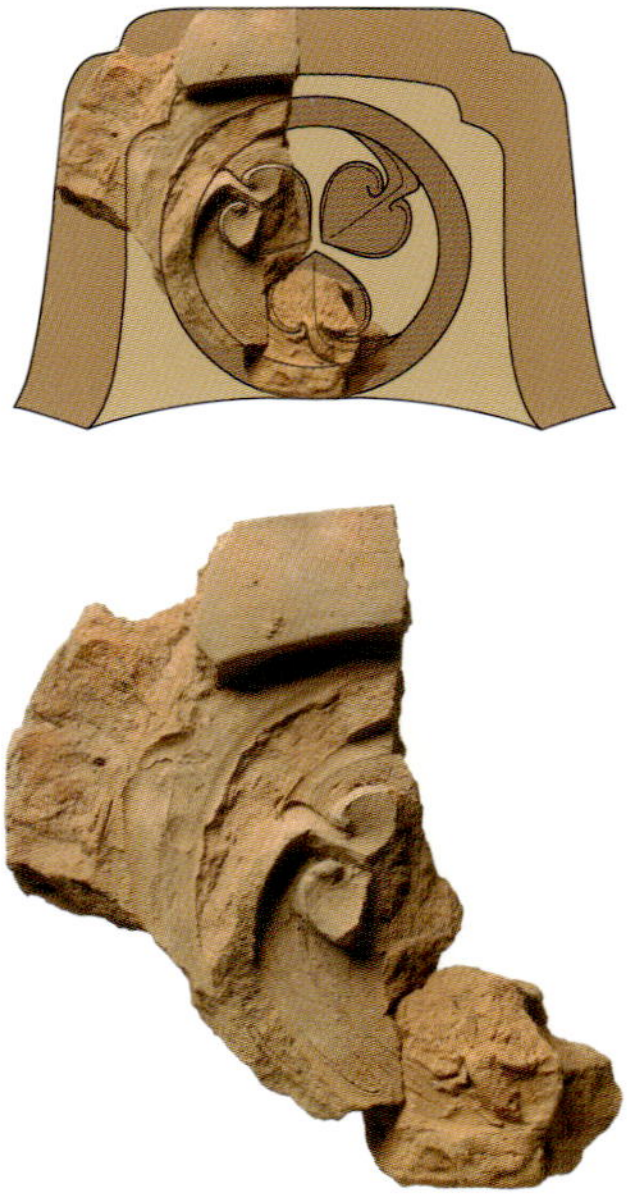

4　府中遺跡から出土した三つ葉葵の紋の入った瓦
（府中市教育委員会蔵，府中市郷土の森博物館提供）

5　青戸御殿出土遺物 1

上：墨書かわらけ（葛飾区郷土と天文の博物館蔵，府中市郷土の森博物館提供）

左：出土状況（葛飾区郷土と天文の博物館提供）

6　青戸御殿出土遺物 2（葛飾区郷土と天文の博物館蔵）

右：白天目茶碗，左：金箔かわらけ

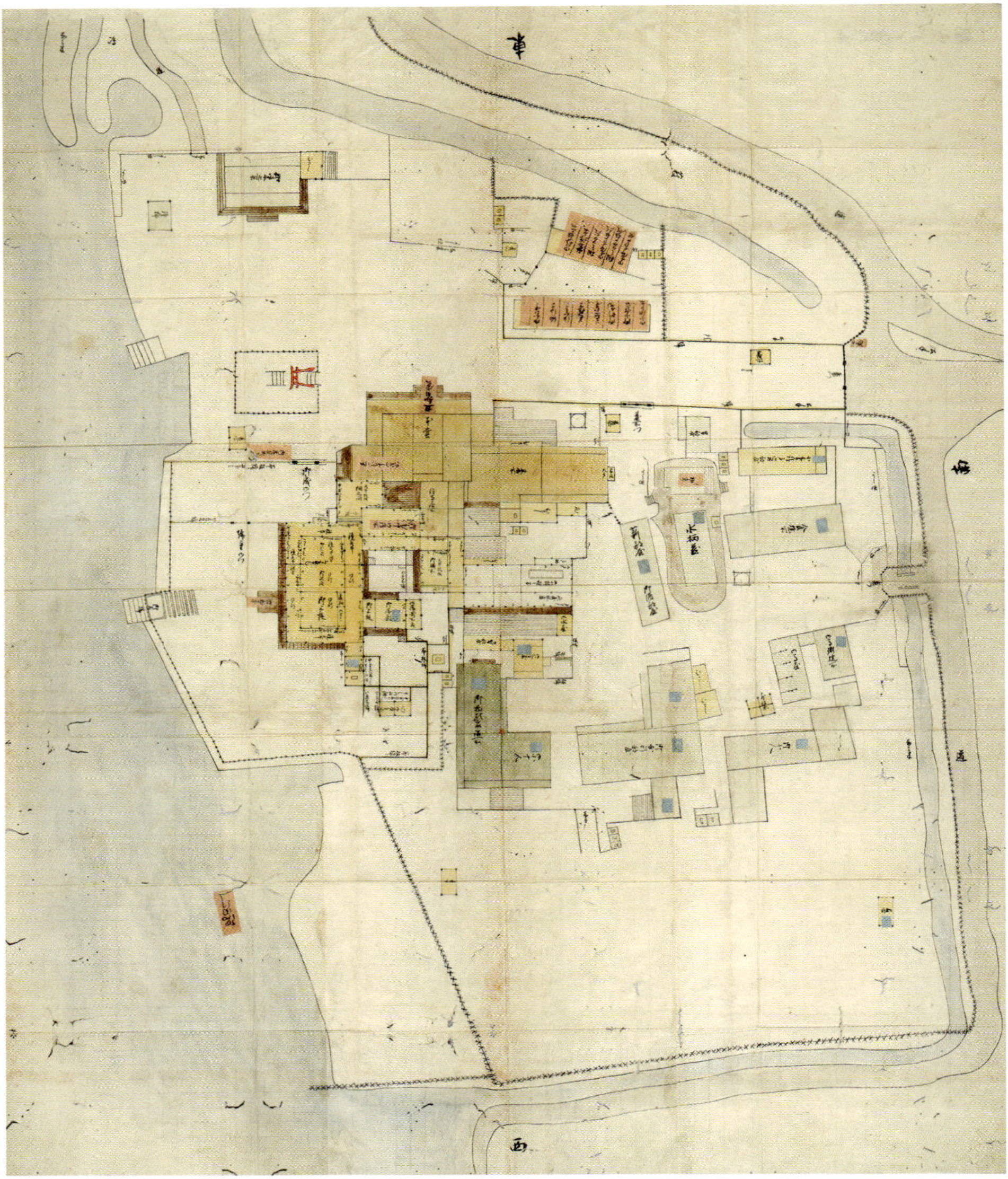

7　隅田川御殿（すみだ郷土文化館蔵）

目次

徳川御殿の考古学
——基調報告——

古泉　弘

はじめに——取り扱う御殿の範囲

「御殿」とは、元来尊称の意味を持つ「殿」建築に、さらに「御」の尊称を加えた建築であるから、きわめて尊い建築物ということになる。御殿の名称は、日本史上では古代から天皇・公家の住宅に用いられたが、中世になると対象が拡大され、武家住宅にも用いられるようになった。近世には城郭内や大名屋敷の主要建築物も御殿と呼んだ。

徳川将軍は、通常江戸城内の御殿に起居したが(1)、城外で宿泊ないし休息する場合は、主に一門、譜代の城郭、大名の屋敷、寺社などを利用した。時には商家・百姓家などを利用することもあった。その一方で、将軍専用の宿泊・休息施設も設置され、これを「御殿」、「御茶屋」などと呼んでいる。ただし江戸時代にあっても、各大名の領国内では同じように宿泊・休息施設を御殿・御茶屋などと呼んでいることもあり、ここでは「徳川将軍家御殿」として、範囲を限定しておきたい。「徳川御殿」はその略称である。徳川御殿の主は、おもに将軍、大御所、将軍世子である。

一　徳川御殿研究の流れ

1　研究の開始とその後

徳川御殿の研究に先鞭をつけたのは、交通史上の観点から御殿・御茶屋に着目した丸山雍成である。丸山の視点は、幕藩体制の形成期に御殿・御茶屋が成立し、その確立期以降にそれらが本陣に移行したとする点に集約される（丸山一九六五）。

これに対し中島義一は、歴史地理学の立場から南関東の御殿・御茶屋を集成・概観したうえで、御殿・御茶屋を大名が利用することはなく、将軍もまた本陣を利用していない点から、御殿・御茶屋から本陣への移行は認められない[2]と批判した（中島一九七八a）。さらに中島は、第二報（中島一九七八b）において駿河伊豆以西、第三報（中島一九七九）において日光社参の場合の御殿を取り上げて集成を図り、時期、分布、利用目的、防御施設、寺社との関係、関連道路、地名などについて検討し、徳川将軍家御殿研究の基礎を築いた。

しかし、中島の一連の研究以降、宿駅を含む交通史研究の中では御殿研究は活発な進展をみせることなく推移した。中島の批判通り、御殿・御茶屋から本陣へ移行するという図式が成立しないことが明らかとなったため、近世交通史上の重要課題である宿駅研究から徳川御殿研究が脱落したことが大きな要因であろう。

一方で、御殿の設営に交通とともに大きな役割を果たした要素に放鷹がある。放鷹については、制度や運営面の研究が活発化し、その中で重要な施設である徳川御殿を取り上げる論考もみられるようになってきた（根崎一九九九・二〇〇八・二〇一六など）。東京およびその周辺の自治体史では、近世の放鷹についての一項が重要な位置を占め、その中で御殿を含む関係施設について積極的に取り上げた例もみられる（本間一九八八、根崎一九九二、斉藤一九九七など）。

家康・秀忠期の放鷹は単なる娯楽ではなく、地理や民情の視察などをとおしての情報収集が大きな狙いであり、御殿・御茶屋は地方行政および軍事的拠点としての機能が重要な目的であるとする見方が醸成されてきた。こうした中で小林風は、関東地方における初期の御殿・御茶屋について、伊奈氏とのかかわりから、代官陣屋支配の補完的機能を積極的に評価するとともに、家康・秀忠による二元政治体制期における江戸・駿府間の交通網の完全支配のための拠点としての存在を強調した（小林一九九八）。小林の論考は、御殿・御茶屋の機能論に踏み込んだ最初のまとまった論考といえる。

この間、遺跡としての御殿・御茶屋の発掘調査例が散見されるようになってきた。近世遺跡の発掘調査が活発になってくるのは一九八〇年代からであるが、七〇年代初頭から東京都葛西城址の発掘調査が始まり、中世葛西城の跡地を利用した葛西御殿（青戸御殿）[3]跡も調査対象となった（葛西城址調査会一九七四ほか）。しかし、御殿遺跡の考古学的調査例は今なお少数に過ぎない。

こうした中で、一九九五年から岡田茂弘は「近世初期における将軍家御殿・御茶屋跡の考古学的研究」というテーマで科学研究費を取得し、千葉御茶屋御殿・鴻巣御殿・浦和御殿の予備調査を実施した（千葉御茶屋御殿調査会一九九一、学習院輔仁会大学史学部一九九五・一九九六ほか）。岡田の調査は、考古学的観点から総合的に御殿を解明しようとした初めての試みということができる。とくに御茶屋御殿跡は千葉市に発掘調査が引き継がれてその全貌が明らかになり、遺跡の保全にもつながった。近年では永原御殿や府中御殿の発掘調査が行われて史跡整備が実施されている。このほかにも各地で試掘調査が行われ、徐々にではあるが御殿の一端が明らかにされつつある。

2　展示・シンポジウム・特集など

御殿は地域史的な問題を内包しているため、一五年ほど前から、御殿の所在した地域博物館などで史資料の展示例が散見されるようになり、あわせてシンポジウムなどが開催されることもあった。品川歴史館では二〇〇九年に「品川を愛した将軍徳川家光」と題する特別展を開催、品川御殿と東海寺を取り上げた（品川区立品川歴史館二〇〇九）。品川御殿は、家光の事績においてきわめて大きな意味をもつ施設であり、これを総合的に取り上げた点は重要である。葛飾区郷土と天文の博物館では、二〇一〇年に「徳川将軍と御殿」と題してシンポジウムを開催した（葛飾区郷土と天文の博物館二〇一〇）。ここでは交通史・鷹狩および地元の葛西（青戸）御殿を主テーマとして発表が行われ、一般向けとはいいながら質の高い内容となった。同博物館では、二〇一八年にも「発掘調査からみた青戸御殿」と題するシンポジウムを開催している（葛飾区郷土と天文の博物館二〇一八）。

同じ頃、府中市郷土の森博物館では、「府中御殿@府中」と題する特別展を開催した。これは古代の武蔵国府に付随する国司館跡の発掘調査に伴って発見された府中御殿跡の調査成果をもとに企画された展示で、府中御殿を中心としながらも、初期の御殿を俯瞰した試みであった（府中市郷土の森博物館二〇一八）。

『月刊考古学ジャーナル』では、二〇一四年に「徳川将軍家と御殿」と題する特集が組まれた（考古学ジャーナル編集委員会編二〇一四）。取り上げられた御殿は府中・房総方面・青戸・中原・品川で、南関東に限られるものの、個別の御殿研究の現状が報告された。

こうした中で、本書刊行の契機となった江戸遺跡研究会大会「徳川御殿の考古学」（江戸遺跡研究会二〇二〇）は、これまでの御殿研究を回顧し、今後の展望を模索する機会をつくろうという企画であり、その内容はおおむね本書に示されている。その後、現在までの企画として、同年十一月に、野洲市で「永原御殿跡・遺跡の保存活用とこれからのまちづくり」と題する国史跡指定記念フォーラムが開催された。二〇二一年に『月刊考古学ジャーナル』で特集された「徳川将軍家御殿・御茶屋の研究」（考古学ジャーナル編集委員会二〇二一）は、考古学的調査をとおして御殿の実態に迫る試みであった。また、葛飾区郷土と天文の博物館では、二〇二四年に「徳川三代と青戸御殿」と題する特別展を行った（葛飾区郷土と天文の博物館二〇二四）。近年のこうした企画や研究によって、時期差や造営目的など、複層的な徳川御殿のあり方が俯瞰されるようになってきた。

二　御殿の分布と類型

1　御殿の名称・用途・分布など

便宜上「御殿」「御茶屋」と呼んでいる施設も、史料の上では御殿・行殿・御旅館・御離館・御離殿・館・官荘・御茶屋御殿・御茶屋・御憩息所・（御）茶亭・亭・茶寮・御休ひ所・休息所・遊楽所など、さまざまな名称で表記されている。名称が用途を示唆している例がある一方で、同一施設が複数の異なった名称で呼ばれている例も少なくない。したがって、中島が定義した（中島一九七八ａ）ように、大規模＝御殿、小規模＝御茶屋、あるいは宿泊を伴う＝御殿、宿泊を伴わない＝御茶屋という図式は単純には成立しにくい。

一方で、ここでいう御殿・御茶屋に該当しないことがある休憩施設に、御膳所・御憩息所・御小休所・御昼休所、御腰掛などと呼ばれる小規模施設が存在する。これらの多くは寺社などを利用して設置された例が多く、御弁当之寺などと呼ばれ御成御門を備えていることが多い。また、意外ではあるが「品川御殿」、「永原御茶屋」というような固

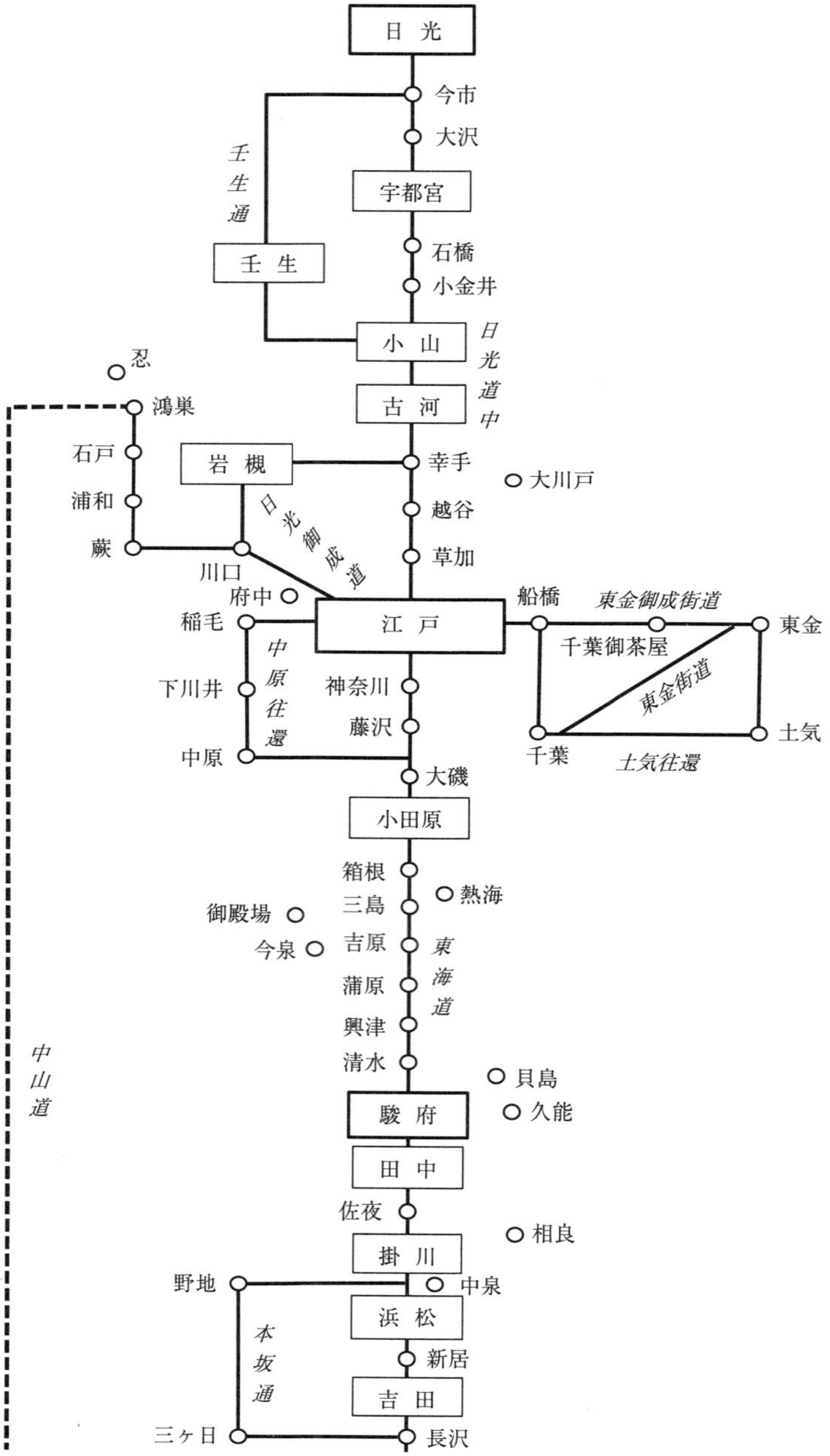
日光
今市
大沢
壬生通
宇都宮
壬生
石橋
小金井
小山
日光道中
忍
鴻巣
古河
石戸
岩槻
幸手
大川戸
浦和
越谷
日光御成道
蕨
草加
川口
府中
船橋
東金御成街道
稲毛
江戸
東金
中原往還
千葉御茶屋
下川井
神奈川
東金街道
藤沢
土気
中原
千葉
土気往還
大磯
小田原
箱根
熱海
三島
御殿場
吉原
今泉
東海道
蒲原
興津
清水
貝島
中山道
駿府
久能
田中
佐夜
相良
掛川
野地
中泉
浜松
本坂通
新居
吉田
三ヶ日
長沢

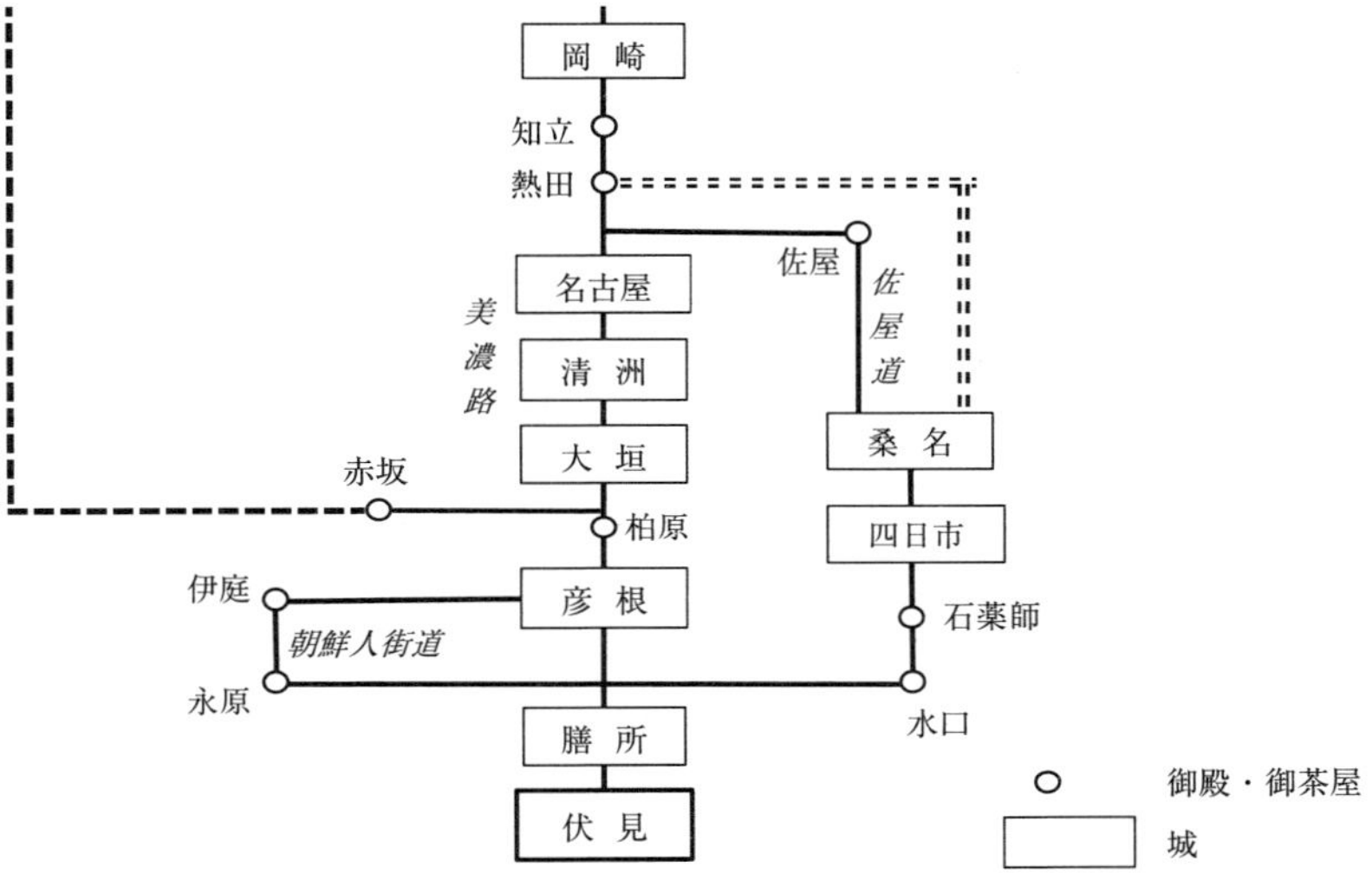

図1　徳川御殿の分布と街道

有名が明確な施設は少ない。古絵図などにも、単に「御殿」・「御茶屋」と記されている場合が多く、地誌類にもどこそこの村あるいは寺に「御殿」・「御茶屋」があったというような記述が目立つ。『徳川実紀』などの御成記事にも、○○の御殿というように「地名＋御殿」のような記載がみられる。名称については多分に曖昧さをもっているのである。

徳川御殿・御茶屋は、関東・東海・近畿地方に分布している。国別にみると下野・武蔵・下総・相模・伊豆・駿河・遠江・三河・尾張・美濃・伊勢・近江の各国である。それぞれの地域に御殿・御茶屋が設けられた事情は異なっている。

御殿は城外での宿泊・休息のために設置されたが、宿泊・休息を要する行動の目的は次の三点に大別される。①将軍・大御所の上洛および江戸・駿府間の往復、②日光社参、③放鷹などの遊興。それぞれの目的によって、分布、設置年代および施設の構造は異なる。御殿の存続年代は江戸時代のほぼ全般にわたるが、中心となるのは一七世紀代で、それ以降は数の上では少数に過ぎない。以下、地域別に概観しておきたい（図1）。

2　上洛、駿府往復と御殿

将軍・大御所の上洛、あるいは江戸・駿府間の往復には、脇道を含めると東海道、中原往還、本坂通、佐屋路、美濃路、中山道、朝鮮人街道などが利用された。この間、休泊には各所の城のほかに、専用に造営した御殿・御茶屋が利用された。江戸・駿府往復は家康存命時のみで、家康・秀忠がこの間の御殿を利用したが、とくに家康の場合は途次放鷹を行いながらの行旅が顕著であった。上洛目的の第一は、家康・秀忠段階の大坂冬・夏の陣を含む対豊臣氏対策であった。しかし、実際の利用形態としては、行旅中に放鷹を行うことも多く、ことに家康の場合はしばしばで、数日にわたって放鷹のために逗留することもあった。

徳川政権安定後は、家光の将軍宣下など、徳川氏の示威行動としての上洛行旅に中心が移り、ことに最後の上洛となった寛永十一年（一六三四）の家光上洛に際しては、御殿・御茶屋も大きく整備されたと考えられる。以後、将軍の上洛は文久三年（一八六三）の家茂上洛まで途絶えたので、上洛用の御殿が実際に機能したのは寛永十一年までということになる。(4)しかしその後の上洛を想定し、改修を行いながら維持された御殿は多く、最後まで残されたのは特殊な例ではあるが、正徳三年（一七一三）まで維持された水口城御殿である。

3　房総の御殿

上総・下総両国には、東金御成街道および土気街道沿いに五か所の御殿・御茶屋があった。簗瀬裕一は従来混同されてきた千葉御殿と千葉御茶屋御殿は別施設であることを強調した（簗瀬二〇一〇）。これらの御殿・御茶屋は、いずれも狩猟を目的として造営されたといわれ、寛永七年まで利用された。存続は東金御殿が寛文十一年（一六七一）までである。その目的地は多く東金であり、そのため、起点である船橋から東金まで一直線で結ぶ東金御成街道が敷設され、その途中に千葉御茶屋御殿が造営された。簗瀬は、街道および御茶屋御殿の整備が多分に軍事的な目的のもとに行われたと推定している（簗瀬二〇二〇）。

4　日光社参と御殿

将軍家の重要な公式行事となった日光社参は、元和三年（一六一七）の秀忠に始まり、天保十四年（一八四三）の家慶の参拝まで続いた。社参のルートは日光道中・日光御成道・壬生通を使い分け、往路・復路でも異なる場合があった。通常は三泊四日行程、宿泊には岩槻・古河・宇都宮・壬生の各城が当てられ、日光山内にも御殿が設けられた。寛永十三年までは今市御殿も宿泊に用いられた。また、慶安二年（一六四九）の世子時代の家綱の社参の際は、家綱幼少のため、より多くの日数を要し、そのため千住・越谷・幸手・小山・今市の各御殿も例外的に宿泊に利用された。日光社参に関わる御殿・御茶屋は、比較的早くから設置されたが、廃止時期も比較的早い。元禄年間頃の作成になるといわれる『日光御道中筋宿宿町里数』(5)によると、岩槻・古河・宇都宮の各城郭に伴う従前からの宿館に「御泊御殿場」とあるのに対し、ほかの休憩所には「御茶屋場」「元御殿場」「昼御休」と記され、より簡易な施設に変わっていったと考えられる。

5　江戸および江戸近郊の御殿

江戸近郊は、徳川御殿が最も集中して分布している地域である。これらの御殿はいくつかの異なった目的のもとに設置されている。しかし、行旅のための旅館としての性格を持ったのは千住御殿などごくわずかで、大半は遊興もし

No.	名　称	存続期間
1	白金御殿(麻布)	元禄 11～元禄 14
2	浜御殿	宝永元～慶応 2
3	宝六島御茶屋	～寛永・正保～
4	亀戸御茶屋(羅漢寺)	享保 19 後まもなく～
5	亀戸御茶屋(天神)	享保 5～延享 2
6	亀戸御茶屋(普門院)	慶安 2～
7	隅田川御殿	～寛永/明暦 3～明和～
8	木下川御殿	～正保～
9	立石御茶屋	～正保～
10	葛西御殿(青戸)	～慶長10～明暦 3
11	新宿御殿	～正保～
12	小菅御殿	元文元～宝暦 4
13	千住御殿	～正保～延宝 8
14	島根御茶屋	～正保～
15	舎人御殿	～正保～
16	牛込御殿	慶安元～
17	小石川御殿(白山)	延宝 8～正徳 3
18	高田御殿	寛永年間～延宝 8
19	代々木御茶屋	(家光の時)～
20	下高田御殿	～寛永～慶安～
21	下目黒御殿	寛永 10～正保～
22	品川御殿	寛永(10～13)～元禄 15
23	大井御茶屋	正保 2～
24	不入斗御殿(鈴ヶ森)	享保 11～
25	八幡塚御殿	(家康の時)～正保～
26	西ヶ原御殿	～寛永～慶安～
27	王子御殿(板橋)	～寛永・正保～
28	高円寺御殿	(家光の時)～正保～
29	荻窪御茶屋	～正保～
30	牟礼御殿(井之頭)	～正保～

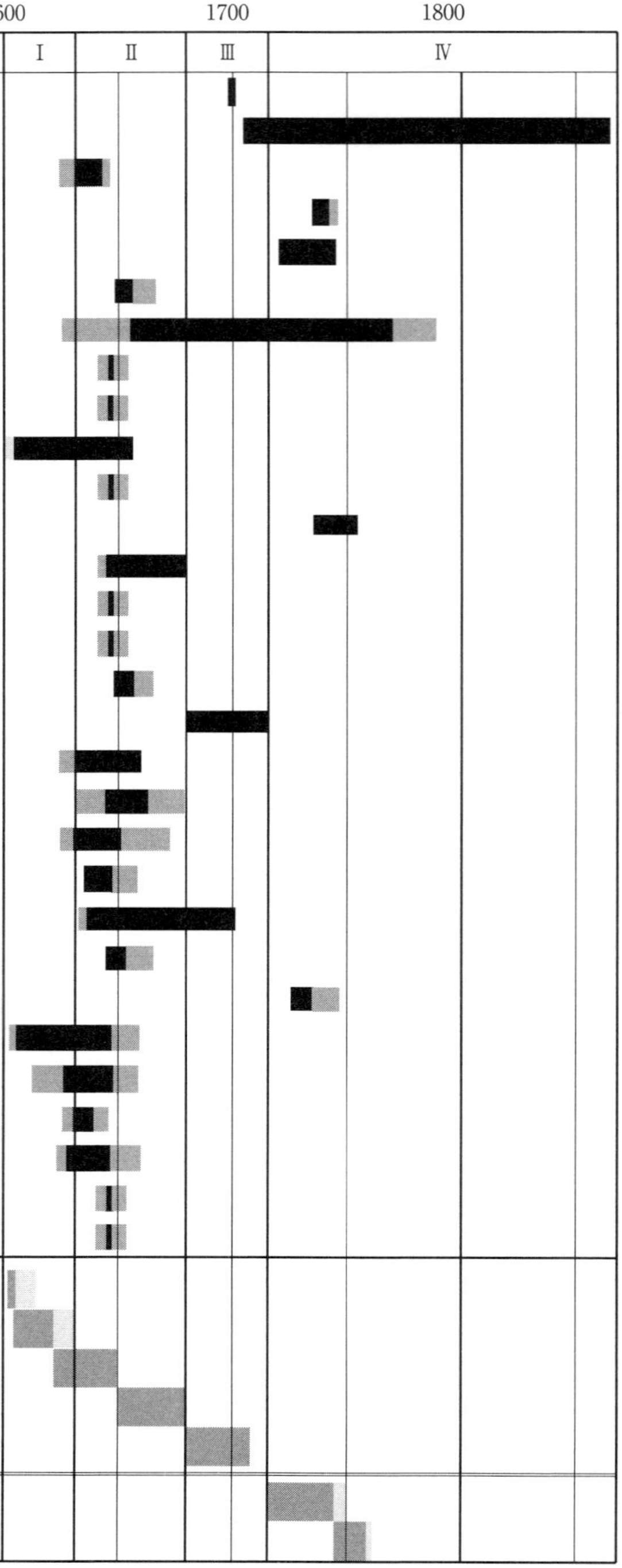

将軍期
大御所期

①家康
②秀忠
③家光
④家綱
⑤綱吉
⑧吉宗
⑨家重

図 2　江戸近郊の御殿一覧

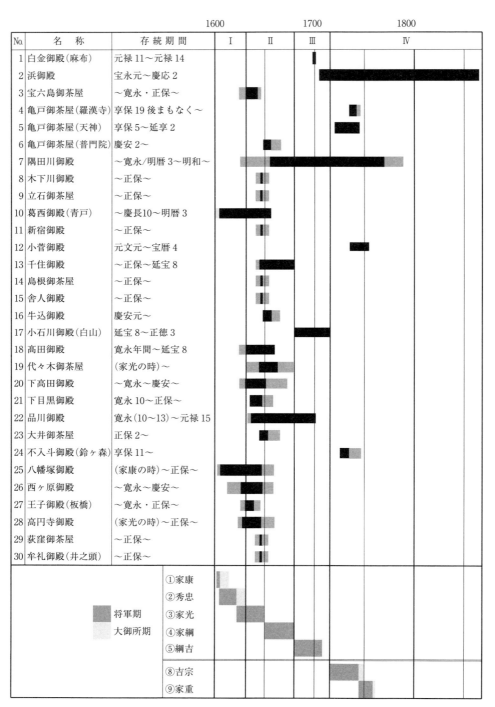

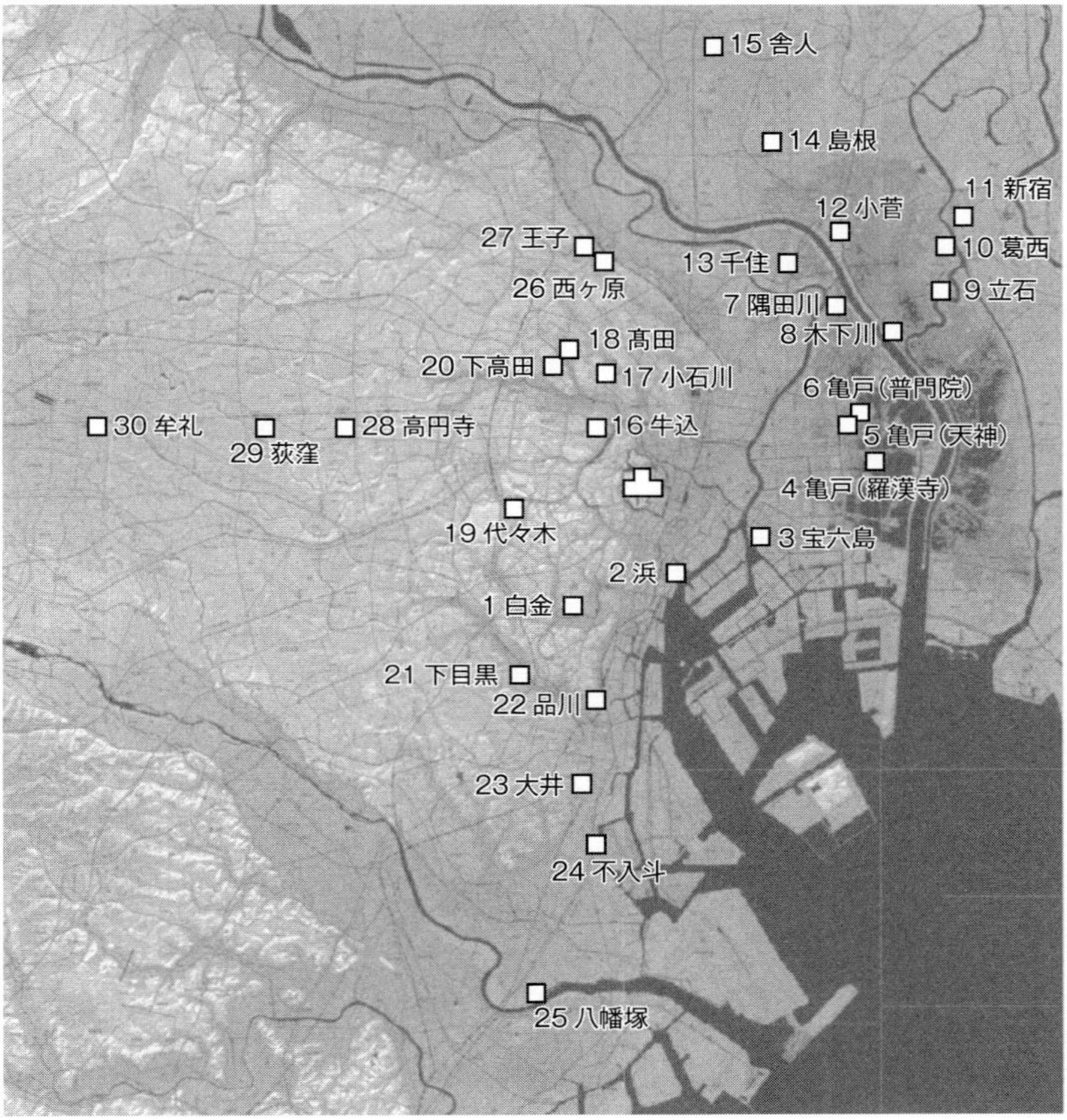

図３　江戸近郊の御殿の分布

くは保養目的で設置された施設である。その中でも家光による日帰り用の御殿が多いことが特筆される。

中島義一は、南関東の御殿を元禄期以前、以降で前期、後期と二期に区分している。近年、根崎光男は主として鷹狩の性格の変化から、第一期＝家康期—家光前期、第二期＝家光中期—家綱期、第三期＝綱吉期—家継期、第四期＝吉宗期以降と時期区分している（根崎二〇二〇）。私も各将軍の行動様式の変化から、①家康～秀忠大御所期、②家光専権～家綱期、③綱吉～家継期、④吉宗以降と区分して説明している（古泉二〇二一）が、時期の捉え方は根崎とほとんど同じなので、以後はこれに倣って第一期～第四期の区分を用いることにしたい（図2・図3）。

第　一　期（家康～秀忠大御所期）

家康は江戸転封以後、豊臣政権下での上方や名護屋（名古屋）往復、大坂冬夏の陣、将軍宣下などでの上洛の機会が多く、東海道を中心とする行旅を重ねた。詳細が不明な点が多いが、関ヶ原の戦以後、慶長八年（一六〇三）の将軍宣下までに江戸・伏見間の御殿・御茶屋の整備が進んだと思われる。慶長十年に秀忠に将軍職を譲り、自身は駿府を居城とすることにより江戸・駿府の二元政治が生じ、この間の往来も増加した。こうした行旅の途次においても家康は放鷹に興じ、大幅に日程を加えることが常態化した。駿府滞在時は駿府周辺で放鷹に興じたが、江戸周辺における家康の放鷹は、忍・川越・鴻巣・岩槻・越谷・葛西・稲毛・東金などで数日から長期にわたる「泊狩」となることが多かった。秀忠も同様の泊狩を行った。江戸周辺の御殿の造営はこのような背景のもとに進められた。家康は放鷹の目的を、遊興のためのみではなく、人民の労苦や風俗を察し、心身の健康を促進することが第一であると説いている。(6) また多くの研究者は地域の内情などの視察にあるとみなしているが、家康の行動を辿ると、生来放鷹に対する嗜好が強かったことが第一ではないかと疑わせるものがある。

第　二　期（家光専権～家綱期）

家光は将軍となっても、秀忠の大御所時代は宿泊を伴う行旅を行ったが、秀忠没後は上洛および日光社参以外は日帰りとなる。家光の外出は東叡山などへの参拝、他大名家への訪問、狩猟を含む遊興、上洛、日光社参が主目的となる。上洛は寛永十一年が最後、他大名家への訪問は秀忠期では正式行事としての御成が多かったが、家光の場合は寵臣や重臣の別邸への遊興目的での御成が大半を占めた。とくに目立つのは酒井忠勝の別邸、東郊に遊ぶときは堀田正盛の別邸で、このほかに柳生宗矩別邸、大橋龍慶邸などである。

狩猟は放鷹だけではなく、猪・鹿狩や川漁、銃を用いることもあった。近臣邸訪問の途次鷹や銃を使うこともあり、総じて娯楽的色彩が濃厚となる。家光の出城は朝の出立もあるが、政務を終えてからの出立もしばしばだった。城溝辺で鷹を使うことも多かった。このように、江戸周辺での行旅は日帰りとなったが、その回数は著しく増加した。家光は病弱体質といわれ、確かに泊狩は行わなくなったが、狩を含む日帰りの出御件数をみると、むしろ壮健ではなかったのかとさえ思わせる節がある。

こうした狩や遊興の際に、昼食や休息をとるため寺社・大名屋敷・寵臣邸などに立ち寄ったが、このほかに既存・新設の御殿・御茶屋が整備された。『寛永日記』には、「御鷹場の先御殿有之処／北御薬園（高田）、南御薬園（麻生）、墨田川、品川、大炊台、小菅、ほうろく島、王子（板橋の御殿と云も此事也此辺金輪寺といふ寺もあり）、中野、葛西、右の外にも寺の内に畳二畳三畳敷の御腰掛余多有之由」[7]とある。「畳二畳三畳敷の御腰掛」というように、小規模な「御腰掛」や「御膳所」が各地の寺社に設けられた。

寛永期の『武蔵国絵図』では、鴻巣・蕨・川口・板橋・葛西・神奈川に、『寛永江戸全図』には高田・平塚・品川に御殿が描かれている。いずれにしてもそれほど多くない数であるが、『正保国絵図』では御殿・御茶屋が大幅に増加する。『新編武蔵風土記稿』はこれを附図とし、多くの御殿・御茶屋を紹介しており、中島義一の集計も同書に基づくところが多い。ただしこれらの実態はほとんど不詳であり、小規模な「御腰掛」のような施設も含んでいると思われる。これほど多くの「御殿」「御茶屋」の名が残されたのは、前述のような家光の行動と深く関わっていよう。

このほか、寛永十年頃の「仮御殿」に始まる品川御殿は、馬揃や安宅丸上覧、大茶会などの大規模な催事に使用され、遊興・保養にも大きな位置を占めた。家光はその風光を好み、品川御殿をしばしば訪れたが、隣接する東海寺への訪問も多く、沢庵との私的な交流とを使い分けていたとみられる。また、慶安元年、年少の家綱の遊楽所として牛込離館を造営したことも特記される。牛込離館の造営に当たっては、頻繁に訪れていた酒井忠勝の別邸近くに選地するなど、御殿・御茶屋をめぐる家光の行動には多分に個人的な嗜好・意思が働いていた。

第三期（綱吉〜家継期）

綱吉の代に鷹狩は停止、元禄六年（一六九三）に幕府鷹場は廃止された。目的を失った江戸周辺の御殿・御茶屋の多くも廃されたと考えられる。一方、この時期を代表する御殿に、綱吉の館林藩主時代に建造され、将軍となってからは別邸として維持された小石川（白山）御殿がある。

また、海手屋敷などと呼ばれた甲府藩下屋敷は、宝永元年（一七〇四）に綱豊が将軍継嗣となって浜御殿と称されるようになった。宝永四年以後修築されつつ利用されたが、享保九年（一七二四）の焼失後建築物としての御殿の再建はなかった（園内に設置された茶屋は別）。浜御殿は、他の御殿とは異なるいくつかの特徴がある。①海浜に造成された御殿としては熱田御茶屋とともに希少例である、②江戸周辺では最も長く慶応二年（一八六六）まで存続した、③観遊のための大規模な庭園が造られた、④将軍だけではなく奥向きや公家らの利用に供され、公儀御殿としての性格が強い、⑤製糖、鍛冶、武器製造などの農工業殖産試験場として利用された、などである。また、家茂上洛時の海路利用の際は、艦船、陸路間の小型船の発着場としての機能も担った。

第四期（吉宗以降）

吉宗は放鷹制度を復活、鷹場の再編・制度化を行い、享保元年には御拳場を設定した。吉宗の狩も日帰りが原則であったが、特定の寺社内に設けられた「御膳所」と呼ばれる小規模施設が休息に利用された。文化二年（一八〇五）に作成された『江戸近郊御場絵図』(8)に記載された多くの寺院がこれに当たると思われる。大半は寺院であるが、「（亀戸）天神」や「和中散」などの神社・商家もみられる。家光の御茶屋・御膳所を踏襲した例が多いとみられる。ちなみに『新編武蔵風土記稿』に、享保年間に存在したとされる不入斗（鈴ヶ森）、亀戸（天神・および羅漢寺）の各御茶屋・御殿は、それぞれ「御膳所」の一つではなかったかと推定される。

吉宗の時代に特筆されるのは小菅御殿である。小菅に所在した伊奈氏の別邸は家光時代から利用されていたが、吉宗は享保二年に伊奈氏別邸内に御腰掛・御膳所を設置、元文元年（一七三六）には御殿を建設した。広大な小菅御殿は、虚弱であった世子家重のための保養所として設けられ、この時期の御殿としては例外的にしばしば宿泊利用された。

三　御殿の構造と建築

前述したように、御殿にはいくつかの異なった設置目的があり、その目的によって構造が異なるとみられる。御殿の構造や建築を知るためには、絵画を含む史料と、現存および発掘調査によって検出された遺構とがあり、資料としてはそれぞれ長短がある。その一端を概観してみたいが、全体としてそれらの資料はきわめて少ないのが実情である。

1 描かれた御殿

寛永期頃の家光の事績を伝える歴博本の『江戸図屛風』には、鴻巣御殿と品川御殿の一部が描かれている。ことに鴻巣御殿は比較的詳細に描かれており、御殿建築の一端をうかがうことができる史料として名高い（口絵1）。寛永十九年（一六四二）の家光社参の様子を描く、六曲一隻の『日光東照社参詣図屛風』(9)には、今市御殿のほぼ全容が描かれる（口絵2）。御殿は門前に町屋、周囲に随行する大名の陣屋が描かれ、多くの情報を得ることができる。天和から元禄初年頃とされる『江戸絵図屛風』(10)には、角田川御殿が描かれている。地図的な要素が強い絵図のため、前二者と比べるとかなり簡略化され、建物も質素に見える。

家光の頃の東海道・中山道・甲州街道の道中を描いた類似した一連の絵図があり、それぞれ『大日本五街道中図屛風』(11)、『東海道中山道甲州街道図屛風』(12)、『従江戸伏見迄木曽路中山道東海道絵図』(13)と呼ばれている。このうち国会図書館本は絵巻の形式をとっており、寛文八年（一六六八）の書写らしいが、表現されているのは寛永後期か正保頃の様子とみられている。図中には多くの御殿・御茶屋が描かれており、かなりデフォルメされているものの、ある程度外観を読み取ることができるものもある。描かれた御殿・御茶屋は、江戸・伏見間二一か所、このほかに中山道の鴻巣御殿がある。品川から久能までが「御殿」と記されているのに対し、金谷・新坂間以西はいずれも「御茶屋」と記されていることも興味深い。本図を源流とするといわれる『東西海陸之図上巻』(14)（寛文十二年刊）、『江戸長崎間道中絵図上巻』(15)（刊年不明）では、描かれた御殿の数はずっと少ないが、いずれも品川以降すべて「御茶屋」と表記されている。

御殿の絵図面が残されている例は多くない。そうしたなかで、近江では、水口・柏原・伊庭・永原の四御殿すべてに絵図面が残されている。このうち水口城・伊庭御茶屋・永原御茶屋に関しては、建築にあたった中井家が詳細な指図を残している。房総では上総の東金御殿、日光社参に関わる御殿では、下野の小山御殿・石橋御殿（開雲寺）・今市御殿（如来寺）に絵図面が残されている。武蔵国内では浜御殿・隅田川御殿（口絵7）・小石川御殿・小菅御殿・品川御殿に絵図面が残されている。このほかに、建物の詳細を省略し、外郭だけを表現したような絵図面も存在する。さらに、後世に作成された御殿跡の絵図も、小杉御殿・藤沢御殿・府中御殿・葛西（青戸）御殿などにみることができる。

2　御殿と街道

御殿の配置は街道と密接に関わっていると考えられるが、古地図や絵図類、あるいは現況、遺構などからこれらを推定する作業も必要である。先述した家光までの江戸・伏見間（『従江戸伏見迄木曽路中山道東海道絵図』）では、御殿は街道に直接面しないのが基本で、町屋敷の並ぶ街道から直線的な道路で後へ引いて表門を設けている。このパターンは中山道の鴻巣御殿や東金御成街道の千葉御茶屋御殿などでも採用されている。山中などでこれが不可能な場合は、街道から支道を引いて、側面に門を設けるような配慮がなされる場合が多い。一方で小杉御殿や中原御殿のように街道の折歪を利用して直接面している例もあり、建設地の諸事情が影響していたものであろう。江戸近辺の放鷹を目的とした御殿では、こうした配置がわかる資料は少ない。

3　構　　造

御殿の平面形は多様であり、しかもその全容が判明している例はごく一部に過ぎない。そのため、設計プランの議論は不確定ながら絵図などを併用して進められているのが現状である。今日方形御殿としてとらえられているのは水口、永原、小山、中原、小杉、藤沢、鴻巣、越谷、石橋、大沢、船橋、千葉御茶屋などの各御殿であり、このうち単郭としてとらえられるのは水口城、千葉御茶屋、石橋、大沢などの各御殿である。ただし、御殿の所在地を広範に調査できている例は僅少で、単郭、複郭と確定できるような御殿跡は少なく、その判断にはさらに慎重さが要求されよう。

村田修三は、奈良奉行所の考察にあたり城郭構造との関係に着目する中で、方形プランの源流を中世の方形館に求めるのではなく、家康が建造した平城の正方形プランに求められるとした（村田一九八六）。駿府城・篠山城・名古屋城本丸など、天下普請によって築城された平城は折歪を持っていたり、馬出を附設したりしているが、基本は方形であるとしている。そして徳川家が築造した御殿も、この正方形プランを基本とし、広義の城郭であるととらえた。ただし、この時点で明確な例として挙げたのは千葉御茶屋御殿と永原御殿のみで、その点であくまで仮説の域を出ないだろう。

一方、簗瀬裕一は、千葉御茶屋御殿が中世城郭の系譜をひく単郭方形のプランを持ち、城郭的な機能を持つことを示唆している。さらに、単郭は休憩用、御賄所や馬屋などが付属する複郭は宿泊用に造られたと考えている（簗瀬二〇一〇・二〇一四）。

これに対し平野明夫は、慶長十三年（一六〇八）、十四年に家康によって設置された小杉、越ヶ谷、船橋、中原の各御殿は、方形単郭を基準とし、賄所などの施設が、堀や土塁によって囲繞されずに附属することから、城郭のような防御性を志向したものではないと結論付けている(16)。

御殿の外構を画する境界施設には、堀・土塁のほか、築地・柵・竹矢来などがあった。前期御殿および後期御殿の一部では水堀と土居が多用された。藤沢御殿のように「外土手」を備えている例もある。それ以降にも、小菅御殿のように水堀と土居で囲繞されている御殿もあるが、初期御殿は概して外周が堅固であったといえよう。中島は、単郭であることおよび塁濠の規模から軍事的機能を否定し、一万石クラスの大名の陣屋と同程度としている。その一方で、「(家康が)天下を得た直後のこととて身辺警護には神経質なくらいに意を用いている」と評価している(中島一九七八a)。こうした御殿の外周構造は、城郭的な堅固さではなく、館としての防御性を志向したと考えられよう。

堀幅は中原御殿が六間、藤沢御殿が北辺六間・東西南辺五間・深さ二間半と記されている。小山御殿外郭は六間で約一〇メートル幅が確認されている。石橋御殿は三間三尺、永原御殿は寛永十一年の指図に東辺九間・北西辺一〇間と記されている。小石川御殿は一〇間と記され、発掘調査の結果最大幅約一四メートルが計測されており、深さは三・二メートル以上を測る。上面の削平を考えると幅一〇間は妥当とみなされている。また、小石川御殿では堀の一部が良好な状態で検出され、斜度三四・五度~三六度の、比較的緩やかな箱堀であったことが確認されている(文京区遺跡調査会二〇〇三、東京都埋蔵文化財センター二〇二〇)。このように、堀の規模はさまざまであり、最大で幅一〇間を測る。

土居の幅は調査では不明な点が多いが、史料では藤沢御殿の「外土手」が二間・「内土手」が三間、永原御殿寛永十一年の指図では二間から三間・高さ一丈と記されている。葛西御殿の土居は、谷口は五間と推定している。堀・土塁の規模は、時期差や地域差だけでなく、さまざまな要素が影響しあっていると考えられる。

御殿は、将軍と将軍に追随する多くの将兵が宿泊ないし休息するのであるから、各御殿の収容力が問題となる。家康段階の御殿では、周囲に陣屋や御賄屋敷が配されることがある。第二期になると、家光の日光社参に際して寛永九年に整備された今市御殿は、『日光東照社参詣図屏風』に寛永十九年の社参時の様子が描かれている。御殿自体は板屋根土塀で画され、もはや特段の防御機能も配慮されていない。その周囲を数多くの簡素な板葺きの長屋風の建物が描かれ、それぞれの間口には諸大名の家紋が描かれた陣幕が張られている。御殿自体はこうした随行者の収容を考慮していないため、その外周部に陣屋が築かれたことがうかがえる。狩猟のときも同様で、家光の鴻巣御殿利用にあたっては、街道沿いの町屋に陣幕が張られており、随行者たちはこれらを利用したと考えられる(17)。

同じ家光専権期の御殿でも、江戸近郊の休息用の御殿では、随行者の数も少ないことから規模も小さく、行旅の機動性により重点が置かれ、寺社境内に設置されて防御機能もほとんど考慮されなかったと想像される。多くの場合、絵図面や実際の遺構が残っているわけではないので想像の域を出ないが、吉宗期の御腰掛・御膳所とほぼ同様の規模・構造であったと推定される。

4 建物配置と建築

堀や塀で囲繞された御殿空間には、玄関、広間を介して、奥の庭に面して書院、居間など、将軍らの私的な空間が位置する。一方には台所や道具部屋などが配される。こうした中心的な殿舎から離れて、随行の長屋や厩が配される。第一期の鷹狩目的の御殿では、広い鷹部屋が配されることが特徴的である。鷹部屋の配置は、ある程度類似したパターンを読み取ることができる。

御殿跡から出土する瓦の総量はきわめて少ない。出土瓦には各種の種類が認められるが、瓦葺建物としては総量に見合わない比率で鬼瓦が散見する。『江戸図屏風』に描かれた鴻巣御殿や『日光東照社参詣図屏風』に描かれた今市御殿は、御殿・塀・門など大半の屋根が柿葺ないし板葺であり、大棟にだけ棟瓦や熨斗瓦が用いられている。また、『従江戸伏見迄木曽路中山道東海道絵図』そのほかの絵画史料に描かれた御殿の屋根も、大半が柿葺ないし板葺である。

『東京府文献叢書』に収録された「鴻巣御殿目録」（史料1）[18]には、各部屋の大きさや部材の規格、諸設備などが書き上げられているが、御門壱箇所、御次之間壱箇所、御守殿所、御廊下、御休息之間いずれも屋根が「コケラフキ」と記されている。

史料1　鴻巣御殿目録（屋根の部分のみ抜粋した）

御門壱箇所※　長三間四尺七寸
横壱丈三尺

（中略）

一　屋祢　コケラフキ　是モ損失申候御事
御次ノ間一ヶ所　長八間半横六間
高壱丈五尺也

（中略）

一　屋祢　コケラフキ　是ハ透ト皆損失仕候事
御主殿所　長サ八間半横六間
高サ壱丈五尺也

（中略）

一　屋祢　コケラフキ　損失仕無御座候
御廊家　長四間横壱間

高サ壱丈

（中略）

一　屋祢　　コケラフキ　損失仕無御座候御事

御休足間　　　長六間横四間

高一丈三尺五寸

（中略）

一　屋祢　　コケラフキ　透ト損失仕候テ無御座候　以上

※（内御門）

『小山御殿建具類引渡書留』（史料2）（小山市史編さん委員会一九八二）に記載された屋根をみると、御殿および御殿に接続する湯殿・雪隠・廊下、玄関および玄関に接続する廊下のみが柿葺、膳立、老中休息所、広間、台所および大半の廊下が茅葺、廊下の一部が板葺となっている。また、葛西御殿の堀跡からは、多量の屋根板が出土している。このように、御殿の建物は柿葺が基本であったことが、出土瓦が少ない理由と考えられる。ただし、江戸市中で防火対策を推進した吉宗の代、享保以降の江戸城周辺の御殿には瓦が用いられた可能性も考えられるが、具体的な資料がなく推測の域を出ない。葛西御殿跡、府中御殿跡などから出土する鬼瓦に三葉葵紋が装飾されるのは、徳川御殿ならではの特徴といえよう。

史料2　小山御殿建具類引渡書留（天和二年〈一六八二〉九月）（屋根の部分のみ抜粋した）

御殿御建具類書留

御殿御家間数之覚

一御殿より　　七間、横六間半　　こけらふき屋禰
一御湯殿より　弐間半、横弐間　　同　　屋禰
一御雪隠より　壱間半、横壱間　　同　　屋禰
（中略）
（廊下、以下同ジ）
一御良下より　壱間半ニ横壱間　　こけらふき屋禰
（中略）
一御膳立てより　七間、横三間　　かやふき屋禰
（中略）
一御老中様御休息所より　四間、横三間　かやふき屋禰
（中略）
一御良下より　弐間、横壱間　　かやふき屋禰
一御老中様御休息所より　四間、横三間半　かやふき屋禰
（中略）
一御良下より　横壱間　　こけらふき屋禰
一御広間より　拾間、横弐間半　　かやふき屋禰
（中略）
一御玄関より　三間、横壱間半　　こけらふき屋禰

一御台所より　拾九間、横弐間半　かやふき屋禰
（中略）
一御良下より　三間半、横壱間　板ふき屋禰
（中略）
一御良下より　四間、横弐間　かやふき屋禰
（中略）
一御良下より　五間、横弐間　かやふき屋禰
（中略）
一御物置より　六間、横弐間　かやふき屋禰
（以下略）

現時点で御殿内部から検出された遺構は少なく、建物（御殿・門・厩など）、塀の基礎、区画溝、井戸などである。建物の基礎は絵図資料からも把握しにくく、一部の発掘資料に頼るしかないが、永原御殿では寛永十年段階の建物に礎石、地覆石、束石が用いられていたことが判明している（進藤二〇二〇）。千葉御茶屋御殿でも主要な建物は礎石建てであったが、一部は掘立柱に改修されている。葛西御殿では御厩屋敷が検出されているが、礎石建物であった。ちなみに江戸大名藩邸の中で全体像がつかめる尾張藩上屋敷跡の御殿建物では、明暦二年（一六五六）段階から掘立柱建物であり、礎石建物に移行するのは享保十年（一七二五）以降であることが明らかとなっている（内野二〇一一）。

四 遺 物

総じて御殿遺跡では出土遺物が少ない。その理由は、①利用期間が短い、②日常利用する施設ではなかった、③廃止後、入念に整理された、などが思い浮かぶが、最も主要な理由は②と考えられる。こうした中で、比較的出土頻度が高い遺物に瓦、御殿の性格の一端を示す遺物にカワラケがある。瓦の出土頻度と屋根材との関係は前述したとおりである。

御殿・御茶屋は御成の場所でもある。初期の大名家への御成の際には、武家儀礼に基づいて式正の飲食が提供されるなど盛大な饗宴が催された。東京大学医学部附属病院中央診療棟地点の池状遺構からは、寛永六年（一六二九）に家光と大御所秀忠が相次いで加賀藩邸に御成した時の諸道具・残滓などの廃棄を示す遺物が出土した（東京大学遺跡調査室一九九〇、萩尾一九九二、堀内二〇〇〇）。食材調達に関わる木簡、食器・食具としての折敷・箸・小板蒲鉾板、楊枝などのほか、金箔カワラケを含む多量のカワラケが出土している。

将軍御殿の使われ方はさまざまで、放鷹の際の御小休として湯茶が提供される程度の場合もあれば、寛永十七年九月十六日に品川御殿で催された、多人数の饗応を伴う大規模な茶会もあった。このときの亭主は毛利秀元であったように、大名らが亭主に指名されて御殿で行われる茶会も多かった。家光専権期では、将軍御殿で行われる饗応は、将軍が主であるとは限らないのである。食事は簡易な場合もあったと思われるが、一般に饗応は武家儀礼に基づいて行われるため、式正の膳に使用されるカワラケも多く用いられたと想像されるのであるが、今のところ多数のカワラケが出土しているのは葛西御殿くらいのようである。葛西御殿出土カワラケの中には、加賀藩邸同様金箔カワラケも認められるが、一方で宗教的な内容の墨書も認められ、それらの評価は今後の課題でもあろう。

葛西御殿から出土した動物遺体の中には、魚介類のように膳部にのぼったと思われる食糧残滓、放鷹の獲物であるガン・カモ・サギ類のほかに、解体痕のあるイヌ・ネコ・カラスなどの骨が出土しており、鷹の飼育と関連付けて考えられている（加藤一九七四）。文京区道坂遺跡からは、多数のスズメ・ハトの骨が出土している。この遺跡は、江戸時代後期に千駄木の御鷹匠同心組屋敷に含まれており、鷹の調教・飼育と何らかの関わりがあるとみられている（金子一九七八）。鷹の職掌に関わる遺跡として、文京区千駄木三丁目北遺跡（東京都埋蔵文化財センター二〇〇九）や、かつて「御鷹の事」を職掌としていた旗本が居住していた小石川牛天神下遺跡（都立文京盲学校遺跡調査班二〇〇〇）などがあり、今後はこうした遺跡の調査を通して放鷹を捉えてゆく視点も必要とされよう。

おわりに

徳川御殿は、幕府体制における将軍権力の構造の解明に欠かせない研究課題であり、政治社会情勢に対応した変化の過程を明らかにしてゆく必要がある。しかしながら残された史料が少ないことが、その全容を捉えにくくしている。個々の御殿を対象とした場合、その存在が確認されていても、創建と終焉の状況が必ずしも明らかであるとは限らない。終焉の場合でも、利用の途絶、管理の終了、解体整地など、どの時点をもってするかといった問題があり、史料からこれを解明することが難しい場合も少なくない。また、将軍行旅の宿泊・休息地が判明していても、実際に当該地の御殿を利用したかどうかは明確でない場合も多く、さらにはその時点で御殿が存在したかどうかさえ不明な事例も存在する。

こうした問題が多いのは、今のところ二次史料に頼らざるを得ない史料上の制約があるからで、まずは一次史料の発掘に努め、次善の策として関連史料相互の検討から裏付けを強化してゆく必要がある。努めて地域史的な視点が必要とされよう。

こうした作業の中には考古学的な調査も重要となる。発掘調査によって多くの情報が得られた御殿遺跡がそれを証明している。しかし、調査対象となった御殿遺跡は少なく、所在地が曖昧な遺跡も少なくない。最も恐れるのは、こうした状態のまま遺跡が開発によって隠滅してしまうことで、遺跡の保護と解明に努めていただくことを強く訴えたい。

注

(1) 十五代将軍慶喜は在位中京坂滞在に終始したので例外である。
(2) 十四代将軍家茂は、上洛時に宿本陣を多用している。しかし、幕末期はすでに上洛用の御殿が廃絶していた時期であり、事情が異なる。
(3) 葛西御殿（葛西離館）は、その前身の中世葛西城との混同を避けるために「青戸御殿」と呼んでいる。しかし、御殿存続中は「葛西」の名称が使用されていたため、ここでは「葛西御殿」の名称を用いる。
(4) 注(2)に同じ。なお、これ以後家茂の江戸、上方往復は、将軍就任以前の慶喜同様、海路艦船を多用する。
(5)『日光御道中筋宿宿町里数』（筑波大学附属図書館蔵）。
(6)『東照宮御実紀附録巻第二十四』。
(7) 近藤瓶城編『寛永日記』（『続史籍集覧』第六冊）近藤出版社、一九三〇年。
(8)『江戸近郊御場絵図』（国立公文書館蔵）。
(9)『日光東照社参詣図屏風』（東京都江戸東京博物館蔵）。
(10)『江戸絵図屏風』（国立国会図書館蔵）。
(11)『大日本五街道中図屏風』（三井文庫蔵）。

(12)『東海道中山道甲州街道図屛風』(篠山市立美術館蔵)。
(13)『従江戸伏見迄木曽路中山道東海道絵図』(国立国会図書館蔵)。
(14)『東西海陸之図上巻』(国立国会図書館蔵)。
(15)『江戸長崎間道中絵図上巻』(国立国会図書館蔵)。
(16)平野明夫、本書論文参照。
(17)『江戸図屛風』(国立歴史民俗博物館蔵)。
(18)「鴻巣御殿目録」『東京府文献叢書』甲集第三十三冊(国立国会図書館蔵)。

〔引用文献〕

内野　正　二〇一一「尾張藩江戸屋敷の考古学的様相」江戸遺跡研究会編『江戸の大名屋敷』吉川弘文館
江戸遺跡研究会　二〇二〇『江戸遺跡研究会第三十二回大会　徳川御殿の考古学〔発表要旨〕』江戸遺跡研究会
小山市史編さん委員会　一九八二『小山市史　史料編　近世一　本編』小山市
学習院輔仁会大学史学部　一九九五『浦和御殿跡第一次試掘調査概報』学習院大学輔仁会史学部
学習院輔仁会大学史学部　一九九六『浦和御殿跡第二次試掘調査概報』学習院大学輔仁会史学部
葛西城址調査会　一九七四『青戸・葛西城址調査報告Ⅱ』葛西城址調査会
葛飾区郷土と天文の博物館　二〇一〇『平成二十二年度地域史フォーラム・地域の歴史を求めて　徳川将軍と御殿』葛飾区郷土と天文の博物館
葛飾区郷土と天文の博物館　二〇一八『シンポジウム発掘調査からみた青戸御殿』葛飾区郷土と天文の博物館
葛飾区郷土と天文の博物館　二〇二四『徳川三代と青戸御殿』葛飾区郷土と天文の博物館
加藤晋平　一九七四「まとめ—若干の考察と遺跡保存のお願い—」『青戸・葛西城址調査報告Ⅱ』葛西城址調査会
金子浩昌　一九七八「道坂遺跡出土の動物遺体」『文京区・道坂遺跡』道坂貝塚調査会
古泉　弘　二〇二一「江戸周辺の御殿・御茶屋」『考古学ジャーナル』七五〇
考古学ジャーナル編集委員会編　二〇一四「特集　徳川将軍家と御殿」『考古学ジャーナル』六五一

考古学ジャーナル編集委員会編　二〇二二「特集　徳川将軍家御殿・御茶屋の研究」『考古学ジャーナル』七五〇
小林　風　一九九八「武蔵国・相模国における御殿・御茶屋の機能」『専修史学』二九
斉藤　司　一九九七「享保の改革と鷹狩の復活」江東区編『江東区史』上巻　江東区
品川区立品川歴史館　二〇〇九『品川を愛した将軍徳川家光―品川御殿と東海寺―』品川区立品川歴史館
進藤　武　二〇二〇「近江の御殿―永原御殿―」『江戸遺跡研究会第三十二回大会　徳川御殿の考古学〔発表要旨〕』江戸遺跡研究会
千葉御茶屋御殿調査会　一九九一『千葉御茶屋御殿跡第三次調査概報』千葉御茶屋御殿調査会
東京大学遺跡調査室　一九九〇『東京大学本郷構内の遺跡　医学部附属病院棟地点』（東京大学遺跡調査室発掘調査報告書三）東京大学医学部附属病院
東京都埋蔵文化財センター　二〇〇九『千駄木三丁目北遺跡』東京都埋蔵文化財センター
東京都埋蔵文化財センター　二〇二〇『文京区小石川植物園内貝塚・原町遺跡』東京都埋蔵文化財センター
栃木県小山市教育委員会　二〇〇一『小山氏城跡範囲確認調査報告書Ⅰ――祇園城跡・鷲城跡の調査』（小山市文化財報告書第五二集）栃木県小山市教育委員会
都立文京盲学校遺跡調査班　二〇〇〇『小石川牛天神下―都立文京盲学校地点における発掘調査報告書―』都内遺跡調査会
中島義一　一九七八ａ「徳川家御殿の歴史地理的考察（第一報）南関東の場合」『駒澤地理』一四
中島義一　一九七八ｂ「徳川家御殿の歴史地理的考察（第二報）駿河・伊豆以西の場合」『歴史地理学会会報』九七
中島義一　一九七九「徳川家御殿の歴史地理的考察（第三報）日光社参の場合」『駒澤地理』一五
根崎光男　一九九二「品川筋御鷹場」東京都大田区編『大田区史　中巻』東京都大田区
根崎光男　一九九九『将軍の鷹狩』同成社
根崎光男　二〇〇八『江戸幕府放鷹制度の研究』吉川弘文館
根崎光男　二〇一六『犬と鷹の江戸時代―〈犬公方〉綱吉と〈鷹将軍〉吉宗―』吉川弘文館
根崎光男　二〇二〇「徳川御殿の時期区分試論―将軍の鷹狩を中心に―」『人間環境論集』二一―一　法政大学人間環境学会
萩尾昌枝　一九九二「江戸時代初期の宴会の食器類―東京大学医学部附属病院中央診療棟建設予定地点「池」出土の木製品―」江戸遺跡研究会編『江戸の食文化』吉川弘文館

府中市郷土の森博物館　二〇一八『徳川御殿@府中』（府中市郷土の森博物館ブックレット一九）府中市郷土の森博物館
文京区遺跡調査会　二〇〇三『白山御殿跡ほか発掘調査報告書』文京区遺跡調査会
堀内秀樹　二〇〇〇「史料からみた御成と池遺構出土資料」『加賀殿再訪』東京大学総合研究博物館
本間清利　一九八八「前期の鷹場」埼玉県編『新編　埼玉県史　通史編』三　埼玉県
丸山雍成　一九六五「初期本陣に関する一試論」『日本歴史』二〇五（丸山雍成（一九七五）『近世宿駅の基礎的研究　第一』吉川弘文館　所収）
村田修三　一九八六「近世初期城郭の方形プランについて」『奈良女子大学構内遺跡発掘調査概報Ⅲ』奈良女子大学
簗瀬裕一　二〇一〇「房総の御殿と御成街道」『平成二十二年度地域史フォーラム・地域の歴史を求めて　徳川将軍と御殿』葛飾区郷土と天文の博物館
簗瀬裕一　二〇一四「房総の御殿と御成街道」『考古学ジャーナル』六五一
簗瀬裕一　二〇二〇「房総の御殿」『江戸遺跡研究会第三十二回大会　徳川御殿の考古学〔発表要旨〕』江戸遺跡研究会

徳川家康の御殿

——小杉・越ヶ谷・船橋・中原各御殿の設置年——

平野明夫

はじめに

徳川家康は、各地に御殿を設置していた。御殿研究は、各御殿ごとに行われている。設置年も同様である。ところが、その考証には首肯しがたいものもある。とくに、家康の宿泊地と御殿設置をイコールのように捉えることには疑問を感じる。しかも、伝承された設置年よりも前に家康が宿泊している場合に、伝承の年よりも以前の御殿設置を想定する傾向にある。しかし家康は、中原の清雲寺や、船橋の富家、府中の小池家のように、寺や個人宅の施設を利用して宿泊したとの伝承もある。したがって、家康の宿泊と御殿設置を区分して捉える必要がある。借用施設なのか、家康設置施設なのかを未解明のままに、家康の宿泊によって御殿設置を推測すると、事実を誤認する可能性がある。

もちろん、家康の動向は御殿設置年解明の重要な鍵になる。ただし、家康の動向も、同時代史料に裏付けられた動向でなければならない。幸い、相田文三によって、当該期の家康の行動が同時代史料に基づいて明らかにされている明したい。

（相田二〇一二）。相田の成果を踏まえて、御殿設置の年を検証する必要があろう。

ここでは、小杉・越ヶ谷・船橋・中原各御殿の設置年を考証する。[1]それによって、家康による御殿設置の意図を究明したい。

一　小杉御殿

小杉御殿は、神奈川県川崎市中原区小杉御殿町に所在した。小杉御殿については、村上直が慶長十三年（一六〇八）の設置と考証している（村上一九九〇）。貞享五年（一六八八）六月の「小杉御殿沿革書上」（安藤家文書）[2]に、「稲毛領小杉村御殿八拾年以前立始り」とあり、享和四年（一八〇四）二月小杉村「村方明細書上」（所蔵未詳）[3]に「当村地内字御殿場と唱へ、慶長十三申年御成御殿被為立」とあるのが論拠である。現在、異説は提示されていない。

ただし、着工については、村上（一九九〇）が提示する延宝六年（一六七八）十月二十四日付けで小杉村割元名主七郎右衛門が妙遠寺へ出した覚書（安藤家文書）[4]に、「慶長拾二未年御殿御取建始メ」とある。この記載に拠るならば、慶長十二年に着工し、慶長十三年竣工と考えられる。

なお、「新編武蔵風土記」[5]巻之六十四「橘樹郡之七　小杉村　古蹟」のうち「小杉御殿蹟」に「慶長ノ頃此所ニカリノ御殿出来シナリ、ソノ後寛永十七年、新ニ御造立有テ」とある。まず慶長十三年に仮御殿を建て、寛永十七年（一六四〇）に本格的な御殿を建設したことになる。そうすると、安藤十四秋家文書にある「小杉御殿絵図」は、寛永十七年建設の御殿を反映したものとなる。

いずれにしても、家康による小杉御殿設置は、慶長十三年と捉えることができる。

二　越ヶ谷御殿

埼玉県越谷市御殿町に所在した越ヶ谷御殿については、つぎのように説明されている。(6)

この地はもと越ヶ谷郷の土豪会田出羽の陣屋敷の一部であったが、鷹狩に立寄った徳川家康の懇望により献上したという。「徳川実紀」によると、慶長九年（一六〇四）増林村にあった「御離館」を当地に移し越ヶ谷御殿と称したといい、御普請方浜野安次郎書上（朝野旧聞裒藁）によれば、増林村にあった時代から安次郎の先祖藤右衛門が御殿番を勤め、引移し後も変わらず勤めたという。

このうち、会田氏の屋敷地を御殿としたことについては、慶長十三年五月十九日付けで会田出羽資久へ宛てた伊奈忠次証状（小嶋家文書）(7)が論拠とされる。会田資久が公方（徳川家康）の御用をよくよく奔走しているので、屋敷地として畠一町歩を下された。長く（永久に）「所務」するように。さらに御用に奔走するのがよい。このことは本多正信殿も御存知のことであるので、このように述べる。以上が大意である。

この会田資久に対する屋敷地の給付は、単に御殿の敷地を提供したその代償ということではなく、越ヶ谷の有力者として家康の施政に協力した褒償の一つであったであろうとの推測がある（本間一九七二）。御殿地提供を含む数年にわたる功績への褒賞として屋敷地を与えられたというのである。したがって、御殿地提供は、数年前ということであり、伝承の慶長九年を証明するものとなる。

はたして、この理解は正鵠を射ているであろうか。このころ、会田資久と同様に、褒賞として屋敷地を与えられた者として、加藤内匠、向石下の大学助、上蛇新田の伊右衛門、館方新田の三郎右衛門、宇田川喜兵衛定氏がいる。加藤内匠らは、いずれも新田開発の功績に対するもので、数年にわたる功績を賞したといえる。(8) 新田開発を賞された加藤内匠らは、屋敷分としながら、その耕作を命じられている。ところが、会田資久の功績は新田開発ではなく、「所務」を命じられている。「所務」とは、職務に伴う権利義務のことである。会田資久は御家人であるので、知行地として与えられたのであろう。ただし、屋敷地と限定している。御家人であるならば、功績に対する褒賞は知行・扶持で与えられると推測される。ここで屋敷地として与えられたのは、自らの屋敷地を御殿に提供した替地として与えられたからであろう。そうすると、「この地はもと越ヶ谷郷の土豪会田出羽の陣屋敷」であり、「家康に献上された」ことは証明される。ただし、会田屋敷の一部であったのか、全部であったのか、また家康が鷹狩で寄った際に懇望したかは、この文書からは窺えない。

伝承では、越ヶ谷御殿の設置は慶長九年である。そうすると、屋敷地の献上から四年後に、ようやく替地が与えられたことになる。この間、会田資久は提供した屋敷地の替地を拝領していないことになる。替地は、交換が原則であるので、献上と同時に拝領するのが一般的である。原則通りであるならば、越ヶ谷御殿地の提供は、慶長十三年であったことになる。当然、御殿の設置も慶長十三年であろう。

家康が越ヶ谷へ来たことが確認できる最初は、申（慶長十三年）十一月十五日付けで伊奈忠次が宇田川定氏へ宛てた開発手形（宇田川文書）(9)である。そこに「越ヶ谷御鷹野ニ而被仰出候」と、越ヶ谷辺で鷹狩を行っていた際に家康から命じられたとあるので、慶長十三年十一月十五日以前の越ヶ谷在が確認できる（相田二〇一一）。このころ越ヶ谷辺で鷹狩を行っていたのであり、越ヶ谷での宿泊が窺える。このときが越ヶ谷来往の最初かは確証はないものの、初見が慶長十三年(10)ということは御殿設置も慶長十三年であった可能性を示唆している。

ちなみに、慶長十三年十一月十五日以前の「越ヶ谷在」は、十五日に越ヶ谷在であったような誤解を生じる表現である。十一月十四日に家康が江戸に居たことは、同日付け藤堂高虎宛徳川秀忠書状写（「宗国史」）[11]に拠って確認されている（相田二〇一二）。そして、慶長十三年十一月十五日付け藤堂高虎宛徳川家康知行宛行状（「宗国史」）[12]も江戸滞在中に出されたと推定されている（中村一九六〇）。家康は十一月十四日よりも前に越ヶ谷辺で鷹狩を行っていた。

このように越ヶ谷御殿が慶長十三年に設置されたとなると、「「徳川実紀」によると、慶長九年増林村にあった「御離館」を当地に移し越ヶ谷御殿と称した」ということと整合性がとれない。そうすると、「御普請方浜野安次郎書上（朝野旧聞裒藁）によれば、増林村にあった時代から安次郎の先祖藤右衛門が御殿番を勤め、引移し後も変わらず勤めたという」ことも、再考しなければならない。

そもそも増林に御殿（御茶屋とも）があったのであろうか。増林の御殿所在地は二説提示されている。越谷市増林一一一（旧・増林村城之上）説と越谷市東越谷一〇―一〇八（通称・上屋敷）説である（加藤二〇一四）。そして、増林の御殿があったことを明示するのは、「朝野旧聞裒藁」に引用された「御普請方浜野安次郎書上」が最も古いと捉えられる。[13]「朝野旧聞裒藁」の編者は、「武蔵国埼玉郡増林村の御殿を同郡越ヶ谷駅に移し給ひ、浜野藤右衛門某に勤番を命せらる」との綱文を立てながら、「今宿より亥の方に御殿跡あり、一名権現林といふ、増林村にハ証跡なし、古老の伝へに明暦三年江戸城回禄の時此館を江戸に移され仮館に用ひ給ひ、其跡にハ樹木を植させられ、農民小林藤左衛門・浜野藤蔵に守護を命せらる」[14]との注書きを加えている。また、「御普請方浜野安次郎書上」を引用しながら、「増林村に御館ありし事、他の所見なし」との按文を記している。江戸幕府の史官たちが博捜した文献に、増林の御殿は記されていなかった。それは増林の御殿に関する江戸時代前期成立の文献が見つかっていないということである。所在地が二説提示されていることと、江戸時代前期成立の文献には増林に御殿があったことを見出せないこと、加えて家康の行動（相田二〇一二）で慶長十三年以前越ヶ谷辺来往の可能性が低いことを合わせ考えるならば、増林に御殿は設置されなかったと考えられる。

それでは、増林に御殿が設置されたとの伝承はなぜ生まれたのであろうか。これは、増林が古利根川沿いの河岸場であったことと関連していると推測される。越ヶ谷御殿建設の資材を、船で古利根川を遡上させ、増林で陸揚げして越ヶ谷へ運んだのであろう。そして、後述するように、慶長十三年に杉浦定政へ大川戸陣屋（埼玉県北葛飾郡松伏町大字大川戸）が与えられたと伝えられている。大川戸陣屋はこれ以前に伊奈忠次へ与えられており、陣屋・御殿としての機能は終わっていた(15)。ただし、越ヶ谷御殿から見て、増林と同方向に大川戸陣屋があることも、伝承に影響したかもしれない。いずれにしても、増林から越ヶ谷への御殿移転の伝承は、増林の河岸で荷揚げして越ヶ谷へ運送したことが要因と考えられる。資材等を増林経由で越ヶ谷へ運んだことが、御殿移転に転換されたのであろう。

増林には御殿は設置されず、慶長十三年越ヶ谷御殿が設置されたと考えられる。その建設に際しては、増林河岸を利用して物資を運搬した。

三　船橋御殿

杉浦定政へ大川戸陣屋が与えられた経緯について、寛政二年（一七九〇）三月付けの「杉浦家由緒書」（杉浦家文書(16)）は、つぎのように記している。

杉浦定政は、家康に仕えて代官を勤め、武蔵国秩父郡を支配して、下総国船橋五日市場に屋敷を拝領した。その五日市場村にある意富日《おおい》皇太神宮（現・意富比神社、通称・船橋大神宮）の「御殿」を家康の祈願によって、慶長十三年（一六〇八）に建立した際、定政が拝領した屋敷を「御殿用地」として召し上げられた。そのときの惣奉行は伊奈忠次で、副奉行に定政が命じられて普請をし、同年九月に遷宮をした。定政へは屋敷の替地がすぐには与えられなかったものの、定政の妻が伊奈忠次の妻と姉妹であった関係で、伊奈忠次が家康から命じられて建て、その後拝領していた大川戸陣屋を、忠次から定政へ御殿地家作のまま下された。

要約すると、船橋大神宮の「御殿」造営に伴って、屋敷地を召し上げられた杉浦定政に、大川戸陣屋が与えられたというのである。その慶長十三年船橋大神宮の造営については、棟札があった（明治四年〈一八七一〉六月「由緒書上」）[17]。「奉祈意富比皇大神宮一宇造営天下太平武運長久諸願成就所」という棟札で、「于時慶長十三年戊申七月十八日」と年月日が記され、「願主征夷大将軍源家康」、「奉行　伊奈備前守忠次」、「添奉行　杉浦五良右衛門」、「同　渥美太良兵衛」の名前が見える。家康に「征夷大将軍」とあるのは、「前」を書き落とした可能性があろう。

この棟札は現存しないとされている（三橋一九八一）。もっとも、文字に異同がありながら、複数の史料に写されているので、慶長十三年の造営は承認できよう。そして、杉浦五郎右衛門が添（副）奉行であったことも首肯される。ここで注意しなければならないのは、社殿造営であって、御殿ではないということである。船橋大神宮は、現在入日神社が所在する地（船橋市海神三丁目）から現在地（船橋市宮本五丁目）へ移転したとの伝承がある。ただし、古代のことであり、移転そのものに否定的な見解もある（三橋一九八一）。少なくとも、中世末から近世にかけての時期には現在地に所在した。したがって、定政の屋敷地に船橋大神宮が造営されたのではない。定政の屋敷地は、「杉浦家由緒書」が記すように、「御殿」になったのではなかろうか。

船橋御殿設置は、一般的には慶長十八年とされるものの、その論拠は家康の東金鷹狩による宿泊である。船橋御殿設置の年に関する伝承は、現在のところ見つかっていない。高橋源一郎は、船橋御殿の建立された年月はわからないとしている（高橋一九五九）。簗瀬裕一は、慶長十三年船橋大神宮造営の時に設置された可能性を指摘する。もっとも、論拠は提示されていない（簗瀬二〇〇五・二〇一四）。

船橋御殿設置の経緯は、「船橋御殿御由緒書写」（中須賀家文書）(18)によると、家康は当初船橋大神宮神官の富家住居を旅館、仮御殿にしていたところ、だんだんと供の人数が増えてきたので、「同所田中」という所へ富家住居を移させて、富家住居地に御殿を普請したという。そして、その後貞享年中（一六八四〜八八）に御殿が不要になったので、富家へ下されたともある。

富家住居地に家康の御殿（船橋御殿）が造られることになり、富家は「同所田中」という地へ移ったという。元の富家住居地が、現在船橋御殿跡となっている千葉県船橋市本町四丁目に比定されることは異論ないであろう。富家移転先の「同所田中」は、「同所」が船橋を示すとなると、船橋のうちの「田中」となる。しかし、現在小字等が見出せず、現在地への比定が行われていない。一般的に、神官の居宅は神社の境内外であったので、「田中」も船橋大神宮境内外であろう。

ここで想起されるのが、杉浦定政屋敷地が船橋大神宮の御殿造営地とされたという杉浦家の伝承である。杉浦定政の屋敷は船橋五日市場にあったというので、船橋大神宮の膝下である。神主家居宅所在地として、有力な候補地となる。これらをつなぎ合わせると、船橋御殿建設のために、富家住居地が召し上げられ、富家の移転先として、杉浦定政屋敷地が富家へ与えられた。屋敷を失った杉浦定政は、伊奈忠次から大川戸陣屋を与えられ、移った。このような流れを想定した場合、船橋御殿の建設は、船橋大神宮造営に伴って行われた可能性を指摘できよう。

そうすると、船橋大神宮造営、船橋御殿建設、富家移転、杉浦家移転は、同年の動向であったと推定される。それは、船橋大神宮棟札写、「杉浦家由緒書」の記述によって、慶長十三年ということになる。船橋御殿も、慶長十三年に設置されたと捉えられる。

神奈川県平塚市御殿二丁目に所在した中原御殿は、慶長元年（一五九六）設置が定説化している。ただし、慶長十四年説も伝承されている。

四　中原御殿

設置の状況について大野誌編集委員会（一九五八）は、家康が入国の初めころ、この地を通過する際に、豊田の清雲寺（別名・御茶屋寺）を休息所としていたが、金目川その他の諸河川の大洪水・大氾濫にあって寺に入り難くなったので、付近の土地が高くて水害の恐れのない、しかも狩猟の好適地である中原を選んで、ここに中原御殿とも、雲雀野の御殿とも、御鷹野の御殿とも称する一館を設けたとする。そして、設置時期については、記録がまちまちで一定し難いとしつつ、家康の入府以後、慶長十三年に縄張りした小杉御殿以前に設立されていたことは確実で、嘉永二年（一八四九）「小島利右衛門手控帳」（高瀬慎吾氏所蔵文書）[19]と「新編相模国風土記稿」（国立国会図書館所蔵本）[20]所引「山王社伝」が「一致する慶長元年（一五九六年）とするのが当を得たものか、とするのが諸研究家の一致した意見である」としている。設置年については、「小島利右衛門手控帳」「山王社伝」の信頼性が問題である。史料の成立状況などに未詳の点があり、異説が伝承されている以上、これによって慶長元年設置とするのは躊躇せざるをえない。

村上（一九九五）は、元文元年（一七三六）十一月に小川庄左衛門が提出した「〔御林守小川氏由緒書〕」（小川家文書）[21]によって、家康は関東入国後、たびたび鷹狩に訪れ、大住郡豊田村の御茶屋に立ち寄ったが、文禄四年（一五九五）秋の洪水で御茶屋まで水が押し上げてきたため、御殿地を代官頭伊奈忠次が見立てて中原村の芝地で土地の高い所に造営し、その折に小川氏の先祖相州大住郡中原村の小川庄左衛門に普請の御用を命ぜられたとする。これに、「新編相模国風土記稿」巻之四十八「大住郡巻之七　糟屋庄　中原上宿・中原下宿　御殿蹟」の記述を加味している。「新編相模国風土記稿」は、中原御殿を慶長年中の造営として、その年次は明確に記していない。ただし、その補足説明に、造営の年には慶長元年と同十四年の両説があるものの、豊田村（豊田本郷村）の清雲寺の伝によると、慶長四年二月十日に家康が御殿に逗留したとあるから、慶長元年に中原御殿が造営されたと示唆していると指摘している。村上（一九九五）は、これらによって、慶長元年造営としている。

しかし、最も明確なのは、家康は慶長四年二月十日に中原辺へ来ていないということである。このころ家康は秀吉死後の政権主導権争いを全面的に展開しており、伏見に滞在し続けていた。二月五日・二月二十九日の在伏見を確認でき、二十一日には二十八日の大坂下向を山科言継へ提示している（相田二〇一一）。慶長四年に中原辺へ来ていないので、それ以前における御殿設置の論拠がなくなる。洪水についても、記述内容によって元文元年成立と考えられる「金目村堤普請記録」（柳川たか氏所蔵文書）[22]には、家康が慶長十三年に鷹狩に来て、御殿がなかったので清雲寺に休息したところ、金目川が満水のため村々百姓の家が梁まで浸水した状況を聞いて、翌慶長十四年に御殿を建設したとある。洪水の伝承も、文禄四年だけではないということである。

家康の行動からも、伝承からも、中原御殿の慶長元年設置は首肯できない。それでは、慶長十四年設置であろうか。もし伝承通りであるならば、慶長十三年に家康が中原辺へ鷹狩に来て、金目川の満水を聞いている。

家康は、慶長十三年九月十二日に駿府を出発して、江戸へは向かわず、直接各地で鷹狩をして、武蔵府中で秀忠と面会し、十一月十四日以前に江戸へ入った（相田二〇一一）。したがって、江戸に入るまでの間に中原辺へ来た可能性がある。そして、この年は大雨が降っている。「当代記」によると、慶長十三年七月二十九日に「大雨夥降」とある。なお、八月も大雨であったものの、三河以東、播磨以西はそれほどでもなかった（「当代記」）[23]。「金目村堤普請記録」

によれば、家康は満水の状況を聞いたとあり、見たとはないので、七月の状況を聞いたのであろう。家康の行動からすると、中原御殿は慶長十四年設置と捉えるのが妥当である。

おわりに

ここで検討した小杉・越ヶ谷・船橋・中原という四つの御殿は、慶長十三年(一六〇八)・同十四年の設置である。集中して設置されたといえる。集中して設置した背景を探り、家康の意図を考えたい。

このころの家康の動向として、駿府移城がある。慶長十年秀忠に征夷大将軍を譲って大御所となった家康は、伏見城滞在が多いものの、江戸城に帰還している。ただし、征夷大将軍辞職と駿府移城は同時に決めていたようである(駿府内での選地は揺らぎがあった)。準備を整えた家康は、慶長十二年二月二十九日江戸を発して、途次鷹狩をしつつ、三月十一日駿府に到着した。これより駿府に定住することとなり、毎年上洛していたものが、四年後の慶長十六年まで伏見へ行くことはなく、江戸には時々行くものの直ぐに駿府へ戻っている。これによって慶長十二年二月二十九日を期して家康の居所はまったく変わったと評される(中村一九六〇)。

駿府を活動拠点とした家康は、関東へ鷹狩のため行く際に、それまでのように寺院や個人宅ではなく、別荘を求めた。寺院や個人宅は、権力者とはいえ、調整が必要である。いわば気兼ねなく利用できる施設である。遊猟のための施設である。遊猟のための施設というのは、構造(平面プラン)に表れる。

これらの御殿は、方形単郭が基本で、賄所などの施設が、堀や土塁によって囲繞される郭ではなく、まさに付属している。(24) 防禦性は脆弱といわざるをえない。防禦性・軍事性を指向するならば、慶長五年ごろに家康の指示によって設けられたと捉えられる大川戸陣屋のように、複郭の中世城郭となろう（図参照）。[25]大川戸陣屋が、慶長十三年以前に伊奈忠次へ与えられたのは、御殿としての機能とは異なっており、遊猟のための施設としては利用に不便であったためであろう。

関東地方に家康が御殿を設置したのは、駿府を活動拠点としたからであり、遊猟、より具体的には鷹狩を行うためと捉えられる。家康が、自らの鷹狩のために設置しているので、他者の利用は考慮外である。このことは秀忠・家光と受け継がれたものの、その後は利用されなかった。将軍が利用しなかったため御殿も不要になっていった。御殿は、利用者が設置した個人用の宿泊・休息施設である。なお、陣屋が隣接しているケースが多いのは、家康ら将軍たちの所有物であるため、臣下は居住できないので、施設管理をするために隣接した地に陣屋を設けたと捉えるのが妥当であろう。[26]

徳川家康は、優れた政治家と評価され、その行動はすべて政治的な意図によるものと捉えるのが一般的である。しかし、御殿は、政治的な意図のきわめて希薄な、嗜好性の強い、趣味的な施設である。家康は、鷹狩を楽しむことを目的としていた。御殿は支配のための施設ではなく、娯楽施設であった。

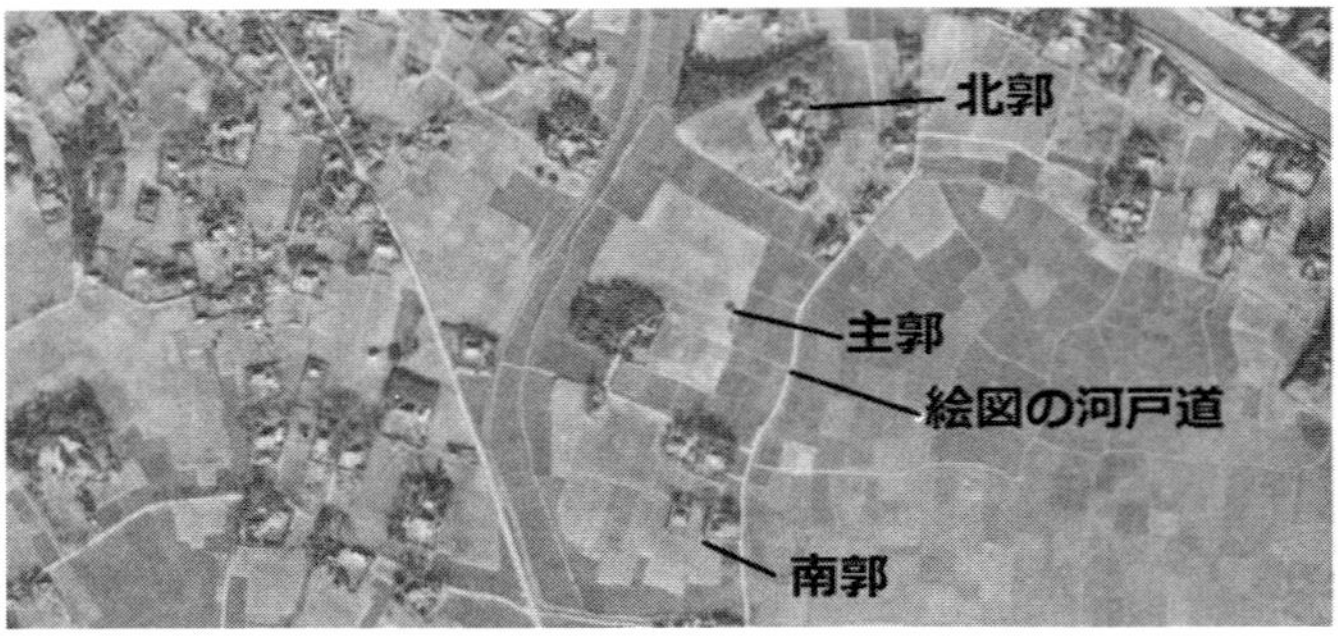

図　大川戸陣屋空中写真（作成：佐脇敬一郎）

注

（1）ここで検討する御殿以外にも研究対象となっている御殿はある。ただし、設置年を特定するための素材が不足している御殿もある。ここに、設置年未詳の御殿を提示しておく。なお、家康期に設置されたと伝承・考証されている御殿に限定し、家康期設置が否定されている品川御殿は除いた（栢植二〇一四）。

埼玉県鴻巣市本町四丁目に所在した鴻巣御殿については、文禄二年（一五九三）設置ともされる。しかし、すでに鴻巣市（二〇〇四）が指摘しているように、論拠とされる文禄二年五月五日付け小池隼人之助宛伊奈忠次屋敷証文写（「武州文書」『伊奈忠次文書集成』参考一・三一〇頁）は疑文書である。鴻巣市（二〇〇四）は、その他の史料に基づいて考証し、慶長十年（一六〇五）を鴻巣御殿使用の初見と指摘している。ただし、宿泊の初見は慶長十年と認められるものの、御殿設置は確認できない。現在の史料状況では、鴻巣御殿設置年を考察することはできない。

府中御殿は、東京都府中市本町一丁目に所在した。府中御殿については、馬場治子が、天正十八年（一五九〇）七月、秀吉の会津から大坂への帰路に際して造られた旅宿と捉え、関東の他所の御殿に比して早い成立であり、目的も鷹狩の宿舎という平時のものではなかったと指摘する（馬場二〇一二）。これを受けて竹井英文が、秀吉の「御座所」建設を検証している（竹井二〇一三）。しかし、これらの論考は、秀吉の御座所建設は考証しているものの、家康が設置した御殿については、論及されていない。竹井（二〇一三）が、「「御座所」を利用して（あるいはまったく新規に）徳川氏が府中御殿を建設した可能性が高い」とするのも、推測に過ぎない。馬場（二〇一二）が指摘しているように、秀吉の御座所と、家康の御殿は目的が異なる。目的が違えば、構造も異なるものとなる。大坂の陣後ながら、秀吉の大坂城を完全に消滅させて大坂城を築城した家康が、秀吉の遺構を利用するかとの疑問もある。同一場所である可能性は高いものの、むしろ断絶した別の建造物と捉えるべきであろう。

府中に御殿が設置されたことは発掘成果が示しており（深澤二〇一八）、馬場（二〇一二）が述べるように、関ヶ原合戦、江戸開幕を経て、慶長十二年に家康が駿府城に移ってからは、鷹狩や川狩の旅宿利用が確認できる。これらによって、慶長十二年以降の御殿設置は肯定できよう。

ここで問題となるのは、「武蔵名勝図会」に引用された丑十一月二十八日付け府中御殿の作事に関する代官覚書である。馬場（二〇一二）は、丑年を慶安二年（一六四九）と推定している。その中に、慶長六年三月十日として、「府中御殿御作事国役大工廿人、福村長右衛門御代官所より」とある。この記述が正しいならば、慶長六年に府中御殿が存在したことになる。しかし、福村長右衛門については「寛永諸家系図伝」によると、勝正伝に「大権現・台徳院殿へつかへ奉る、そのゝち仰によりて忠長卿へ属し奉り、八十歳にて病死」とある。また、その長子勝長は市左衛門を称し、忠長に仕えて、代官となったとあり、次子政直は勘右衛門・長右衛門を称して、「台徳院殿・将軍家へつかへ奉り、武州八王子の御代官となる」とある（斎木一馬ほか校訂『寛永諸家系

図伝　第三』続群書類従完成会、二六〇頁)。八王子の代官となったのは政直である。「寛永諸家系図伝」が寛永二十年(一六四三)に完成し、政直の生存期であったことからすると、その記述は事実と認定できる。そうすると、福村長右衛門が慶長六年当時代官であったとは考え難い。慶長六年に府中御殿が存在したことを証明する史料は、現在のところ見つかっていないといえる。なお、馬場(二〇一二)は、毎年のように家康が関東で鷹狩を行っていることを見れば、記録に残らない府中御殿使用はもっとあったと推察できるとする。しかし、家康の行動を見ると、記録に残らない府中御殿使用はそれほど多くないと捉えた方が良い。

神奈川県藤沢市藤沢二丁目の藤沢御殿は、平野(一九七七)が提唱して以来、慶長元年設置とされている。平野雅道は、天保十年(一八三九)村岡・峯渡内村名主福原高峯が編さんした相模国内の地誌である「相中留恩記略」巻之十三「高座郡　農民吉右衛門」の項に、家康が藤沢御殿に止宿したとき、慶長元年伊奈忠次へ屋根の葺き替えを命じたとあることを指摘し、「駿府記」慶長五年六月二十六日に藤沢を経由して鎌倉遊覧に出向いたとあることによって、慶長五年以前設置と考えるのが妥当としている(平野一九七七)。しかし、家康の宿泊と御殿設置は別であるので、家康の止宿をもって慶長五年以前御殿設置を推定することはできない。平野(一九七七)が自ら「藤沢御殿の設立事情を明らかにする直接の史料はない」と述べているように、藤沢御殿設置年解明は、史料の発見を俟つよりない。

東京都葛飾区青戸七丁目付近に所在した青戸御殿についても、谷口榮に研究史が整理されているように考証がある(谷口二〇一四)。しかし、設置年を検討できる史料に恵まれない。

神奈川県横浜市神奈川区神奈川本町に所在した神奈川御殿は、井上攻が設置年の確証を得られないとする(井上二〇〇八)。ただし、慶長十六年十一月六日には金蔵寺を宿泊場所とし、慶長十八年九月二十六日の宿泊が「御旅館」であったという「駿府記」の記述によって、神奈川御殿成立の時期は慶長十六年十一月六日から慶長十八年九月二十六日の間との推定を提示している。もっとも、「これはあくまで「御旅館」を御殿と解釈した場合の仮説であり、「御旅館」が一般的な宿泊施設の意味で用いられているのであれば、この説は成り立たない」と「御旅館」を御殿とすることに、留保している。ここで注意しなければならないのは、「御旅館」表記が、固有名詞で記される個人宅・寺院と区別されていることである。しかも「御」を付けているので、家康の所有物である。「御旅館」は、家康が設けた旅館、すなわち御殿と捉えるのが妥当であろう。家康の御殿は、規模や外観ではなく、家康が設置したことを定義とすべきである。したがって、神奈川御殿の設置は、慶長十六年十一月六日から慶長十八年九月二十三日までの間となる。もっとも、設置の年を明確にすることは、現在ではできない。

（2）『川崎市史　資料編２　近世』一七号・三三頁。

（3）安藤（一九三五）八〇頁。

（4）村上（一九九〇）は、年月日を後筆と推定している。その場合、成立はより後年となる。

（5）「新編武蔵国風土記稿」は、国立公文書館所蔵浄書本（請求記号：一七三―二一〇）が善本である。書名は浄書本に拠った。

（6）『日本歴史地名大系　第11巻　埼玉県の地名』「越ヶ谷御殿跡」の項。

（7）『越谷市史　第三巻　史料一』七号・五三頁、『伊奈忠次文書集成』五三五号・二六八頁。

（8）丙午霜月十九日付け加藤内匠宛伊奈忠次開発手形（加藤文書『伊奈忠次文書集成』五一二号・二五三頁）、慶長十三年三月十五日付け向石下大学助宛伊奈忠次開発手形（増田文書『同書』五三二号・二六七頁）、同年月日付けぢやうぢや新田伊右衛門宛伊奈忠次開発手形（「江連用水再興顛末記」『同書』五三三号・二六七頁）、同年月日付けたてかた新田三郎右衛門宛伊奈忠次開発手形（飯岡文書『同書』五三四号・二六七頁）、申（慶長十三年）十一月十五日付け宇田川喜兵衛宛伊奈忠次開発手形（宇田川文書『同書』五六二号・二八八頁、中村孝也『新訂　徳川家康文書の研究（下巻之二）』日本学術振興会、五六二頁）。

（9）『伊奈忠次文書集成』五六二号・二八八頁、『新訂　徳川家康文書の研究（下巻之二）』五六二頁。

（10）それ以前にしばしば越ヶ谷へ来たとの伝承が散見されるものの、同時代史料に拠る家康の行動（相田二〇一一）では越ヶ谷来往を推測できない。

（11）『新訂　徳川家康文書の研究（下巻之二）』五六一頁。

（12）『新訂　徳川家康文書の研究（下巻之二）』五六〇頁。

（13）「朝野旧聞裒藁」は国立公文書館所蔵で、『内閣文庫史籍叢刊　特刊第一　朝野旧聞裒藁』（汲古書院）として影印本が刊行されている。当該記事は、『内閣文庫史籍叢刊　特刊第一　朝野旧聞裒藁　第十二巻』六二五頁。

（14）幕府が作成した史料では小林藤左衛門とあるものの、小杉藤左衛門が正しい（加藤二〇一四）。

（15）越ヶ谷御殿の伝承にある慶長九年（一六〇四）とは、伊奈忠次が大川戸陣屋を与えられた年と考えるのはうがち過ぎであろうか。

（16）『越谷市史　第三巻　史料一』三一号・九一頁。

（17）高橋（一九五九）二六七～二六八頁。同書は棟札銘を引用して、「右の文字、同じ大神宮の記録でも諸書皆少しずつ違つて居る。今は明治四年六月大宮司より官に差出したという由緒書上と題するものによつた。宝暦五年意富日神社御鎮座伝記にもあれど、今は其れには拠らない」としている。

(18)『習志野市史　第二巻　史料編（Ⅰ）』一〇八〇頁。成立年代は未詳である。明記されている最終年代が延享二年（一七四五）であるので、江戸時代後期の成立と推定される。

(19) 大野誌編集委員会（一九五八）一七一頁。

(20)「新編相模国風土記稿」は国立国会図書館所蔵本（陸軍文庫旧蔵本。請求記号：W二四四―四）が浄書本・善本とされる（城川二〇二〇）。

(21)『平塚市史2　資料編　近世（1）』二五三頁。

(22) 大野誌編集委員会（一九五八）一六九頁。

(23) 洪水記録については、藤木編（二〇〇七）を参照した。

(24) 簗瀬（二〇〇五）に提示された御殿・御茶屋を参照。また、「近世初期における将軍家御殿・御茶屋跡の考古学的研究」（研究代表：岡田茂弘、一九九五年度研究成果報告書概要）には、御殿・御茶屋が「比較的単純な居館的な構造であったと判る」と指摘されている。

(25) 佐脇敬一郎が、元禄八年（一六九五）の杉浦家屋敷書上図（杉浦家文書『越谷市史　第三巻』八八頁）を参照して、昭和二十年代（一九四五～五四）の空中写真を読み解いたものである。

(26) もっとも、これは家康期のことで、斉藤（一九九六）が指摘しているように、その後の陣屋は支配拠点となっている。陣屋の性質が変化する。変化の時期・要因は未検討である。

〔引用参考文献〕

相田文三　二〇一一「徳川家康の居所と行動（天正十年六月以降）」藤井譲治編『織豊期主要人物居所集成』思文閣出版

安藤　安　一九三五『待望丸子橋』私家版

和泉清司　一九八一『伊奈忠次文書集成』文献出版

井上　攻　二〇〇八『近世社会の成熟と宿場世界』岩田書院　付論「神奈川御殿について」（初出：山本光正編『東海道神奈川宿の都市的展開』文献出版、一九九六年）

大野誌編集委員会　一九五八　『大野誌』平塚市教育委員会　第二章「うつりかわり」第一節「江戸時代までの大野」八「中原御殿と東照宮」臼井弘執筆

加藤幸一　二〇一四　「越ヶ谷御殿」越谷市郷土研究会会報『古志賀谷』第一七号

鴻　巣　市　二〇〇四　『鴻巣市史　通史編2　近世』鴻巣市市史編さん調査会　埼玉県鴻巣市　第一章「徳川家康の関東入封と鴻巣御殿」第一節「江戸幕府の成立と領主の支配」二「鴻巣御殿と鷹狩」杉山正司執筆

斉藤　司　一九九六　「神奈川陣屋とその役割—江戸地廻り地域支配の拠点としての神奈川—」山本光正編『東海道神奈川宿の都市的展開』文献出版

城川隆生　二〇二〇　「相模の一山寺院と『新編相模国風土記稿』地誌調書上」『山岳修験』第六五号

高橋源一郎　一九五九　『船橋市史　前篇』船橋市役所編・刊

竹井英文　二〇一三　「豊臣政権と武蔵府中—府中御殿の再検討—」『府中市郷土の森博物館紀要』第二六号

谷口　榮　二〇一四　「青戸御殿の調査」『考古学ジャーナル』六五一　特集：徳川将軍家と御殿

柘植信行　二〇一四　「品川御殿—徳川家光と小堀遠州の作事—」『考古学ジャーナル』六五一　特集：徳川将軍家と御殿

中村孝也　一九六〇　『徳川家康文書の研究（下巻之二）』日本学術振興会

馬場治子　二〇一二　「府中御殿—史料と考察—」『府中市郷土の森博物館紀要』第二五号

平野雅道　一九七七　「江戸初期の藤沢宿と御殿について」『藤沢市史研究』第一〇号

深澤靖幸　二〇一八　「府中御殿覚書—発掘成果の再検討を中心に—」『府中市郷土の森博物館紀要』第三一号

藤木久志編　二〇〇七　『日本中世気象災害史年表稿』高志書院

本間清利　一九七一　「近世越谷における二、三の問題」『越谷市史研究報告』

三橋　健　一九八一　「意富比神考」『国学院雑誌』第八二巻第一号

村上　直　一九九〇　「小杉御殿と小杉陣屋に関する一考察」『川崎市史研究』創刊号

村上　直　一九九五　「相模国中原御殿に関する一考察」『法政大学文学部紀要』第四〇号

簗瀬裕一　二〇〇五　「徳川将軍の御殿と御茶屋—千葉御茶屋御殿跡の検討から—」千葉城郭研究会編『城郭と中世の東国』高志書院

簗瀬裕一　二〇一四　「房総の御殿と御成街道」『考古学ジャーナル』六五一　特集：徳川将軍家と御殿

〔付記〕

当日の内容は、事実確認の未精査、研究史把握の未熟さが多々見られるものであったため、当日の内容記録という編集子の意図とは異なる論考となった。記録として、当日の内容を記しておく。

御殿とは何か。どのような機能の施設か。初期の徳川家（家康期）御殿の具体的な様相から、検証することを課題とした。方法は、陣屋と御殿を比較することであった。それは府中御殿を豊臣秀吉が府中へ「御座所」を建設し、それを利用して（あるいはまったく新規に）徳川氏が府中御殿を建設した可能性が高いと、御座所・御殿を連続したものとして捉える先行研究に対する疑問から出発した。事例は、大川戸陣屋・越ヶ谷御殿とした。

その結果としては、立地的に大河（利根川・荒川）を越えているか、越えていないか（江戸から見て）の違いに出撃を意識しているか、防衛を意指揮しているかを捉えた。構造的には不区画化、短角果で、防衛上の強度が示され、それは戦時を前提としているか、平時を前提としているかの違いとした。そして、平時の利用があるか、ないか。平時の利用のみかに差異を見て、大川戸陣屋が慶長十三年（一六〇八）に杉浦家へ下賜されたのは、平時には不要と判断されたためで、同年越ヶ谷御殿へ移ったとした。結論は、陣屋（秀吉「御座所」）が軍事施設であるのに対して、御殿は宿泊施設であるとした。

将軍の鷹狩と御殿・御茶屋

——南関東を中心に——

根崎光男

はじめに

近世日本において、将軍・大名は城郭内の殿舎とは別に、城郭外への御成に際して宿泊・休息用の施設として御殿・御茶屋を建設した。ここでは、その研究対象を、大名の徳川氏および江戸幕府将軍（大御所・世子を含む）の徳川氏が、城郭外への御成、すなわち上洛、駿府・江戸間往復、鷹狩、日光社参などのために必要となった宿泊・休息用の施設である御殿（離第）・御茶屋（茶亭）で、かつ南関東に存在したものに限定する。

御殿・御茶屋のおおまかな違いとして、御殿は近世初期から幕末期まで存在したが、近世中期以降は激減し、幕末まで残ったのは浜御殿（浜御庭）だけであった。一方、近世前期に設けられた御茶屋はそのほとんどが近世中期までには解体されたが、近世中期以降、浜御庭内にはいくつかの小規模な御茶屋が建てられ、その一部は今も復元されて残っている。

全体として、御殿・御茶屋の減少理由は、十四代将軍徳川家茂の時代を除けば、近世初期の上洛は三代将軍家光時代で終わりを遂げ、また駿府・江戸往復は家康時代だけであり、さらに家康没後の日光社参についても全一九回のうち一六回は家綱期までであり、将軍の遠隔地への御成が激減したことが上げられる。

それに加えて、鷹狩の面では三代将軍徳川家光の前半までは宿泊を伴う鷹狩が多かったのに対し、大御所徳川秀忠没後、宿泊を伴わない日帰りの鷹狩に変化したことで御殿・御茶屋の利用が激減した。これにより、将軍家光は、江戸周辺地域への鷹野御成で利用する比較的小規模な御殿・御茶屋を造成した。また五代将軍の徳川綱吉は、その就任後まったく鷹狩を挙行せず、江戸およびその周辺地域への御成に際して利用する御殿を整備した。さらに、八代将軍徳川吉宗は幕府放鷹制度を再興し将軍の鷹狩を復活させたが、御殿はわずかに存在したものの、御膳所・御小休・御腰掛などと呼ばれる食事・休息施設を選定し、それも寺社や幕府施設・有力百姓屋敷などを指定していた。このため、この期の御殿は特別な事情による宿泊施設としての役割や幕府による種々の要請によって維持されることになった。

ところで、御殿・御茶屋に関する本格的な研究は、丸山雍成[1]や中島義一[2]らによって始まり、とくに交通史研究との関係で議論が深められた。その後、各地の御殿・御茶屋の研究が進み、文献史料だけでなく、その発掘調査によっても新たな成果が蓄積されるようになってきている[3]。

しかし、御殿・御茶屋にかかわる研究は、文献史料および発掘調査を通じても近世初期のものを中心に深められてきており、それに比べて寛永期以降のものについてはその研究蓄積がきわめて少ない状況となっている。

そこで、本稿では、鷹狩との関連で、南関東に存在した御殿・御茶屋を、家康期〜家光前期、家光中期〜家綱期、綱吉期〜家継期、吉宗期〜幕末期の四つの時期に区分して、各時期の役割を紐解きながらその歴史的な意義を究明していくことにしたい[4]。

一　家康期――家光前期の御殿・御茶屋

豊臣秀吉に臣従した徳川家康は、天正十八年（一五九〇）の関東の戦国大名北条氏の滅亡後、関東移封を命ぜられ、江戸城を本拠地とした。家康の領国支配は、戦国時代以来の旧城を活用しながら、主として関東の外縁部に上級家臣の支城を、江戸城周辺に下級家臣の領地や蔵入地を配置するというものであった。

一方、幼少期から鷹数寄であった家康は領国内に鷹場を設定し、鷹狩の名目で敵対大名の動静を探り、また在地勢力の撫循のために関東各地に出かけていた。近世初期以来の鷹狩記録をまとめた「御鷹野旧記」の「天明八申年御鷹野留」には、「都而御鷹野遠　御成先勤方心得之儀、関東御打入以来、拙者方（代官伊奈氏）江被　仰付置、御要害之筋専一之御趣意共有之」(5)（カッコ内筆者注記）との記述があり、関東入国以来、徳川氏の遠隔地への鷹狩は「御要害之筋」、すなわち軍事的配慮としての防御面を第一に考えておこなっていたという。この鷹狩にかかわって、江戸城と関東の重要地域との間には御殿・御茶屋が建設され、宿泊・休息施設として利用された。

慶長八年（一六〇三）二月、家康は征夷大将軍に就任し、江戸に幕府を開いた。その当初、主に伏見城に居住して政務をおこなっていたが、その二年後、家康は将軍職を子の秀忠に譲り、大御所と呼ばれるようになった。ここに、江戸幕府の政治は駿府の大御所政治と江戸の将軍政治とによっておこなわれることになったが、政治の実権は家康が掌握していた。そして、同十二年七月に駿府城に移転し、大御所の家康は駿府を、将軍の秀忠は江戸を拠点に政治を担った。これにより、家康は上洛や駿府・江戸間往復、鷹狩のために宿泊・休息施設が必要になり、御殿・御茶屋を建設していった。

表1　家康期〜家光前期おける南関東の御殿・御茶屋

名　称	国・郡	設置時期	廃止時期	面　積	管理者	街　道
中原御殿	相模・大住	慶長年間	明暦3年(1657)	4,368坪		中原街道
藤沢御殿	相模・高座	慶長年間		1,650坪		東海道
神奈川御殿	武蔵・橘樹	慶長15年(1610)	延宝年間	684坪	御殿番	東海道
小杉御殿	武蔵・橘樹	慶長15年(1610)	明暦元年(1655)	3,000坪	御殿番	中原街道
蕨(戸田)御殿	武蔵・足立	慶長17年(1612)		4,200坪		中山道
浦和御殿	武蔵・足立	慶長年間	慶長16年(1611)			中山道
忍御殿	武蔵・埼玉	慶長年間ヵ				中山道
鴻巣御殿	武蔵・足立	慶長10年(1605)ヵ	元禄4年(1691)		御殿番	中山道
越谷御殿	武蔵・埼玉	慶長9年(1604)	明暦4年(1658)		御殿番	日光街道
青戸(葛西)御殿	武蔵・葛飾	天正〜慶長期	明暦3年(1657)		御殿番	浜街道
船橋御殿	下総・葛飾	慶長19年(1614)	貞享年間	3,000坪		東金御成道
千葉御殿	下総・千葉	慶長年間ヵ	寛文年間ヵ			房総往還
千葉御茶屋御殿	下総・千葉	慶長19年(1614)	寛永年間ヵ	3,600坪		東金御成道
土気御茶屋	上総・山辺	慶長年間ヵ	寛永元年(1624)			土気往還
東金御殿	上総・山辺	慶長18年(1613)	寛文11年(1671)	11,700坪		東金御成道

（注）『新編武蔵風土記稿』，『新編相模国風土記稿』，『相中留恩記略全』，中島義一「徳川将軍家御殿の歴史地理的考察（第1報）—南関東の場合—」（『駒沢地理』第14号，1978年），丸山雍成「『初期本陣』再論」（豊田武博士古稀記念会編『日本近世の政治と社会』吉川弘文館，1980年）より作成．
（※）忍城本丸は忍御殿跡．

この時期の南関東における御殿・御茶屋は、表1のように、慶長期（一五九六〜一六一五）を中心に、東海道・中山道沿いのほか、関東の鷹狩地先通りの中原街道・日光街道・東金御成道沿いなどに建設され、実際上の利用は家康期より秀忠死去の寛永前期までであった。それ以降維持されたものでも、家綱期（一六五一〜一六八〇）から綱吉期（一六八〇〜一七〇九）にかけてその解体が進んでいった。

慶長十二年、家康は駿府城に隠居し、それ以降死去前年の元和元年（一六一五）までほぼ毎年、駿府・江戸間の往復を繰り返した。ここでは、その全体に触れる余裕がないので、慶長十八年九月から翌十九年一月にかけての駿府・江戸間往復の模様を「駿府記」を用いて御殿利用の観点からみていくことにしたい。「駿府記」の慶長十八年八月九日条に「来月十七日、為御放鷹令赴関東可給之由被仰出」(6)とあり、出発一ヶ月以上前に関東への御成を決定し、その主たる目的は関東での鷹狩であった。予定通り、九月十七日に駿府を出発、翌十九年一月二十九日に駿府に帰還するまでに、宿泊地となったのは清水・善徳寺・三島・小田原（城郭）・中原・藤沢・神奈川（御旅館）・江戸城・戸田・川越（城郭・御旅館）・忍御殿・岩槻（城郭）・越谷・葛西・稲毛・中原・千葉・東金で、城郭に宿泊した以外はすべて御殿が存在する地域であった。この行程のなかで、宿泊施設が「御旅館」と記されたのは神奈川と川越だけであり、「御殿」と記されたのは忍だけであった。この期間中に鷹狩が挙行されたのは葛西・戸田・忍・岩槻・越谷・東金・千葉などの諸地域であった。なかでも、忍と東金では長期間にわたって逗留し、鷹狩に勤しんでいた。

この間の特徴的な出来事を列挙すると、将軍・家臣らによる大御所家康の出迎えと肴献上、将軍の家臣と大御所との面会、忍では百姓らが代官を直訴し大御所の御前で対決し代官を罷免、越谷でも鷹場において近辺百姓が代官を直訴したが百姓の代表らを処罰、京都のキリスト教徒追い払いのため大久保忠隣の派遣命令、忍御殿で寺院住持らが学問の講義、江戸城での将軍や大名・幕府家臣らとの対面、大御所への幕臣死去の報告、幕臣の大御所へのお目見え、大御所が本多正信へ来春の大名手伝普請を指示、京都所司代の板倉勝重から大御所への飛脚到来など、御成先とはいえ公私にわたるさまざまな業務を処理していた。これ以外の年も、この年と大同小異であり、御殿では単なる宿泊だけでなく、儀礼の執行や政治向きの命令、面会・相談・連絡などのさまざまな業務が繰り広げられていたのである。

次に、御殿地の支配構造についてみていきたい。家康が鷹狩で長期間滞在した武蔵国埼玉郡忍地域や同国足立郡鴻巣地域は北関東の要衝地であり、家康の関東入国時、忍城には家康の四男松平忠吉（一〇万石）と松平家忠（一万石）を配置した。しかし、忠吉は元服前であったため実際には家康の下にあり、その家臣たちだけが詰めていた。文禄元年（一五九二）二月、元服した忠吉は忍城に入り、このため家忠は下総国上代に移封された。その後、忠吉は関ヶ原の戦いで武功をあげ、尾張清洲城の城主となって尾張一国五二万石を領したことで、忍領は徳川氏の蔵入地および下級家臣の領地となり、忍城は寛永十年（一六三三）まで番城となって城代の守備するところとなった。そして、忍領の大部分は代官頭伊奈忠次や代官大河内久綱らの支配下にあった。

家康の譜代家臣であった天野忠重と小栗正勝は、ともに慶長七年より忍城の城番をつとめ、同九年三月に武蔵国幡羅郡三ケ尻村と折口村に合わせて五五〇石ずつの知行を宛行われ、同十八年十一月には忍近郷の代官に就任した。このなかで、天野忠重は忍・鴻巣地域の鷹場を支配して鳥見同心一〇人を預けられ、その子忠詣も同地域の鷹場を支配して鳥見同心二〇人を預けられ、鴻巣に居住していた(7)。

一方、小栗正勝は家康の五ヶ国領有時代から鷹匠頭的存在であった小栗忠次の弟であり、関東入国時には鉄砲同心二〇人を預けられていた。そして、忍城の城番ののち代官となり、その子正信は鷹師をつとめたが寛永三年に父に先立って死去し、正信の子正重は将軍秀忠の鶬頭に就任していた。「柳営日次記」の寛文三年(一六六三)十二月九日条には、「忍領鳥屋飼屋敷幷鳥見屋敷、彼城内有之(8)」とあり、忍城内には忍領を所管する幕府の鳥屋飼屋敷や鳥見屋敷が設置されていたと記録されており、忍はこの地域の鷹場の拠点となっていた。

その証拠として、「駿府記」の慶長十六年十一月五日条、同十八年十月晦日条、元和元年十月晦日条に、家康が忍に宿泊したことが確認できる(9)。しかし、それ以前の天正十八年から文禄元年にかけて、家康は忍での鷹狩を何度も計画し、そのたびごとに忍城内では鷹部屋が造成されたものの、この時期鷹狩で来訪することはできなかった(10)。

なお、長らく忍藩主をつとめた阿部家の家譜「公餘録」巻二の宝永四年(一七〇七)三月二十二日条に、「御在城ニ而御本丸ニ被為入候節、御先立半次郎相勤候様被　仰付候処、半次郎来月五日迄服有之、御本丸ハ　権現様御殿之御跡之儀候間差控、月番之年寄共御先立相勤候様被　仰付候(11)」とあり、参勤明けの暇が許され江戸から国元に赴く藩主阿部正喬が忍城本丸に入るにあたり、家臣の加藤半次郎がその先導をつとめることになっていた。ところが、半次郎は翌月五日まで服喪中であり、本丸への立ち入りが憚られるということで辞退し、その代役を月番の年寄(家老)が命じられた。その理由は、忍城本丸には家康が宿泊した御殿(「忍御殿」)がかつて建てられており、その場所は後世になっても神聖な空間として認識されていたのである。

また、慶長十年ごろには鴻巣に御殿が建設されていたが、家康がこの地にやってくると決まって忍御殿を宿泊の場所とした。鴻巣御殿は、秀忠の将軍就任に合わせて建てられた御殿であり、秀忠の宿泊施設であったとみられ、家康が宿泊することはなかった。このため、通常、鴻巣御殿に宿泊した秀忠が忍御殿に訪ねてきて、家康と面会していた。

鷹場の設定や御殿設置の事情は、上総国東金地域でも確認できる。享保四年（一七一九）に作成された「上総国山辺郡長柄郡之内御鷹場之由来書」には、「権現様御入国の節、初めて東金表御鷹場ニ仰付られ、御入国最初の御鷹場ニて御座候由」[12]とあり、東金の鷹場は関東入国後最初の鷹場設定であった。東金地域は、徳川氏の鷹場であると同時に、戦国時代、戦国大名北条氏に従属する東金城主酒井政辰の領地であったが、北条氏滅亡後徳川家康の所領となり、蔵入地および下級家臣の知行地となった。

鷹場の支配は、酒井氏の家臣であった栗原右衛門が「御鷹場御預り役」に任命され、一五人の鳥見同心が従属していた。その跡役となった代官野村為勝の履歴によれば、大坂の役での論功行賞として上総国山辺郡内で三三〇石余の知行を宛行われ、元和六年には鳥見同心を預けられ、寛永二年には上総国東金領と下総国千葉領の代官に就任していた。[13]つまり、野村為勝はこの地の鷹場支配と幕領支配とを兼ねていた時もあったのである。この東金での鷹狩は、家康が二回、秀忠は八回に及んでいた。

また東金では、慶長十九年一月の家康の鷹狩来訪に合わせて御殿が建設され、同時に下総国船橋から上総国東金までの御成街道が造成された。元禄四年（一六九一）七月に作成された「東金御殿配置図」の写し[14]が残されており、これによれば御殿敷地は六七〇〇坪、周辺の山五〇〇〇坪、総坪数は一万一七〇〇坪であった。御殿には、御休息・御書院・御広間・御坊主部屋・御小姓部屋・御鉄砲屋・御弓部屋・御老中部屋などがあり、これに表御門・大御番所・

御馬屋・御長屋・御賄所・鷹部屋などが付属していた。

この時期、家康の関東入国、そして江戸幕府の成立、伏見城での政務、駿府城への隠居などがあり、これにかかわって上洛や駿府・江戸間の往復の機会が多かった。このため、それらの往復時に鷹狩がおこなわれ、軍事や政治的要請もあって遠隔地に出かけていた。これに伴い、京・江戸間、駿府・江戸間の街道沿いなどに御殿・御茶屋が数多く築かれた。そこでは、単に宿泊・休息だけでなく、城郭と同様の諸品の献上・下賜、振舞などの儀礼、直訴に伴う裁決、幕府政治にかかわる相談や命令、情報交換などがおこなわれていたのである(15)。

二　家光中期——家綱期の御殿・御茶屋

元和九年（一六二三）六月、徳川秀忠は将軍職を辞して子の家光に譲った。これは家康に倣ったもので、秀忠は政権移譲後も大御所として政治的実権を掌握しつづけたため、大御所（西の丸）政治と将軍（本丸）政治との二元政治により幕府政治が展開された。

この二元政治の下で、寛永三年（一六二六）二月二十八日、幕府直轄領の山間村落に三ケ条からなる「巣鷹制」を触れ、巣鷹発見の報告とその監視とを百姓役として義務づけ、その褒賞と罰則を明確化した(16)。また同五年十月二十八日、幕府は江戸周辺五里四方の村々に「近郊放鷹の地の制」を触れ、江戸廻りの幕府鷹場で鷹狩ができるのは将軍以外では鷹師頭四人に属した鷹師たちに限られ、鷹場村々の農民らにその監視と鷹の継ぎ立てを義務づけた(17)。江戸城にもっとも近い江戸周辺五里四方の鷹場村々にその徹底を命じたものであり、関東一帯に展開する幕府鷹場のなかでも、江戸周辺五里四方の村々がきわめて重要な地域であることを念頭に置いたものであった。

表2　家光中期～家綱期の御殿・御茶屋

名　称	郡	設置時期	廃止時期	寺院との関係	備　考
高田御殿	豊島	寛永年間	延宝8年		のち北御薬園，護国寺建立
隅田川御殿	葛飾	寛永年間ヵ	明和年間	木母寺境内	正保国絵図に記載，公家招待
品川御殿	荏原	寛永13年	元禄15年	東海寺境内	8間×6間
大井御茶屋	荏原	正保2年		常林寺境内	将軍の御祈禱所
永代島御茶屋	葛飾	寛永年間ヵ		永代寺辺	
本所御茶屋	葛飾	寛永年間		最勝寺境内	
谷中御茶屋	豊島	寛永15年		感応寺境内	
目黒御殿	荏原	寛永11年		瀧泉寺境内	寺の伽藍復興時に建設
牛込御殿	豊島	寛永年間	承応年間		仮御殿，鷹狩の休息所
西ヶ原御殿	豊島	寛永年間ヵ			正保国絵図に記載
王子御殿	豊島	寛永11年		金輪寺仏殿西	板橋御殿，王子御茶屋とも
代々木御茶屋	豊島	寛永年間		大正院境内	家光の鷹狩との関係
下高田御茶屋	豊島	寛永年間	元禄以前	南蔵院境内	家光の鷹狩による御休息所
高円寺御茶屋	多摩	寛永年間ヵ		高円寺境内	御殿は高6尺，広さ3間四方
井之頭御殿	多摩	寛永年間		井之頭池西	家光の鷹狩との関係
千住御殿	足立	寛永年間	延宝8年	勝専寺境内	家綱の日光社参で御殿利用
新宿御茶屋	葛飾	寛永年間ヵ			正保国絵図に記載

（注）『新編武蔵風土記稿』，『葛西志』，『御府内備考』，「武蔵名勝図会」，「南向茶話」「品川宿明細帳」などより作成．

そして、寛永九年正月、秀忠が没すると、二元政治は解消され、家光による単独政権となった。それまで、家光は祖父家康・父秀忠と同じように、遠隔地での鷹狩を挙行してきたが、これを機に江戸周辺の鷹場村々に鷹狩に出かけるようになった。すなわち、宿泊を伴う鷹狩から日帰りの鷹狩へと変化していったのである。

このため、家光は江戸周辺の鷹場村々にある有力寺院の境内に規模の小さな御殿・御茶屋を新たに設置し、鷹狩の際の休息・食膳の場とした。それらは、表2に示したように、そのほとんどが秀忠没後の寛永十年以降であり、それも寺院境内に設置された。幕臣の永井直重が著したとみられる「寛永小説」には、「御鷹場の先御殿有之所、北御薬園・高田、南御薬園・麻生（麻布ヵ）、隅田川、品川、大炊台（大井台ヵ）、小菅、ほうろく島、王子　板橋の御殿と云も此事也、此辺金輪寺と云寺もあり、中野、葛西、右之外にも寺の内に畳二畳三畳敷の御腰掛餘多有之由」(18)とあって、江戸の周辺地域には一〇ヶ所の御殿があり、そのほかにも寺院内に二、三畳の狭小な「御腰掛」が数多くあったとしている。

隅田川（墨田川）御殿については、『新編武蔵風土記稿』の隅田村の「御殿蹟」の項に、寛永年間（一六二四〜四四）、木母寺の傍ら隅田川のほとりに御殿が存在し、その再建・修理が明暦三年（一六五七）、延宝二年（一六七四）、貞享二年（一六八五）におこなわれたと記録されている。(19) しかし、その建立・廃絶の明確な時期は記録されていない。

一方、『東京市史稿』遊園篇第一には、近代日本の建築家・大熊喜邦が隅田村旧名主坂田家旧蔵の「明暦三酉年五月御建立より明和年中迄　隅田川御殿之図」(20)を透写した絵図が収載されている。これには、隅田川沿いに形成された砂洲の台地に、木母寺に隣接して御三間・御次間・御上段の三間からなる御殿と、御次間・御上段の二間からなる御茶屋とが築かれ、その側には幕府の御前栽畑も位置づいていた。また、この絵図の木母寺には「表門」「裏御門」の真反対に「御成門」が建設され、本堂の一角の「御老中詰所」に隣接して「御三間」「御次間」「座所御上段」「御湯殿」「御膳所」などの部屋が存在していた。明らかに、御殿とは別に、寺院内に「座所」や「御膳所」などがあり、幕府重役の詰所も設けられ、寺院施設と一体化していたことがわかる。このように、この絵図では川を隔てた寺院の北側に別棟の小規模な「御殿」「御茶屋」と寺院内に併設された「御膳所」とが同時に存在していたことを裏付けている。そして、ここでは明暦三年の建立、明和年間（一七六四〜七二）の廃絶と記録されているが、『新編武蔵風土記稿』の記述によれば御殿は寛永年間には存在し、「隅田川御殿之図」に記される明暦三年は建立ではなく、再建ではなかったかとみられる。なお、近年、貞享二年に再建された際の「隅田川御殿御指図」(21)が発見され、前述した「隅田川御殿之図」の木母寺平面図とほぼ似通った施設構成となっているが、より詳細な情報を提供している。木母寺併設の将軍休息施設は「隅田川御殿之図」では「御膳所」、「隅田川御殿御指図」では「御殿」と呼称されていた。

ところで、「御場一件」坤の「隅田村木母寺之事」には、「慶安元子年頃　大猷院様　御膳所ニ相成候由　厳有院様

ニも被為　入、御膳所ニ相成、本堂御建立御座候由」[22]とあり、隅田川御殿とは別に、将軍家光時代の慶安元年（一六四八）ごろ、木母寺内に将軍の「御膳所」が併設され、食事・休息の場所になっていた。享保二年（一七一七）五月の将軍吉宗によるはじめての鷹狩の際には木母寺が御膳所に指定されていたが、それ以前から木母寺に「御膳所」が置かれていた由緒に基づくものであったのだろう。

次に、品川御殿であるが、『新編武蔵風土記稿』の北品川宿の「御殿山」の項に、関東入国後、山北に御殿が建設されたとの言い伝えがあるが、記録的に確認できるのは将軍家光時代に東海寺の沢庵宗彭らが御殿で御茶を献じていたことである。また、のちに名付けられる御殿山の北側に、長さ八間に横六間の御殿の礎石が残っていたという[23]。そして、「常憲院殿御実紀」の元禄十五年（一七〇二）八月十四日条に、この春、品川御殿はもらい火で焼失して廃止され、これにより品川御殿奉行の小池義久が小普請入りになったと記録されている[24]。

目黒御殿については、「大猷院殿御実紀」寛永元年是年条に、この年、幕府の庇護により武蔵国荏原郡目黒村の瀧泉寺に不動堂が創建され、その際本堂・甲尾権現・大行事権現堂・供所・鐘楼・観音堂・二王門・開山堂も修理された。それとは別に、寺院境内に御殿（目黒御殿）が建てられ、この付近での鷹狩の際に「御休らい所」になったと記録される。これに続いて、家光が瀧泉寺を篤く庇護した理由として、目黒辺での鷹狩の際に愛鷹が行方知れずとなり、当寺住僧の実栄がこの場所に戻ってくるように祈ったところ、すぐに「鷹居の松」に帰ってきたという[25]。この霊験を目の当たりにした家光は、その労に報いようと破却寸前の寺の復興を支援し、篤く信仰するようになったとの逸話が伝えられている。

一方で、「御場御用留」の「西ヶ原御殿山之事」によれば、西ヶ原御殿（舟山茶亭）は家光時代に存在し、その広さは一万四〇〇七坪（四町六反六畝二七歩）に及ぶ広大なものであったが、寺院境内に位置づいていたものではなかった[26]。

御殿は日光御成道沿いにあり、寛永年間には家光が鷹狩の際に立ち寄っていた。その後解体され、跡地は御林となって山守によって管理されたという。

なお、「幕府日記」の寛永十六年六月二十日条によれば、家光は家康時代に建設された葛西（青戸）・稲毛（小杉）・府中・中原・船橋・越谷の六ヶ所の御殿の修復をおこなっていた。(27) その修復に際しては、大番・小姓組番・書院番の番士らにその奉行を命じていた。これらは、江戸周辺に位置し、建築後二〇〜四〇年を経過していて修復の対象となったが、家光が利用した形跡はほとんどなく、崇拝した家康ゆかりの御殿であったことが考慮されたものであろう。

三　綱吉期——家継期の御殿

この時期、将軍の鷹狩は挙行されなかった。五代将軍徳川綱吉は、館林藩主時代の後半から鷹狩を実施せず、将軍に就任してから一度たりとも鷹狩に出かけることはなかった。しかし、延宝八年（一六八〇）を除き、幕府鷹匠らによる鷹の飼養・訓練は継続していた。それは、鷹狩による生類の殺生に穢れ意識を強く感じていたからとみられる。このことと関連して、将軍綱吉は将軍に就任してまもなく生類保護政策を進め、そのなかで鷹役人を削減しはじめ、同時に鷹狩の獲物である「御鷹之鳥」の贈答儀礼も縮小していった。そして、元禄六年（一六九三）九月十日に幕府は鷹狩を停止したことで幕府鷹場も解除され、その二日後に鷹部屋で飼養していたすべての鷹を放し、同九年十月十四日に鷹職制を全廃した。(28)

このなかで、綱吉は鷹野御成に代わってさまざまな目的の御成を挙行し、表3のような御殿を整備し、休息・癒しの場所とした。綱吉が館林藩主であったころ、小石川白山に下屋敷があったが、将軍に就任したことでその下屋敷は幕府に収公され、小石川（白山）御殿と称されるようになった。この御殿には、御殿奉行や御殿番頭・御殿番などの役人が置かれ、将軍御成時の食事・休息の場となった。

「常憲院殿御実紀」の天和二年（一六八二）六月十日条に、小石川御殿への御成に際して大老の堀田正俊や側用人の牧野成貞、それに御側衆に羽織や袴を着用させ、そのほかに供奉した者たちにも鷹狩装束で同行させていたことが記録される(29)。この御成は、単なる癒しのためだけでなく、御成行列を仕立てて将軍の権威を示す行動でもあった。小石川御殿には、貞享元年（一六八四）に麻布御薬園（寛永十五年設置）の薬草が移され、これにより小石川御薬園が成立し、また貞享三年閏三月には御殿近くの田圃に幕府が飼育していた鶴五羽を放し、翌四年二月にも鶴を放って野生の鶴をもおびき寄せようとしていた。これは、殺生を戒め捕えた生き物を野生に放つ放生の一環であり、鶴の放し飼いの場所（鶴場、放鶴場）を設置したものであった(30)。小石川御殿への御成は、それらの実情を見分する機会でもあった。

表3　綱吉期～家継期に存在した御殿

名　称	郡	設置状況	廃　止	備　考
小石川御殿（白山御殿）	豊島郡	天和元年（1681）	正徳3年（1713）	館林藩下屋敷が幕府に収公
品川御殿	荏原郡	貞享2年（1685）	元禄15年（1702）	東海寺境内，再建
隅田川御殿	葛飾郡	寛永年間	明和年間	木母寺と一体，再建
麻布御殿（白銀御殿）	豊島郡	元禄11年（1698）	元禄15年（1702）	麻布御薬園内
浜御殿	豊島郡	宝永元年（1704）	慶応2年（1866）	甲府藩主徳川綱豊が将軍後継者となり，甲府藩浜屋敷が幕府に収公

（注）『徳川実紀』第五篇，第六篇，『続徳川実紀』第五篇，『東京市史稿』遊園篇第一などより作成.

また小石川御薬園の成立によって、麻布御薬園は廃園となったが、その北側の御花畑には元禄十一年に麻布御殿が完成し、御殿番や添番・坊主などが配置された(31)。この御殿の維持にあたっては、その周辺村々が麻布御殿番衆の用米や御用餅米を納入しており、「御殿役」とでもいうべき役負担を課せられていた(32)。

なお、小石川御殿や麻布御殿に共通する用途として、「常憲院殿御実紀」の元禄十四年四月一日条に、番方の諸隊に属する与力・同心たちに対して小石川・麻布両御殿での弓・銃の取り扱いの監試（学業成績の審査）を目付に命じていたことが記録される。(33) その後、両御殿では頻繁に弓・銃の稽古が繰り広げられていた。

貞享二年五月十四日、綱吉政権は若年寄の秋元喬知に古くなった品川御殿と隅田川（墨田川）御殿の再建を命じ、同年八月五日に竣工した。(34) 翌三年十月二十二日には多くの供奉の者たちを引き連れて品川御殿への御成を敢行し、そして東海寺に出向いて林泉を遊覧した。そのあと御殿に戻り、老中らからの魚物の献上もあって供奉の者たちを饗応した。(35) ここは、癒しのほか、諸品献上や饗応などの儀礼空間として利用されていた。

綱吉の六十賀を目前にした宝永元年（一七〇四）十二月五日、甲府藩主徳川綱豊が将軍綱吉の養嗣子となることが決定し、同九日に名を綱豊から家宣に改めた。これにより、甲府藩下屋敷であった甲府浜屋敷は幕府に収公され、浜御殿と称されるようになった。同二年九月十日、家宣は夫人（のち天英院殿）とともに浜御殿に出かけ、同三年三月十八日には義父の近衛基熙を浜御殿に招いて饗応した。(36) 宝永四年九月四日に浜御殿の建設が始まり、翌五年三月五日に完成した。(37)

綱吉没後の宝永七年三月二十二日、将軍家宣は夫人や側室らと浜御殿を訪ね、池の中に船を浮かべて音曲を奏でて楽しんだ。この時、老中・若年寄・側用人・御側衆などの幕府重役も多数同行していた。(38) また、同七年九月二十六日にも浜御殿へ出かけ、陸奥会津藩主の松平正容や大坂城代の土岐頼殷を招いて園池を観賞させ、また大番・書院番の番士らの乗馬も観覧した。(39)

「文昭院殿御実紀附録」巻上には、将軍就任後、家宣は浜御殿の造園に着手し、山水の景を生み出して多くの人々を招いてもてなし、また四、五月ごろには息女たちに観覧させるため関東農村の婦女たちを代官に選んでもらって早苗の植えつけを頼んでいたと記されている。農村の婦女たちによる田植えの観覧については、息女たちに庶民の苦労を知ってもらうための配慮であったと伝えられる(40)。

続いて、同書には、この時代、鷹狩が中止され、また野山での狩猟もおこなわれず、まして船遊びもなくなって、船手役人は存在していたものの、水手や楫取たちが大船を動かすこともなくなったと記録されている。そこで、新将軍家宣は宝永六年九月ごろ浜御殿へ出向いた際に、海に数艘の船を浮かべ、船には旗や仗を建て並べ、水手や舵取りたちにさまざまな衣装を身に着けさせて船を漕がせ、また新しく造られた天地丸という大船にその親らも乗せ、その様子を観覧したという。それが終わると、家宣は船手奉行向井正員らに功労の証として褒美を賜った。これは、船手役人の士気を高め、かつ軍船の調練を忘れないようにとの配慮からであったという。将軍家光の時代には大船を動かすことがあったが、その後はまったくおこなわれなくなっていた。この記録では、家宣が前代に廃止されてしまったものでも残しておくべきものを復活する政治を推進したと結んでいる(41)。

将軍綱吉の時代には、綱紀粛正の名の下に、幕府の伝統にも容赦なく手を加え、多くの見直しをおこない、このなかでさまざまなものが姿を消した。その結果、鷹狩が廃止され、野山での狩猟も挙行されず、船遊びもなくなった。これにより、船手役人が大船を動かすこともなくなった。そこで、家宣は浜御殿への御成の際に、船手役人に色とりどりの衣装を着させて数艘の船を漕がせた。これは、船手役人の士気を高め、軍事調練を忘れないようにするための対策であった。これにより、浜御殿は温故知新の精神の一端を試す場としても利用されていたのである。

この時期に利用された御殿は、徳川宗家の血筋を引く者が将軍に就任した関係で、出身藩の下屋敷が幕府に収公されて御殿になったもの（小石川御殿・浜御殿）、前代の御殿が継承されたもの（墨田川御殿・品川御殿）、新しく建設されたもの（麻布御殿）の三類型がみられた。御殿では将軍の鷹狩が挙行されないなかで、家族を含めた癒し空間や接待の場としての利用が第一義であったが、番方役人の軍事調練の場として、あるいは儀礼の場としての利用もあった。

四　吉宗期――幕末期の御殿

七代将軍の徳川家継が夭折したため、八代将軍には紀伊藩主の徳川吉宗が就任した。吉宗は将軍就任と同時に、放鷹制度の復活に着手した。この制度の復活は、綱吉時代のそれを受け継ぎながらも、幕府財政の再建という重要課題があったため、全体として放鷹制度を縮小しつつその内容を緻密に強化していった。将軍が鷹狩に出かける江戸五里四方の鷹場は御拳場と呼ばれ、その外側に鷹匠らが鷹の訓練で出かける御鷹捉飼場と御三家の恩賜鷹場とを配置した。また元文期と宝暦期に将軍の吉宗・家重の子弟が興した御三卿に対して御拳場のなかに御借場を与えた。とくに、御拳場は葛西・岩淵・戸田・中野・目黒・品川の六つの筋に区分し、それぞれの筋に鳥見役所を設け、担当の鳥見によって鷹場支配がおこなわれた。

享保二年（一七一七）五月十一日、将軍吉宗によるはじめての鷹狩が武蔵国葛飾郡亀戸・隅田川周辺でおこなわれた。この時の鷹狩では、休息・食事のための「御膳所」を指定し、船から上陸するための階段である「御上り場」を築き、船の乗降場所として「御召場」を整備した。「御膳所」には、名刹の寺社が指定されることが多かった。これ以降の鷹狩では、食事を伴わない休息所として「御小休」「御中休」「御立寄」「御腰掛」が指定され、また高所から見渡す場所として「御立場」も築かれた(42)。将軍の鷹狩では、それらの施設が利用されることが圧倒的に多くなった。

こうした状況のなかで、この時期に利用された御殿は、表4のように浜御殿と小菅御殿だけであった。そして、唯一継続して利用された御殿が浜御殿であった。浜御殿には、浜御殿奉行・同見習・同添奉行・浜御殿吟味役・浜御庭

表4　吉宗期〜幕末期に存在した御殿

名　　　称	郡	設　置	廃　止	備　　　考	出　　典
浜御殿	豊島郡	宝永元年(1704)	慶応2年(1866)	享保9年(1724)御殿焼失	「浜殿旧記」上
中島の御茶屋		宝永4年		1983年復元	「浜殿旧記」上
海手の御茶屋		宝永4年			「浜殿旧記」上
清水の御茶屋		宝永4年	享保9年	享保9年正月焼失	「浜殿旧記」上
鷹の御茶屋		寛政7年		2018年3月復元	「浜殿旧記」上
松の御茶屋		家斉期		2010年11月復元	「浜殿旧記」上
燕の御茶屋		家斉期		2015年3月復元	「浜殿旧記」上
小菅御殿	葛飾郡	元文元年(1736)	宝暦4年(1754)	代官伊奈氏の小菅屋敷内に御殿造成	「御場一件」

世話役・御殿番・浜御庭御掃除之者などの役職があったが、享保四年九月、役人総数がそれまでの一六二人から二五人に激減した。また「有徳院殿御実紀」の享保五年七月二十二日条に、火災が発生した場合、これまで他の幕府施設と違って浜御殿は江戸城と同じ心得であったが、今後は通常の幕府施設と同じ扱いにすることが命じられ(43)、その位置づけが低下した。そして、同九年正月に御殿内の清水の御茶屋が焼失、同年四月には浜御殿も焼失したが再建されず、浜御庭と称されることが多くなった。吉宗の時代、泉水内に中島の御茶屋や南の海沿いには海手の御茶屋も存在したが、御庭内の御茶屋が将軍およびその親族に利用されることはなく、公家らの接待の場に利用されることもなかった。その結果、同十七年十二月、御殿跡地に寿光院（五代将軍綱吉の側室）や法心院（六代将軍家宣の側室）・蓮浄院（六代将軍家宣の側室）の屋敷が造成され、そのほか輸入された象の飼育所、薬園・織殿・砂糖製所・火術所なども築かれ、幕府のさまざまな実験・試作のための施設として利用されたのである(44)。

その後も、浜御庭は歴代将軍によって利用されたが、なかでももっとも利用したのが十一代将軍徳川家斉であった。家斉は鷹狩のために御庭内に鴨場を整備し、また中島の御茶屋・海手の御茶屋のほか、泉水周辺に鷹の御茶屋（寛政七年十二月新設）・松の御茶屋・燕の御茶屋を建設し、家族を含めての癒しの空間としてよく利用した。浜御庭には御殿は存在しなくとも御茶屋が存在したことで、浜御殿奉行以下の役職が残存していた。しかし、幕末の機構改革のなかで、慶応二年（一八六六）十一月十七日に浜御殿奉行を務めていた小川泰助が御役御免となり、「勤仕並小普請入」を命じられた(45)。これにより、浜御庭は海軍所となり、海軍奉行の管轄となった。さらに、明治元年（一八六八）には東京府の所管となったが、同三年に宮内省の管轄となって「浜離宮」と称されるようになり、軍事的利用から皇室の貴賓接待場へと変化していった。

また、吉宗時代に設置された御殿として、武蔵国葛飾郡小菅村の小菅御殿があった。この土地は、『新編武蔵風土記稿』によれば、寛永年間、代官伊奈忠治が屋敷として所持したところで、およそ一〇万坪の広さがあり、将軍家光が幾度も立ち寄って鷹狩をしていた(46)。元禄期にこの屋敷は綱吉政権の側用人柳沢吉保（「松平美濃守」）の求めに応じてその屋敷（六万三六一四坪）となったが、享保二年、代官伊奈氏に返還された。同年五月十八日、将軍吉宗は武蔵国葛飾郡新宿辺で鶴御成を挙行したが、小菅の代官伊奈屋敷が御膳所に指定されていた(47)。

ところが、元文元年（一七三六）七月二十七日に伊奈氏屋敷内の元御腰掛を用いて小菅御殿が建設され(48)、その広さは五万九一七一坪であった。南は水戸街道、東は綾瀬新川、北から西にかけて古川で囲まれていた。小菅御殿には元文元年十一月四日から延享二年（一七四五）二月五日までの八年半、のちに九代将軍となる徳川家重がたびたび宿泊した。家重は延享二年十一月二日に将軍に就任するが、それ以前の大納言・右大将時代における御成時の宿泊施設として利用していた(49)。つまり、小菅御殿は将軍吉宗がその後継者である家重のために建設した御殿であった。吉宗が家重のために小菅御殿を設置した理由については、一つは家重が病気がちであったこと、二つには家重が大奥にこもってひ弱であったこと、三つには江戸周辺への鷹狩によって家重の身体を鍛える必要があったことであり、そのため小菅の地に御殿を築き、将軍後嗣の家重が折に触れて鷹狩を挙行し数日ずつ宿泊できるようにしようとしたものであった(50)。

このため、元文二年より武蔵国足立郡淵江領新川東の鷹狩場の整備をはじめ、小菅御殿近くで家重の鷹狩で必要となる鴨・鷭の飼育を開始した。これにより、家重が小菅御殿に宿泊している間は、諸鳥の飼育を差配する鳥見一四人を御殿に詰めさせて御用に従事させることにした。ところが、寛保二年（一七四二）一月十九日、御賄所から出火し、小菅御殿は全焼した。その後、宝暦四年（一七五四）十一月二十一日に小菅御腰掛が完成し、今後は御殿の呼称を止めて御腰掛と呼ぶことになった(51)。

この時期の御殿には、浜御殿と小菅御殿があったが、ともに将軍および家族の癒しのためのプライベート空間としての色彩を強めていった。なかでも、小菅御殿は将軍吉宗が後嗣の家重のためにつくったものであり、鷹狩によって健康を回復させせようとしたものであった。

おわりに

本稿では、近世初期から幕末まで存在した御殿（御茶屋を含む）の役割を、江戸幕府放鷹制度の推移のなかで検討した。将軍（大御所・世子を含む）の鷹狩は、家康期―家光前期には遠隔地への鷹野御成が相次いだ時代、家光中期―家綱期には鷹野御成が江戸廻りに限られた時代、綱吉期―家継期には鷹野御成が挙行されなかった時代、吉宗期―幕末期には将軍の鷹野御成が復活し維持された時代という特色があり、それぞれの時期に御殿がどのような役割を担っていたのかを史料をもとに検討してきた。

家康期―家光前期、御殿・御茶屋は将軍・大御所の遠隔地への御成に際しての宿泊・休息の場として利用され、それだけでなく、諸儀礼のほか、学びや娯楽、政治向きの相談・命令、直訴の受理や裁定などがおこなわれ、城郭内の殿舎と変わらない業務遂行の場となっていた。なお、遠隔地への鷹野御成は軍事や地域支配とも密接に関連していた。

家光中期―家綱期、将軍の鷹野御成が江戸廻りの日帰りの地先に限定されたことで、前代の御殿の一部は修復されていたものの、その利用はほとんどなかった。この時期、新たに小規模な御殿・御茶屋が主に江戸廻りの寺院の境内および寺院施設内に造成され、鷹狩の際の休息施設として利用されたが短期間で破却されたものが多かった。なお、その設置は寺院の復興と密接に結びついていた。

綱吉期―家継期、殺生忌避や穢れ意識が高まったことで、鷹狩は挙行されず、幕府放鷹制度も縮小・廃止された。これに伴い、御殿が鷹狩の用途で利用されることはなくなり、将軍の癒し空間や幕臣の軍事訓練の場などとして利用された。この期の御殿の特色は、将軍就任前の出身藩下屋敷が幕府に収公されて御殿となり、また家光期の御殿と同様、寺院境内やその内部に位置づく御殿とが併存していたが、その数は少なかった。

吉宗期―幕末期、吉宗の将軍就任に伴い、鷹狩が復活し、幕府放鷹制度も縮小されながら再興された。このなかで、将軍の鷹狩は江戸城直近の御拳場と呼ばれる幕府鷹場で挙行された。これにより、将軍の鷹野御成に際しては、その食事・休息の場として御膳所・御小休・御中休などが寺院・幕府施設・有力百姓屋敷などに指定された。その関係で、御殿が数多く建設されることはなく、この期の御殿としては浜御殿と小菅御殿だけが利用された。浜御殿は享保九年（一七二四）の大火で焼失し、以後再建されることはなかったが、幕末まで御殿奉行が置かれて御庭や御茶屋が維持されていた。一方、小菅御殿は将軍吉宗が跡継ぎの家重の保養のために建設したが、寛保二年（一七四二）に焼失し、宝暦四年（一七五四）小菅御殿跡地に「御腰掛」と呼ばれる施設が完成し、これにより小菅御殿の呼称は消滅した。

このように、各時期の御殿は、それぞれの要請によりさまざまな用途で使用されてきた。なかでも、主として幕府放鷹制度の推移と将軍の趣向とに影響されながら、御殿の役割も大きく変化していたのである。

ところで、御殿・御茶屋の研究には多くの課題がある。まず何よりも、御殿・御茶屋の建立・廃絶の時期が特定できないものが多い。またこれに関連して、御殿・御茶屋の設置場所の決定やその役割についての課題、そしてその規模と構造についてもわかるものが少ない。それに、幾度も改築・修復が実施されており、その変化を知れるものも少ない。そこで、各御殿・御茶屋に関する新たな文献の収集を進めることはもちろんであるが、跡地発掘調査の進展にも期待したい。

注

（1）丸山雍成「初期本陣に関する一試論」（『日本歴史』第二〇五号、一九六五年）、のち『近世宿駅の基礎的研究』（吉川弘文館、一九七五年）に所収、同「『初期本陣』再論」（豊田武博士古稀記念会編『日本近世の政治と社会』吉川弘文館、一九八〇年）。

（2）中島義一「徳川将軍家御殿の歴史地理的考察（第一報）―南関東の場合―」（『駒沢地理』第一四号、一九七八年）、同「徳川将軍家御殿の歴史地理的考察（第三報）―日光社参の場合―」（『駒沢地理』第一五号、一九七九年）。

（3）平野雅道「江戸初期の藤沢宿と御殿について」（『藤沢市史研究』第一〇号、一九七七年）、中野達哉「葛西御殿と近世初期の鷹狩り」（葛西城址報告会編『葛西城』XⅢ、一九八九年）、村上直「小杉御殿と小杉陣屋に関する一考察」（『川崎市史研究』創刊号、一九九〇年）、同「相模国中原御殿に関する一考察」（『法政大学文学部紀要』第四〇号、一九九五年）、森朋久「小菅御殿」（『かつしかの道総合調査報告書』葛飾区教育委員会、一九九三年）、井上攻「神奈川御殿について」（山本光正編『東海道神奈川宿の都市的展開』文献出版、一九九六年）、品川区立品川歴史館編『平成二一年度特別展　品川を愛した将軍家光―品川御殿と東海寺―』（二〇〇八年）、望月一樹「小杉御殿についての一試論」（『品川区立品川歴史館紀要』第二六号、二〇一一年）、馬場治子「府中御殿―史料と考察―」（『府中市郷土の森博物館紀要』第二五号、二〇一二年）、竹井英文「豊臣政権と武蔵府中―府中御殿の再検討―」（『府中市郷土の森博物館紀要』第二六号、二〇一三年）、工藤航平「公儀の庭・浜御殿の変遷と意義」（『東京都公文書館研究年報』第三号、二〇一七年）など。発掘成果として宇田川洋編『青戸・葛西城址調査報告Ⅱ』（葛西城址調査会、一九七四年）、岡田茂弘『千葉御茶屋御殿第５次調査概報』（千葉市教育委員会、一九九三年）、簗瀬裕一「千葉におけるもう一つの御殿跡―千葉御殿と千葉御茶屋御殿―」（『千葉いまむかし』第一八号、二〇〇五年）、同「徳川将軍の御殿と御茶屋―千葉御茶屋御殿跡を中心に

―」（千葉城郭研究会編『城郭と中世の東国』高志書院、二〇〇五年）、江口桂「府中御殿」（『月刊考古学ジャーナル』第六五一号、二〇一四年）、谷口榮「青戸御殿の調査」（『考古学ジャーナル　特集　徳川将軍家と御殿』第六五一号、二〇一四年）、五十嵐聡江編『葛西城址・青戸御殿』（葛飾区郷土と天文の博物館、二〇一四年）、深澤靖幸「府中御殿覚書―発掘調査の成果を中心に―」（『府中市郷土の森博物館紀要』第三一号、二〇一八年）などがある。

（4）拙稿「徳川御殿の時期区分試論―将軍の鷹狩を中心に―」（『人間環境論集』第二一巻第一号、法政大学人間環境学会、二〇二〇年）を基礎としながら書き直し、本稿の課題に対応していきたい。

（5）「御鷹野旧記　全」（独立行政法人国立公文書館内閣文庫蔵）。

（6）『史籍雑纂　當代記　駿府記』（続群書類従完成会、一九九五年）二四五頁。

（7）『新訂寛政重修諸家譜』巻十四、一九七頁。

（8）『寛文年録』（江戸幕府日記第一編之三）第二巻、二四四頁。

（9）「駿府記」（『史籍雑纂　當代記　駿府記』続群書類従完成会、一九九五年）二一五～三一九頁。

（10）『増補　続史料大成　家忠日記』第十九巻（臨川書店、一九八一年）三七六～四一四頁。

（11）「公餘録」（個人蔵、学習院大学史料館保管）、澤村怜薫『近世旗本知行と本貫地支配』（岩田書院、二〇二四年）四六～五五頁。

（12）『東金市史』史料篇一、三四六～三五六頁。

（13）『新訂寛政重修諸家譜』第七、一九八頁。

（14）「東金御殿配置図」（東金市教育委員会蔵、東金市デジタル歴史館）。

（15）注（4）に同じ。

（16）『徳川実紀』第二篇、三六一頁。

（17）『内閣文庫所蔵史籍叢刊　東武実録（二）』（汲古書院、一九八一年）五三五～五三八頁。

（18）「寛永小説」独立行政法人国立公文書館蔵。

（19）『新編武蔵風土記稿』（大日本地誌大系八、雄山閣、一九七七年）第二巻、一～六頁。

（20）『東京市史稿』遊園篇第一、八七四～八七五頁。

（21）福澤徹三「一七世紀後半の向島（墨田区北部）での鷹狩りと木母寺・隅田川御殿」（江戸遺跡研究会編『江戸遺跡研究会第三二

回大会・徳川御殿の考古学』二〇二〇年）。
(22)「御場一件」坤（独立行政法人国立公文書館蔵）。
(23)『新編武蔵風土記稿』第三巻、七四〜七五頁。
(24)『徳川実紀』第六篇、四七九頁。『新訂 寛政重修諸家譜』第二十一、六四頁。
(25)『徳川実紀』第二篇、三三六頁。
(26)「御場御用留」（独立行政法人国立公文書館蔵）。
(27)『徳川実紀』第三篇、一四〇頁、『江戸幕府日記（姫路酒井家本）』第七巻（ゆまに書房、二〇〇三年）三四三頁。
(28)拙著『江戸幕府放鷹制度の研究』（吉川弘文館、二〇〇八年）二三五〜二九一頁。
(29)『徳川実紀』第五篇、四五一頁。
(30)拙著『犬と鷹の江戸時代――〈犬公方〉綱吉と〈鷹将軍〉吉宗』（吉川弘文館、二〇一六年）三九〜四〇頁。
(31)『徳川実紀』第六篇、三二五頁。
(32)『川崎市史』通史編2近世、一九四〜一九五頁。
(33)『徳川実紀』第六篇、四三七頁。
(34)『徳川実紀』第五篇、五四六頁。
(35)『徳川実紀』第五篇、五八七頁。
(36)『徳川実紀』第六篇、六一六頁。
(37)『徳川実紀』第六篇、六六九頁、六九〇頁。
(38)『徳川実紀』第七篇、八九頁。
(39)『徳川実紀』第七篇、一二四頁。
(40)『徳川実紀』第七篇、二五九頁。
(41)『徳川実紀』第七篇、二六〇頁。
(42)注(30)二一四〜一六一頁。
(43)『徳川実紀』第八篇、二〇〇頁。

(44) 工藤航平「公儀の庭・浜御殿の変遷と意義」(『東京都公文書館調査研究年報』第三号、二〇一七年)。
(45)『続徳川実紀』第五篇、七六頁。
(46)『新編武蔵風土記稿』第二巻、二二頁。
(47)「御場一件」坤(独立行政法人国立公文書館蔵)の「小菅伊奈半左衛門屋敷之事」。拙稿「寛政期における鷹場制度の展開過程」(『法政史論』第五号、一九七八年)、森朋久「小菅御殿」(『かつしかの道総合調査報告書』〈葛飾区文化財専門調査報告書3〉、一九九三年)。
(48)「御場一件」坤の「小菅御殿出来之事」。
(49)「御場一件」坤の「小菅御止宿之事」。
(50)『徳川実紀』第九篇、七六九頁。
(51)「御場一件」坤の「小菅御殿焼失之事」「小菅御腰掛出来之事」。

房総の御殿関連遺跡

簗瀬裕一

はじめに

近世初頭、千葉県東部に所在する東金は、将軍らが頻繁に鷹狩に訪れた場所として知られている。この地の鷹場は、「御吉事の御鷹場」(「東金御成等由緒書」『習志野市史』第二巻史料編一、以下『習志野市史』)として重視されていた。[1] これは徳川家康が、豊臣氏を滅ぼした大坂冬の陣と夏の陣の前後に鷹狩に訪れていたことによるという。そのためか、秀忠も没するまで毎年のようにここを訪れ、その回数は確認できるだけで一一回を数え、さらに宿泊を伴う鷹狩をほとんど行わなかった家光の来遊も確認できる(元和六年〈一六九三〉九月一六日『徳川実紀』、以下『実紀』と略す)。

このように、房総では鷹場のある東金での放鷹のためという明確な意図のもと、御殿や街道などが整備されたという歴史的経緯がある(図1)。千葉県内では、千葉市にある千葉御殿跡と千葉御茶屋御殿跡、船橋市の船橋御殿跡、東金市の東金御殿跡、そして大網白里市の土気茶亭跡の五カ所の御殿関連遺跡が残っている。そして、東金御殿と船橋御殿をつなぐために新設された東金御成街道もその関連遺跡といえる。ただし、研究史の上では、中島義一によって初めて関東の御殿・御茶屋跡の集成が示されて以来（中島一九七八）、千葉御殿と千葉御茶屋御殿が同一のものと混同されてきたという重要な問題がある（簗瀬二〇〇五ａ）[2]。千葉御殿と千葉御茶屋御殿はまったく別の遺跡であり、それを取り違えると史実を誤認することになるのでこの点は、再度強調しておきたい。

以下では、房総の御殿関連遺跡を概観したい。とくに御茶屋跡として全体の遺構が残るほぼ唯一の遺跡といってよい千葉御茶屋御殿跡における発掘調査の成果を紹介したいが、紙幅に限りがあるので詳しくふれえない点も多いので旧稿を合わせて参照していただきたい（簗瀬二〇〇五ａ・ｂ）。これらの遺跡の検討を通し、千葉県の御殿遺跡の概要を示すとともに、御殿に関するいくつかの問題点にもふれてみたい。

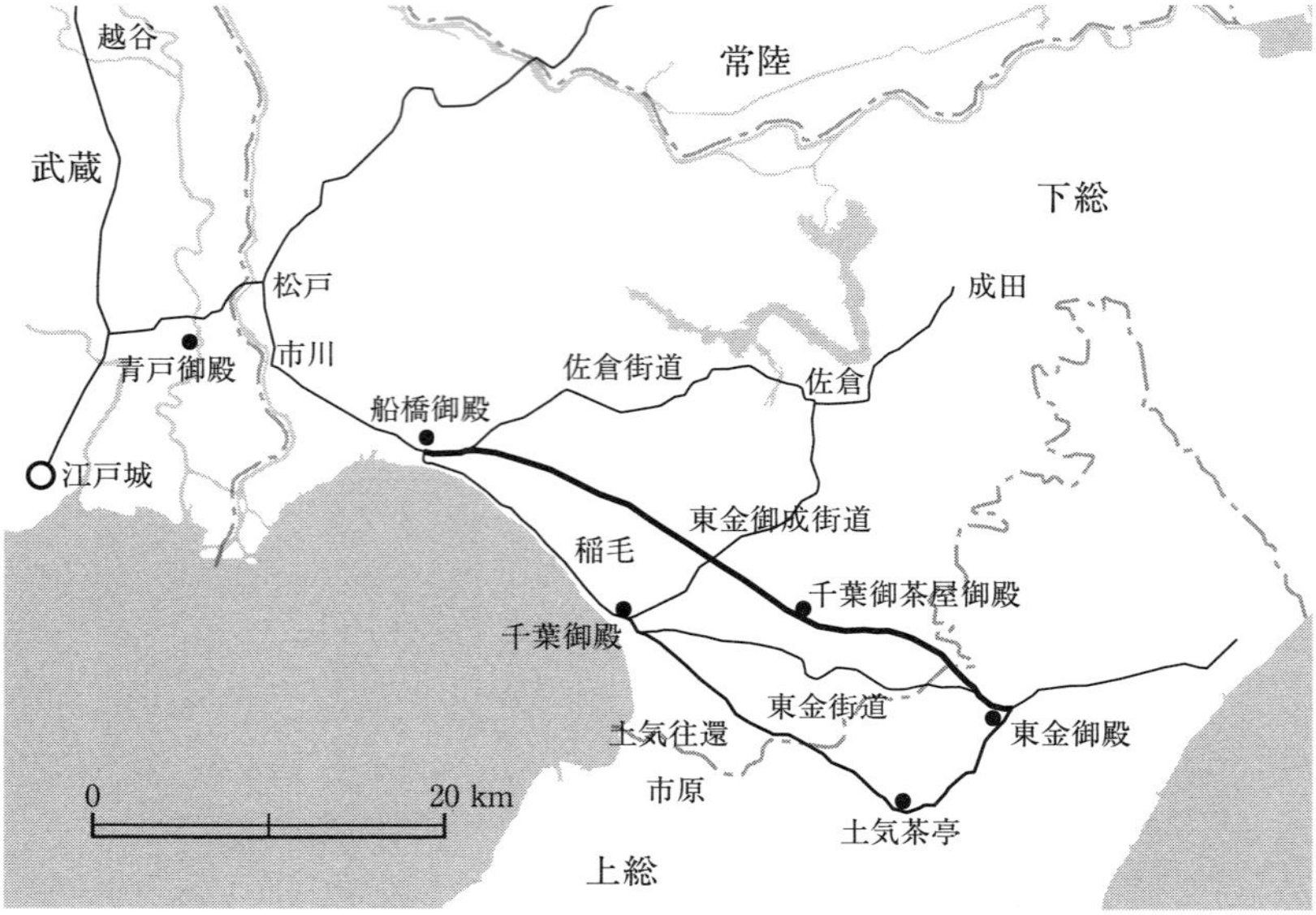

図１　千葉県御殿関係要図

一　東金御成街道

船橋と東金をつなぐおよそ三七キロメートルの道路であ

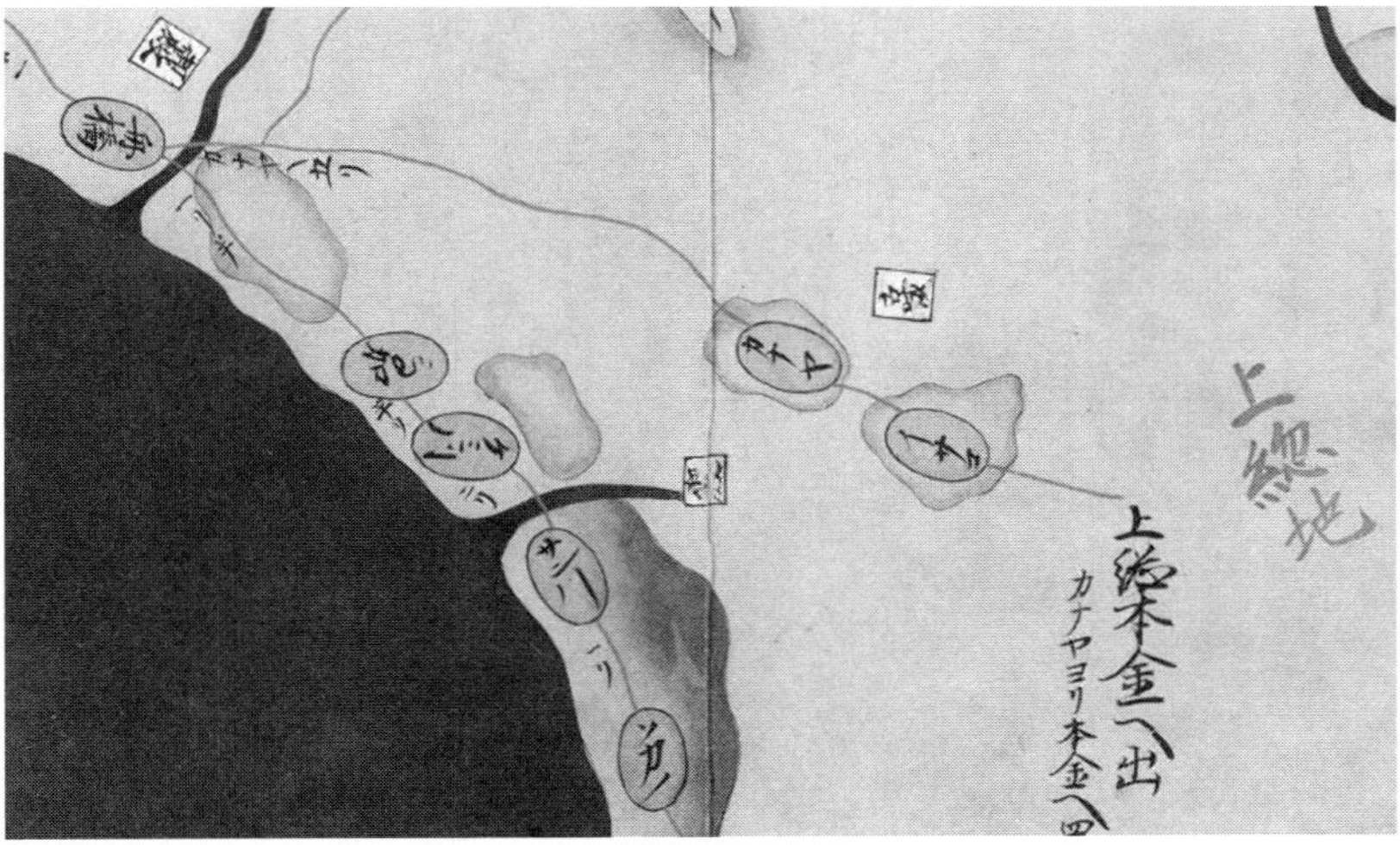

図２　下総一国之図（船橋市西図書館蔵）

る。船橋から下総台地上をほぼ直線で東へ向かい、八街市東縁から東金御殿に向かい斜面を下るが、この東端部は経路が未確定である。戦前に軍用地となった千葉市若葉区若松町付近と畑地となって消滅した八街市沖地区付近を除き、現在でも道路として利用されている（図1）。地元では単に御成街道と呼ばれているが、「一夜街道」「提灯街道」「権現道」などと呼ばれることもある。この道路が作られたのは、普請に動員された村々の分担を記録した史料などによって慶長一九年（一六一四）であるのは確実と思われる。ここで問題になるのは、その普請作業の実態である。通説的なところでは、慶長一八年一二月に家康は神奈川県平塚市の中原御殿で、翌月に東金での鷹狩実施の意向を示したことにより（「明年正月上総東金辺狩したまうべきよし」〈『実紀』一二月六日条〉、「来正月、上総国土気東金可有御鷹野之由」〈『駿府記』一二月一三日条〉）、それを受けて船橋と東金を直線で結ぶ新設の道路として、地元農民を動員して夜間には提灯を灯して三日三晩の昼夜兼行の突貫工事によって完成させ、その正月に家康は、この道を通り東金に向かったとされてきた。

しかし、そうした短期間で作り上げたというのは事実ではなく、慶長一九年正月の鷹狩は、『実紀』と『当代記』および『駿府記』の記載内容を検討すれば、家康は御成街道を通っていない可能性が大きい。(3)それらの史料に見える「千葉」を千葉御茶屋御殿とするのは誤りで、「千葉」は千葉御殿または現在の千葉市の中心域（旧千葉町）とみるべきである。この時の東金へのルートは、史料から判断すれば土気（千葉市緑区）を経由したものと考えられる。このため慶長一九年正月の時点では、まだ街道が完成していなかったとみるべきである。したがって、三日三晩の突貫工事の伝説は、慶長一九年正月の鷹狩に家康が御成街道を通ったということを前提として作られたもので、約三七キロメートルもある道路を、一月に満たないそのような短期間で完成するのは困難であったと考えられる。

この道路の敷設作業の一端を知ることができる事例として、東金御成街道東部の八街市付近で街道部分の発掘調査が行われている。そこでは斜面に切通しを開削し、谷の部分には版築手法も用いて土橋を作るといった本格的な工事内容が確認されている（青柳二〇一五）。この事例からも明らかなように、この街道の敷設には多くの労力が必要であり、簡単に済ませられる工事ではなかったはずである。史料によって異同があるが、最大九七カ村にもなる多くの村々が動員されたこの街道の普請は（本保一九九八）、川名登が指摘していたように（『習志野市史』）、一年程度はかかったのではないかと考えられる。(4)なお、東金ではさらに東へ八キロメートルほど延びる直線道路の御成新道も、家康の鷹狩の折に新設されたと伝えており（本保一九九一）、(5)徳川氏の鷹狩に伴って交通網の整備が東金御成街道以外にもより広範囲で行われていた可能性がある。

東金御成街道を初めて家康が通ったのは、元和元年（一六一五）と考えられる。『実紀』等によれば、家康は往路を船橋―千葉―東金、復路は東金―船橋のルートをとっている。往路の千葉から東金の経路については、土気を経由したのか、既存の東金街道を通り直接東金に入ったかは不明であるが、千葉を経由しているので、この時は御成街道を通っていない可能性が高い。復路については千葉を経由した記録がなく、金親村で神尾守世（久宗）が家康に御膳を献じたという記録がある（『断家譜』巻十、『習志野市史』）。また、千葉御茶屋御殿跡近くの金親町金光院で休息したとも伝えられるので、この時初めて御成街道を通り、千葉御茶屋御殿も使われたものと考えられる。神尾氏は元和七年と八年にも将軍に御膳を献じているというので、この二回は御成街道を通った可能性が高いが、元和八年については他の記録類にその事実は確認できない。

このように、徳川氏の鷹狩のために御殿や御茶屋を要所に配置し、さらに新しく道路も敷設し、鷹狩を実施する環境を整備されたのがこの地域の特徴といえよう。

二　房総の御殿・御茶屋遺跡

1　船橋御殿（船橋市本町四丁目）

JR船橋駅の南東四〇〇メートル余の位置にあり、御殿跡周辺は現在では宅地化が進みほとんどその痕跡がない（図3）。わずかに東照宮の存在が、かつてここに御殿があったことを偲ばせてくれるのみである。宝永四年（一七〇七）の『船橋御殿地絵図』（『船橋市史　前篇』付図）により、おおよその御殿敷地の形状などはわかるが、内部の建物配置等は不明である。図4は地籍図から復元した船橋御殿の全体図である。御殿の南を通るのが、西は江戸、東は佐倉と東金に連絡する街道で、御殿はそれぞれ表門と裏門のある二本の通路によって街道と結ばれている。町並みの背後に御殿が位置するのは、以下でふれる千葉や東金御殿と共通する。全体の形状は不整形ながら、本来方二町を企図した方形館であった可能性が考えられている（船橋市郷土資料館二〇〇二）。この地は、もと船橋大神宮宮司富氏の居宅で

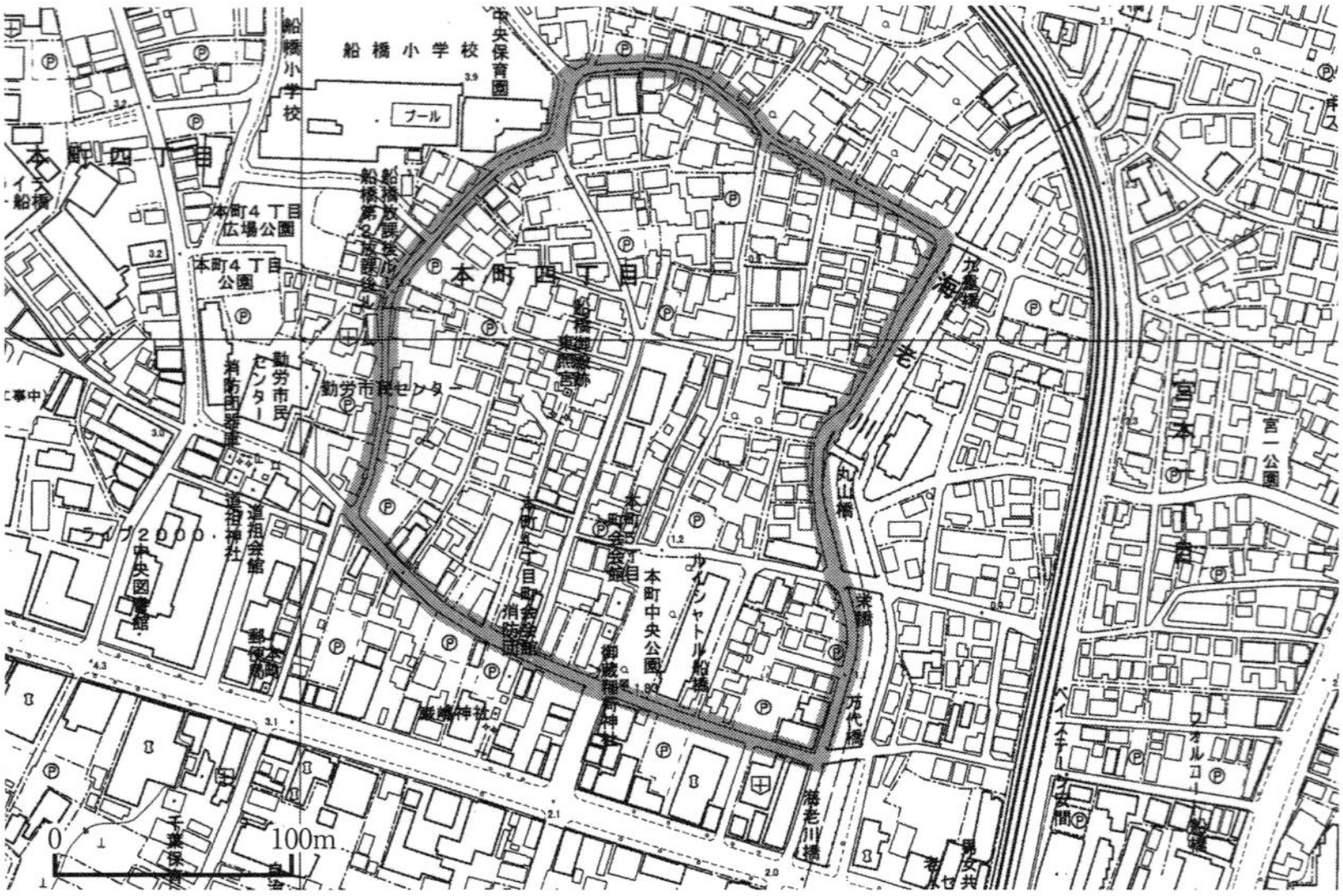

図3　船橋御殿跡周辺地形図

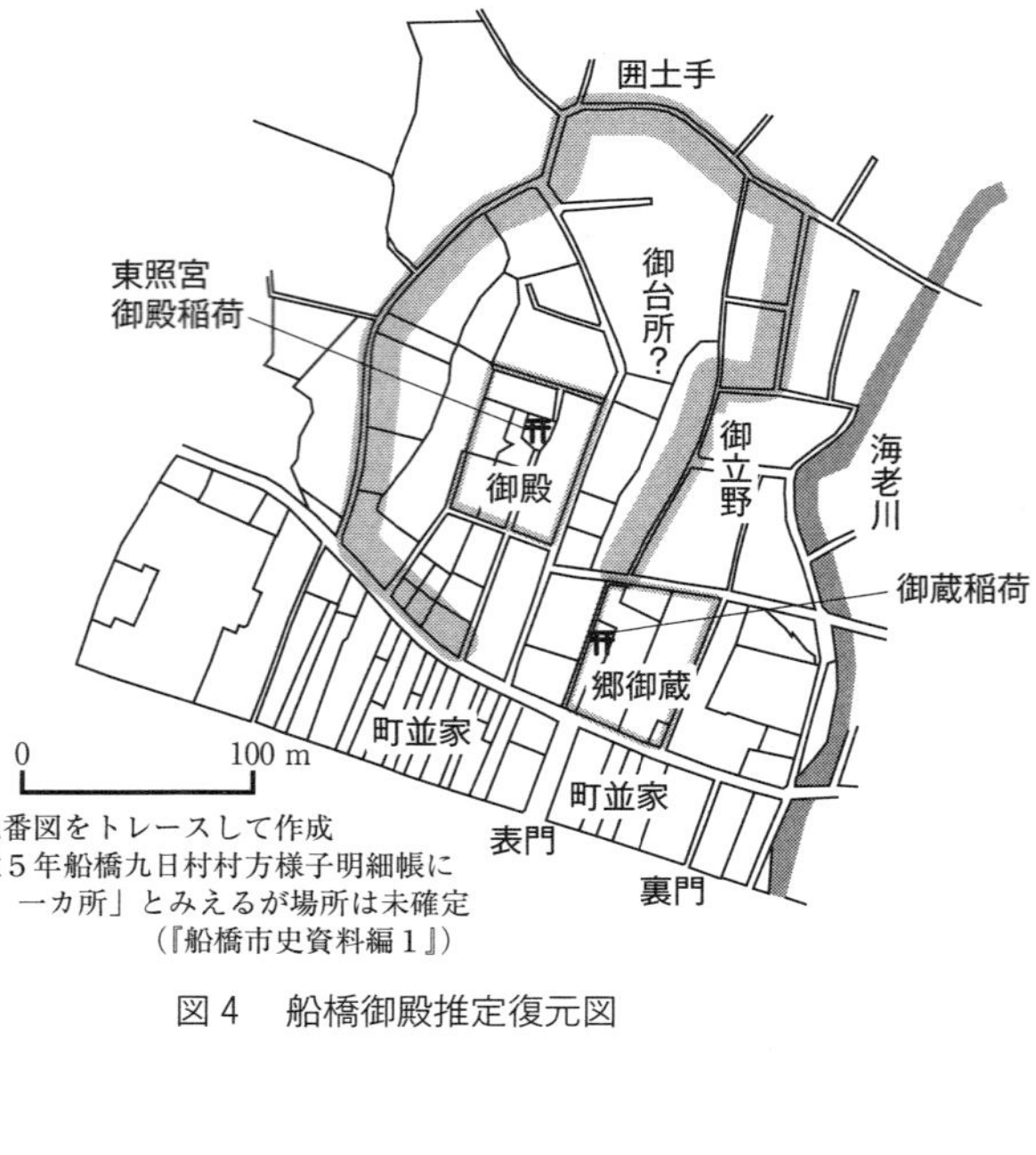

※船橋市発行の地番図をトレースして作成
※御台所は，寛政５年船橋九日村村方様子明細帳に
「御殿御台所屋敷　一カ所」とみえるが場所は未確定
（『船橋市史資料編１』）

図4　船橋御殿推定復元図

あり、それを御殿に取り立てたという。

付随施設として船橋御殿の絵図には「郷御蔵」の記載も見え、神奈川御殿や小杉御殿にも置かれた郷蔵がここにもあったと推定される（簗瀬二〇〇五b）。他に御台所屋敷などと呼ばれた一郭もあったと伝えられており、そこに御賄所が置かれた空間があった可能性がある。絵図の御殿範囲は相当広いので、内部に御殿本体と御賄所や馬屋等が区画を別にして置かれていたものと思われる。また、この船橋御殿にも代官陣屋があったらしく、南側の街道をはさんで御殿地と相対する地域に陣屋という地名が残っているという（高橋一九五九）。このように近世初期、この地域の支配拠点としての性格も有した御殿がここにあったと考えられる。

この御殿がいつ設けられたのは不明だが、慶長一三年（一六〇八）の意富比神社（船橋大神宮）の棟札には、願主征夷大将軍源家康の他、奉行に代官頭の伊奈備前守忠次、添奉行杉浦五良右衛門同渥美太良兵衛がみえ（『船橋市史　前篇』）、この時に御殿や代官陣屋も設けられたことも想定される。(6) 家康と秀忠がこの御殿に宿泊したことが『実紀』に見えるのは元和元年（一六一五）のみであるが、東金放鷹の折にはほかにも利用されたはずである。廃止時期は、貞享年中（一六八四〜八八）に不要となり大神宮神官に払い下げられたという（「船橋御殿御由緒書写」『習志野市史』）。東金御殿（廃止寛文一一年〈一六七一〉）よりも廃止が遅かったことになり、船橋御殿が房総では最後まで残っていた御殿と考えられる。

2　千葉御殿（千葉市中央区中央四丁目）

これまで千葉御茶屋御殿と混同されてきたため、徳川氏の御殿跡としてはほとんど注目されてこなかった。その所在地は、「御殿跡」の地名が残っていた千葉地方裁判所が該当する（図5・図7）。千葉御殿については、徳川光圀の『甲寅紀行』に見える記述が、いまのところその位置を知る数少ない手掛かりである。延宝二年（一六七四）四月二七

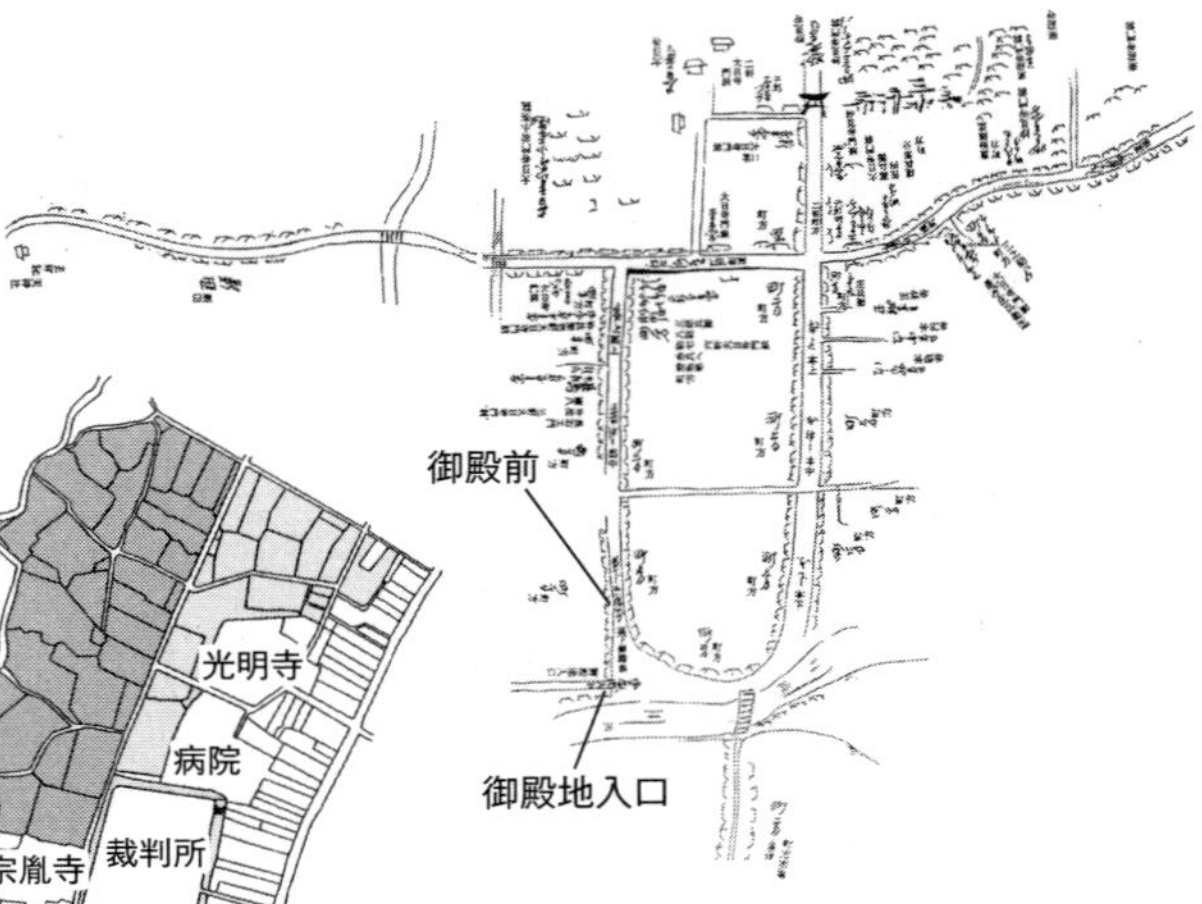

図5　近世千葉町絵図（平家文書，千葉市立郷土博物館寄託）（簗瀬 2000 より）

図6　千葉御殿跡推定地付近の地籍図（簗瀬 2000 より）

日に水戸光圀は千葉に入り、「古城の山根に水あり。「東照宮御茶の水」と、云ひ伝ふ、右の方に松の森あり、「東照宮御旅館の跡なり」と云ふ」という文章を残している。古城（猪鼻城跡）と「お茶の水」（猪鼻城跡の北麓）の右手という位置関係は、裁判所の場所を「東照宮御旅館の跡」に比定するのに矛盾はない。光圀の訪れた延宝二年当時、すでに御殿の建物等は残っておらず、松の森となっていたこと

図7　明治15年の千葉町図にみえる裁判所（国土地理院フランス式彩色地図：千葉縣下總國千葉郡千葉市街）

がわかる。こうした状況により、千葉御殿の廃絶からある程度の期間をそこに推定可能で、その廃止期を考える手掛かりとなろう。東金御殿は、この光圀来遊の直前の寛文一一年に廃止されたとされ、他方、船橋御殿の廃止は前述の通り貞享年中とされるので、この時点では維持されていたことになる。したがって、光圀の訪問時期から見て千葉御殿は東金御殿よりも早くに廃されたものと考えられる。

史料『甲寅紀行』（『習志野市史』第2巻史料編1より）

延宝二年四月

二十七日　辰の刻、酒〻井を出づ（中略）、千葉の町を出づる所の左の方に、古城あり、伊野花と云ふ、里見氏の家老円城寺某と云ふ者の居城なりと云ふ、別紙に図あり、古城の山根に水あり、「東照宮御茶の水」と、云ひ伝ふ、右の方に松の森あり、「東照宮御旅館の跡なり」と云ふ、又、右の方に千葉寺見ゆ（下略）（傍線筆者）

この地方裁判所の地は、かつては周囲を土塁に囲まれており、明治の千葉市街図によれば、南北一三〇メートル・東西九〇メートルほどの長方形を呈していた（図7）。地籍図でもほぼ方形の敷地の周囲を囲む幅の狭い土地を確認でき（図6）、ここは地目が水田となっており、堀跡であった可能性が高い。この施設も新規に造営したものではなく千葉氏などのこの地の有力者の中世の館跡であったものを、御殿として取り立てた可能性があると考えられる。この点は、船橋大神宮宮司富氏の居宅を取り立てたとされる船橋御殿と類似しており、さらに川に隣接している点も共通している。[7]

内部の構造等はまったく不明であるが、おそらくここにも代官陣屋があったと思われ、享保三年（一七一八）の「東金御成等由緒書」（『習志野市史』）には、「粟原権平殿御鳥見頭替リ跡役野村彦太夫殿御勤被成幷千葉領東金領御代官被成候節、私祖父弥御鳥見仕候、加役ニ千葉之　御殿御預り申候、其上　御殿付七千石余支配仕候」とある。千葉の「御殿付七千石」の代官支配が確認できるが、他に関連資料がなくその詳しいことは不明である。この史料には、家康が千葉を訪れたときに稲毛で出迎えたとあり、船橋から千葉へは海沿いの道を通ったとみられる。

慶長一九年正月には東金への往復の途中、家康が千葉に宿泊している。施設が完成していたならば千葉御殿に宿泊した可能性もあるが、鷹狩の時に寺に泊まることも珍しくはなかったので、かつては千葉氏の信仰の篤かった千葉妙見宮であった妙見寺（現在の千葉神社）に止宿したという伝承も事実かもしれない（和田一九八四）。この妙見寺については、「妙見堂」宛で天正一九年（一五九一）一一月に家康による神領二〇〇石というこの地域では破格の石高の朱印状が発給されており（「西角井家文書」『房総の徳川氏朱印状』）、早くからの徳川氏との関係が確認できる。

3　土気茶亭（大網白里市池田）

史料には、「土気の茶亭」（『実紀』寛永元年〈一六二四〉正月、同一二月）、「土気御茶屋」（享保三年「土気継立に付返答書および取替証文」『習志野市史』）、「土気郷池田之御茶屋」（寛政一〇年〈一七九八〉「新駅場取潰願書」『習志野市史』）と見え、茶亭または御茶屋という施設が土気にあったことが知られている。この地の戦国時代の領主であった酒井氏は、最初に土気に本拠を構えたが、後に東金に分家が成立し、二つの酒井氏が並び立つ関係となった。下総と上総の境目の地でもあるこの地の領主だった酒井氏は、戦国時代に千葉氏と里見氏の間にあって情勢に応じて帰属先を変えるといった独自の存在感を見せていた。家康と秀忠は土気を経由して東金を訪れていたが、「土気東金」と表現されることがあったように（『駿府記』慶長一八年一二月一三日条、『当代記』慶長一九年正月七日条）、徳川氏は酒井氏旧領国の地域的歴史的特性を重視していた可能性がある。

『実紀』では、寛永元年正月に小栗又兵衛信友が上総に赴いて、「東金御離館幷に土気の茶亭構造奉行」を命ぜられ、

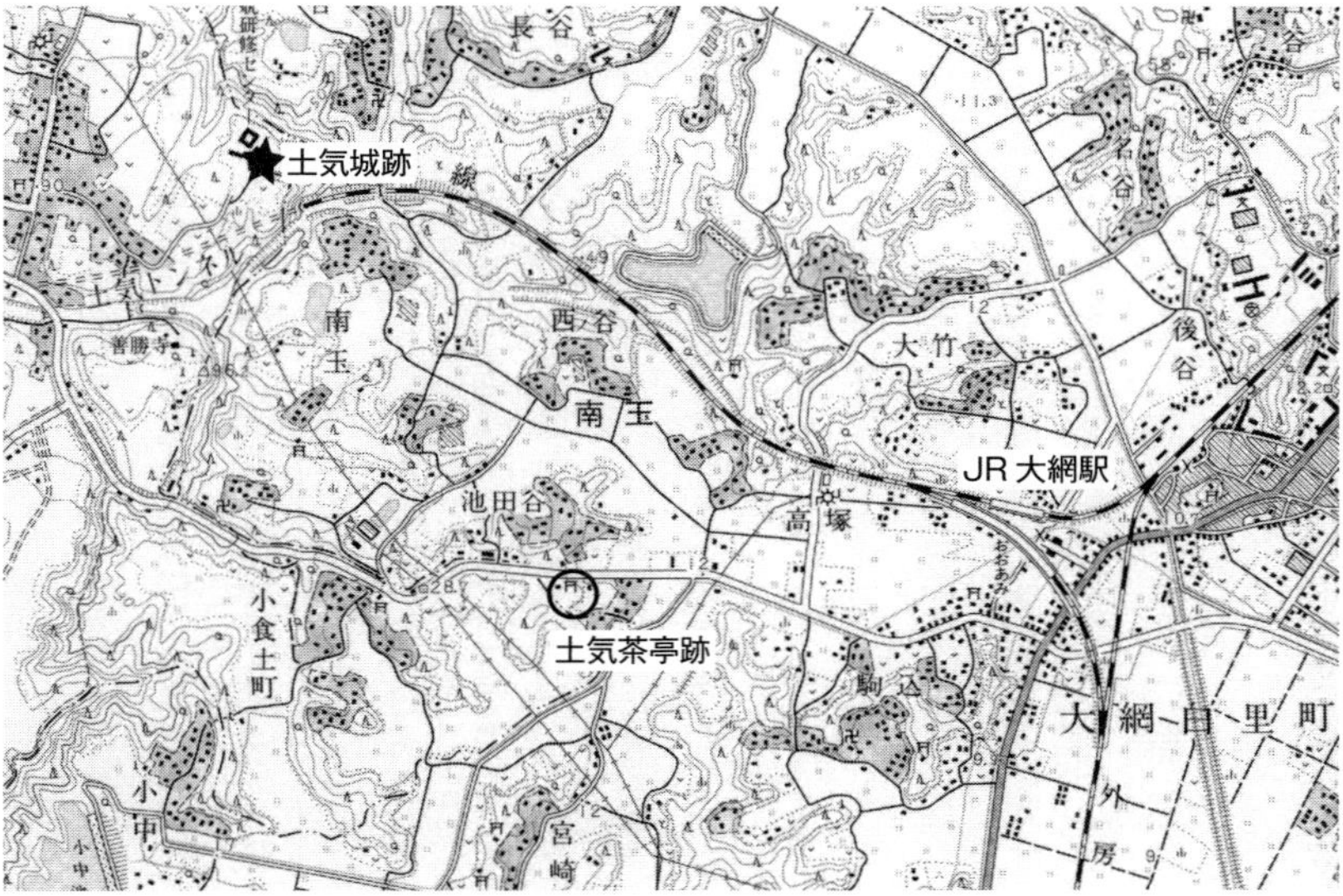

図８　土気茶亭跡位置図（1/25,000を縮小）

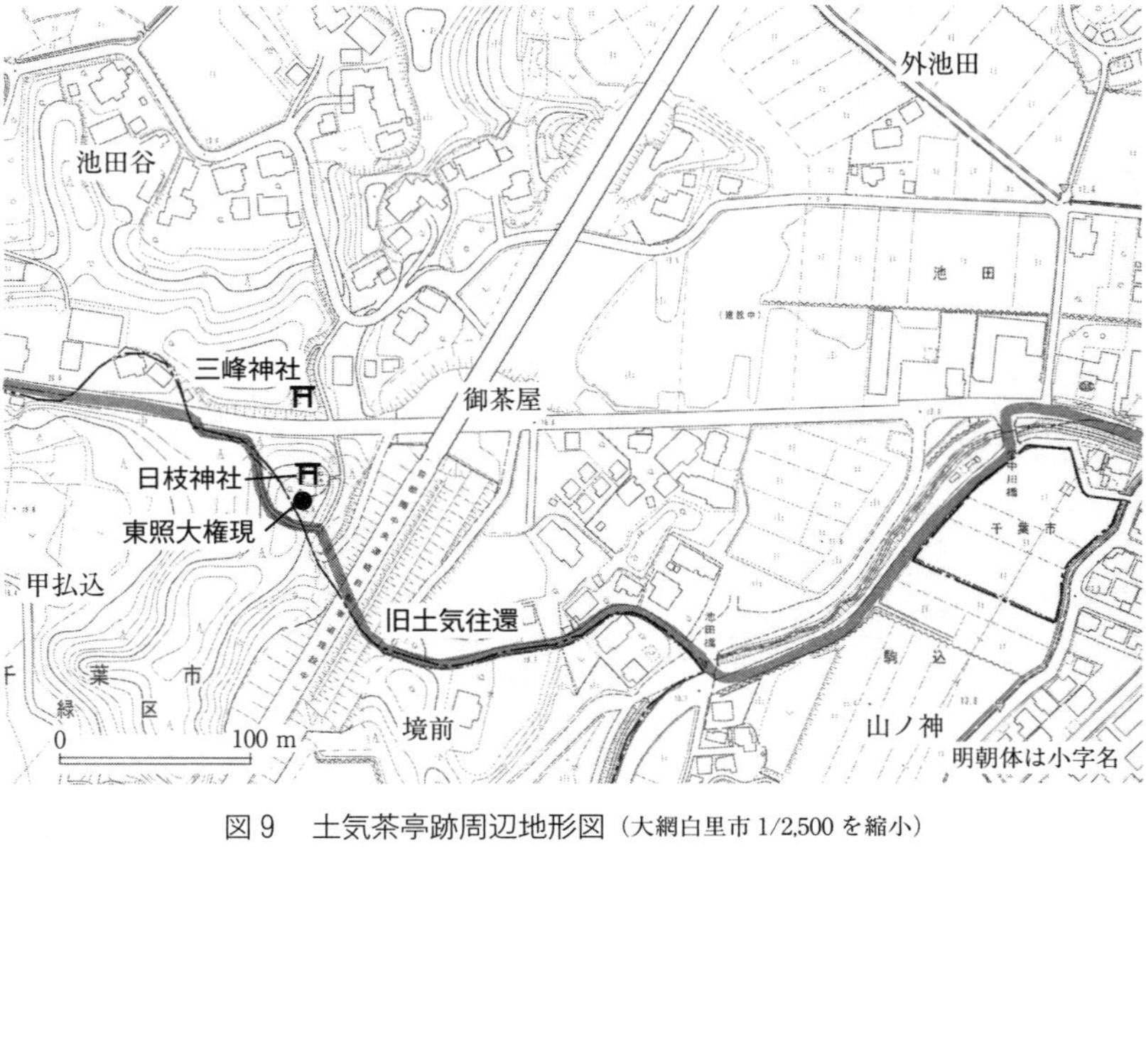

図９　土気茶亭跡周辺地形図（大網白里市1/2,500を縮小）

同年一二月一五日に二カ所とも竣工し、江戸に帰城したという記事が見える。約一年間、小栗信友は東金御殿と土気茶亭の造営に携わっていたことになり、そのうちどのくらい土気茶亭に労力を費やしたかは不明だが、『実紀』の記事によれば、土気にもある程度の規模の施設が作られたとみても良さそうである。ただし、このとき初めて建てられたのか以前から何らかの施設があったのかは不明である。しかし、慶長一九年段階から土気という地名がたびたび見えるので、そのころからなんらかの施設があった可能性は高い。

その比定地は大網白里市池田にある日吉神社で（図9）、その境内の一画に東照宮（権現大明神）が祀られている。そこにはかつて家康が兜をかけた御茶屋松があったといい、家康にお茶を献じる水を汲んだという井戸跡が残るという（本保一九九二）。下総台地から外房の低地に下りる坂の途中に位置し、眼下に大網町から九十九里を望む見晴らしの良い高台である（図8）（近年、首都圏中央連絡自動車道がすぐ東側に敷設されその眺望は失われた）。ただし、この神社付近には本格的な御茶屋を設けるような平坦地は見られないので、もう少し下の平坦地に施設があったかもしれない（この附近には御茶屋の小字がある〈図9〉）。もしくは日枝神社の場所にあったのであれば簡単な施設のみだったのかもしれない。いずれにしろ、『実紀』には「土気の茶亭」とあるので、御殿とは異なる小規模なものだった可能性が高い。

なお、日吉神社の南側を通る道は千葉と大網を結ぶ旧来の街道である土気往還で、御成街道とも呼ばれるが、御成道土気往還という表記が史料にも見える（寛政一〇年「新駅場取潰願書」『習志野市史』）(8)。また、少し西側のこの地の重要拠点であった土気城も、発掘調査で近世初期の遺物も出土しているので鷹狩の際には利用された可能性がある。

4　東金御殿（東金市東金）

東金酒井氏の本拠であった東金城跡の一部を取り立てたもので、東金御成街道の終点におかれた御殿である（図10）。

現在大部分が県立東金高校の敷地になっており、遺構はほとんど残っていない。国道一二六号線沿いに表門があったという（本保二〇〇〇）。表門と御殿空間の間は、尾根状の丘陵によって遮られておりその一角が通路になっていたことが、明治時代の迅速測図に図示されている。その状況は國學院大学蔵の「東金古城址及御屋敷跡之図」によっても確認できる。[9] 元禄四年（一六九一）の年記のある「東金御殿間取図」（『習志野市史』）によると、総面積一一七〇〇坪で御殿敷地と囲山からなり、御殿敷地は六七〇〇坪である（図12）。[10] この絵図に記載された建物は、先述の土気茶亭とともに寛永元年に約一年をかけて大規模に改修されたときのものである可能性が高いが、その後も二度は修理が行われているので（寛永一三年・正保二年〈一六四五〉）、少なくとも創建時のものではないと考えられる。

東金御殿間取図のトレース図を地形図に重ねて図11に示した。御殿建物がある空間は六〇間×八一間ほどの横長の形である。内部は三つの空間に分かれており、御殿部分は六〇間×五四間で、この部分の規模は千葉御茶屋御殿に近い。これに接して、御賄所と御鷹部屋がそれぞれ塀で仕切られて設けられている。御殿全体の形状や外側に堀や土塁があったのかなどはよくわかっていない。東金御殿の絵図にみえる御殿空間の外側に長屋を配して閉じた空間を作り出す手法は、次にふれる千葉御茶屋御殿と共通する部分がある。しかし、御賄所と御鷹部屋は長屋の外側に御殿空間と分離して配置されており、御鷹部屋が御殿と一体となっている千葉御茶屋御殿に比べると、ここでは御殿空間内の機能的分化がより進んでいるといえる。千葉御茶屋御殿よりも規模が大きく、施設も充実しており、史料でも将軍らの宿泊が確認できるように宿泊用の御殿といえる。この御殿にも代官陣屋と郷蔵があったらしく、清水浦次郎による東金御殿略図には、「籾蔵」と「代官所」が記載されている（清水一九五四）。

建設時期については、「東金記録」では慶長一八年とされ、「東金事跡抜書」では慶長一八年に普請が始まり、翌年竣工したという（『習志野市史』）。諸記録により日程の異同があるが、少なくとも慶長一九年正月に家康が七泊してい

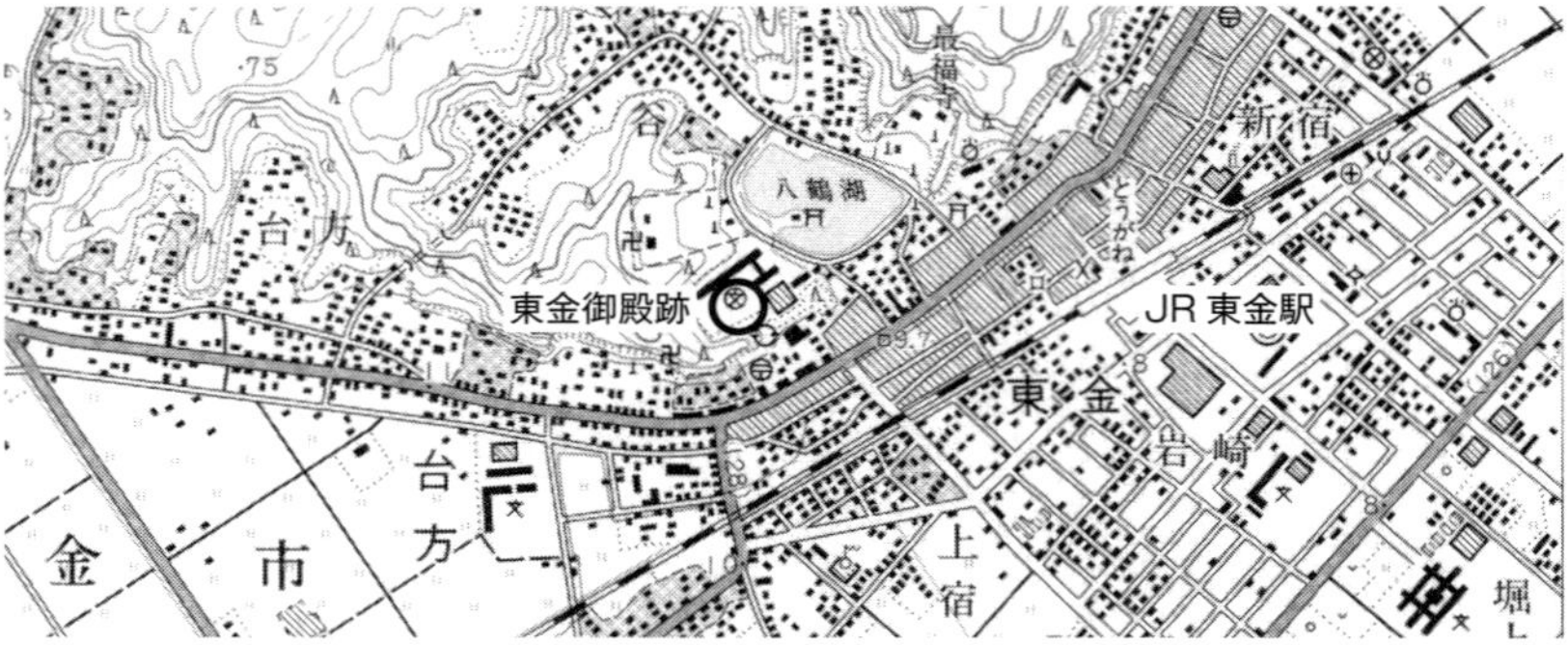

図10　東金御殿跡位置図（国土地理院 1/25,000）

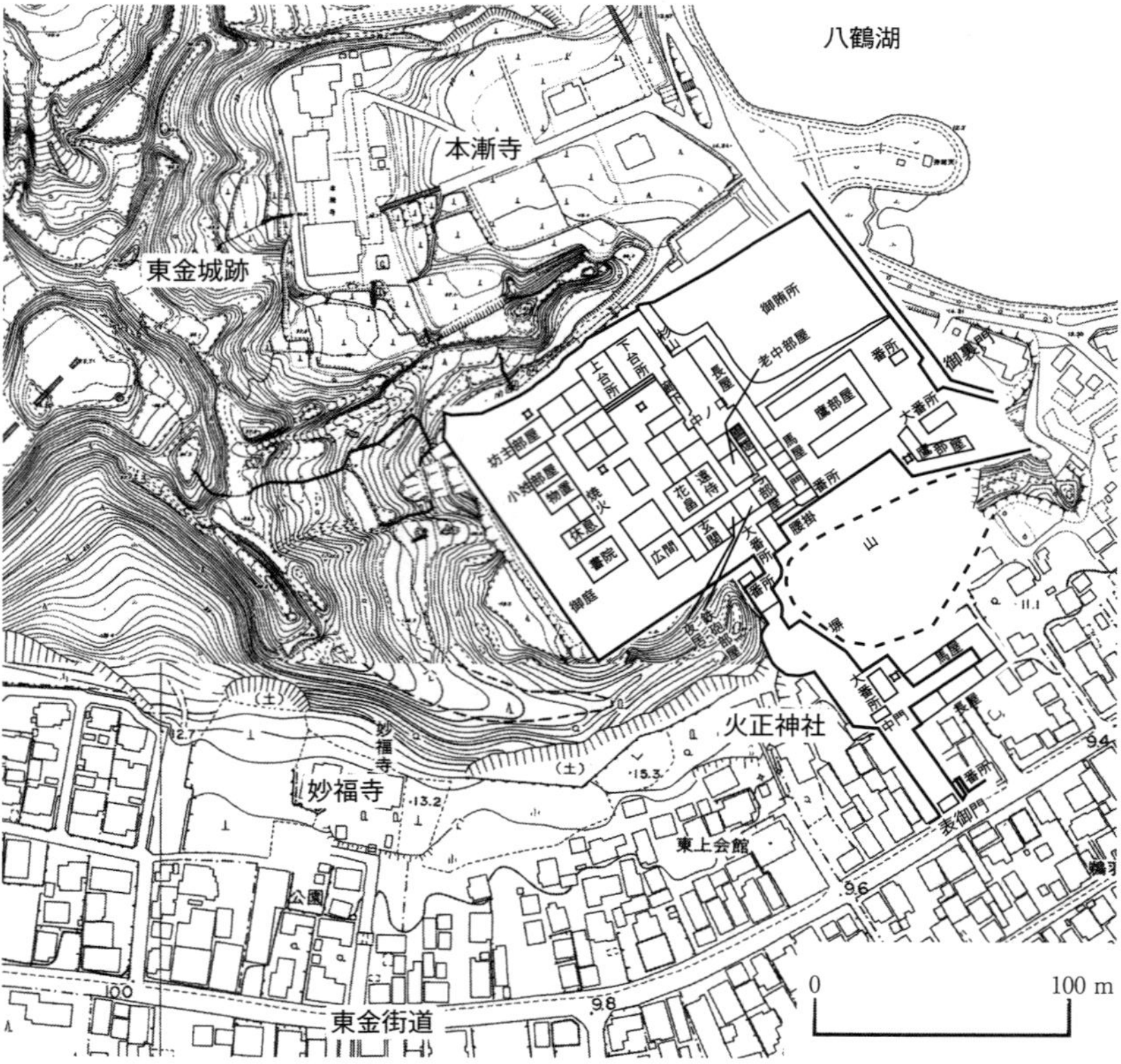

図11　東金御殿間取図と地形合成図
（御殿間取図は，『習志野市史』第 2 巻掲載図より作成．基図は東金城跡測量図と東金市作製 1/2500 を合成）

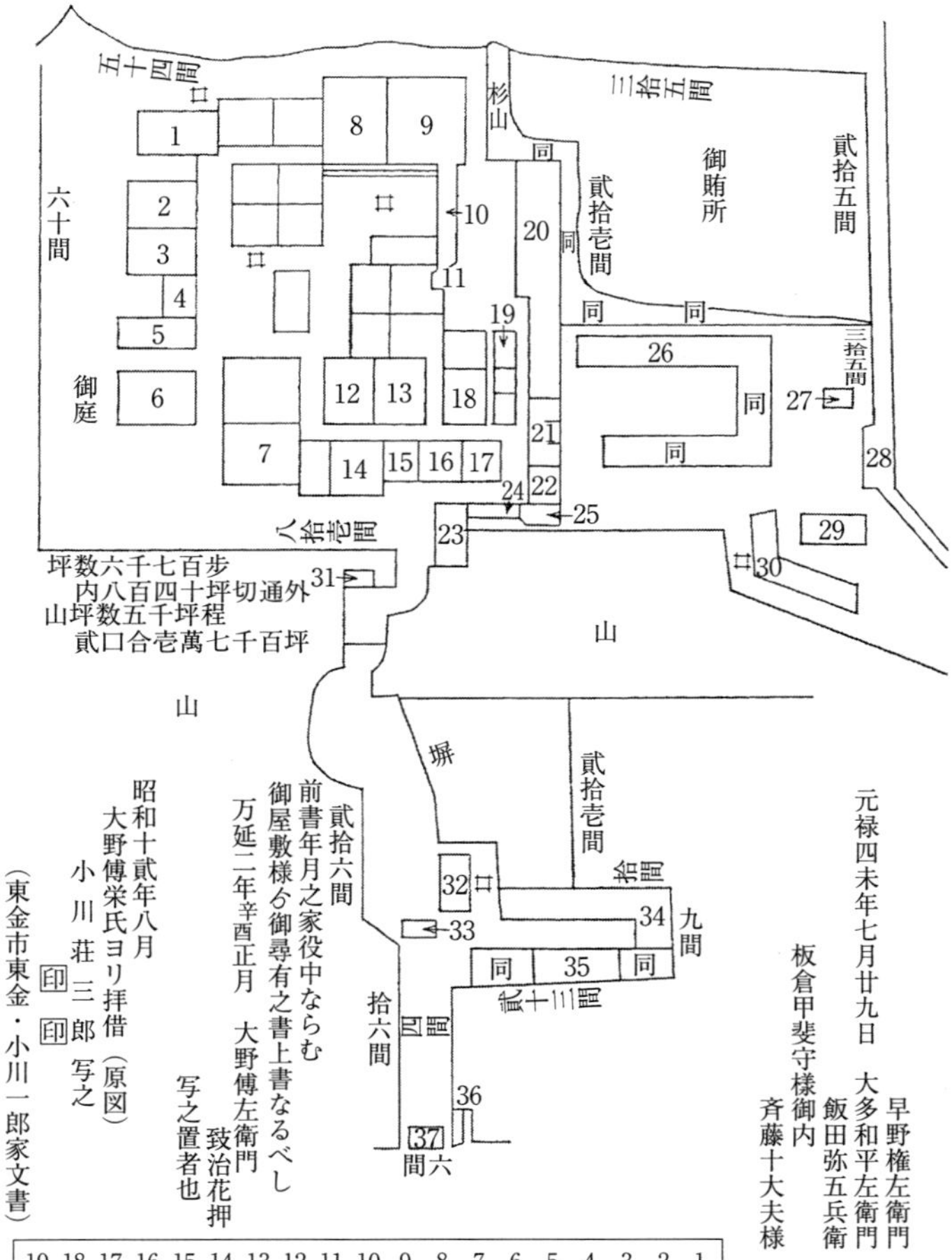

1	御坊主部屋	20	御長屋
2	御小姓部屋	21	御馬屋
3	御物置	22	御門
4	御焼火	23	大御番所
5	御休息	24	御腰懸
6	御書院	25	御番所
7	御廣間	26	御鷹部屋
8	上御台所	27	番所
9	下御台所	28	御裏門
10	御廊下	29	大御番所
11	中ノ口	30	御鷹部屋
12	御花畠	31	番所
13	遠侍	32	大御番所
14	御玄間	33	御間
15	夜居	34	御馬屋・
16	御鉄砲部屋	35	御長屋
17	御弓部屋	36	番所
18	御老中部屋	37	表御門
19	雪隠		

図12　東金御殿間取図（『習志野市史』第２巻より）

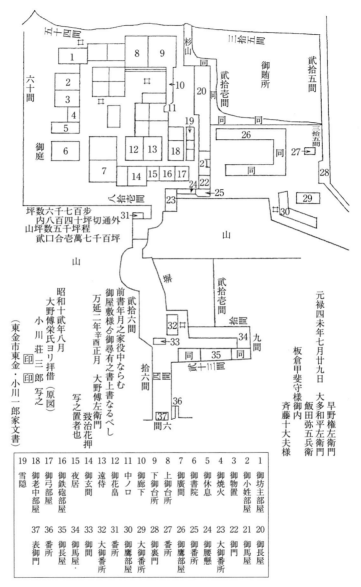

るので（『徳川実紀』七泊、『駿府記』七泊、『当代記』一一泊）、この時点で宿泊施設として完成していたことになる。すでにふれたように東金御殿は土気茶亭と同時期に寛永元年に大規模な改修が行われ、寛永一三年には将軍家光の来遊に備えて御殿の修復が行われたが来遊は中止となった。正保二年にも佐倉城主堀田正盛に御殿の修理が命じられており（「東金筋御鷹場御成その他覚書」『習志野市史』）、これが千葉県下で御殿関係施設の修復が確認できる最後の事例である。この後、将軍の鷹狩は行われなくなり、寛永一九年に鷹匠が将軍の名代として派遣されるようになってから、寛文一〇年までは毎年名代の鷹匠による鷹狩が行われたという。廃止は寛文一一年とされる（「東金事跡抜書」『習志野市史』）。

5　千葉御茶屋御殿跡（千葉市若葉区御殿町）

①所　在　地

千葉市若葉区御殿町字宇津志野に所在する（図13）。以下でふれる史料にも見えるように、地元ではこの遺跡は「御茶屋跡」ないし「御茶屋御殿」（宝暦一一年〈一七六一〉「差出帳」『千葉市史』史料編五）と呼ばれてきた。この遺跡については当該期の史料には見えず、設置時期や誰が造営したかなどは不明である。これだけ本格的な御茶屋遺構が残っているのに記録がまったく残っていないのは大きな謎と言える。標高約四〇メートルのほぼ平坦な下総台地上に所在し、周囲には畑と平地の林が広がるのみで、要害性の面ではまったく無防備ともいえる立地である。最も近い集落である北西に位置する金親中心部から一二〇〇メートル、金光院からは七〇〇メートル余である。御殿は房総の他の事例でも確認できるように、町場に付随して設けられることが多い。そうした町場は鷹狩の随員の宿泊場所の役割を果たしたが、千葉御茶屋御殿はそうした場を欠いていたことになる。このような人家もない場所に設置されたことが、千葉御茶屋御殿がそのまま残された最大の理由と言える。

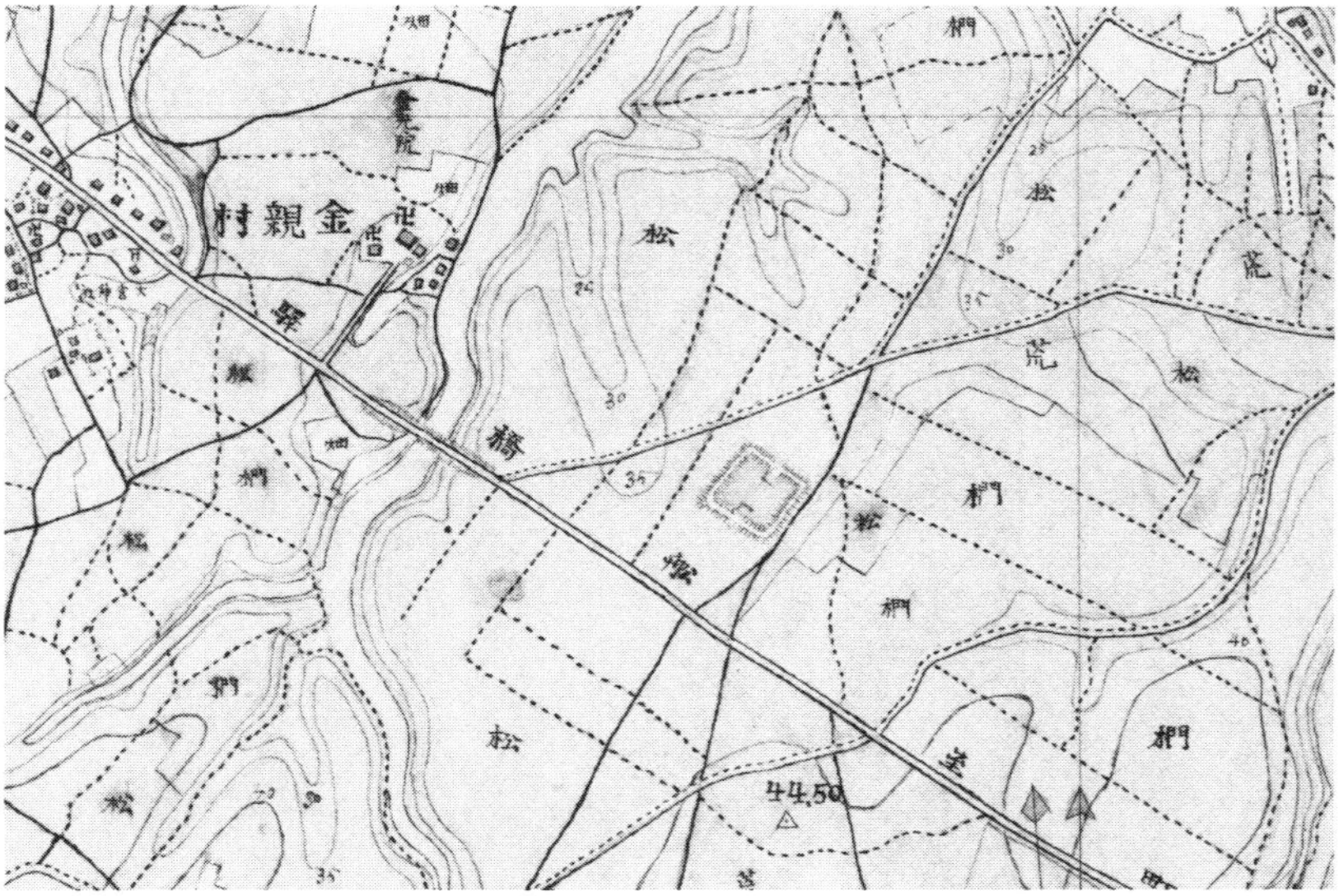

図13　明治15年の迅速測図に見える千葉御茶屋御殿跡
（国土地理院蔵フランス式彩色地図：千葉縣下總國千葉郡中田村及上泉村下泉村）

発掘調査中の千葉御茶屋御殿内部
（第6次調査・左上が北）

図14　千葉御茶屋御殿跡全体図

遺跡の南を通るのが東金御成街道で、この街道から北側に約一七〇メートル入った場所に御殿跡は設けられている(図14)。東金御成街道全体の中間点よりは四キロメートルほど東に位置するが、この街道の中間附近を意識してここに設置されたものと考えられる。(11) 遺構の規模は、堀の外側で南北一二三メートル、東西一二〇メートルを測り、ほぼ方形である。面積は堀の外側で一万五六〇〇平方メートル、土塁の内側で九五〇〇平方メートルである。街道側とその反対側に門があり、表門・裏門とも土橋で郭内と連絡しており、郭に入ると土塁による内桝形が設けられている。この枡形土塁は、明治の迅速測図(図13)にも描かれており、大正期までは形状が残っていたという。御殿全体の配置は、中軸線が御成街道と直交しており、この御殿は、ほぼ直線道路の御成街道を基準として街道と同時期に造営されたと考えられる。

②発掘調査の成果

遺跡はほぼ全域が千葉市により用地買収され、保存活用に向けた発掘調査が実施されている。郭内全体の遺構配置は調査により概要が明らかにされている(千葉市教育委員会一九九一・一九九三・一九九四・一九九五)(図16)。御殿に伴う遺構は、礎石建物跡一三棟・掘立柱建物跡一四棟・水槽跡一基・井戸跡一基・門跡二カ所などである。御殿の外堀よりも外側では、御成街道からの進入路に伴う側溝以外には遺構は検出されていない。

御殿内部の建物のうち、中央部西側にある建物が繋がった部分(SB01〜05)が、この遺跡の中核をなす施設である。この建物群は礎石が開墾により失われ、建物基壇の痕跡によりその面的広がりがつかめるのみであるが、その面積は約四五〇平方メートルである。中核建物の南側にあるSB07・SB57も礎石建物であるが、重複するSB09・SB10の掘立柱建物への建て替えが確認されている。当初家康のために中心部は礎石建物のみで創建され、あまり時間をおかずに一部が掘立柱建物に改修されたという。これらのなかで、SB01が御主殿、SB02が御休息所、SB03が広間と推定されている。東側の土塁内側に並行して建つ長大な建物を主とする空間は、東部施設群と呼ばれ、御徒士などの軽輩の宿泊施設や従者の厩等と推定されている。そして、南西部の一画は御鷹部屋および御厩と考えられ、比較的大きな空間を占めるが、この部分の大きさがこの遺跡の特徴のひとつである。建物の屋根については、発掘調査で瓦が出土しているがその量は非常に少ないので、鴻巣御殿のように杮葺を主とし、棟にのみ瓦が使用されたのであろうという。一部の建物などには柱の抜取りが確認されており、廃止の時に解体された建物と焼却された建物があったと推定されている。

以上のように、千葉御茶屋御殿はすべての施設がひとつの郭のなかに収められ、構造も東金御殿などに比べれば簡略化された施設であることが明確である。このような点から、ここは宿泊用の御殿ではなく、休憩用の施設、すなわち御茶屋としての評価を与えられる。そして、単郭で他にこれに伴う施設を持たない点が千葉御茶屋御殿の大きな特徴である。周囲には集落もないので、伝承も残るように北西七〇〇メートルほどの距離にある金光院もこことあわせて利用された可能性がある。

③存続期間

発掘調査の出土遺物からその存続時期を検討してみたい。調査により、中世から近世の土器・陶磁器以外に、銅銭・鉄釘・鉄製覆輪・キセル・瓦・木製桶底板・建築材等などが出土している（図15）。地下式坑や中世の陶磁器もわずかながら出土しているので、御茶屋御殿に取り立てられる以前になんらかの施設があったと考えられる。陶磁器は、中世のものを含めてもわずか二三点で、遺跡整備のための調査で遺構本体はほとんど掘っていないという点を考慮しても、調査面積の割に出土遺物はかなり少ない。千葉御茶屋御殿の主体となる陶器類は、いずれも瀬戸・美濃焼の製品で大窯4段階後半から登窯2段階までのものである。これに瀬戸窯や瀬戸本業焼の生産地の編年による年代をあて

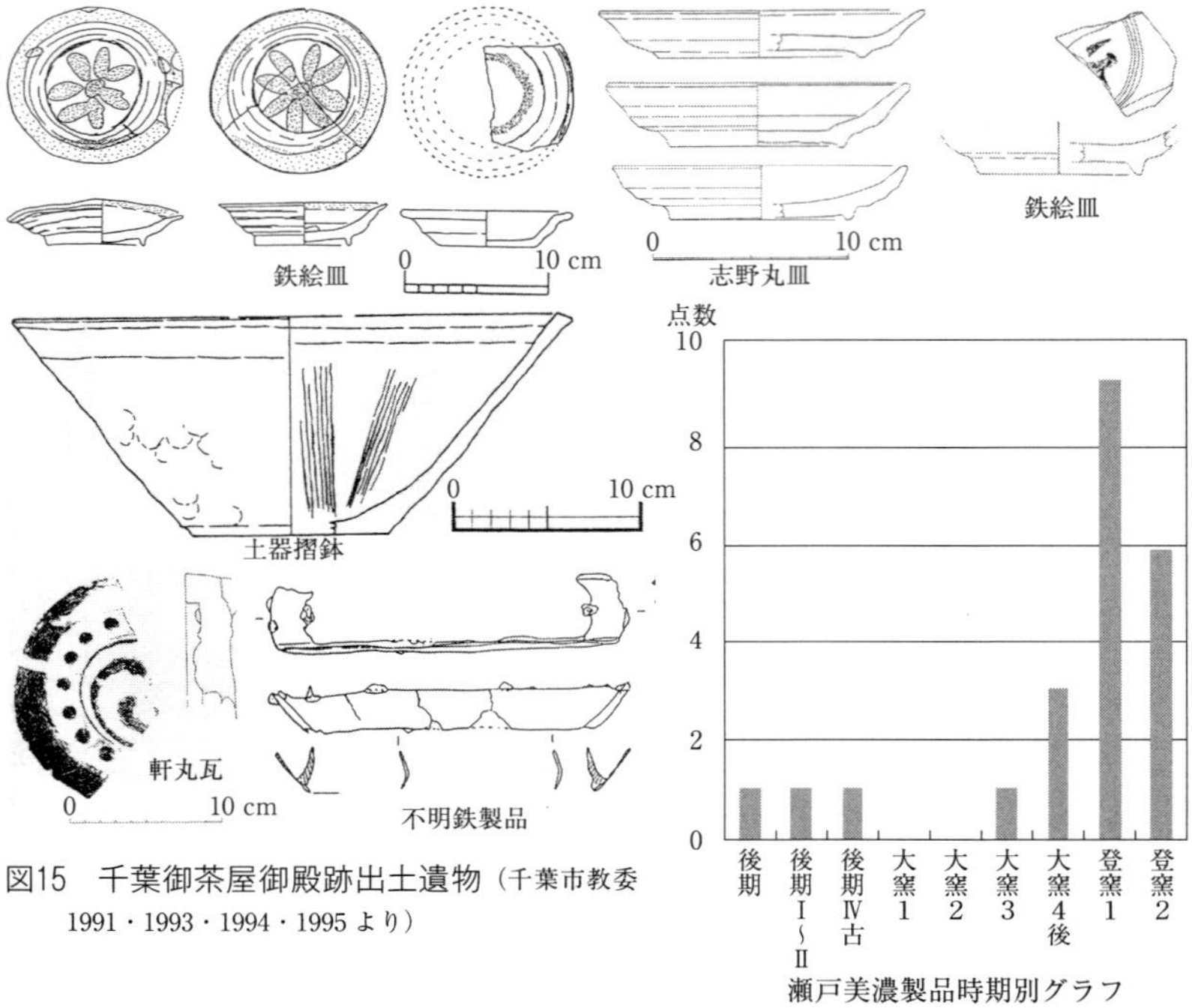

図15　千葉御茶屋御殿跡出土遺物（千葉市教委1991・1993・1994・1995より）

表　千葉御茶屋御殿出土遺物一覧表（調査面積 8,500 m²）

産地等	種　別	時期・型式等	点数	産地等	種　別	時期・型式等	点数
常滑	鉢	9型式	1	在地	土器火鉢		1
瀬戸・美濃	祖母懐茶壺	後期	1		内耳土器		21
	大型筒型容器	後期Ⅰ〜Ⅱ期	1		土器擂鉢		9
	緑釉小皿	後期Ⅳ期古段階	1	唐津		皿	1
	天目茶碗	大窯3段階	1			碗	1
	擂鉢	大窯4段階後半	1		銅銭	永楽通宝	2
	折縁皿	大窯4段階後半	2		銅銭	乾元重宝	1
	黄瀬戸皿	登窯1小期	2		銅銭	祥符通宝	1
	志野丸皿	登窯1小期	5		銅銭	古寛永	3
	中皿	登窯1小期	1		銅銭	新寛永	3
	志野丸皿	登窯1〜2小期	2		鉄銭		3
	志野丸皿	登窯2小期	1		かんざし		1
	鉄絵皿	登窯2小期	4		キセル		4
在地	焼き塩壺	蓋	1	合　計			83
	カワラケ		8				

＊本表・図15グラフとも簗瀬（2005a）で使用したものを改変．瓦・鉄釘・木製品等を除く．

ると（藤澤一九八七・二〇〇二）、一五九〇年代の最末から寛永年間（一六二四〜四四）という時期になる。カワラケの出土も少なく、中世の系譜を引く在地産のカワラケが少量出土しているにすぎないので、カワラケを大量に廃棄するような饗応はここでは行わなかったとみられる。

史料からみるとその創建は、東金御成街道の敷設された慶長一九年か、初めて家康が御成街道を通ったとみられる翌年一〇月までの間と推定できる。廃絶の時期についてはこれまで、寛文一一年四月に東金御殿が解体された時にあわせて、千葉御茶屋御殿も壊されたとされてきたが、それには明確な根拠があるわけではない。ただ、東金御殿の廃止以後も維持されたとは考えにくい。千葉御茶屋御殿の廃絶時期が史料から確定できるのは、地元中田村の元禄一一年の『下総国千葉郡仲田村指出帳』で、「御殿惣構六拾間四方　御茶屋跡御□（座候カ）」とみえ、この年までは廃絶していたことは確実である（『千葉市史』資料編五近世）。将軍の最後の東金鷹狩は寛永七年で、この時、秀忠は土井利勝の所領で昼餉を献じられているので、この時に千葉御茶屋御殿を使用した可能性はある。おそらくこれが、ここの正式に使用された最後の機会となったものであろう。前述のように、寛永一三年に東金御殿、寛永一六年に船橋御殿が修理されていたので、この頃までは千葉御茶屋御殿も維持されていた可能性はある。しかし、図2に示した「下総一国之図」では、千葉御殿と船橋御殿が「御殿」と記載されているのに対し、ここは「古城」と表記されており、千葉御茶屋御殿が房総の他の三つの御殿よりも早くに廃止されていた可能性がこの絵図から推定できる。前述のように、千葉御殿も徳川光圀が千葉を訪れた延宝二年時点で廃止からある程度の時間の経過が想定され、千葉御茶屋御殿はそれよりも先に最も早く廃止されたと考えられる。東金と船橋の間にあった千葉御茶屋御殿と千葉御殿は、東金御殿と船橋御殿よりも先に廃されたと見られ、これは東金から船橋への移動は一日で十分に可能あることから、途中にある千葉市の二つの御殿は必要不可欠という施設ではなかったのであろう。

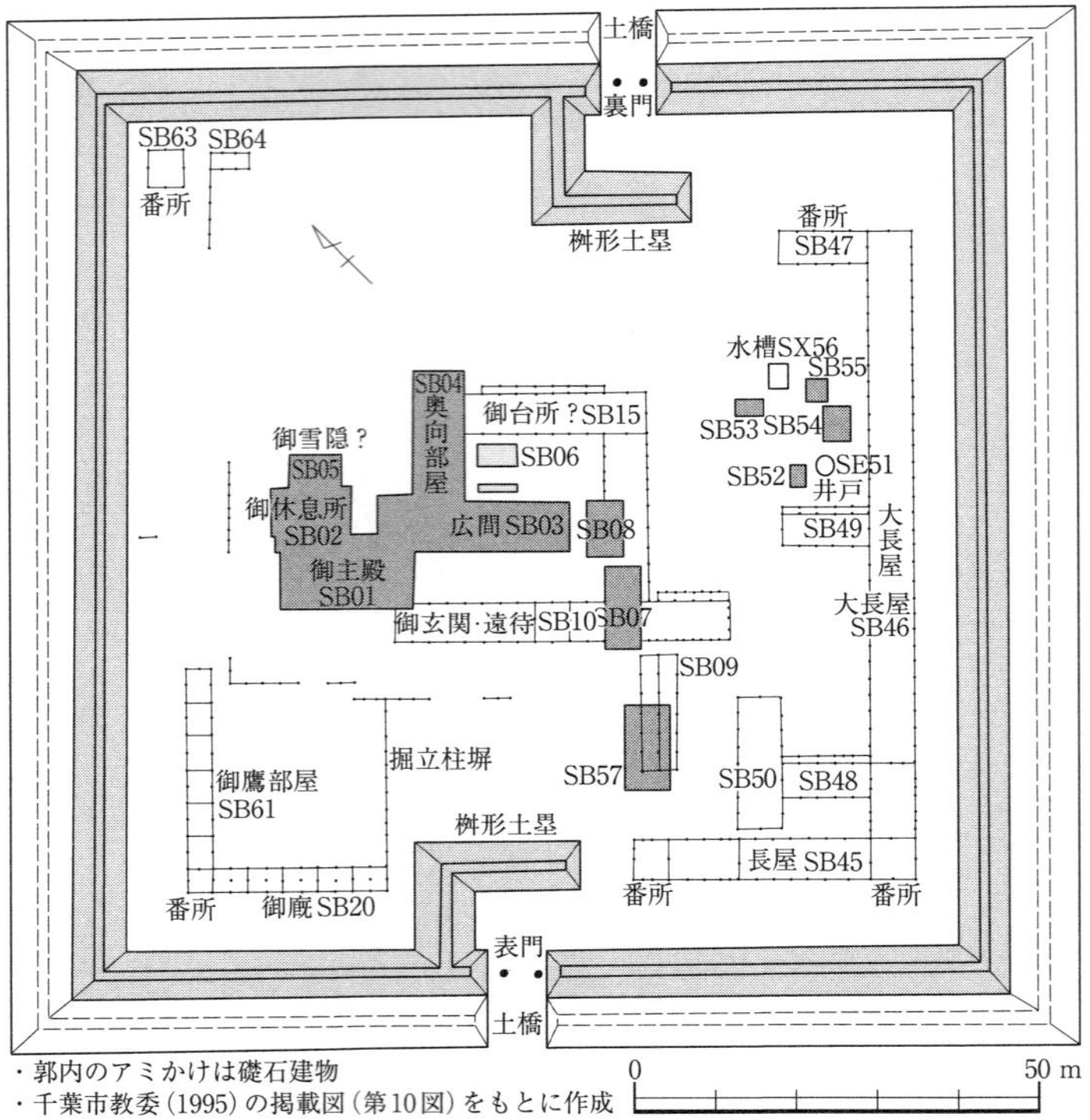

・郭内のアミかけは礎石建物
・千葉市教委（1995）の掲載図（第10図）をもとに作成

図16　千葉御茶屋御殿建物復元図

東金御成街道とともに千葉御茶屋御殿を作ったのは、佐倉城主土井利勝とされることもあるが、それを裏付ける史料は確認できないものの、その可能性が高い。千葉御茶屋御殿の所在地は佐倉藩領ではないが、隣接地ともいえる場所である。土井利勝は、将軍が東金に滞在中は佐倉から支援にあたっていたことが史料からうかがえる（元和六年一二月「本光国師日記」第二八、元和七年一一月「本光国師日記」第三〇、『習志野市史』）。将軍らの東金放鷹の際には、佐倉を訪れることもあったので（例えば慶長一九年正月・元和元年一〇月）、東金御成街道の佐倉領に近い位置にある御茶屋御殿も佐倉城の土井氏によって造営・維持されていたのではと推定される。地元でも、「佐倉城主土井大炊頭利勝」が「職人人夫を督励し」、「殆んど塁砦の

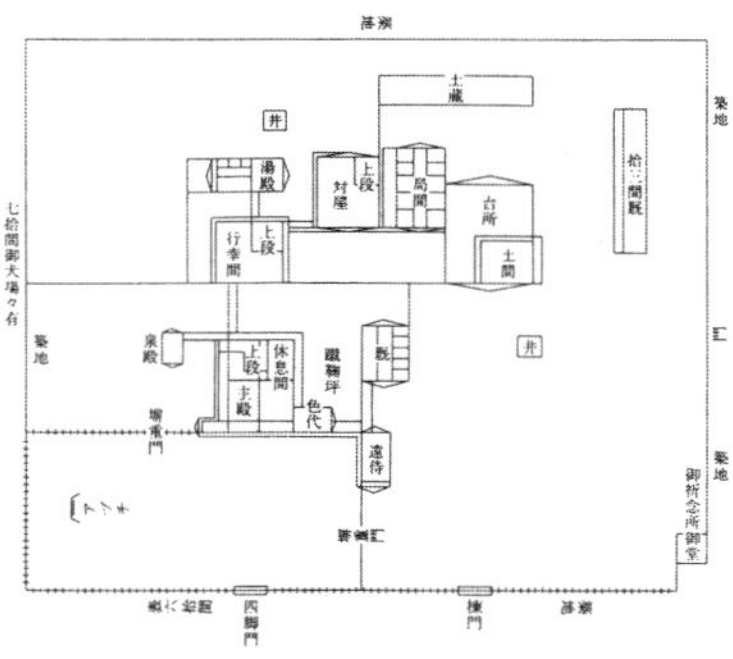

図17　東山殿屋敷ノ図（宮崎 1994 より）

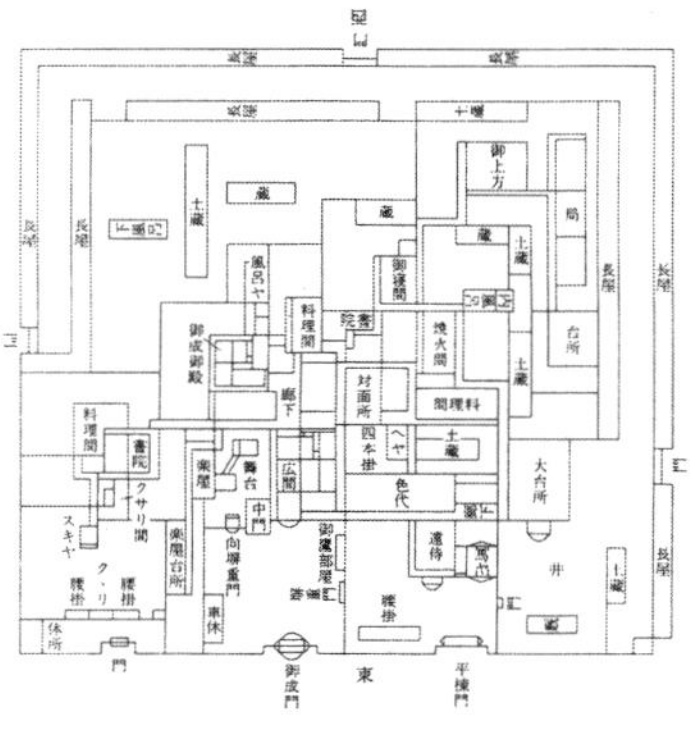

図18　当代屋敷ノ図（宮崎 1994 より）

如き土工を配し、表裏の二門を設け、中に壮麗なる殿宇を建築し、之を家康公の休息所とする」と伝わっているという（本保一九九八）。寛永九年の正月に秀忠が没し、翌寛永一〇年四月には佐倉城主土井利勝が古河へと移封されている。土井利勝が古河へと移封されたことにより、御茶屋御殿は廃止となったのではないかと考えられる。

以上のように千葉御茶屋御殿は、慶長一九年か翌年に造営され、陶磁器の年代間からすると長くても三〇年ほどで廃止となったと推定できるが、土井利勝の古河移封をもって廃止されたとすると存続期間は二〇年に満たない。出土遺物が少なかったことからも、利用回数はそれほど多くはなかったと推定される。

④この遺構の評価

千葉御茶屋御殿は、単郭方形館という中世の城郭の形態とその立地は非常に興味深いものである。この施設は、東金御成街道の敷設と同時に設置されたとみてよいが、その敷設の目的も議論されてきた。藤川昌樹は千葉御茶屋御殿について、空閑地に設けた野営用の施設である「陣小屋」という評価を与えている（藤川二〇〇二）。戦国時代や近世の陣小屋の実態は不明な点が多いが、筆者も周囲に関連施設をまったく持たない千葉御茶屋御殿は、「陣小屋」の典型例といえる可能性があると考えている（簗瀬二〇〇五b）[12]。

御茶屋御殿の内部構造の理解については、吉田伸之の江戸大名屋敷の内部が「御殿空間」と「詰人空間」の二元的要素から構成されていたとする指摘（吉田一九八八）が大きな手掛かりとなる。それに従えば、千葉御茶屋御殿の場合では中央部施設群が「御殿空間」に、長大な建物を主とする東部施設群が「詰人空間」に相当しよう。この「詰人空間」に見られる長大な建物は、近世の大名屋敷を特徴づける表長屋に結びつくものであるが、その源流は中世の御殿建築のなかに見ることができる（図17・図18）。とくに、「当代屋敷の図」（豊臣秀吉が、「御成」を繰り返した聚楽第下または伏見城下の大名屋敷をモデルにしたものとされる）に見られる長屋などの長大な建物で周囲に通路状の空間を作り出す手法は、千葉御茶屋御殿と共通するもので、千葉御茶屋御殿も御殿の建築様式を基本にしていることがうかがえる。したがって、休憩用の施設であっても御殿建築の基本的構造が採用されていたといえるが、鷹狩の休憩用だったので内部の建物はそれほど多くなく鷹部屋が大きいという特徴がある。

三　房総の御殿関連遺跡の概要

千葉県の近世初期の御殿に関係した遺跡は、船橋・千葉・東金の三カ所の御殿の他に千葉御茶屋御殿および土気茶亭の五カ所の施設があげられるが、他に東金御成街道も関連の遺構と言える。そのうち船橋・千葉・東金の各御殿は宿泊用の施設であり、代官屋敷を伴う地域支配の拠点でもあった可能性が高い。これに対し、千葉御茶屋御殿と土気茶亭は休憩施設に分類できるが、千葉御茶屋御殿は休憩施設ながら御殿様式の建物が内部に設けられていたことが確認されている。こうした施設が各地に配置され、東金へのルートが複数確保されることになった。当初は船橋と千葉という内房の拠点都市を経由して東金に至るルートがとられていたものと思われるが、東金御成街道が敷設されるまでは、土気を経由したり、古くからの街道である東金街道などを経て東金に至ったものとみられる。その後、船橋から東金に至る最短ルートをとる道路が新設されることになったわけである。しかし、東金御成街道が敷設されたからといってこれが毎回使用されたわけではなく、他にも①千葉から土気往還を通る南回りのルート、②千葉から東金へ向かう東金街道、③佐倉経由といった複数の経路があって、状況によって使い分けがなされたものと考えられる。さらには東金御成街道以外にも道路が整備された可能性もある。

徳川氏の房総での鷹狩は、『実紀』慶長一三年（一六〇八）四月八日条に「上総の鷹場」が見え、同じく慶長一五年一〇月二五日条に秀忠が上総で行っていることが確認できるが、船橋御殿は慶長一三年に設置された可能性も指摘したように、この頃から房総での御殿の設置が始まった可能性があるだろう。房総の御殿関連遺跡の歴史的展開を概観してみると、東金御成街道と千葉御茶屋御殿がセットで新設された慶長一九年から翌元和元年にかけてが、徳川氏の鷹狩にとって大きな画期であったと考えられる。その時点で船橋・千葉・東金の三カ所の御殿は、すでに設けられていたことが確認できるので、東金御成街道の敷設とその途中に千葉御茶屋御殿を設置することにより、房総の鷹狩関連施設整備は一つの完結をみたことになったと言えよう。その後の経緯をみると、秀忠の最後の鷹狩である寛永七年（一六三〇）までが毎年のように鷹狩が実施された盛期といえる。秀忠の後を継いだ家光の時期になると、放鷹が計画されたものの中止された寛永一三年を経て、寛永一九年以降は将軍の名代の鷹匠が鷹狩に派遣される形式になる。それが約三〇年続けられて寛文一一年（一六七一）に東金御殿が廃止されることにより、千葉県下における将軍家の鷹狩のひとつの時代が終わることになる。房総における近世初期に行われた徳川氏の鷹狩を時期区分するのであれば、秀忠の慶長一五年の上総への来遊を起点とすれば、将軍らが実際に放鷹に訪れた初期の二〇年と、その後、御殿は維持されていたものの将軍の来遊がなかった東金御殿廃止までの約三〇年間に時期区分できる。

おわりに

徳川家康は、慶長元年（一五九六）に上総市原から大多喜へ向かったとされており（佐藤二〇〇四）、それが事実ならこれが家康の千葉県内での活動が確認できる最初の事例とみられる。将軍らの鷹狩が恒例化した慶長一九年以前にも秀忠の千葉県下への来遊は確認できるし、東金は家康の「御入国最初之御鷹場」であったといい、東金酒井氏の旧臣を召し出してそれを預けたという（「東金筋御鷹場御成その他覚書」『習志野市史』）。このように、下総・上総が徳川氏の領国に組み込まれてから散発的にこの地域で鷹狩が行われた前段階があったものと考えられるが、具体的なところは明らかではない。それは徳川氏が関東の領主として領国支配を確立していく過程と密接に関わっている可能性が高く、房総に設置された御殿も地域支配の拠点としての機能を有していたことが予想されるので、さらなるその実態解明が必要であろう。

注

（1）この鷹場の範囲は、南は一宮川、東は栗山川を境としたという（『東金町誌』）。近世後期の史料では、三郡に跨る五二の五郷組合に属した二〇九カ村が確認できる（寛政一〇年〈一七九八〉「上総国武射郡山辺郡長柄郡御捉飼場村々五郷組合帳」『東金市史』史料篇一）。

（2）千葉御殿と千葉御茶屋御殿の混同は、中島義一に始まるのではなく、千葉県ではそうした理解が一般的だったとみられる（例えば『房総通史』）。ただし、公的な下総国絵図にはほぼ例外なく千葉御殿などは記載され続けており（その一例が図2）、家康関連の遺跡として認識されてきたのは疑いないが、千葉御殿が忘れ去られたのは近代以降に急速に関心が失われたことが影響しているのかもしれない。

（3）川名登編『房総と江戸湾』（街道の日本史一九）吉川弘文館、二〇〇三年、五六頁、中林正憲執筆部分で慶長一九年（一六一四）正月に家康が御成街道を通っていないことが指摘されている。

（4）典拠は不明ながら、元和元年（一六一五）一一月の家康の東金巡遊の折に御成街道が新設されたという説もある（『東金町誌』）。

（5）この御成新道にも夜間に提灯を点けて昼夜兼行での敷設作業を行ったという伝承がある（『東金町誌』）。

（6）東金御成街道は船橋が起点になっているが、それはすでにここに御殿が設置されていたことによる可能性が高い。

（7）現在の千葉地方裁判所建物の建設に先立ち、千葉市の文化財保護担当が試掘調査を実施したが、古い時代の地層がすでに失われており、御殿に関わる遺構や遺物は検出されなかったという。

（8）研究会発表要旨の第1図の土気往還と土気茶亭の位置関係に誤りがあったので修正した。千葉から土気までは比較的直線的な道路になっており、この街道も鷹狩に伴って整備された可能性があるかもしれない。

（9）國學院大学蔵の「東金古城址及御屋敷跡之図」はデジタルライブラリーでネットで公開中。図12の間取図よりも國學院の絵図の方が、周囲も記載されており全体のイメージは把握しやすいが、國學院の絵図は実際の地形とは合わない部分が多く正確さに欠ける。

（10）御殿の間取図は各地に残されているが、房総ではこの東金御殿のものが唯一である。この図の総面積「貳口合壱萬七千百坪」は一万一七〇〇坪の間違いである。本保（一九九一）にもこの絵図の写しが掲載されている。

（11）千葉御茶屋御殿は土井利勝の佐倉城のほぼ真南に位置している。千葉御茶屋御殿の最終的な設置場所の選定意図ははっきりしないが、あるいは佐倉城との位置が関係しているかもしれない。

（12）この遺跡を考える上で最も重視されるのは、御茶屋設置時期が徳川氏が豊臣氏を滅ぼす大坂の陣の直前であるということであろう。東金御成街道の設置目的は、安房の里見氏を牽制するためというのが有力な説と言えるが、安房から遠く離れた東金への道路設置が里見氏への対応とするには説得力に欠けるように思える。東金御成街道と千葉御茶屋御殿は、里見氏というよりも大坂の豊臣氏との関係が緊張した時期的な理由で理解した方が良いのではないかと考える。

〔参考文献〕

青柳好宏　二〇一五　「御成街道の発掘調査成果について」『平成二六年度八街歴史講演会「御成街道と八街」記録集』八街市郷土資

料館
改訂房総叢書刊行会　一九五九　『房総通史　改訂房総叢書別巻』
佐藤博信　二〇〇四　「高野山「西門院文書」の再検討―釈蔵院快弁書状をめぐって―」『千葉史学』第四五号
志賀吾郷編　一九二七　『東金町誌』
清水浦次郎　一九五四　『鶴の御成街道と東金御殿』
高橋源一郎　一九五九　『船橋市史前篇』船橋市役所
千葉県文書館　一九八九　『房総の徳川氏朱印状』
千葉市教育委員会　一九九一　『千葉御茶屋御殿第三次調査概報』千葉市教育委員会
千葉市教育委員会　一九九三　『千葉御茶屋御殿第五次調査概報』千葉市教育委員会
千葉市教育委員会　一九九四　『千葉御茶屋御殿第六次調査概報』千葉市教育委員会
千葉市教育委員会　一九九五　『千葉御茶屋御殿第七次調査概報』千葉市教育委員会
千葉市史編纂委員会　一九八七　『千葉市史』史料編五近世
東金市役所　一九七六　『東金市史』史料篇一
中島義一　一九七八　「徳川将軍家御殿の歴史地理的考察（第一報）」『駒沢地理』第一四号
習志野市　一九八六　『習志野市史』第二巻史料編一
藤川昌樹　二〇〇二　『近世武家集団と都市・建築』中央公論美術出版
藤澤良祐　一九八七　「瀬戸・美濃大窯編年の再検討」『財団法人瀬戸市埋蔵文化財センター研究紀要』第一〇輯
藤澤良祐　二〇〇二　「本業焼きの研究（一）」『瀬戸市歴史民俗資料館研究紀要』Ⅵ
船橋市郷土資料館　二〇〇二　『平成一三年度企画展　中世の船橋―掘る・読む・たずねる―』
本保弘文　一九八一　「郷土史ノートその二　土気の茶亭」『房総路』第九号
本保弘文　一九九一　『房総の道　東金御成街道』聚海書林
本保弘文　一九九八　『東金御成街道を探る』暁印書館
本保弘文　二〇〇〇　『東金御成街道歴史散歩』暁印書館

宮崎勝美　一九九四「大名江戸屋敷の境界装置—表長屋の成立とその機能—」宮崎勝美・吉田伸之編『武家屋敷—空間と社会—』山川出版社
簗瀬裕一　二〇〇〇「中世の千葉—千葉堀内の景観について—」『千葉いまむかし』第一三号
簗瀬裕一　二〇〇五a「千葉におけるもう一つの御殿跡—千葉御殿と千葉御茶屋御殿—」『千葉いまむかし』第一八号
簗瀬裕一　二〇〇五b「徳川将軍の御殿と御茶屋」『城郭と中世の東国』高志書院
吉田伸之　一九八八「近世の城下町・江戸から金沢へ」『週刊朝日百科日本の歴史別冊　歴史の読み方二』
和田茂右衛門　一九七六「御成街道とその周辺の記録調査」『千葉市文化財調査報告』第一集　千葉市教育委員会
和田茂右衛門　一九八四『社寺よりみた千葉の歴史』千葉市教育委員会

青戸御殿

……谷口　榮

はじめに

青戸御殿は、中川右岸に沿って形成された標高二メートル前後の自然堤防上に占地している。昭和の終わりに環状七号線道路が通るまでは、「御殿山」と呼ばれる青砥藤綱を祀る祠と二本の大銀杏が茂る少し小高い場所であったが、道路建設によって旧景は失われてしまった。その残地は御殿山公園と葛西城址公園として整備され、現在は東京都指定史跡葛西城跡として保存されている。地番で示すと御殿山公園は東京都葛飾区青戸七丁目二十一・二十二番地、葛西城址公園が同区青戸七丁目二十八番地が該当する。ちなみに江戸城大手門から「御殿山」までは直線距離にして約一一キロメートルの位置にある（図1）。

「御殿山」の地は、戦国期の葛西城が築かれたところでもある。享徳三年（一四五四）の享徳の乱前後に山内上杉氏によって葛西の要となる青戸を守備するため葛西城が築かれる。一六世紀に入ると、伊豆・相模を本拠として武蔵に進出してきた小田原北条氏によって葛西城は攻略され、縄張りも刷新され戦国の城郭として体裁を整えた。

図1　近世武蔵国葛西領周辺図（明治13年迅速測図原図復刻版を基に作成．主要街道と本文で取り上げる遺跡の位置を示した）

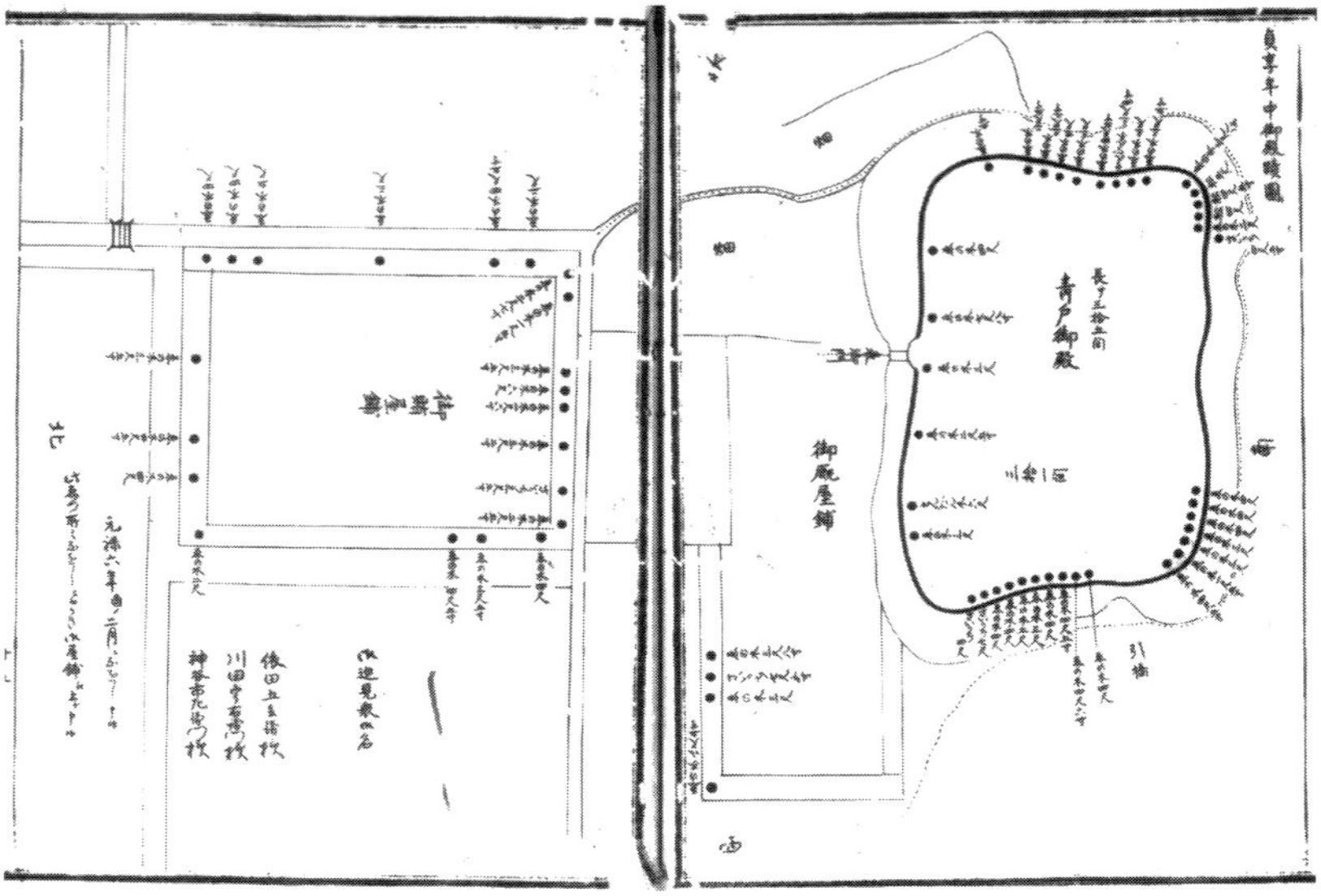

図２　『新編武蔵国風土記稿』「貞享年中御殿蹟圖」（国立公文書館）

葛西城は、天文末から永禄元年（一五五八）まで葛西様と尊称された関東公方足利義氏の御座所ともなった（佐藤二〇〇二、黒田二〇〇七、長塚二〇一〇、谷口二〇一〇）。永禄三年の長尾景虎の関東進攻によって落城の憂き目にも遭うが、その後小田原北条氏によって再奪取され、江戸城を中心とする江戸地域を支える城として天正十八年（一五九〇）に小田原北条氏が滅亡するまで北条方の城として存続した。

天正十八年の豊臣秀吉の小田原攻めの時に、徳川家康の家臣戸田忠次によって葛西城は攻め落とされ、戦国の城としての役割を終えたが、江戸に入部した家康によって葛西城の跡地には青戸御殿が整備され、家康・秀忠・家光の三代にわたって鷹狩りの時の休憩や宿泊施設として利用されることになる。

青戸御殿については、昭和四十七年（一九七二）から実施された環状七号線道路建設に伴う発掘調査以降、調査成果と文献史料等の調査研究が進み、すでにいくつかの論考が発表されている。今回はそれらを基に、主に青戸御殿の構造や遺物からうかがえる諸相について探ってみたいと思う。

なお、本御殿は『新編武蔵風土記稿』などの史料に「葛西御殿」や「葛西離館」「大戸古城御殿」とも記されているが、戦国期の葛西城との混同を避けるために『新編武蔵風土記稿』に掲載されている「貞享年中御殿蹟圖」（図2、以下「御殿跡図」と略す）に「青戸御殿」と明記されている呼称を用いることにする（谷口二〇〇九）。

一　地理・歴史的環境

1　徳川家康の関東入国と葛飾郡

武蔵野台地と下総台地の間に広がる東京低地は、歴史的に領域の境目となる境界地域である（谷口二〇一八）。古代・中世は、隅田川を境として西方を武蔵国、東方が下総国となり、東京低地東部の隅田川から東方の現在の江戸川までの地域（現在の葛飾・江戸川・墨田・江東区域が該当）は、江戸川両岸を包括する下総国の葛飾郡という領域に属していた。平安時代後半には律令体制の根幹である公地公民制が維持できなくなり郡の再編が進んだ結果、葛飾郡も解体して、隅田川以東の東京低地東部は新たに下総国葛西郡となり、「葛西」という領域名は近世まで存続する。

天正十八年（一五九〇）七月に豊臣秀吉によって小田原北条氏が滅ぼされ、その旧領国を徳川家康が拝領し、家康は豊臣政権下の武将として江戸に入部し、新領国の伊豆・相模・武蔵・上総・下総・上野の六ヶ国の経営に着手する。大規模な知行割りを実施して上級家臣の大名化と支城配置を行ない、とくに本拠江戸城を中心に蔵入地（御料所）を集中させている。江戸を起点とする主要街道および利根川や荒川などの河川をおさえる旧北条氏の主だった支城に、一万石以上の有力家臣を配置し、小知行取を江戸付近に置くという家臣団の知行割を行なっている。関東入国当時の徳川氏の蔵入地は六ヶ国二四〇万二〇〇〇石と推計され、そのうち全体の四割の一〇〇万石余りが江戸周辺に集中し、武蔵国は少なくとも半分は蔵入地となったとみられている（北島一九六四）。

家康は、知行割りとともに検地も天正十八年中に伊豆・下総国から行ない、翌十九年には武蔵・上総・相模・下野・上野の諸国も実施され、以後継続される。『新編武蔵風土記稿』によると葛飾郡は全部蔵入地となり、天正二十年（一五九二）には江戸川以西の葛飾郡にも検地が実施されていることから（北島一九六四）家康による新たな知行割りに伴って領域名として葛飾郡が復活していることがうかがえる。

近世になると武蔵・下総両国の境は隅田川から江戸川にシフトし、江戸川以西の北・西部の葛飾郡は武蔵国に編入され、葛西も武蔵国に属することになったとされるが、葛西が武蔵国に編入されたのは、近世の何時のことなのであろうか。旧葛西地域の文書や金石文からは、寛永十年（一六三三）から寛永十八年の間に下総国から武蔵国への所属替えがあったことがうかがえることから、隅田川から江戸川に国境が移り葛西が武蔵国に編入されたのは貞享三年（一六八六）まで下らず、寛永年間中と考えられる。寛永十六年に幕府が検地を行なっているので、これを契機とし、さらに明確になるのは幕府の「正保改定図」の作成の時からと考えられる（谷口二〇一六）。慶安元年（一六四八）に葛西全般にわたり本格的に行なわれた検地の際にはいずれも武蔵国として取り扱っている（葛飾区役所一九八五）。

2　家康・秀忠・家光の葛西での鷹狩り

『新編武蔵風土記稿』第三巻、葛西郡之四、西葛西領青戸村のところに「御殿跡」の項があり、青戸御殿についての概要を知ることができる。それによると「此御殿は東照宮以来御遊獵の時御憩息の所」とされ、村民所蔵の文書に慶長年中に家康が青戸古城に来て百姓藤右衛門に御殿番を命じたとされ、青戸御殿は徳川将軍家の鷹狩りの際に利用

表　葛西における徳川将軍関連の鷹狩り等一覧

西暦	和暦年月日	記　　事	出　　典
1590	天正18. 4 . 29	浅野長吉，葛西5ヶ村へ豊臣秀吉の制札を取り次ぐ	葛西神社文書
1590	18. 4 . 29以降	徳川家康の家臣戸田忠次，葛西城を攻め落とす	寛永諸家系図伝ほか
1593	文禄2 . 正. 3	松平家忠，葛西で鷹狩りをしている秀忠と出会う	家忠日記
1609	慶長14. 11. 24	家康，駿河・関東巡遊の計画を立て，葛西を宿泊地と予定する	徳川恒孝氏所蔵文書
1612	17. 11. 5	家康，駿河・関東巡遊の計画を立て，葛西を宿泊地と予定する	名古屋市東照宮所蔵文書
1612	17. 11. 17	家康，関東巡遊の計画を立て，葛西を宿泊地と予定する	松平康昌旧蔵文書
1612	17. 11. 18	家康，関東巡遊の計画を立て，葛西を宿泊地と予定する	金井家文書
1613	18. 10. 2	家康，葛西にて鷹狩りを行ない，鶴1羽を狩り得る	駿府記
1613	18. 10. 12	家康，関東巡遊の計画を立て，葛西を宿泊地と予定する	久能山東照宮所蔵文書
1613	18. 11. 27・28	家康，葛西にて鷹狩りを行ない，鶴5羽を狩り得る	台徳院殿御実紀
1614	19. 正. 7	家康，葛西にて鷹狩りを行ない，青戸の館に使者成瀬正武をして魚を送る	台徳院殿御実紀
1614	19. 正. 17	家康，千葉より葛西に至り，路次鷹狩りを行なう	駿府記
1614	19. 正.	成瀬正武，家康の葛西放鷹に供奉する	千城録
1615	元和元. 10. 21	家康，鷹狩りのため葛西など諸方に赴く予定を立てる	台徳院殿御実紀
1615	元. 11. 10	家康，鷹狩りのため葛西辺りへに赴く用意をする	武徳編年集成
1615	元. 11. 15	家康が放鷹のため越谷から葛西に赴く	本光国師日記
1615	元. 11. 23	家康，駿河・関東巡遊の計画を立て，葛西を宿泊地と予定する	日光東照宮所蔵文書
1615	元. 11. 26	家康，鷹狩りより帰還のため船より，葛西・江戸方面に向かう	本光国師日記
1618	4 . 正. 7	秀忠，葛西にて放鷹し，南部信濃守利直が献上した黄鷹にて鶴を狩る	台徳院殿御実紀付録
1620	6 . 正. 10	秀忠，葛西辺りにて鷹狩りを行なう	台徳院殿御実紀
1625	寛永2 . 3 . 30	秀忠，葛西辺りにて鷹狩りを行ない，無双の大雁を狩る	大猷院殿御実紀
1630	7 . 正. 11	家光，葛西辺りで鷹狩りを行なう	大猷院殿御実紀
1631	8 . 2 . 11	家光，葛西辺りで鷹狩りを行なう	大猷院殿御実紀
1633	10. 2 . 20	家光，葛西辺りで鷹狩りを行ない，狩	大猷院殿御実紀

西暦	和暦年月日	記　　　事	出　　　典
		りし鶴を禁裏・仙洞御所に献上する	
1634	寛永11. 3. 6	家光，葛西辺りで鷹狩りを行なう	大猷院殿御実紀
1634	11. 3. 13	家光，葛西辺りで鷹狩りを行なう	大猷院殿御実紀
1635	12. 9. 27	家光，葛西辺りで鷹狩りを行ない，黒鶴・真鶴・鴻・雁・鴨・鷺を狩る	大猷院殿御実紀
1635	12. 11. 26	家光，葛西辺りで鷹狩りを行なう	大猷院殿御実紀
1635	12. 12. 10	家光，葛西辺りで鷹狩りを行ない，狩り得た鶴を伊達政宗などに与える	大猷院殿御実紀
1635	12. 12. 20	家光，葛西辺りに赴き，新宿にて昼食をとる	大猷院殿御実紀
1636	13. 2. 8	家光，葛西辺りで鷹狩りを行ない，鶴，雁，鴨を得，鉄砲で鶴1羽を射止める	大猷院殿御実紀
1636	13. 8. 22	家光，葛西にて鷹狩りを行ない，狩り得た真鶴を禁裏へ鴻を仙洞御所に献上する	大猷院殿御実紀
1636	13. 9. 25	家光，葛西辺りで鷹狩りを行ない，狩りし鶴を禁裏・仙洞御所に献上するなど得物を諸侯に与える	大猷院殿御実紀
1636	13. 10. 5	家光，葛西辺りで鷹狩りを行ない，翌日，狩り得た白鳥を禁裏に献上し，鶴を薩摩島津家に送る	大猷院殿御実紀
1636	13. 12. 3	家光，葛西辺りで鷹狩りを行ない，鉄砲で白鳥を射止める	大猷院殿御実紀
1637	14. 正. 8	家光，葛西辺りで鷹狩りを行なう	大猷院殿御実紀
1638	15. 2. 13	家光，葛西で鷹狩りを行なう	大猷院殿御実紀
1638	15. 4. 11	家光，葛西で鷹狩りを行ない，鶴を狩る	大猷院殿御実紀
1638	15. 10. 13	家光，葛西で鷹狩りを行ない，鶴・白鳥・雁・鴨・鷺などを狩る	大猷院殿御実紀
1638	15. 10. 18	家光，葛西で鷹狩りを行ない，翌日，狩り得た白鳥をもって譜代の大名をもてなす	大猷院殿御実紀
1638	15. 12. 2	家光，葛西辺りで鷹狩りを行ない，白鳥・鶴などを得る	大猷院殿御実紀
1639	16. 6. 20	小倉正守・本多正次，青戸御殿の修理奉行を命ぜられる	大猷院殿御実紀
1641	18. 正. 10	家光，葛西で鷹狩りを行ない，狩り得た白鳥を仙洞御所へ駅送にて献上する	大猷院殿御実紀
1641	18. 正. 25	家光，葛西で鷹狩りを行ない，翌日，井伊直孝に雁2羽，土井利勝に鴨3羽を与える	大猷院殿御実紀
1641	18. 正. 25	家光，新宿のそばの青戸古城御殿に渡った後，隅田川に至る	新編武蔵国風土記稿

1642	寛永19. 8 . 18	家光，葛西で鷹狩りを行なう	大猷院殿御実紀
1642	19. 11. 25	家光，葛西で鷹狩りを行なう	大猷院殿御実紀
1642	19. 11. 27	家光，葛西で鷹狩りを行ない，久世大和守宏之を使いとして紀州徳川家に鶴を送る	大猷院殿御実紀
1642	19	古城廃却され，跡に御殿を建てる	新編武蔵国風土記稿
1643	20. 11. 26	家光，千住・葛西辺りで鷹狩りを行なう	大猷院殿御実紀
1644	正保元. 2 . 3	家光，葛西辺りで鷹狩りを行なう	大猷院殿御実紀
1644	元. 2 . 4	家光，木下川辺りで鷹狩りを行なう	大猷院殿御実紀
1644	元. 2 . 11	家光，中川辺りで鷹狩りを行ない，雁，鴨などを狩り，新宿の御殿にて休息をとる	大猷院殿御実紀
1644	元. 2 . 21	家光，深川・中川辺りで鷹狩りを行なう	大猷院殿御実紀
1644	元. 11. 12	家光，千住・葛西辺りで鷹狩りを行なう	大猷院殿御実紀
1644	元. 11. 20	家光，中川辺りで鷹狩りを行なう	大猷院殿御実紀
1644	元. 11. 27	家光，葛西辺りで鷹狩りを行なう	大猷院殿御実紀
1645	2 . 2 . 4	家光，葛西で鷹狩りを行ない，中根壱岐守正盛を使いとして水戸徳川家に鶴を送る	大猷院殿御実紀
1645	2 . 3 . 6	家光，葛西辺りで鷹狩りを行なう	大猷院殿御実紀
1645	2 . 3 . 10	家光，葛西辺りで鷹狩りを行ない，長刀にて雁 4 羽とり，松平信綱などに与える	大猷院殿御実紀
1645	2 . 9 . 20	家光，千住辺りで狩りを行ない，小菅御殿にて休息をとる	大猷院殿御実紀
1645	2 . 11. 28	家光，下谷辺りで狩りを行ない，小菅御殿にて休息をとる	大猷院殿御実紀
1645	2 . 11. 29	家光，葛西辺りで鷹狩りを行なう	大猷院殿御実紀
1646	3 . 正. 12	家光，葛西辺りで鷹狩りを行なう	大猷院殿御実紀
1646	3 . 11. 19	家光，小菅辺りで鷹狩りを行なう	大猷院殿御実紀
1647	4 . 正. 10	家光，小菅辺りで鷹狩りを行ない，長刀にて雁をとる	大猷院殿御実紀
1647	4 . 2 . 5	家光，千住辺りで狩りを行ない，小菅御殿にて休息をとる	大猷院殿御実紀
1647	4 . 9 . 20	家光，葛西辺りで鷹狩りを行なう	大猷院殿御実紀
1647	4 . 10. 13	家光，小菅辺りで鷹狩りを行ない，鍋島勝茂など 4 人の者に雁を与える	大猷院殿御実紀
	4 . 11. 7	鷹場に高札をたて，勝手な鷹狩りを禁止する	大猷院殿御実紀
1648	慶安元. 閏正. 9	家光，葛西辺りで鷹狩りを行なう	大猷院殿御実紀
1648	元. 9 . 20	家光，葛西辺りで鷹狩りを行ない，伊	大猷院殿御実紀

西暦	和暦年月日	記　　　事	出　　　典
		奈半十郎忠治の別邸にて休息をとる	
1648	慶安元. 12. 6	家光，葛西辺りで鷹狩りを行ない，阿部重次を使いとして徳川家綱に鶴を送る	大猷院殿御実紀
1649	2. 正. 4	家光，葛西辺りで鷹狩りを行なう	大猷院殿御実紀
1649	2. 3. 7	荒川重政・水上正勝，青戸御殿の造営奉行を命じられる	大猷院殿御実紀
1649	2. 12. 9	家光，葛西辺りで鷹狩りを行なう	大猷院殿御実紀
1650	3. 閏10. 3	家光，葛西辺りで鷹狩りを行なう	大猷院殿御実紀
1657	明暦 3.	御殿廃止	新編武蔵国風土記稿
1663	寛文 3. 11. 12	酒井忠清，葛西で狩った雁を将軍家綱に献上する	厳有院殿御実紀
1665	5. 11. 18	家綱，隅田川辺りで狩りを行なう	大猷院殿御実紀
1672	12. 11. 21	家綱，千住・小菅辺りで鷹狩りを行なう	大猷院殿御実紀
1672	12.	御勘定帳に葛西・越谷・小杉御殿番の記事がみえる	竹橋余筆
1678	延宝 6. 10. 29	青戸古御殿の払い下げを知らせるお触れが出される	江戸町触集成
1693	元禄 6.	貞享年中に作成された青戸御殿の絵図に修正が加えられる	新編武蔵国風土記稿
1693	6. 9. 10	幕府，鷹遣を廃止，12日に鷹を新島に放ち，餌指職も廃止される	常憲院殿御実紀
1716	享保元. 9. 11	幕府，葛西など再び放鷹の地と定める	有徳院殿御実紀

注：『葛西城 XIII 第 3 分冊』1989 を基に作成.

されたことが記されている。

徳川家に関連する葛西での鷹狩りの初見は、まだ豊臣政権下の文禄二年（一五九三）正月三日に、家康ではなく、秀忠が葛西で行なっていた記録がある（『家忠日記』）。家康については、将軍職を秀忠に譲った大御所時代の慶長十四年（一六〇九）十一月二十四日に葛西での宿泊を予定している史料が初見である（「徳川恒孝氏所蔵文書」）。それ以降、葛西で鷹狩りが行なわれた記事や宿泊地として予定する記事が史料で確認されるようになるが（表）、家康・秀忠・家光は、史料に記録された以外にも葛西で鷹狩りを行なっていたことが想定される。

また『新編武蔵風土記稿』の「正保年中改定図」を見ると、一七世紀中頃の武蔵国葛飾郡葛西領には青戸御殿のほかに、隅田に御殿があり、中川対岸の新宿や下流の立石村、古綾瀬川沿いの木下川、隅田川河口の深川に御茶屋があったことがわかる。

二　青戸御殿をめぐる調査研究

1　考古学的な研究の経緯

御殿山が考古学的に注目された嚆矢は鳥居龍蔵であろう。鳥居が昭和二年（一九二七）に著した『上代の東京と其周囲』のなかに、「立石村附近原始時代の遺跡」として、青砥左衛門の屋敷跡と伝わる青戸御殿山を紹介しているのが初見と思われる。鳥居以降、本遺跡が注目されるのは戦後になってからである。昭和二十六年に雑誌『貝塚』に可児弘明によって本遺跡を御殿山遺跡と呼称し、弥生時代後期の土器が出土することが紹介されている（可児一九五一）。可児は、一〇年後の昭和三十六年、『考古学雑誌』に掲載した論文の「東京東部低地遺跡遺物発見地名」一覧に本遺跡を「湮滅」として記録している（可児一九六二）。『貝塚』で「東方の畑」とした地点に、都営住宅が建ち並んでいたことからそのような表記になったものと推察される。いずれにしてもこの段階までは、青戸御殿山の地は、弥生時代の遺跡として認識され、中世遺跡としてはまだ注目されていなかった。

昭和四十七年から環状七号線道路建設に伴う事前確認発掘調査が実施され多大な成果を上げ、工事で壊される葛西城主郭部の保存要望が出されたが、関係諸機関の調整は功を奏さず、遺跡の中心を貫くように工事が進められることになった。これを受けて、本調査として昭和五十五年から昭和五十六年にかけて第六次調査が実施され、調査総面積約六二二〇平方メートルに及ぶ環状七号線道路建設に伴う調査が終了した。

環状七号線道路開通後には道路に沿って西側に御殿山公園、東側に葛西城址公園として葛西城跡の主郭部の一部が

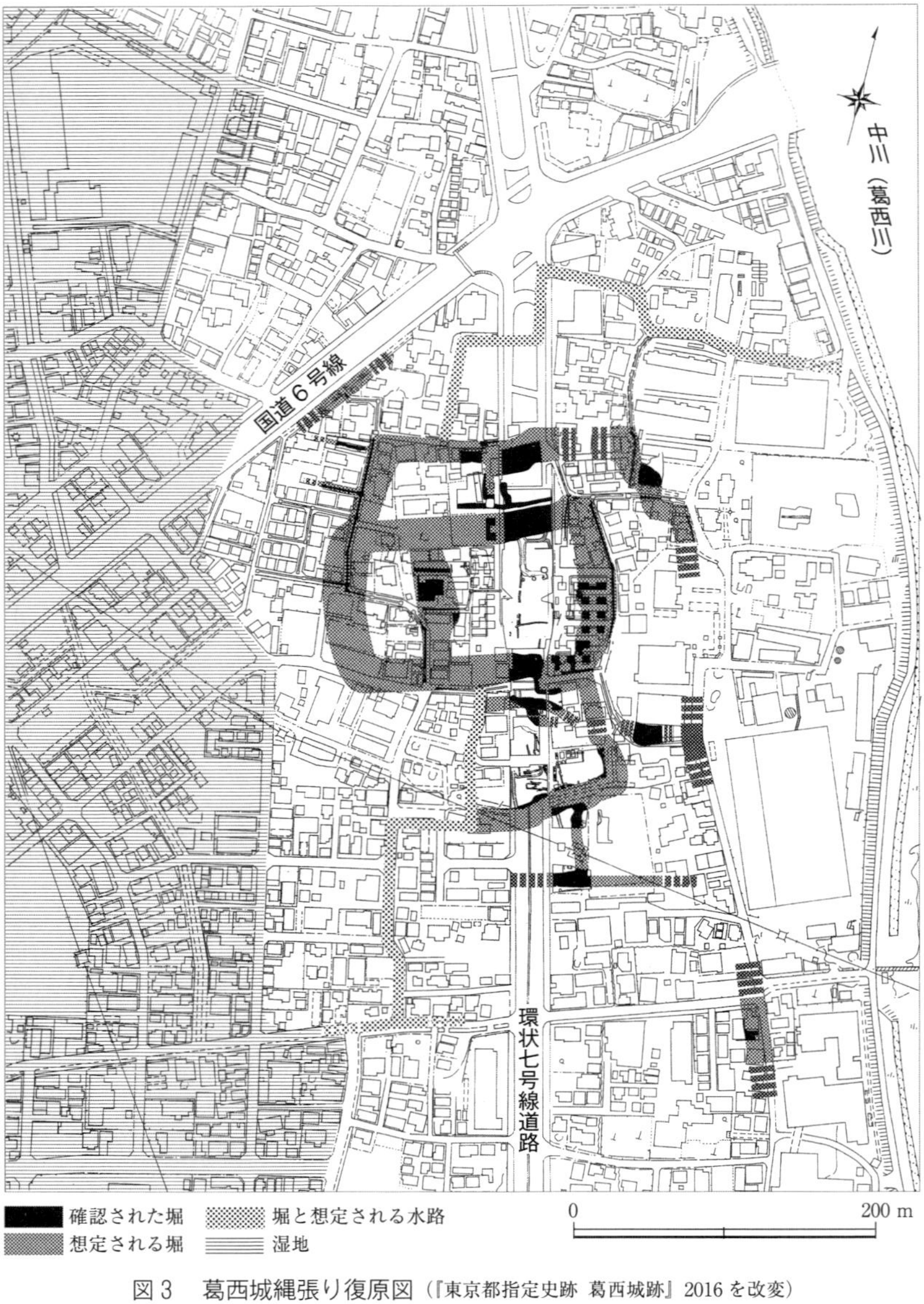

図３　葛西城縄張り復原図（『東京都指定史跡 葛西城跡』2016 を改変）

保存されることになり、平成十一年（一九九九）に東京都の史跡指定を受けている。葛西城および青戸御殿の発掘調査は、現在でも建設工事などに伴い行なわれており、かつての葛西城の姿が少しずつではあるが、明らかになってきている（図3）。

2 青戸御殿研究史

青戸御殿に関するまとまった研究としては、葛西城址の調査報告書に掲載された加藤晋平（一九七四）と中野達哉（一九八九）によるものがある。以下、加藤と中野の研究を確認しておきたい。

（1） 加藤晋平の研究

加藤晋平は、葛西城址第二次予備調査の結果を踏まえて、Ⅳ区で発見された堀を中心に考察を加えている。[1] 加藤は、『新編武蔵風土記稿』の「御殿跡図」について、発掘調査で確認されたⅡ区E堀とⅣ区堀などは絵図に見える水路とよく一致していると指摘。Ⅱ区E堀やⅣ区堀は、この絵図の左下に「元禄六年酉ノ二月ニナヲシ申候、此ゑづ所丶ナヲシニ而かき御屋敷江上ケ申候」と書かれていることから、貞享年中（一六八四〜八八）に作成された絵図が元禄六年（一六九三）に修正されたことを示しており、これらの堀は水路幅を減じながらも元禄六年にはまだ命脈を保っていたと述べている。

発掘調査では、Ⅱ区E堀とⅣ区堀内の橋脚列が確認されている。橋脚にはオノで叩き截られた頂部をもつものがあり、堆積状況の観察からＭｃ層中にオノで叩き截った木の削片が認められることからＭｃ層が堆積中に木橋を意図的にはずしたことを物語るものとみている。「御殿跡図」には、Ⅳ区堀にあたるところには橋脚は描かれていないが、位置的にみてかつて裏御門があり、その裏御門と連絡する橋であると指摘し、元禄六年の段階にはすでに取り払われて存在していなかったとした。

さらにⅣ区堀の橋が取り払われたMc層からは多くの瓦片が出土していることから、Mc層が堆積中に建物が取り払われたことを暗示していると分析している（図6）。

ここで問題となるのがMc層の堆積年代であるが、加藤は『徳川実紀』には青戸御殿廃止に関わる記事は見られないが、『新編武蔵風土記稿』の「明暦三年ニ御殿ヲ廃セラレテ其跡は大抵陸田トナリ今纔ニ御座所ノ跡ノミヲ存セリ」と記されていることに注目している。越谷御殿（埼玉県越谷市）や鴻巣御殿（埼玉県鴻巣市）も明暦三年（一六五七）の江戸の大火の年に取り払われて江戸城中へ運び込まれており、『新編武蔵風土記稿』に記されている明暦三年の青戸御殿廃止の記事はかなり信憑性が高く、青戸御殿もこの時期に取り払われている可能性が高いと指摘し、Mc層の堆積年代を明暦三年に求めている。

次に、御殿の普請について加藤氏は、『新編武蔵風土記稿』には寛永十九年（一六四二）に古城跡形なく取り壊されていると記され、地元の「清水氏之略系図」にも「寛永十九年右古城御取払、御鷹野を建、御成有之候」と同様の記事があるが、『徳川実紀』では小姓組小倉忠右衛門、大番本田清兵衛正次らが葛西の離館の修理奉行を寛永十六年に仰せ付けられているとする点について留意した上で、この時の工事は、葛西古城が姿を消すほどの規模であったとする。その上で堀内の堆積土の観察からMc層下のMf層上部には、チョウナの削り屑や作事が行なわれたことを示す史料が多く見つかっており、Mf層上部は葛西古城を取り払った寛永十六年ないし十九年の普請時に当たる可能性が最も強いとした(2)。

さらに『徳川実紀』には、慶安二年（一六四九）に大番荒川重政と水上正勝が葛西離館造営の奉行を命じる記事があり、『寛政重修諸家譜』の水上正勝の条に、慶安二年に家光が日光山参詣に赴くために青戸の御殿の作事奉行を務める記事があるが、日光道中筋にない葛西の離館の造営がなぜこの時に行なわれたのかは、今後十分な検討が加えられなければならないと注意を促している。

そのほか加藤は、Ⅳ区堀から出土した遺物を中心に御殿との関係について考察している。詳細は是非報告書を参照していただきたいと思うが、とりわけ青戸御殿が低地に占地するため木製品類や動物遺存体の出土が豊富であることに注目され、文献史料や伝世品との比較検討を行なっている。その概要を示すと、漆椀、折敷の類いや箸などの木製品類のなかでも、とくに注目しているのは漆椀である。出土した漆椀は、秀衡椀に類似したロクロ引きの腰高の椀で、口径の寸法から三つのグループに大別される入れ子状の引入椀として制作され使用されたものであるという。白木の折敷あるいは足付のなどの檜物師の細工物や両端が細く削られた箸にも三つグループがあり、文献史料に記載されているものとの同定を試みている。

人工遺物の中では、かわらけについて出土状況も含め検討されている。直径一〇センチメートルと一二センチメートルの二枚のかわらけが二枚重なって出土する事例について、『式三献七五三膳部記』や『山内料理書』に膳で同じ事例があることを挙げて検討している。その他の完形品のかわらけについても、口径が八センチメートル台、一〇センチメートル台、一二センチメートル台に集中頻度をみせ、それぞれ二度入、三度入、あいの物に該当し、量的には三度入が最も多いという。灯明皿として使用した痕跡が見られるのが三度入は三点で他は二度入に限られていることから、三度入とあいの物に属するかわらけの大部分が食膳に供されたと理解されるとした。その上で加藤は、一四センチメートル台かわらけはわずかしかないのは、膳部で五度入のかわらけに代わって木椀がしばしば利用されたことを示すとしている(3)。

魚介類や鳥類や哺乳類などの動物遺存体は、「御殿跡図」に「御賄屋舗」が描かれているので、御殿との関連を示す興味深い資料であるとし、これらの資料のうち魚介類や鳥類の多くが食膳に供されたものと考えられている。出土した魚類のなかには、『徳川実紀』の慶長十九年（一六一四）正月七日に家康が青戸御殿に宿泊した時に家臣の成瀬豊後守が魚を届けた記事があることから、このようにして御殿に届けられた可能性があるものも含まれるとしている。

哺乳類（イヌ、ウシ、タヌキ、ウマ、ドブネズミ、イノシシ、シカ、ネコなど）、鳥類（ウ属、サギ科、ガン・カモ科、キジ属、ニワトリ属、カラス属など）についても検討が加えられており、これらの動物遺存体は御殿で食膳として供されたものだけでなく、鷹狩りの得物や鷹飼育との関連も想定されるとした。総じて出土した動物遺存体や漆椀や木箸・折敷などの木製品やかわらけからは、城内や御殿内で整った膳部が出されたことが推察される他、鷹狩りが行なわれていたことが推察される資料であると指摘されている。

（2）中野達哉の研究

中野達哉は、まず近世初期の御殿について整理を試みている。丸山雍成（丸山一九八〇）や中島義一（中島一九七八）、本間清利（本間一九八一）の先行研究を紹介し、御殿・御茶屋は「鷹狩りなどの巡遊との関連から捉えることは妥当であるが、設定した意義＝各地のなかで特定の地を選定し、御殿を建てた意味を考えるには、単に鷹狩りとの関係を捉えるのは不明瞭」であると指摘し、さらに「関ヶ原の戦い以降、御殿は行政監査的色彩が強くなったという評価には疑問が残る。御殿には幕府代官等常駐したわけではなく、御殿自体がそれだけの機能を持ちえたとは思え」ないと述べている。

また、根岸光男の東金街道沿いに設置された船橋御殿・千城村の御茶屋御殿・東金御殿を事例にした「当時の政治的情勢を反映した軍事施設としての性格が強い」との捉え方について（根崎一九八五）、地域的な軍事的・政治的な事情であって一般化するには難しいとして、御殿や御茶屋を「単に将軍の休息・宿泊施設としての御殿としていたものと考えられ」るとして位置づけて青戸御殿の考察を行なっている。

中野は、青戸御殿の様子を伝えるものは後世に編纂された史料などから断片的にしかうかがえないとした上で、家康が記した『道中宿付』から慶長十四年、同十七年、同十八年、元和元年（一六一五）に家康の宿泊予定地として葛西が確認できることや、『徳川実紀』の「台徳院殿御実紀」には慶長十八年十一月二十七日に家康が葛西に鷹狩りに赴き二泊し、慶長十九年正月七日、家康が葛西で鷹狩りをした時に「御旅館」が利用されたとの記述があることを挙げ、その場所が青戸村に比定されているとする。

また、地元の「清水氏略系図」には、家康が慶長年間に鷹狩りに来て立ち寄ったこと、葛西古城を毀した跡に鷹狩り用の御殿を建てたとする記事も紹介し、すでに慶長年間後半にはおそらくは葛西古城に多少手を加えて家康が休憩・宿泊するような施設が常設されていて、御殿としての容相を整えるのは後の改修を経てからとしている。

御殿造営については、『新編武蔵風土記稿』では、御殿は寛永十九年に新たに造営され、それ以前は古城を改修したことが記されているが、『寛政重修諸家譜』や『徳川実紀』には寛永十六年と慶安二年の二回の造営記事が見え、『新編武蔵風土記稿』などに見える寛永十九年は疑問であるとしている。寛永十六年の青戸御殿改修については、小姓頭小倉忠右衛門正守と大番本多清兵衛正次が改修奉行に命じられるが、この時期には江戸近郊の府中・船橋・稲毛・中原・越谷の離館が同時に改修され、いずれも中級旗本が奉行として任じられており、一連の改修事業の一環であるとした。

加藤も留意した慶安二年の改修について、造営奉行として荒川重政と水上正勝の二名が任じられ、『寛政重修諸家譜』の「水上正勝」の家譜にも慶安二年に青戸御殿の作事奉行を務めると記されているのは、他の事業との混同から生じたものとされ、慶安二年の改修はなかったのではないかと述べている(4)。私も寛永十六年の誤りであり、慶安二年の改修についても中野が指摘するように、他の事業との混同から生じたものとされ、慶安二年の改修はなかったとここでは考えておきたい。

青戸御殿の規模・構造については、「御殿跡図」が最もよく伝えており、御殿は「青戸御殿」「御厩屋鋪」「御賄屋鋪」の三つから構成され城跡を連想させると述べている。

御殿の維持管理について、地元青戸村の清水家と中島家が御殿の守備・警護を務めたという伝承があるが、青戸御殿との関わりが地元有力農民の権威付けの素材となっていると指摘している。御殿跡は清水家と中島家が帰農して開発し、『新編武蔵風土記稿』によると九畝歩（二七〇坪）が除地となり、遺跡として残されているとする。

御殿の廃止時期は、『新編武蔵風土記稿』『竹橋余筆』等の史料から、明暦三年に御殿としての機能は廃止されるが、御殿自体はそれ以後も寛文十二年（一六七二）以降まで残り、貞享五年（元禄元年、一六八八）以前に御殿自体もなくなったのではないかとみている。つまり、御殿としての機能は廃止されるが、すぐに耕地となったのではなく、しばらくは建物が残っていた可能性がうかがわれるとした。以上が御殿の造営や改修、廃止などについてであるが、中野は青戸御殿の徳川将軍との関わりについて次のように述べている。

家康は、武蔵国東部など江戸東方で鷹狩りを行なう中継点として重要な宿泊・休憩施設と利用されたと推測し、史料的には葛西での鷹狩りの初見は秀忠であるが、家康の葛西での鷹狩りは、資料で確認できる慶長十八年以前から行なわれていたとみている。

秀忠の頃は、幕藩制機構が確立していく途上であり、江戸を留守にして泊まりがけの鷹狩りをすることは難しい状況もあったため、日帰りで鷹狩りのできる葛西にしばしば訪れ、東金方面へ赴く時は休憩・宿泊施設として青戸御殿を利用している。

家光の頃になると、江戸周辺地域での日帰りの鷹狩りがほとんどとなる。葛西へは、寛永七年から没する前年の慶安三年まで、ほぼ毎年のように訪れている。しかし、『徳川実紀』には新宿の「御茶屋」や小菅の「伊奈半十郎忠治別墅」などで食事をする記事があり、葛西あたりで鷹狩りを行なっても青戸御殿はあまり利用されなかったことをうかがわせ、四代家綱も葛西で鷹狩りをしているが、家光と同様に青戸御殿はあまり利用されなかったとしている。

このような動向から中野は、近世初期の将軍家と青戸御殿や鷹狩りについて、青戸御殿は家康や秀忠の鷹狩りの際には休息あるいは宿泊施設として十分機能していたことが推察されるが、家光の頃になると政治的・軍事的性格を兼ねた泊まりがけの鷹狩りの必要性は減少し、青戸御殿は次第に利用されなくなっていくとしている。そして、近世初頭の青戸御殿は、葛西城を簡単に修復した程度で、後に行なわれる御殿修造は、御殿の規模拡張や設備の一新というより老朽化への対応としての面が強かったと捉えている。

(3) その後の研究

加藤・中野の研究後、御殿廃止の時期について新知見が得られている。『江戸町触集成』(第一五一二号)に、延宝六年(一六七八)十月二十九日に青戸古御殿の払い下げを知らせるお触れが出ており[5]、この時期に御殿が最終的に取り壊され処分されたことが判明している(古泉・谷口編一九九九)。

その後、青戸御殿に関する研究としては、平成十一年の「第11回江戸遺跡研究会大会　江戸と周辺地域」において谷口が「江戸と東郊」と題して、青戸御殿の変遷や遺構・遺物、出土状況について報告を行なっている[6]。さらに葛西城および青戸御殿主格部をめぐる堀内の遺物出土状況に関する考察(谷口二〇〇九)や、発掘成果と文献史料から御殿の構造や遺物等について論考を発表している(谷口二〇一四a・二〇一八)。このほか葛飾区郷土と天文の博物館では、同博物館ボランティア「葛飾考古学クラブ」と共同で、葛西城址・青戸御殿の学術調査や国庫補助事業として出土遺物の整理作業などを実施している(7)。

三　青戸御殿の構造と遺構

御殿の構造は、『新編武蔵風土記稿』の「御殿跡図」によると中野も記しているように、青戸御殿、御厩屋舗、御賄屋舗の三つの施設から構成されていたことがわかる。環状七号線道路建設に伴う発掘調査において、すでに戦国期のⅡ区E堀とⅣ区堀は近世にも存続し青戸御殿の北側と南側を画するものと捉えられており、Ⅱ区E堀で検出された橋脚は「御殿跡図」の青戸御殿の表御門の前に架かる橋に相当し、Ⅳ区堀の橋脚は「御殿跡図」には描かれていないが、裏御門の存在を想定し、裏御門に連絡する橋とみられている（加藤一九七四、宇田川編一九七六）。また御賄屋舗の南端がⅠ区の北側に位置する可能性が報告されている（宇田川編一九七六）。

「御殿跡図」の配置と先行研究を参考にしながら環状七号線道路建設以降の発掘調査の成果を加味して各施設の位置や状況を探ってみたい。

1　青戸御殿

(1)　主　郭　部

今までの発掘調査の成果を基に、「御殿跡図」に描かれている諸施設の位置を求めると図4に示したような配置が想定される。青戸御殿（主郭部）をめぐる堀は、戦国期の葛西城主郭部をめぐる堀がそのまま利用されている。葛西城主郭部を画するⅡ区E堀（幅約二〇メートル、深さ約二メートル）やⅣ区堀（幅約一七メートル、深さ約一・八メートル）と呼

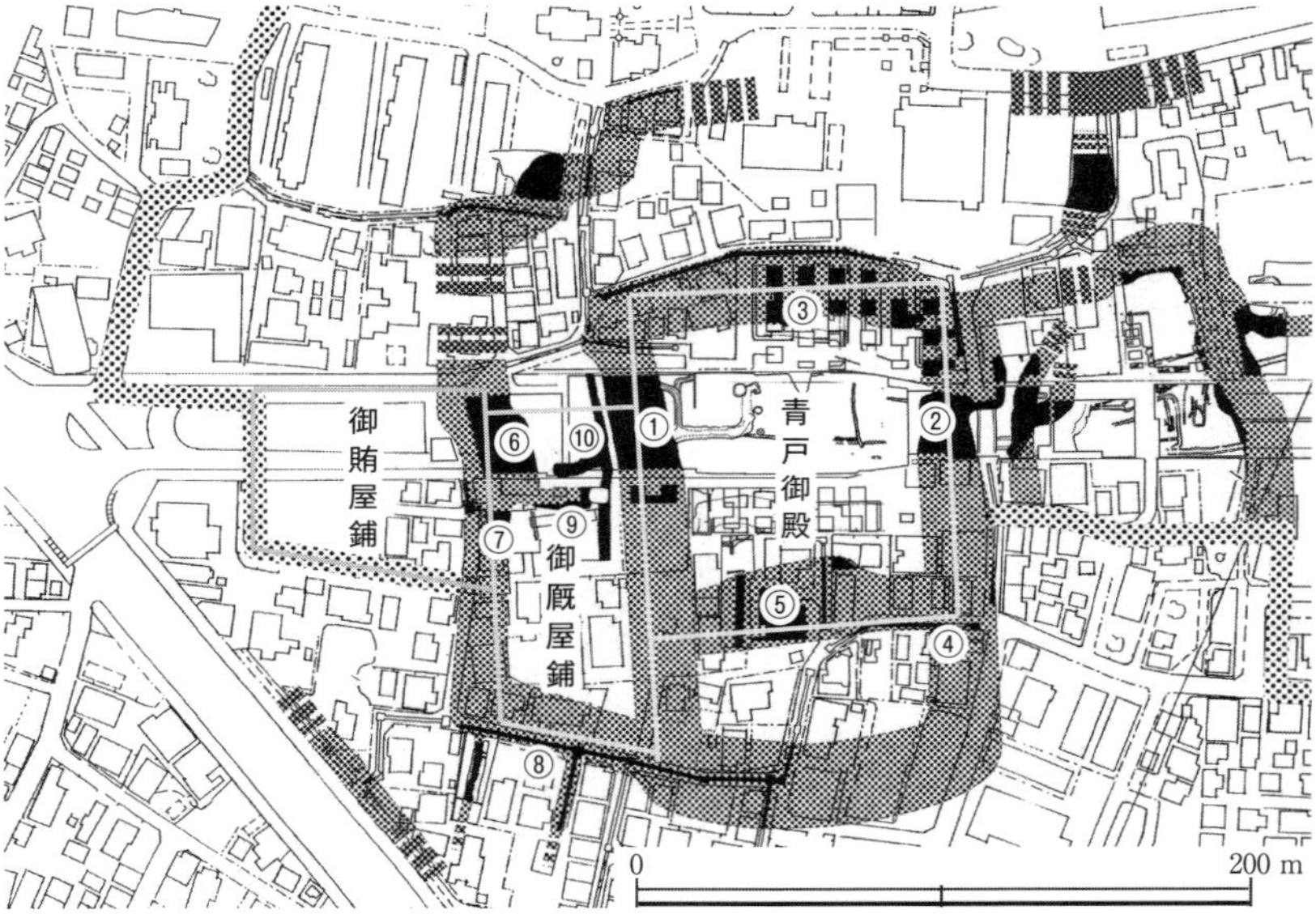

図4　青戸御殿諸施設位置想定図（谷口 2014a を基に図3ベースに改変）

ばれる堀は、天文十九年（一五五〇）から永禄元年（一五五八）までの時期に構築されたものと推察され（谷口二〇〇九）、発掘調査では確認面からの数が示されているが実際はさらに幅も広く深さもあり、土塁の構築を考慮するともっと大規模な堀であった。

発掘調査からうかがえる青戸御殿の構えは、北側は①Ⅱ区E堀、南側は②Ⅳ区堀、東側は③公園東地区1号堀、西側は④下水道西地区四号遺構・⑤青戸七丁目二十二番地御殿山公園地点3号堀が該当するものと想定される。

規模は、堀の内側で東西約八二メートル、南北約七四メートル、「御殿跡図」では、「長サ三拾五間」（東西？六三メートル）と「三拾一間」（南北？　五五・八メートル）と記しており、「御殿跡図」の記載規模と計測値に隔たりがある。しかし、絵図と発掘調査から求められた計測値の差は、前者が約一九メートル、後者が約一八・二メートルとなり、双方とも似通った差となる。「御殿跡図」には御殿をめぐる堀の内側に土塁を線で表現しており、葛西城主郭部の土塁がそのまま青戸御殿にも利用されていたことがわかる。一八～一九メートルという数値は、青戸御殿の堀の内側に存在する土塁の裾部からの長さであり、幅五間（九メートル）前後の土塁の存在が想定され、土塁の内側の広さを「御殿跡図」では表記しているものとみられる。

御殿内部の御殿に伴う明確な遺構としては、木枠の井戸側を備えた第八五号井戸がある。平面プランは隅丸方形で上辺が四メートルで、湧水のために底面まで発掘することはできなかったが、内側には四本の太い柱と板材が縦に打ち込まれた井戸側が設けられていた。井戸側は一辺八尺（二・四メートル）四方の正方形を呈していた（古泉編一九八三）。井戸内からは瓦も多く出土し、御殿の改修あるいは廃絶時に埋められたものとみられる。井戸側内からは内外面朱色の腰が屈曲するように張った漆椀が一点まるで納められたかのように出土している。

また、第八五号井戸の南西のところに桶重ねの井戸側が備わる第七二号・第七五号井戸があるが（古泉編一九八三）。この二つの井戸も御殿に伴うものであろう。

他の御殿時代の遺構は、多く確認されている柱穴の一部が御殿の施設を構成するものも含まれると思われるが、削平が激しく、調査範囲内では御殿の建物を復原することはできていない。それと御殿に庭園が備わっていたのかも不明である。これは青戸御殿に限らず、徳川将軍家の御殿、少なくとも家光までの江戸近郊の御殿に庭園が確認されていないのではないかというのが、今回の江戸遺跡研究会「徳川御殿の考古学」に参加しての所見である。権威の象徴である庭園を備えないということが肯定されるならば、御殿の分類や役割・機能を整理する材料の一つになるのではないかと思う。今後の調査研究の進展に期待したい。

(2) 渡御施設

a　御殿北側橋脚（表御門）

青戸御殿にめぐらされた堀を渡る施設として、御殿北側を区画するⅡ区E堀には橋脚が発見されており、「御殿跡図」の「表御門」と連絡する橋跡と考えられている（図5）。

報告書では、橋脚の杭列は後で取り上げるK遺構の杭列と同時点のレベルで確認されたとされる。しかし、報告書の「E濠址の橋脚」図にはマイナス二〇センチメートルのライン辺りに橋脚の上端部が集中しているが、「K遺構のセクション」図を見るとマイナス一〇センチメートルのラインのところにK遺構の上端部が位置している。したがってE濠址の橋脚の上端部よりもK遺構の上端部は約一〇センチメートルほど高いレベルで確認されているとみられ、E濠址の橋脚の撤去後にK遺構構築ということを示していよう。

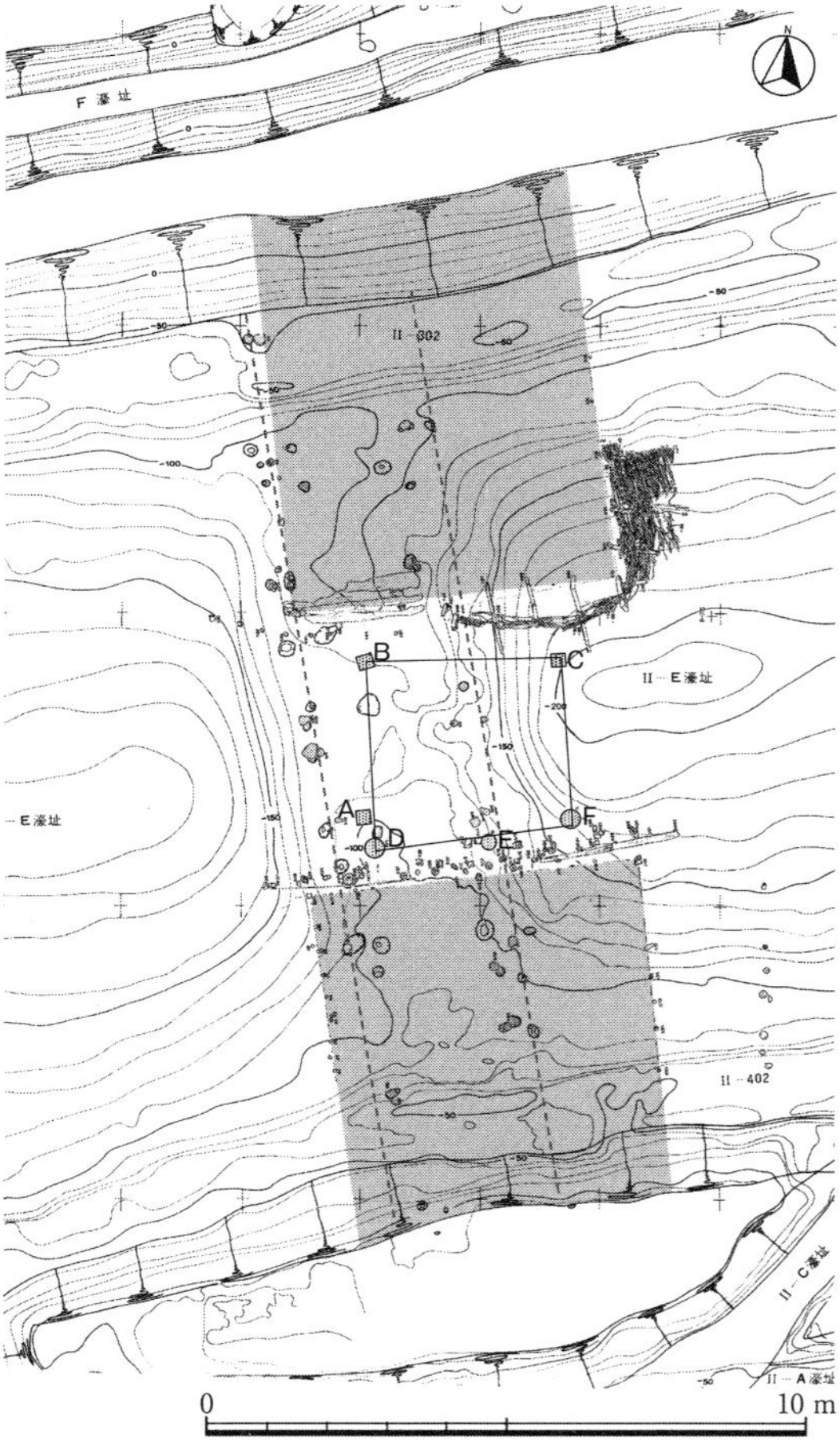

図5　II区堀橋脚（破線が橋脚のライン）・K遺構平面・土層図（『青戸・葛西城址II区調査報告』1976を改変）

橋脚は南北方向に通る大きく二列のラインから構成されている。配列には規則性を持つものの同一の間隔は保っていないが、幅は八尺（約二四〇センチメートル）が最も多い。この南北の二列のラインとはズレて別のまとまりを持つグループがある。報告書では五本で構成されるとされ、方形の配置となり、各々内側に一四度の傾きをもって据えられている。これについては後で紹介するK遺構のところで再度触れたい。

据えられた脚には、材質や形態から以下の三種類がみられる。①自然木に近く、先端部のみ面取りを施し尖っているもの。②先端から一メートルの間を八面の面取りと先端部も面取りして尖らせているもの。③ホゾを有するもの。これらは古材を再利用したものと考えられている。

b　K　遺　構

橋脚以外に御殿の堀に関わる遺構として、Ⅱ区K遺構がある（図5）。報告書の段階で表御門の施設の一部の可能性が指摘されている遺構である（宇田川編一九七六）。位置的には先の表御門と連絡する橋跡と重なるが、厳密には少し東にズレている。杭列および柵状遺構から構成される遺構で、平面的にはⅡ区E堀の南・北両岸から堀の中央に向かってコの字に構築されている（図5）。

杭列上端は、標高0メートル前後のMa下層の青褐色砂質土層中（K層）から杭列が検出されたもので、K遺構を構成する杭はE堀の基底部まで届くものもあるが、多くはMf層を支持層として打ち込まれている（長瀬一九七六）。報告書によると部分的にMc層の上層やMc層を削除した状況が見られることからK遺構構築に際し基盤整備を行なっている。(8) 土層の堆積状況との関係からK遺構は、層位的にはMf層堆積後、表御門に架かる橋を取り外した後に造られたもので、Mb層の堆積中は存在し、Ma層堆積中には機能していないものとみられる。

平面プランは、南岸と北岸の双方から堀中央に向かってコの字状に五メートルほど張り出すように杭が打たれている。板をおさえる形で杭が打たれているところもあり、竹組の柵状のものはシガラミとみられるが、一部強い力で破壊された状況が認められるという。杭列および板や竹製のシガラミは土留めのための施設と思われ、K3層がK遺構の内側にだけ堆積が認められることもK遺構内に土盛り造成したことを裏付けていよう。

K遺構は、戦国期から架けられていた橋を撤去した後、改めて表御門と連絡する橋などの渡御施設を設けたものと思われる。張り出しと張り出しの間の堀部分には、先に記した元の橋脚のラインとはズレた五本で構成され方形の配置となる橋脚がある。この橋脚はK遺構とは軸を同じくし一本一本の橋脚も角材などしっかりした材であったようだ。おそらく四角く配置された柱は、両岸から張り出した所から堀を渡る橋などの施設を支える支柱と考えられる(9)。「御殿跡図」を見ると、表御門に架かる橋が描かれているが、その部分は両岸が張り出して堀幅が狭まっている様子が観察される。まさにⅡ区K遺構はこの図の状況と合致しており、「御殿跡図」に描かれている施設はⅡ区K遺構とみられるのである。

この前提でⅡ区E堀とⅣ区堀に堆積した土層を観察すると、元禄六年(一六九三)の「御殿跡図」の状況は、Mb層の時期と符合することになろう。厳密には「御殿跡図」は、Mb層が堆積途中の堀Ⅳ区堀の裏御門に架かる橋が取り壊された後で、青戸御殿表御門に架かるK遺構は、青戸御殿と連絡する唯一の出入り口として存在し、青戸御殿をめぐる堀内にはまだ水域が保たれている状況であり、元禄六年以降に堀が埋め戻され陸田化する前の姿といえよう。またK遺構の杭列の上端がMa下層の青褐色砂質土層中(K層)から検出さておりり、その上部に酸化層が形成されていることも御殿の終焉を考える上で重要であろう。このことは「御殿跡図」が描かれた後のK遺構廃絶後、一定期間滞水せず土砂の堆積もなく空気に触れ酸化が促される環境が存在したことを教えてくれる。

葛西城のⅡ区E堀とⅣ区堀は、城の東側を流れる中川と繋がっていることが報告されており、堀堆積土の自然科学分析においても、堀下部に堆積するMf層に対応する層からは淡水—汽水生種の珪藻化石が多く産出していることから潮の干満の影響を受けており、中川と葛西城の堀と接続していたことを裏付けている。一方、Mf層よりも上部のMa・Mb層辺りの層からは淡水—汽水生種の珪藻化石は極めて少なく、淡水生種が多い傾向が認められ、堀の上部の堆積土、つまり青戸御殿の頃になると海水の影響が希薄になっていることがわかる(10)。

このことは青戸御殿時代には、戦国期に比べ中川と御殿の堀との関係が薄くなっていることを物語っている。青戸御殿跡の御殿をめぐる堀は、先に述べたように元禄六年以降の最終段階では滞水状況にはなく、干上がった状況が一定期間あるが、その一因として中川の河川環境の変化が考えられる。中川は、『新編武蔵風土記稿』の「正保年中改定図」を見ると、御殿より上流に位置する亀有と新宿の間で土手で締め切られ、土手の上流部に亀有溜井が設けられる（橋本二〇〇一）。青戸御殿が存続している時期に亀有溜井が設けられたことにより、締切り土手から下流は水量が減り水位も低下したことは容易に想像される。堀内の土層の堆積からすると滞水状態でなくなったのは土砂の堆積によって堀底面が上昇するとともに、中川の水位の低下ということも考慮されてよいのではないだろうか。

c　御殿南側橋脚（裏御門）

御殿南側を区画するⅣ区堀にも橋脚が発見されているが（図6）、「御殿跡図」には描かれていない。先に記したように、加藤は位置的には表御門と対をなす裏御門と想定し、「御殿跡図」が描かれた元禄六年段階にはすでに取り外されていたものと考えている。

ここでⅡ区E堀とⅣ区堀の橋脚の年代について考えてみたい。Ⅱ区E堀とⅣ区堀の堆積土は、基本的に同じで主体となる土層は底面から上位にかけてMf層、Mc層、Mb層、Ma層の順で堆積している。堀の堆積土について先にも記したが、加藤はMf層を寛永通宝が出土しないことから寛永十三年（一六三六）以前、Mc層を寛永十三年以降の

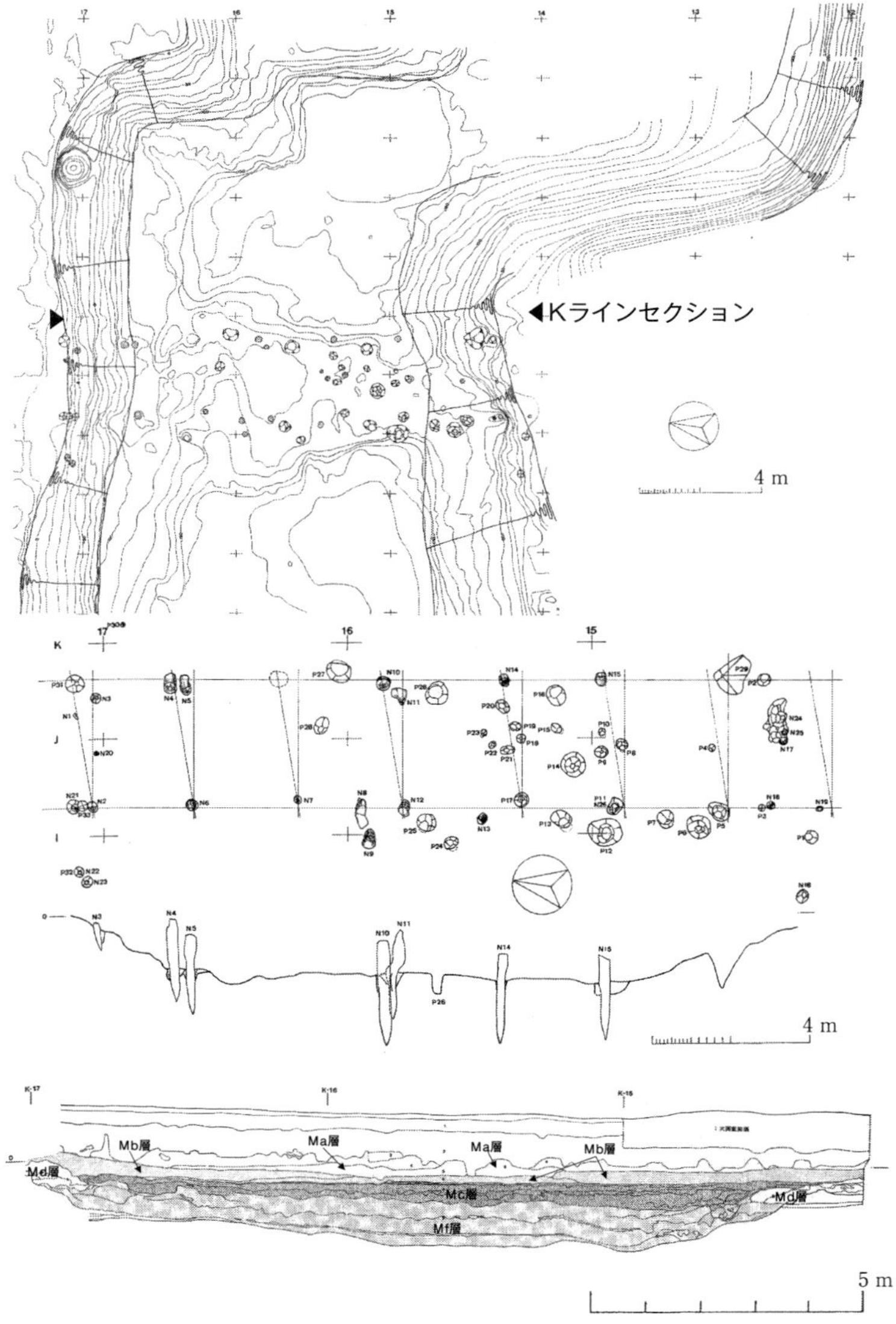

図６　Ⅳ区堀・橋脚平面図と土層図（『青戸・葛西城址調査報告 III』1975 を改変）

堆積と大きく捉えている。さらにＭｆ層上部は葛西古城を取り払った寛永十六年ないし十九年の普請時に当たる可能性が最も強いとし、Ｍｃ層の堆積年代を明暦三年（一六四七）前後に求め、Ｍｂ層・Ｍａ層は明暦以降とした（加藤一九七四）。

発掘調査の所見で、表御門と裏御門へ渡る架橋の構築は堀構築時には意図されていたとみられている。それは橋脚の部分で堀の両岸を凸状に掘り残し、橋脚列のところも堀底より五〇センチメートルほど帯状に掘り残して高くなっていることからわかる。そして、Ｍｆ層中の遺物の出土がⅣ区堀では橋脚付近に集中していることからＭｆ層堆積以前に橋脚は完成していたとしている（小林・宍戸一九七五）。したがって、Ⅱ区Ｅ堀とⅣ区堀の橋脚は、戦国期から存在していたもので、青戸御殿でも堀とともに使用されたとみられる。橋を支えたと思われる杭や杭穴が多く認められ、古材の転用もされているのは、改修や補強を行なって存続していたことを物語るのであろう。一部焦げた箇所があるのも戦国期の攻防などを物語るものかも知れない。この二つの橋が廃棄された時期は、橋脚の確認面がＭｆ層上であるのでそれ以降とされ、Ⅳ区堀ではＭｃ層では遺物の出土分布は橋脚と関係なくみられるので、Ｍｃ層が堆積している時に廃絶されたとみている。明記されていないが、寛永十六年以降、明暦三年までの時期ということになろう。

これには少し気になることがある。Ⅳ区堀の橋脚二六本のうち確認面および上部切断状況が判明する一四本についてみると青戸御殿が廃止された明暦以降とされるＭｂ層堆積中で確認されている。また橋脚上端がナタと鋸で切断されているが、ナタでの切断がＭｂ層まで見られることから、Ⅳ区堀の裏御門に通じる橋の取り壊しの時期はＭｃ層が堆積した後のＭｂ層堆積中の元禄六年以前に求めることができるのではないだろうか。

2 御厩屋舗部分

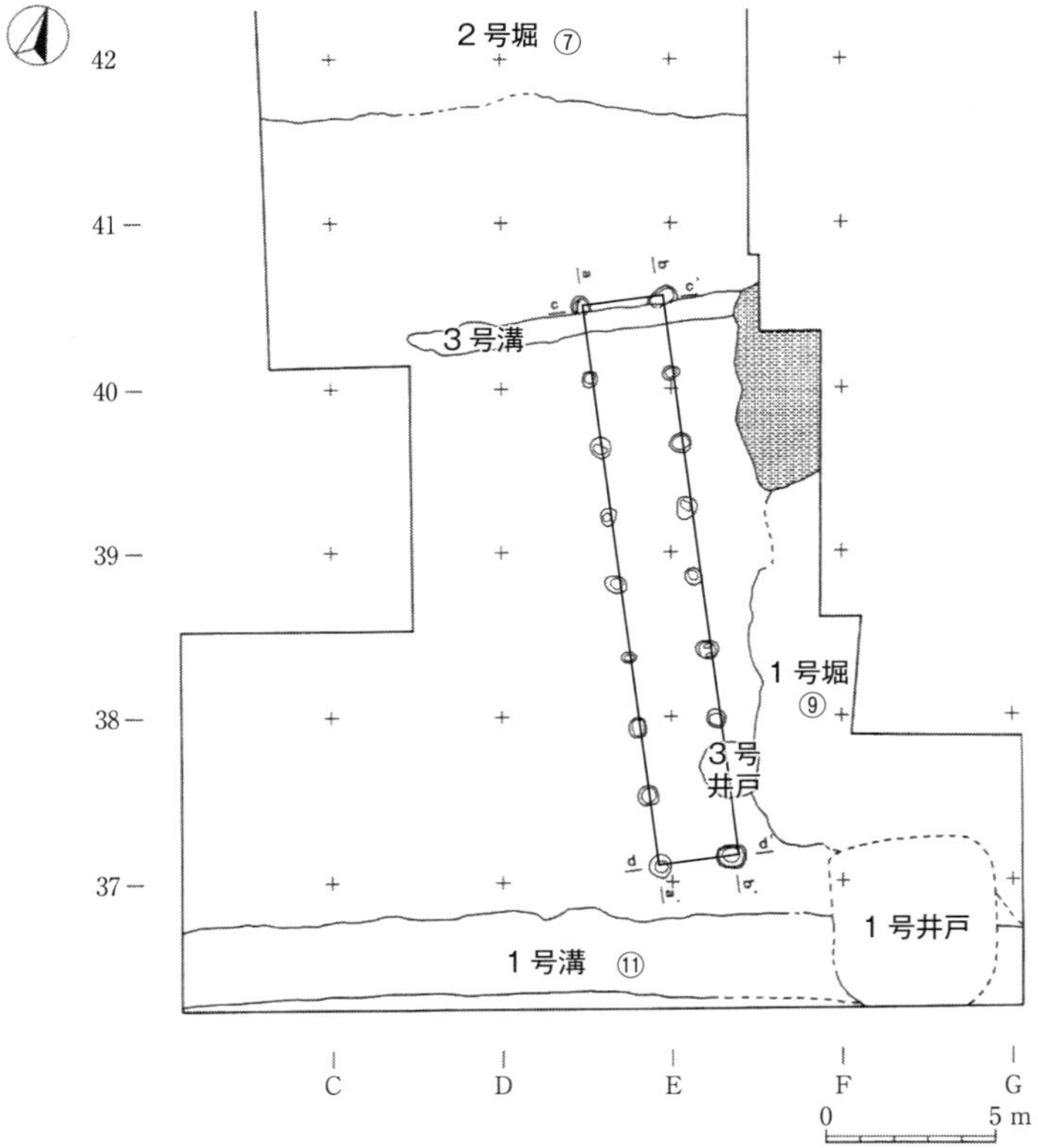

図7　厩跡，1・2号堀，1号溝，1号井戸（永越編2001）

南側：①Ⅱ区E堀もしくは⑩Ⅱ区F堀（南北方向）[11]と⑨青戸七丁目二十二番第二地点1号溝、北側：⑥Ⅰ区G堀・⑦青戸七丁目二十二番第二地点二号堀、西側：⑧下水道西地区二号遺構、東側は⑨青戸七丁目二十二番第二地点1号堀と⑩Ⅱ区F濠（南北方向）が一応の目安になると考えられ、これらの遺構に囲まれた範囲が該当するものと想定される。このエリア内から「御殿跡図」に記されている名のとおり、南北方向に長軸を有する八間×一間（柱間は二・一〜二・二メートル）の礎石建物の厩跡（図7）が発見されている（永越編二〇〇一）。

Ⅱ区E堀と並行して走る⑩Ⅱ区F堀（東西方向）と青戸七丁目二十二

番第二地点1号溝は同一遺構と考えられ、この両遺構から一七世紀前半のかわらけや陶器、瓦が出土している。御厩屋舗に相当する空間の南側の境として大きくはⅡ区E堀が存在するが、このⅡ区F堀と1号溝の東西ラインが御厩屋舗を構えた時の南側の境界として意識されたのではないだろうか。Ⅱ区F堀の南北方向に突出した部分も御厩屋舗と関わる遺構と考えられることになり、御厩屋舗の東側のあり方を考える上で注目される。

というのも青戸七丁目二十二番第二地点の報告書を見ると試掘調査区の状況から1号堀は2号堀と連結しており、1号堀と2号堀は同一の遺構の可能性が高い。同一遺構と見做すとⅡ区F堀の南北方向に突出した部分と1号堀のとの間は未調査なので明確ではないが、位置的にも配置的にも双方は御厩屋舗東部の空間構成と無関係とは思えない。両遺構は、表御門のある東側の空間と厩のある空間とを区切る境界装置的な役割があり、入り口部を設けていたものと考えたい。両遺構が連結していなければ両側から交互に南と北に張り出した堀という障害物の間を通行することになり、両遺構が接続していたとしても橋などの施設を設けることで通行が可能となる。

南と北に突出したⅡ区F堀と1号堀は、御厩屋舗東側の空間を仕切る境界装置だったと思われるが、「御殿跡図」にこの遺構に相当する施設や線が描かれていない。おそらく時期的な問題ではないかと考えている。青戸七丁目二十二番第二地点では、厩跡のほかに1号溝切って1号井戸が発掘されている（永越編二〇〇一）。この井戸は約五メートル四方の隅丸方形を呈し、木枠と桶の井戸側を備える青戸御殿の第八五号井戸と同じ構造の井戸である。(12)

1号井戸が青戸七丁目二十二番第二地点1号溝・1号堀を切って構築されていることは、F堀（東西方向・南北方向）と1号溝・1号堀は、1号井戸が構築されるときには埋められたりして境界装置としての機能は失われていたものと判断される。「御殿跡図」の時期には、御厩屋舗の東側には表御門辺りまで畑が存在し、畑と御厩屋舗の境が線で表現されている。

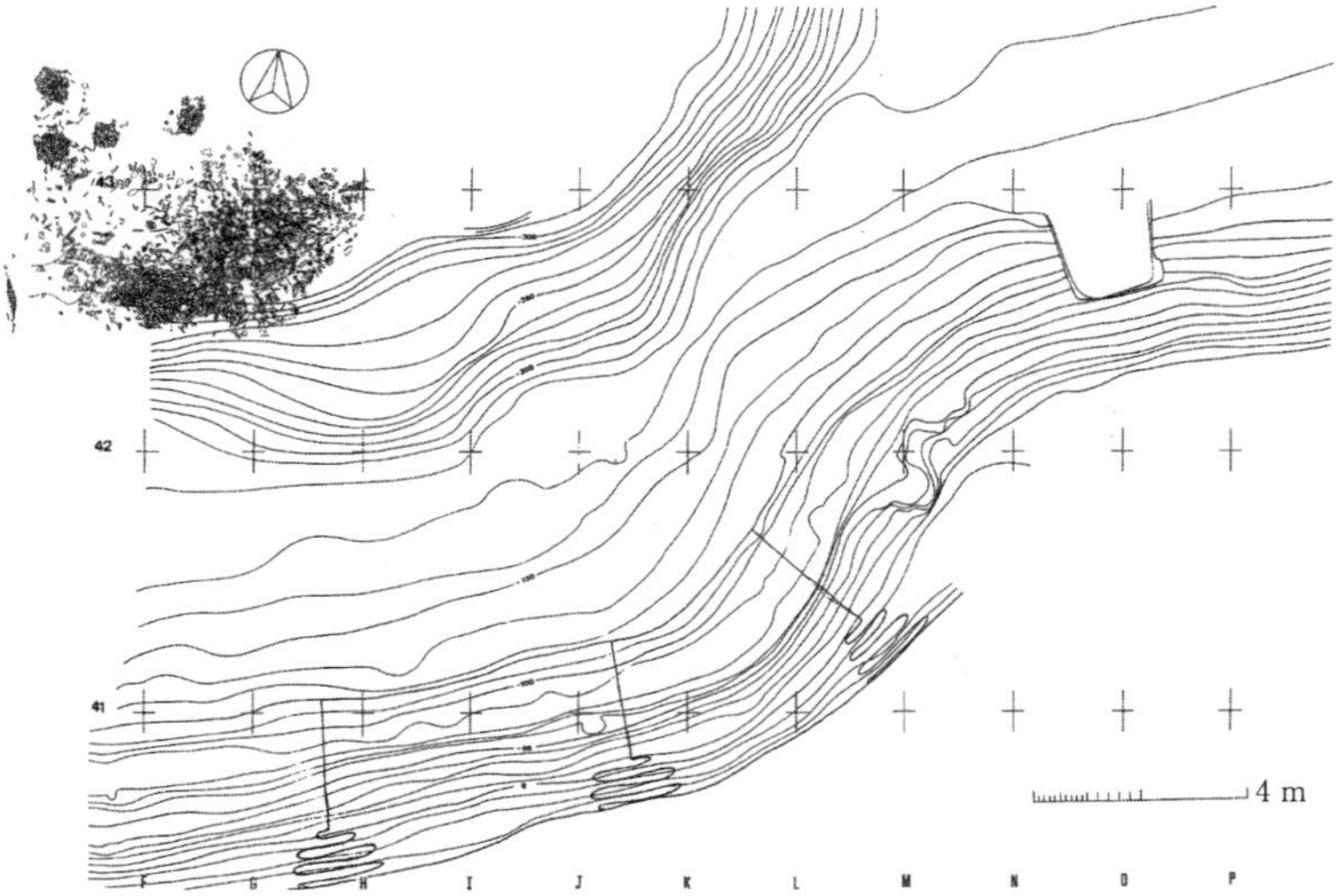

図８　Ｉ区Ｇ堀と遺物出土状況（『青戸・葛西城址Ⅱ区調査報告』1976 を改変）

3　「御賄屋鋪」部分

御厩屋鋪の北側に隣接する施設で、南側は⑥Ｉ区Ｇ堀と⑦青戸七丁目二十二番第二地点２号堀となるが、北側の堀の岸がまだ未確認となっている。北・東・西の広がりは環状七号線道路建設前の既存の水路と「御殿跡図」を参考に図３に示したような範囲を想定している。まだ御賄屋鋪本体に関わる発掘調査は実施されていないので、内部構造は不明であるが、Ｉ区Ｇ堀では、Ｇｓ層を主体に御殿の構造物に用いられた瓦（一三二三点）、屋根材（約六〇〇点）、礫（三二五四点）がまとまって出土しており、明暦三年の御殿廃止時の行為と考えられている（松田一九七八）。このほかＩ区Ｇ堀からは、箸がＧｓ・Ｇｃ層を中心に一組と五六九本、杓子状木製品など食関係の資料も多く、堀北側に想定される御賄屋鋪の存在をうかがわせている（図８）。

Ｇ堀の堆積土は大きく六層に区分され、Ⅱ区Ｅ堀およびⅣ区堀の堆積土との関係は、上からＧａ層はＭａ層、Ｇｂ層はＭｂ層、Ｇｓ層は対比できる層はなく、Ｇｃ層はＭｃ層、Ｇｄ層はＭｄ層、Ｇｆ層はＭｆ層に対比されるようである。報告書では、

Gs層は青灰褐色を呈し瓦および木片等が多量に含まれ、有機質も多いとされ、堀の中央部に堆積する他の堀では確認されていない土層である。その土層中の遺物集中箇所を報告書ではⅠ－五〇一遺構として報告しており（図8）、明暦三年の御殿廃止時の行為と考えられている（松田一九七八）。

酸化層が形成されているGb層と寛永十六年以降のMc層と対比ができるGc層に挟まれたGs層は、遺物の出土状況から人為的に堆積したな土層とみられる。改めてⅠ区G堀と青戸七丁目二十二番第二地点2号堀と「御殿跡図」とを照合すると、「御厩屋鋪」と「御賄屋鋪」との間の御賄屋敷側に接続するところに線で四角く囲われた区画がある。この区画は、Ⅰ区G堀の南へ張り出した部分に相当するのではないかと思われ、埋め戻し的な行為が行なわれたGs層の形成と関係するものと想定される。この「御殿跡図」が作成された段階では、Ⅰ区G堀は南側の張り出し部は埋められ、さらにG堀の本体も「御殿跡図」に描かれているような御賄屋敷の南側を画する溝（東側を画くする溝と連結）ようになったのではないかと想定している。

四　青戸御殿の遺物と出土状況

青戸御殿に関連する遺物は主に、御殿の主郭部をめぐる堀および「御厩屋鋪」と「御賄屋鋪」の間に位置すると考えられるⅠ区G堀から出土している。ここでは瓦、かわらけ、スッポン、内耳土鍋とかわらけだまりを取り上げてみたい。

1　瓦

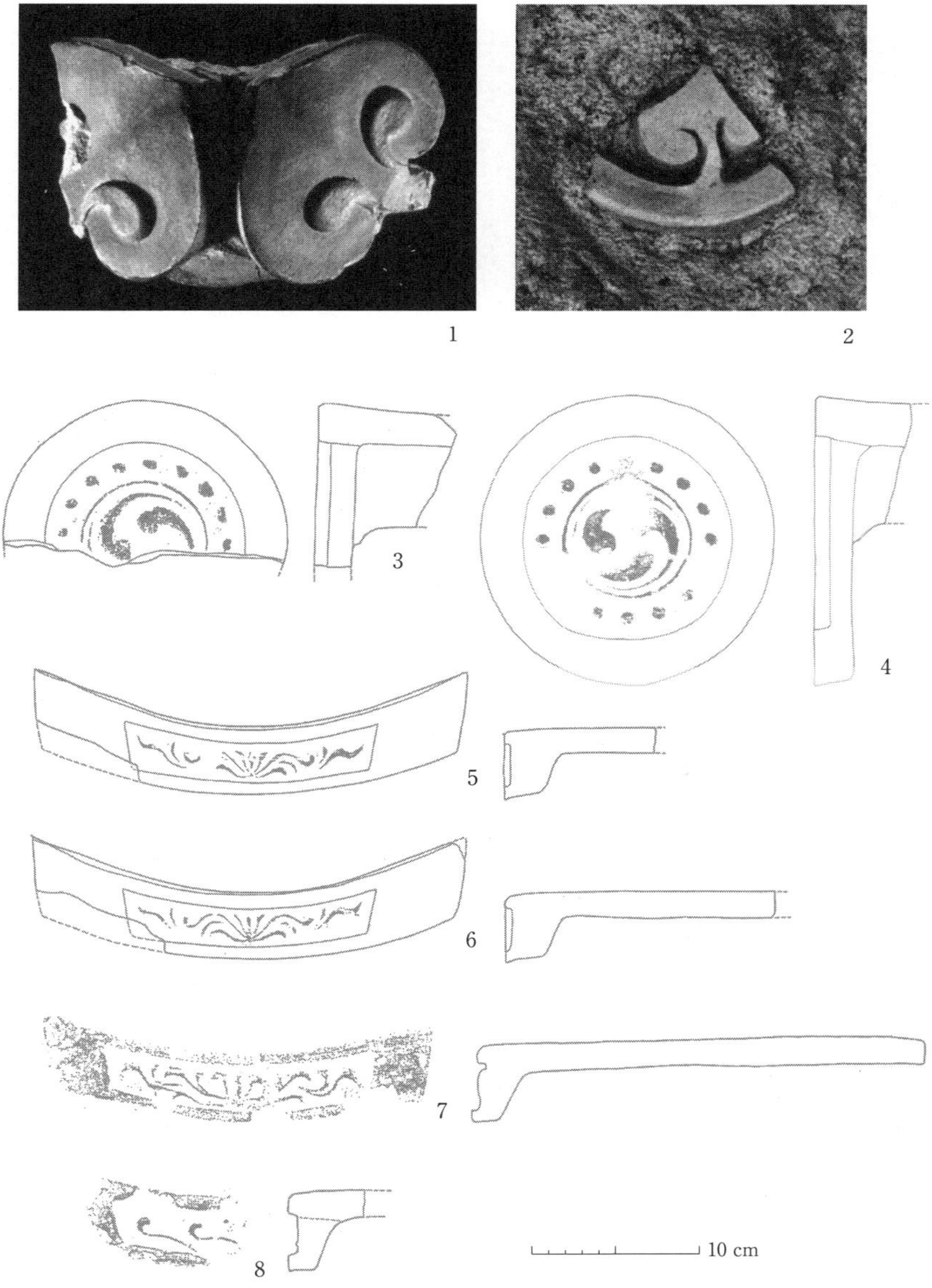

図９　青戸御殿の瓦（1〜3『青戸・葛西城址調査報告Ｖ』1978，4〜5『青戸・葛西城址Ⅱ区調査報告』1976，写真：葛飾区郷土と天文の博物館提供）

青戸御殿を特徴づける遺物としては、葵の御紋を配した瓦（図9－1・2）であろう。徳川将軍家の権威の象徴である葵の御紋を配した新しい瓦葺の建物の出現は、葛西の地に戦国の世が終わり、天下統一を果たした徳川の世になったことを明確に告げるものであった。

従来、葛西古城の地に当時の近代的な瓦葺の青戸御殿が造営されたのは、先にも記したように寛永十六年（一六三九）と考えられている。堀から出土した瓦を見ると（図9）、1・2は鬼瓦で1はⅣ区堀Mb層、2はⅠ区G堀の出土。3は巴文の施された軒丸瓦でⅠ区G堀Ga層とGc層出土。4～7の軒平瓦に見られる単線の唐草文様は、いわゆる紀州系とされる種類である。4・5に比べ、6・7の方が左右の縁が狭く、古式に位置付けられる。4・5がⅠ区G堀Gc層出土、6がⅡ区F堀瓦溜まりの接合資料、7がⅡ区E堀Mc層出土である。

例えば、6・7の資料は千代田区丸の内一町目遺跡の寛永十三年を下限とする一括資料のなかに求められる（金子二〇〇五）[13]。4・5が出土したⅠ区G堀Gc層は、Ⅱ区E堀やⅣ区堀の堆積土のMc層と対比ができると考えられ、なおかつ明暦三年（一六五七）の堆積とされるGs層の下にあることから、寛永十六年以降から明暦三年までの堆積と考えられる。

4・5と6・7の異なった瓦の出土地点のあり方は、改修などの時間的な問題とともに、建物によって違う種類の瓦が葺かれていたことも考慮に入れる必要があるのかもしれないが、6・7の寛永十六年以前に位置付けられる瓦の存在は、寛永十六年以前に瓦葺の建物が青戸御殿に建造されていた可能性を示すものとして注目される。

先にK遺構のところで述べたように、K遺構はMc層を切っている可能性が高く、寛永十六年の改修時の設営ではないかとみられる。合わせて第八五号井戸や青戸七丁目二十二番第二地点1号井戸もこの時期の構築と考えられる。この前提で青戸七丁目二十二番第二地点1号堀や1号溝および1号溝と同一遺構のⅡ区F堀は、1号井戸に切られることから寛永十六年には役割を終えていたとみられるのである。

したがって天正十八年（一五九〇）の葛西落城から寛永十六年までの間に、御殿造営が行なわれていたことが考えられ、寛永十六年以前に位置付けられる瓦の存在は、寛永十六年以前に瓦が葺かれた建造物ないし門などの工作物があったことを物語るのではないだろうか。いつ瓦が使われたのか、それを知り得る直接的な情報はないが、中野は『新編武蔵風土記稿』の青戸村「旧家者亀五郎」の項に「慶長年中当村御殿修造の時」とあるが他の史料には見られず、この記事は不明であるとしたが、おそらくは開府後の慶長期の可能性が高いと思われる。

2　かわらけとかわらけだまり

環状七号線道路建設に伴う葛西城および青戸御殿の発掘調査で出土したかわらけについて、加藤晋平と長瀬衛が分析し考察を行なっているので、それを基に検討を加えたい。

青戸御殿関連の遺物の出土状況をみると、御殿主郭部の南側を区画するⅣ区堀の裏御門と連絡する橋付近で、かわらけだまりや動物遺存体をはじめとする堀内への一括廃棄という行為が行なわれている（図10）。Ⅳ区堀のかわらけだまりは、かわらけの形状や出土層位から葛西城時代ではなく、天正十八年の葛西落城以降であり徳川家康の江戸入部以降の青戸御殿時代の行為であり、御殿での饗宴や儀礼の様子を物語るものとして注目される（宇田川編一九七五、谷口一九九四）。

Ⅳ区堀のかわらけだまりからは図11に示したように、1「あミた＝阿弥陀」、2「くわんおん＝観音」、3・4「ふとう＝不動」、5「こんからとうし＝矜羯羅童子」、6「大こくてん＝大黒天」、7「さあミたふ＝左カ阿弥陀仏」、8「くヵこくいん＝救ヵ国院」、9「すいしゆいん＝不明」、10「きたうとう＝祈禱堂」、11「おんめうしやう＝陰陽場

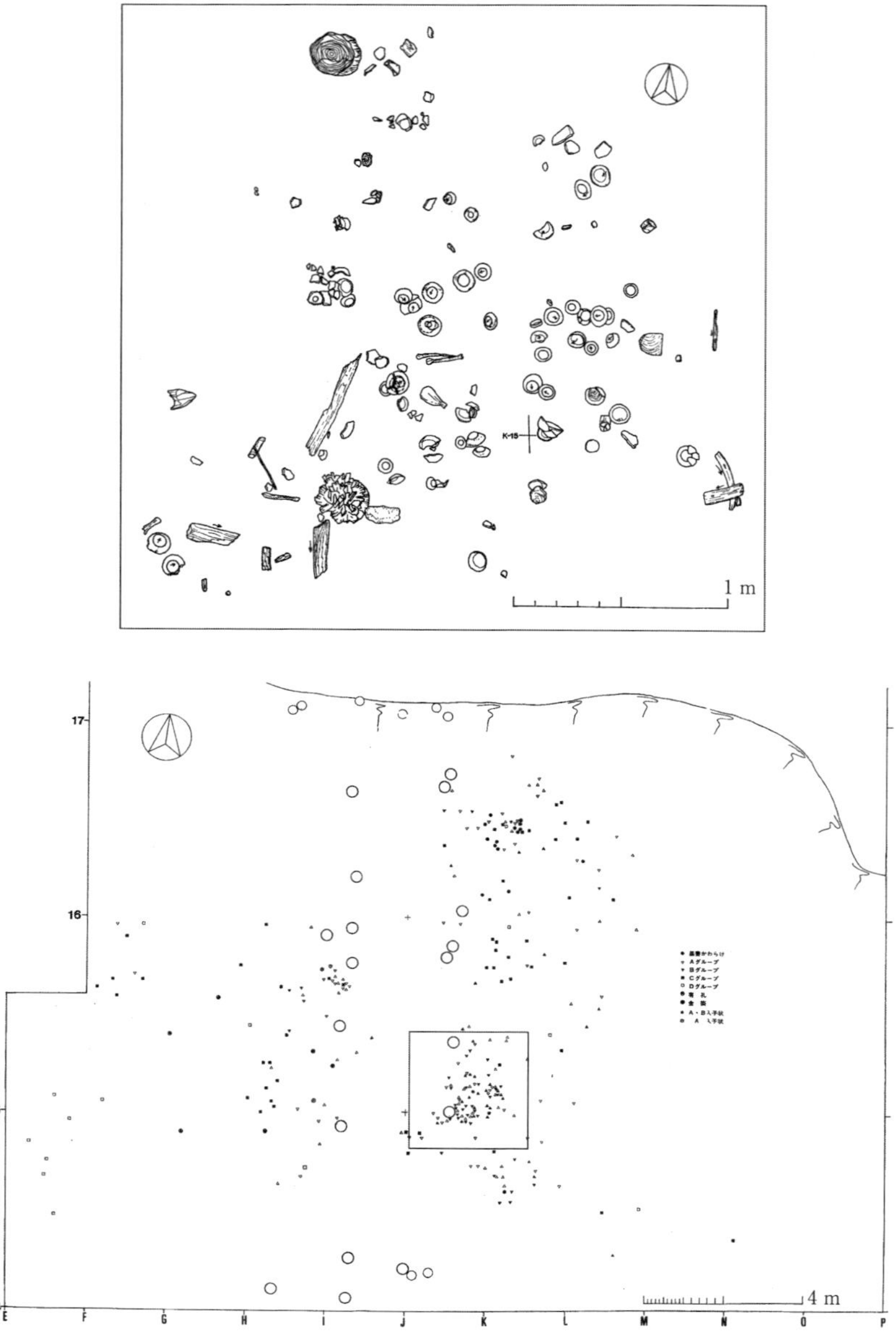

図10　IV区堀かわらけだまり（『青戸・葛西城址調査報告 III』1975 を改変）

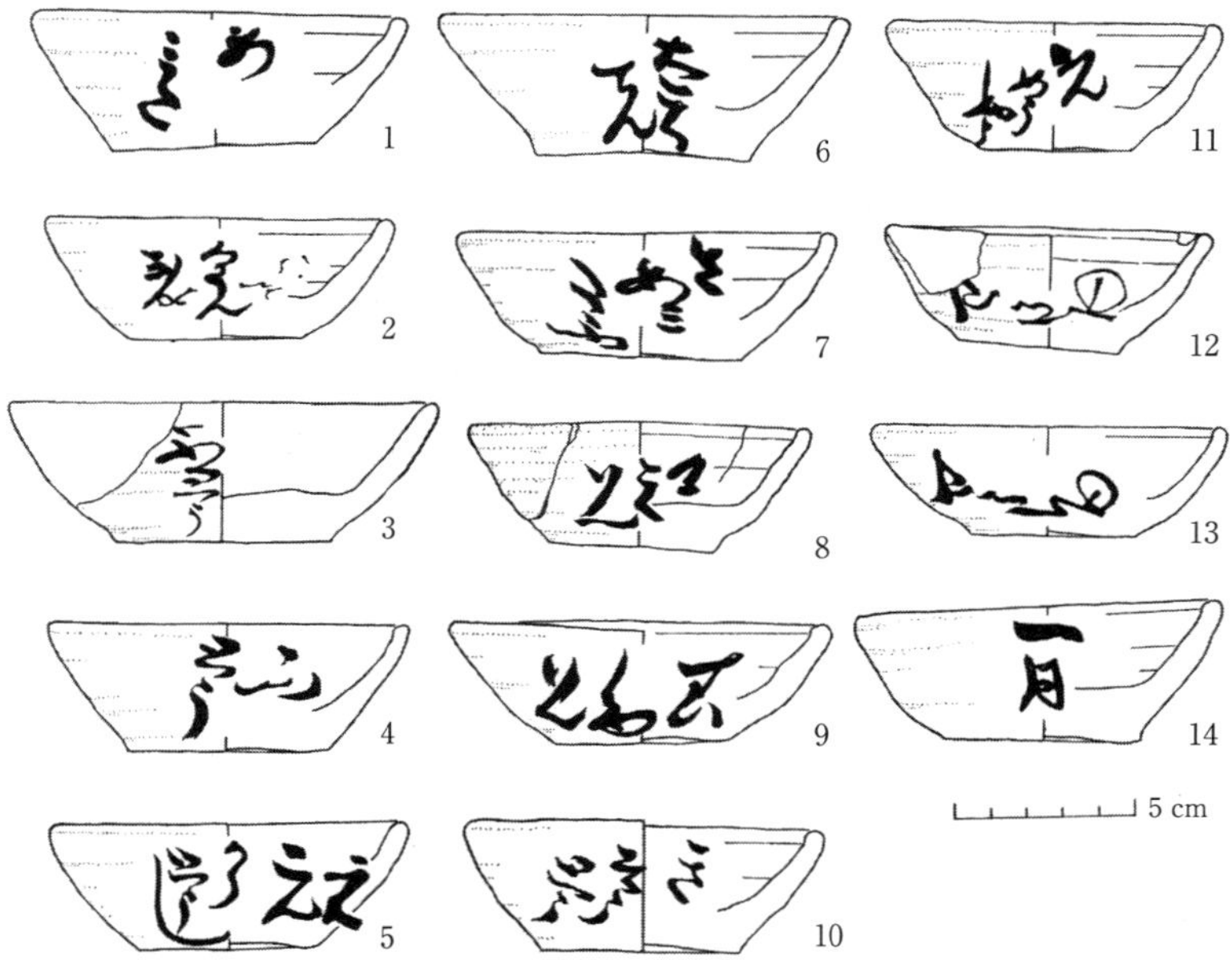

図11　Ⅳ区墨書かわらけ（上）（『青戸・葛西城址調査報告III』1975），2次調査Ⅱ区F－32区かわらけだまりのかわらけ（中）（『青戸・葛西城址調査報告II』1974），3次調査Ⅱ区F堀かわらけだまり（下）（『青戸・葛西城址Ⅱ区調査報告』1976）

カ」、12・13「せうしゆ＝成就」、14「一月」などと書かれた墨書かわらけが出土している。(14) これらの墨書かわらけからは、祈禱や季節的な行事を連想させ、修験道等の宗教的色彩が強く感じられるとされている（長瀬一九七五）。

さらに注意したい点は、饗宴や儀礼に伴う堀内への一括廃棄とされる行為が青戸御殿時代のいつ行なわれたのかということである。Ⅳ区堀内の遺物の出土状況を確認してみると。Ⅳ区堀からは第2次調査と第3次調査を合わせて総数二四三三点のかわらけが出土し、そのうち完形及び実測可能な資料は三九六点にのぼる。層位的には、かわらけの八〇％以上はMf層に集中し、さらに完形の九五％以上がMf層の出土となっている。報告書によるとⅣ区堀内のかわらけの出土状況からは、橋が存在している段階でかわらけ等の遺物が一括廃棄されたとされ、遺物の分布が北側に集中することから堀の北側、つまり主郭部側からの廃棄であることを物語っているという（長瀬一九七五）。このⅣ区堀内の三地点のかわらけだまりのかわらけは、坏型で構成されていることが特徴である。

Ⅳ区堀内の三地点のかわらけだまりの形成された時期は、繰り返しになるがⅣ区堀の瓦の出土がＭｆ層からは少なく、Ｍｂ・Ｍｃ層から多くなること。古寛永通宝（一六三六～五九年まで鋳造）の出土が明暦三年頃とされているＭｃ層までで、Ｍｆ層から1点もないことから、その下限は一七世紀前半、それも寛永十六年の青戸御殿の新造以前に位置付けられる可能性が高いとされている。徳川将軍家との関係では、すでに指摘したように家光ではなく、家康もしくは秀忠の時期に対比されよう（谷口一九九四）。

Ⅳ区堀以外にも二次調査Ⅱ区Ｆ－32区と三次調査Ⅱ区Ｆ堀からかわらけだまりが確認されている。前者は、かわらけ一〇八点、陶器片一点、瓦片一点で構成されている。平面的にはⅡ区Ｅ堀に収まる位置とみられるが、出土層位はＭｃ層よりも上のⅡ～Ⅲ層の弱酸化層からの出土とされるものである（長瀬一九七四）。出土層位から御殿が廃止される明暦三年以降とみられるので御殿存続時の行為から除外している。

後者は、二四点のかわらけから構成される（長瀬一九七六）。Ⅱ区Ｆ堀からは図12－6の瓦が出土しており、かわらけだまりを構成するかわらけの年代を求める参考となろう。(15) Ⅳ区堀内のかわらけだまりと比べ、これらのかわらけだまりの方が時間的に新しく位置づけられ、質的にも異なったものであることに注意したい。

ただし、これらのかわらけだまりを「一括廃棄」という捉えてしまうことに少し疑問を感じる。Ⅳ区堀の一括廃棄とされた出土状況は、墨書土器の文字も祭祀が行なわれたことをうかがわせており、廃棄ではなく主郭部内で執り行なわれたと思われる饗宴の伴う儀礼の一環として行なわれた「納め」という祭祀行為を想定することはできないであろうか。Ⅳ区堀内の一括廃棄と捉えられた遺物の出土を祭祀行為と捉えた場合、例えば、裏御門および橋の撤去に伴

図12　スッポン（『葛西城 XVIII』1994，写真：葛飾区郷土と天文の博物館提供）

う祭祀行為を想定することはできないであろうか。Ⅳ区堀の橋脚周辺は「納めの場」としての祭祀空間だった可能性があるとすると、廃棄という捉え方は馴染まないと思うのである。(16)

3　スッポン

青戸御殿の主郭部をめぐる堀からは、イヌ、ネコ、鳥類、貝類などの動物遺存体も多く出土している。加藤晋平は、イヌやネコなどについて愛玩用として飼育されたか、イヌなどは鷹狩りに使用されたことが考えられるものの堀から出土した点を問題視していた。分析をした金子浩昌によると、出土したイヌの骨には切り傷があることから、鷹の餌として解体されたものと考えられるという。鷹狩りに利用された青戸御殿ならではの遺物といえよう。

その他、注目すべきものとしては、スッポンがある（図12）。スッポンは、淡水性で、シベリアを北限として、日本中国などアジア東部やアフリカ、北アメリカに生息している。現在では、日本各地にスッポンは生息しているが、それは江戸時代以降のことであるという。スッポンはもともと西日本にしか生息しておらず、生息域の東限が東海地方あたりとされている。

つまり、金子によると青戸御殿から出土したスッポンは東日本でも最も古い部類に属する資料なのであるという(金子一九九四)。それも出土した資料には、解体時についた刃物の傷が認められることから、食に供されたものであることがわかっている。三河出身の徳川家家臣はスッポンを郷土で食していた。青戸御殿から出土したスッポンは、食材として葛西の地へ持ち込んだ可能性が考えられるのである。

鷹狩りは、主に冬場に行なわれていた。鷹狩りの後は、宴席が設けられ、将軍やお供の重臣はご馳走に舌鼓を打った。ご馳走のひとつとしてスッポン料理が食膳に出されたことを出土したスッポンは物語っているようだ。青戸御殿のスッポンは、家康の江戸入部以後もたらされた新たな食の産物といえる。スッポンの葛西お目見えも近世の幕開けを告げているのである。寒い時期の鷹狩りであるから鍋で煮て食べたのであろう。

4 内耳土鍋

鍋といえば、青戸御殿からはBタイプ(図13-1)とDタイプ(図13-2)と呼ばれる特徴的な内耳土鍋が出土している(宇田川編一九七六)。Bタイプは三耳式の土鍋で、底部は丸底状を呈し、胴部外面に縦方向、内面は横方向、底面は同心円状に刷毛目調整痕が残っている。Ⅱ区K遺構に伴うもので近世初頭に位置付けられている。Dタイプは底部に三足が付される鉄鍋を模したもので、胴部外面の下半から底部付近に斜め方向の刷毛目調整痕が見られるもので、一点のみの出土である。

Bタイプは、両角まりによって葛西城タイプとも称されているが(両角一九九六)、すでに指摘したとおりBタイプは葛西城からだけの出土ではなく、上千葉遺跡(永越編一九九六a)、柴又帝釈天遺跡(永越編一九九六b)などでも出土し

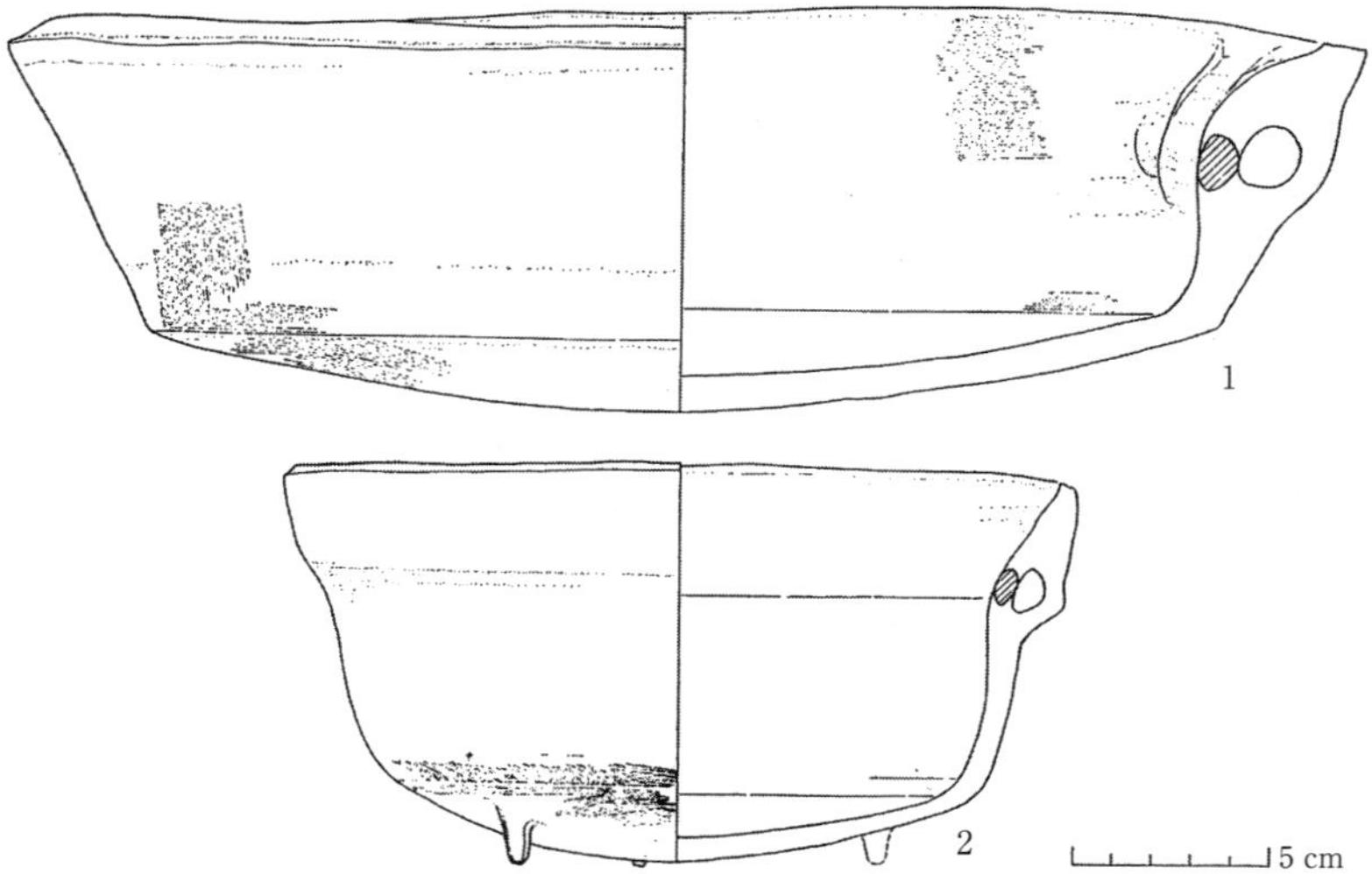

図13　内耳土鍋Ｂタイプ（上），Ｄタイプ（下）（『青戸・葛西城址Ⅱ区調査報告』1976）

ていることから「葛西城」と冠するのは時期的にも馴染まない。呼称するならば旧葛西地域に主な出土例が認められるので、時期と地域性から「葛西タイプ」と呼ぶべき地域的特徴を有する内耳土鍋である（谷口一九九九）。

このＢタイプとＤタイプの内耳土鍋を検討した佐々木彰によると、Ⅱ区Ｋ遺構を構成するＫ層以後、Ｂタイプは出土せず、直接的な発展形態は知られていない。鉄鍋がようやくこの地に普及した結果、Ｂタイプは消滅したとされ、中世葛西城もしくは青戸御殿との直接的な結びつきではなく、御殿周辺の農村で一般的に用いられていた鉄鍋の代わりの内耳土鍋の姿として位置付けている（佐々木二〇〇二）。

Ｄタイプは、Ⅱ区Ｅ堀から出土し、Ｋ遺構に先行する時期のもので、ＢタイプはＫ遺構を主体とする出土状況であり、上千葉遺跡や柴又帝釈天遺跡での出土状況を勘案すると、Ｋ遺構構築時から一七世紀中葉と位置づけられる(17)。Ｄタイプは、Ｂタイプや葛西城および青戸御殿出土の他の内耳土鍋に比べ、胎土は精選され、器壁は薄く、焼き締まっている特徴的な個体である。絹雲母を含んでいることから佐々木は「瓦質平底焙烙に通じ、丸底である点やハケ目調整痕はBタイプに通じている」としている。Dタイプは一点のみ復原され、葛西城および青戸御殿出土の内耳土鍋としては限られた個体数で、おそらくDタイプは器形や器面調整などBタイプの範型となる存在とみられ、他地域から搬入されてきたものと考えている。

おわりに

加藤・中野の青戸御殿に関する基礎的な研究に導かれながら江戸遺跡研究会で報告した内容を基に再構成を行なった。報告時の内容を一部修正して異なる見解も述べているが、現状での認識としてご理解いただきたい。

青戸御殿は、家康の時から落城した葛西古城の施設を御殿として利用し、改修を加え秀忠・家光に至るまで、葛西筋で鷹狩りを行ない御殿として維持してきた。また、青戸御殿は江戸城と江戸川以東の船橋御殿・千葉御殿・東金御殿をなどとを結ぶ中継地点としての役割もあった。今少し葛西という地政に注目すると、葛西は江戸の東方に位置し、葛西の東を画す江戸川には、元和二年（一六一六）に金町・松戸、小岩・市川の定船場に番所が設けられ、後に関所となるなど江戸川は江戸の東方の防衛ラインでもあった。

隅田川から江戸川までの領域を成す葛西を蔵入地として幕府が管理するのは地政的にも重要であった。そのような徳川将軍家や幕府にとっても重要な葛西という領域にあった青戸御殿が、寛永の検地が行なわれて正式に下総国から武蔵国に編入される頃には、すでにその役割を終えている。言い換えれば、葛西という領域が蔵入地として把握され武蔵国に編入されるまで青戸御殿は将軍家の御殿として存続していたということになる。

最後に「御殿跡図」の作成意図について記しておきたい。まず「御殿跡図」を見ると、描かれた樹木の配置から御殿跡の維持管理に樹木を植えることが行なわれた可能性が高いことが考えられる。「御殿跡図」に裏御門があったであろう位置は土塁が連続していることから裏御門撤去後に土塁開口部を閉塞したことを物語っており、土塁の状況からこの時に青戸御殿西側の引橋も機能しなくなった可能性も考えられ、土塁が表御門のみ開口して青戸御殿を閉塞するようにめぐらされていること。「御殿跡図」には道らしき導線を点線で表現しているが、「御賄屋鋪」の東南隅から青戸御殿の堀の東・南・西を通り、「御厩屋鋪」の西南隅まで続くが、御殿内部へは導いていない。つまり唯一表御門だけが青戸御殿への出入り口となっているものの、そこへは道は連絡せず、御殿内部への通行はできない状況が示されている。これらの点と「御殿跡図」には御巡見衆三人の名があり、「元禄六年酉ノ二月ニなをし申候」とあることから、この絵図は、貞享年中に画かれた絵図を基に元禄六年（一六九三）の段階で将軍家ゆかりの青戸御殿跡をどのように保全し維持しているかを報告することを目的に修正を加えて作成されたものと考えられる。

青戸御殿の範囲は、「御殿跡図」に描かれた施設だけでなく、V－三〇五遺構など発掘調査によって南側にも広がっていることが知られる（宇田川編一九七五）。詳細な各施設の位置や内部構造、範囲などについては、今後とも追究しなくてはならない。葛西城と青戸御殿の主郭部は、南北に環状七号線道路が貫いてしまっており、近年周辺部には高層建物等が建て込んだりしているが、まだ東京都の史跡指定されている御殿山公園と葛西城址公園以外にも学術調査を実施した地点など、保護すべきエリアは残されている。葛西城とともに文化遺産を活用したまちづくりの視点が求められている(18)。

それにしてもなぜ葛西城の跡地に青戸御殿が構えられたのだろうか。地政的な問題だけであったのであろうか。それを示す史料は見当たらないが、家康は葛西城が関東公方足利義氏の御座所だったことを認識していたものと思われ、源家ゆかりの城跡を御殿として取り立てたであろうことは容易に察せられよう(19)。葛西様の御座所跡である葛西古城を徳川家康・秀忠・家光は、鷹狩りの際の御殿として利用した。徳川将軍家の権威の象徴である葵の御紋を配した新しい瓦葺の建物の出現は、葛西の地に戦国の世が終わり、天下を統一し徳川の世になった新しい時代の到来を葛西の人びとに否が応にも明確に告げるものであった。

注

（1）発掘調査報告書では「濠」と表記されているが、大会報告では「堀」と置き替えて表記している。以下同じ。

（2）加藤晋平は、Mf層を寛永十六（一六三九）～十九年以前とした上で、Mf層から出土する船載や国産の陶磁器の年代からすると一六世紀後半に求められること、Mf層下部ないし堀底から出土した渡来銭の種類と、Mf層下部から出土したA－6類と分類されたかわらけが松戸市の大谷口（小金）城出土のものと類似しており、堀のプランも戦国期のものであることから、Mf層下部は天文から天正期に存続した大谷口城と並行すると推測されるとした。そしてⅣ区堀の年代を「遺物の面からと文献の面からの両面を考えると、Ⅳ区濠の築造年代は天文七年（一五三八）の落城後、もしくは永禄五年（一五六二）の再落城のいずれかに充てられるであろう」と述べ、後者の可能性が高いとした。

（3）加藤晋平は、膳部で五度入のかわらけに代わって木椀がしばしば利用されるようになるのは天文～天正年代に遡るとしている。

（4）中野達哉は、『寛政重修諸家譜』二百二十「水上正勝伝」に「慶安二年大猷院殿日光山にまうでたまふの御催あるにより、三月七日葛西御殿作事の奉行を勤む」とあり、慶安二年（一六四九）の造営は家光の日光社参に伴って行なわれたとするが、この時の日光社参は家光ではなく世子の家綱が赴き、三月一日に道中憩息所の奉行に大番根岸直利・中川忠明の両名が命ぜられ、三月十六日の日光社参の道中旅館として千寿（住）・越谷・岩槻・古河等、道中憩息所は草香（加）・末田・金室・杉戸・栗橋等が定められ、家綱の日光道中の記事を見ても青戸御殿は利用されていないとする。この家綱の日光社参の往路、千住の御旅館において荒川重政と水上正勝に旅館構築の褒美として時服が与えられており、このことと混同して『寛政重修諸家譜』に日光社参に際して青戸御殿の作事奉行を務めたと記しているのではないかとする。

（5）長塚孝氏のご教示による。

（6）この時の大会報告は、後に『江戸の開府と土木技術』（吉川弘文館、二〇一四年）に「徳川家康の江戸入部と葛西」と改題して収録されている。

（7）二〇〇九年から三年かけて葛飾区郷土と天文の博物館と同博物館ボランティア「葛飾考古学クラブ」と共同で、葛西城址・青戸御殿の学術調査を実施していることも特記される。この学術調査では、青戸御殿の「御厩屋舗」の南西隅を画する堀を確認するなど、青戸御殿の地下の遺存状況を確認することができている（五十嵐編二〇一四）。また、この学術調査期間中には、「葛飾考古学クラブ」による現地説明会、発掘教室、博物館において学術調査の成果を速報する活動成果展や遺跡報告会を開催し、葛西城址公園と御殿山公園として保存整備されている東京都指定史跡「葛西城跡」をフィールドミュージアムとして活用するとともに、戦国の葛西城だけでなく最新の青戸御殿の調査研究の状況を情報発信していることも記しておきたい。この青戸御殿の学術調査と連携して、二〇一〇年十月十日に鷹狩りが徳川綱吉によって一旦廃止されるまでの徳川将軍家の御殿について葛飾区郷土と天文の博物館で「地域史フォーラム・地域の歴史を求めて　徳川将軍と御殿」を開催し、併せて国庫補助による葛西城および青戸御殿関係の遺物整理などにも取り組んできた。また文化財国庫補助事業「区内の埋蔵文化財　地域の特色ある埋蔵文化財活用事業」として葛西城の整理作業を行なってきた。資料的には青戸御殿も含んでおり、その整理作業の成果の一部は一般向けの無償パンフレット『東京都指定史跡　葛西城跡』（葛飾区教育委員会二〇一六）を作成し、青戸御殿についても概要を掲載している。そのほか二〇一八年二月十日には、再び葛飾区郷土と天文の博物館で「シンポジウム発掘調査からみた青戸御殿」が開催され、『葛西城・青戸御殿出土資料集』も刊行されている。

（8）報告書によるとK遺構の時期をMf層堆積後から酸化層形成以前と大きく捉えられている。Mc層堆積後とすると明暦の大火で御殿が廃止された青戸御殿の表御門の閉塞に関係する施設の可能性が高く、Mc層堆積中の構築ならば廃止される前の表御門渡御施設の改修の可能性もあろう。私見としては後者の可能性を考えているが、明確には判断しがたい。他の御殿における表御門の構築方法やあるいは閉塞の仕方など比較する必要もあろう。

（9）報告書ではN13も加えているが、基本的にN7・N8・N15・N17を軸として構成される橋脚であろう。N8のみ上端がMf層最下部で鋸によって切断された形で確認されており、明暦三年（一六五七）以前のMf層堆積中の切断と見ている。そのためか「第6図　K遺構のプラン」にはN8は平面図には入れられていない。しかし、なぜN8だけ深い位置で切断されているのか明確ではないが、N7・N8・N15・N17は他の橋脚とは異なり四角い柱で、各々の距離は二七〇～三〇〇センチメートルで近似して四角形を形成していることから、相互に関係するものと見た方が自然であろう。

（10）パリノ・サーヴェイ株式会社の橋本真紀夫氏と古矢聡江氏からご教示をいただいた。東京低地の植生を代表する樹種としてクロマツがある（谷口二〇〇四）。「御殿跡図」に描かれているマツは幹周りが四～五尺で大木ではない。御殿や周辺は植生が管理されていたことがうかがえる。

(11) Ⅱ区F堀は、調査報告書ではⅡ区E堀よりも古い可能性が指摘されているが、E堀との切り合い関係があってのことではなく、遺構の形態面からの判断とされる（松田一九七六・一九七八）。F堀の1層中にかわらけだまりと瓦だまりがあり、出土したかわらけは一七世紀前半の資料が見られることや瓦が出土していることから青戸御殿時代に伴う遺構と捉えられる。E堀は戦国期から御殿時代も機能しているので、E堀とF堀が同時に存在していた時期も考えられ、E堀よりもF堀を古く位置づけるという捉え方だけでは両遺構の関係性がみえてこない。

(12) 第八五号井戸は井戸側の木枠の内部に桶は確認されていなかったが、下部は湧水のため未調査で桶が備わっていなかったとは断定できない。青戸七丁目二十二番第二地点の1号井戸と桶以外の構造は同じである。なおこの1号井戸は葛西城・青戸御殿で発掘された井戸としては最も大きい規模を誇る。

(13) 金子智が青戸御殿の瓦について江戸遺跡研究会で報告されているが、金子氏から直接ご教示を賜った。

(14) 環状七号線道路建設に伴う第2次調査報告『青戸・葛西城址調査報告Ⅱ』（葛西城址調査会一九七四）では、図9‐12を「阿部殿」と判読できそうであると報告されているが、第3次調査の報告書『青戸・葛西城址調査報告Ⅲ』（葛西城址調査会一九七五）では「せうしゅ＝成就？」と読み直していることが認識されずに前者の報告のみが引用されることが多い（谷口二〇一四ａ）。

(15) 前者のかわらけは、B‐1‐2‐4類、C‐1類、D‐2・3類から構成されている（長瀬一九七四）。図15は報告書で図示されているC‐1類（37～39）とD‐3類（68～75）を掲げた。後者は、F‐1類（41～45）とF‐2類（46～51）から構成され、Ⅱ区E堀やⅣ区堀のかわらけとは異なるもので、葛西城および青戸御殿では唯一左回転の糸切痕を有するA‐6類に類似するとされている（長瀬一九七六）。A‐6類は長瀬氏によって松戸市小金城出土資料と類似することが指摘されているもので（長瀬一九七四）、本遺跡出土のかわらけのなかでは、手づくねかわらけ等小田原系のかわらけとともに異なる製作集団による客体的存在と位置づけた資料である（谷口一九九四）。

(16) 私は表御門にあたるⅡ区E堀ではかわらけだまりなどの一括廃棄とされる行為は確認されておらず、裏御門にあたるⅣ区堀しか認められない状況から、空間認知として表御門「ハレ」、裏御門を「ケ」と捉えて説明した（谷口二〇〇九）。「ハレ」と「ケ」の空間認知は妥当と考えているが、納めの場、そのように想定すると、二次調査Ⅱ区F‐32区と三次調査Ⅱ区F堀かわらけだまりは、前者はMc層よりも上のⅡ～Ⅲ層の弱酸化層からの出土であることから青戸御殿の最終的段階の堀の残存の埋め戻しに伴う行為、後者はF堀の埋め戻しに伴う行為と想定できるかも知れない。近世の事例ではないが、葛飾区内の遺跡で井戸内祭祀の事例がいくつも確認されている（谷口二〇一六）。柴又帝釈天遺跡や上千葉遺跡の溝内のかわらけを主体とする一括廃棄とされる行為も、溝の埋め戻しに伴う可能性があるのではないだろうか。今後の課題としたい。

(17) 両角まりは、Bタイプを一五九〇～一六〇〇年とする年代を示し（両角一九九六）、佐々木は葛西城の報告書を基にMc・MdおよびK層を明暦三年（一六五七）前後と捉えその年代に置いている（佐々木二〇〇二）。K遺構のところで触れたが、K遺構の構築がMc層の堆積中ならば明暦三年よりも遡る可能性がある。

(18) 二〇一〇年の「地域史フォーラム・地域の歴史を求めて　徳川将軍と御殿」や二〇二〇年の江戸遺跡研究会第三三回大会「徳川御殿の考古学」でも報告したが、現在、葛西城址公園と御殿山公園は東京都指定史跡葛西城跡となっているが、遺跡の性格上、本来「青戸御殿」も含め史跡指定すべきであり、史跡整備保存活用計画の策定を行ない都民共有の歴史公園として整備すべきである。

(19) 小野正敏は、二〇〇七年十二月一日に葛飾区郷土と天文の博物館で開催された特別展記念シンポジウム「葛西城と古河公方足利義氏」の全体討議のなかで、「おそらく由緒のある故地を使って自分の御殿を各地に造るということがあったのではないでしょうか」と述べている（葛飾区郷土と天文の博物館二〇一〇）。

〔引用参考文献〕

五十嵐聡江編　二〇一四　『葛西城址・青戸御殿』葛飾区郷土と天文の博物館

入間田宣夫　一九九二　「鎌倉時代の葛西氏」『石巻の歴史　第六巻　特別史編』石巻市

宇田川洋編　一九七五　『青戸・葛西城址調査報告Ⅲ』葛西城址調査会

宇田川洋編　一九七六　『青戸・葛西城址Ⅱ区調査報告』葛西城址調査会

永越信吾編　一九九六a　『上千葉遺跡』葛飾区遺跡調査会

永越信吾編　一九九六b　『柴又帝釈天遺跡Ⅶ』葛飾区遺跡調査会

永越信吾編　二〇〇一　『葛西城址XX』葛飾区遺跡調査会

永越信吾　二〇一二　「下総と江戸東郊のかわらけ」『江戸在地系カワラケの成立』江戸遺跡研究会

葛西城址調査会　一九七四『青戸・葛西城址調査報告Ⅱ』
葛西城址調査会　一九七五『青戸・葛西城址調査報告Ⅲ』
葛西城址調査会　一九七六『青戸・葛西城址Ⅱ区調査報告』
葛西城址調査会　一九七八『青戸・葛西城址Ⅱ区調査報告』
葛飾区教育委員会　二〇一六『東京都指定史跡　葛西城跡』
葛飾区郷土と天文の博物館　二〇一〇『葛西城と古河公方足利義氏』雄山閣
葛飾区役所　一九八五『増補　葛飾区史　上巻』葛飾区
加藤晋平　一九七四「V　まとめ―若干の考察と遺跡保存のお願い―」『青戸・葛西城址調査報告Ⅱ』葛西城址調査会
可児弘明　一九五一「東京都青戸御殿山遺跡」『貝塚』第三二号　貝塚研究会
可児弘明　一九六一「東京頭部における遺跡と遺物（上）」『考古学雑誌』第四七巻第一号　東京考古学会
鐘方正樹　二〇〇三『ものが語る歴史8　井戸の考古学』同成社
金子　智　二〇〇五「第7章　第4節　瓦類の様相」『丸の内一丁目遺跡Ⅱ』東日本旅客鉄道株式会社・千代田区丸の内一丁目遺跡調査会
金子浩昌　一九九四「3　葛西城跡出土の動物遺存体の研究」『葛西城XⅧ』（第2分冊）葛飾区遺跡調査会
北島正元　一九七〇『江戸幕府の権力構造』岩波書店（四刷）
黒田基樹　二〇〇七「足利義氏と小田原北条氏」『関東戦乱――戦国を駆け抜けた葛西城』葛飾区郷土と天文の博物館
古泉弘編　一九八三『葛西城――葛西城址発掘調査報告書』葛西城址調査会
古泉弘・谷口榮編　一九九九『葛西城　中世の暮らしと戦を知る』葛飾区郷土と天文の博物館
小林敬・宍戸武昭　一九七五「V―1　Ⅳ区濠址」『青戸・葛西城址調査報告Ⅲ』葛西城址調査会
佐々木彰　二〇〇二「葛西城址出土の内耳土鍋の研究―いわゆる「Bタイプ」を中心に―」『中近世史研究と考古学』岩田書院
佐藤博信　二〇〇二「古河公方足利義氏論ノート―特に「葛西様」をめぐって―」『日本歴史』第四六四号　吉川弘文館
谷口　榮　一九九四「葛西城址のカワラケ―従来の研究の整理―」『江戸在地系土器研究会通信』四二　江戸在地系土器研究会
谷口　榮　一九九五「東京低地の中世遺跡」『東京低地の中世を考える』名著出版

谷口　榮　一九九九　「江戸と東郊」『第11回江戸遺跡研究会大会　江戸と周辺地域』江戸遺跡研究会
谷口　榮　二〇〇四　「東京低地東部の景観」『国立歴史民俗博物館研究報告』第一一八集　国立歴史民俗博物館
谷口　榮　二〇〇五　『親鸞と青砥藤綱』葛飾区郷土と天文の博物館
谷口　榮　二〇〇九　「堀から出土した遺物（1）」『東京考古』二七　東京考古談話会
谷口　榮　二〇一〇　「小田原北条氏と葛西城」『葛西城と古河公方足利義氏』雄山閣
谷口　榮　二〇一四a　「青戸御殿の調査」『考古学ジャーナル　特集　徳川将軍家と御殿』通巻六五一号　ニューサイエンス社
谷口　榮　二〇一四b　「徳川家康の江戸入部と葛西」『江戸の開府と土木技術』吉川弘文館
谷口　榮　二〇一六　「しばまた拾遺28　江戸川の歴史風景を探る（9）」『柴又』通巻一九四号　帝釈天題経寺
谷口　榮　二〇一六　「下総国葛飾郡大嶋郷における井戸祭祀」『日本古代考古学論集』同成社
谷口　榮　二〇一八　『東京下町の開発と景観　中世編』雄山閣
谷口榮編　二〇〇六　『秩父平氏　葛西清重とその時代』葛飾区郷土と天文の博物館
鳥居龍蔵　一九二七　『上代の東京と其周圍』磯部甲陽堂
中島義一　一九七八　「徳川将軍家御殿の歴史地理的考察（第一報）―南関東の場合―」『駒沢地理』一四　駒沢大学文学部
長瀬　衛　一九七四　「Ⅲ―2　カワラケ・灯明皿」『青戸・葛西城址調査報告Ⅱ』葛西城址調査会
長瀬　衛　一九七五　「Ⅴ―2　かわらけ」『青戸・葛西城址調査報告Ⅲ』葛西城址調査会
長瀬　衛　一九七六　「Ⅳ―1　かわらけ」『青戸・葛西城址Ⅱ区調査報告』葛西城址調査会
長塚　孝　一九九五　「鎌倉・室町期の葛西地域」『東京低地の中世を考える』名著出版
長塚　孝　二〇一〇　「葛西公方府の政治構想」『葛西城と古河公方足利義氏』雄山閣
中野達哉　一九八九　「葛西御殿と近世前期の鷹狩り」『葛西城ＸⅢ』（第3分冊）葛西城址調査会
根崎光男　一九九九　『将軍の鷹狩り』同成社
根崎光男・村上直共著　一九八五　『鷹場史料の読み方・調べ方』雄山閣
橋本直子　二〇〇一　『葛西用水――曳舟川をさぐる』葛飾区郷土と天文の博物館
樋口淳司　二〇〇六　「江戸川の名称変遷について」『論集　江戸川』「論集江戸川」編集委員会

藤本　強　一九九〇『東京大学本郷構内遺跡　医学部附属病院地点』東京大学医学部附属病院
堀内秀樹　二〇〇〇「史料から見た御成と池遺構出土資料」『加賀殿再訪　東京大学本郷キャンパスの遺跡』東京大学総合博物館
本間清利　一九八一『御鷹場』埼玉新聞社
松田　猛　一九七六「Ⅲ―2　Ⅱ―F濠址」『青戸・葛西城址Ⅱ区調査報告』葛西城址調査会
松田　猛　一九七八「Ⅲ―2　F濠址」『青戸・葛西城址調査報告Ⅴ』葛西城址調査会
丸山雍成　一九八〇「『初期本陣』再論」『日本近世の政治と社会』吉川弘文館
両角まり　一九九六「内耳土鍋から焙烙へ―近世江戸在地系焙烙の成立―」『考古学研究』第四二巻第四号　考古学研究会

〔付記〕

なお本稿は分量を大幅に超過してしまい、掲載にあたって梶原勝氏のご尽力によって整えることができた。文末であるが記して感謝申し上げたい。本稿で示せなかった割愛した内容や図等は別稿を用意したい。

近江国の徳川上洛御殿

進藤　武

はじめに

徳川家康は、慶長五年（一六〇〇）九月、関ヶ原の戦いに勝利したのちも、大坂の豊臣秀頼や豊臣恩顧の大名が偏在する畿内や西国、天皇や本山寺院が盤踞する京に対処するため、しばしば往来しなければならなかった。徳川将軍家の上洛は関ヶ原の戦い以後、家康が九度、秀忠が八度、家光が三度上洛し、寛永十一年（一六三四）まで続いた。

上洛・下向路には二つの行程がある（図1）。上洛する場合、江戸・駿府から東海道を西進し熱田、名古屋城に至る。ここから東海道を伊勢桑名・亀山へすすみ、鈴鹿を越えて水口御殿（水口城）・草津・膳所を経て伏見城・二条城に入る行程である。もう一つは名古屋城から美濃路を北上して岐阜（加納）を経て中山道を南下し、美濃赤坂御殿、関ヶ原を越えて近江柏原御殿・佐和山（彦根）城に至り、下街道（朝鮮人街道）に入って、伊庭御殿、永原御殿、膳所城を経て伏見城・二条城に至るものである。ときに草津の志那・矢橋から大津・膳所崎まで琵琶湖を船で渡ることがあった。宿所は一門・譜代の城が利用されたが、相模・駿河・遠江・美濃・近江などには専用の御殿（御茶屋）が造営さ

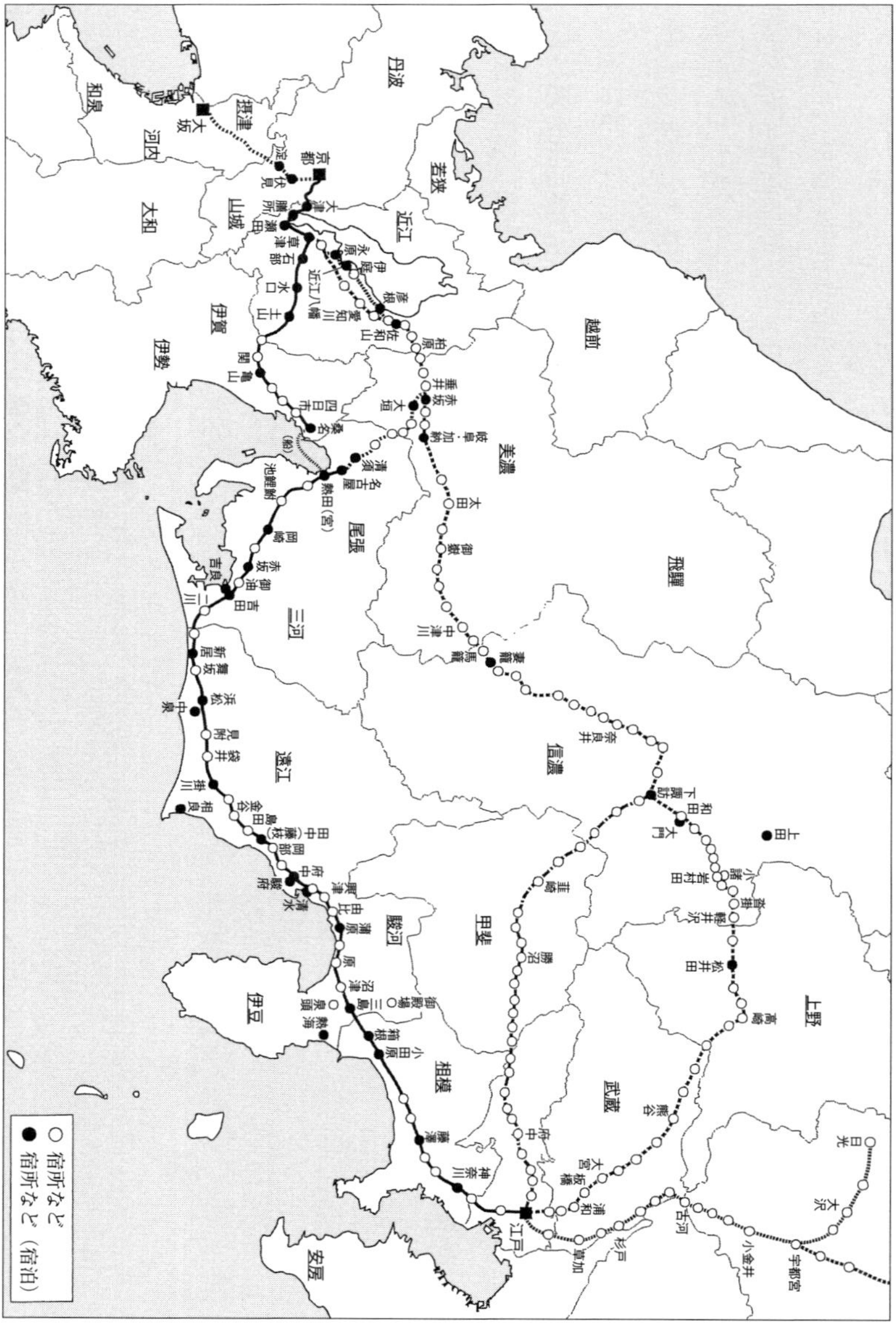
○ 宿所など
● 宿所など（宿泊）
丹波
和泉
摂津
河内
大和
山城
若狭
近江
越前
伊賀
伊勢
美濃
飛騨
尾張
三河
遠江
信濃
駿河
甲斐
伊豆
相模
武蔵
上野
安房
京都
大坂
伏見
淀
大津
膳所
瀬田
草津
石部
水口
土山
関
亀山
四日市
桑名
熱田（宮）
名古屋
清須
池鯉鮒
岡崎
赤坂
御油
吉田
二川
吉良
新居
舞坂
浜松
中泉
見附
袋井
掛川
相良
金谷
島田
藤枝
田中
岡部
府中
駿府
清水
興津
由比
蒲原
原
沼津
三島
御殿場
泉頭
熱海
箱根
小田原
藤沢
神奈川
江戸
草加
杉戸
古河
小金井
宇都宮
大沢
日光
浦和
大宮
板橋
熊谷
高崎
松井田
軽井沢
沓掛
小諸
岩村田
和田
大門
上田
下諏訪
韮崎
勝沼
府中
奈良井
妻籠
馬籠
中津川
御嵩
太田
岐阜
加納
赤坂
垂井
大垣
柏原
佐和山
彦根
愛知川
伊庭
永原
近江八幡

図1　上洛の行程と宿所

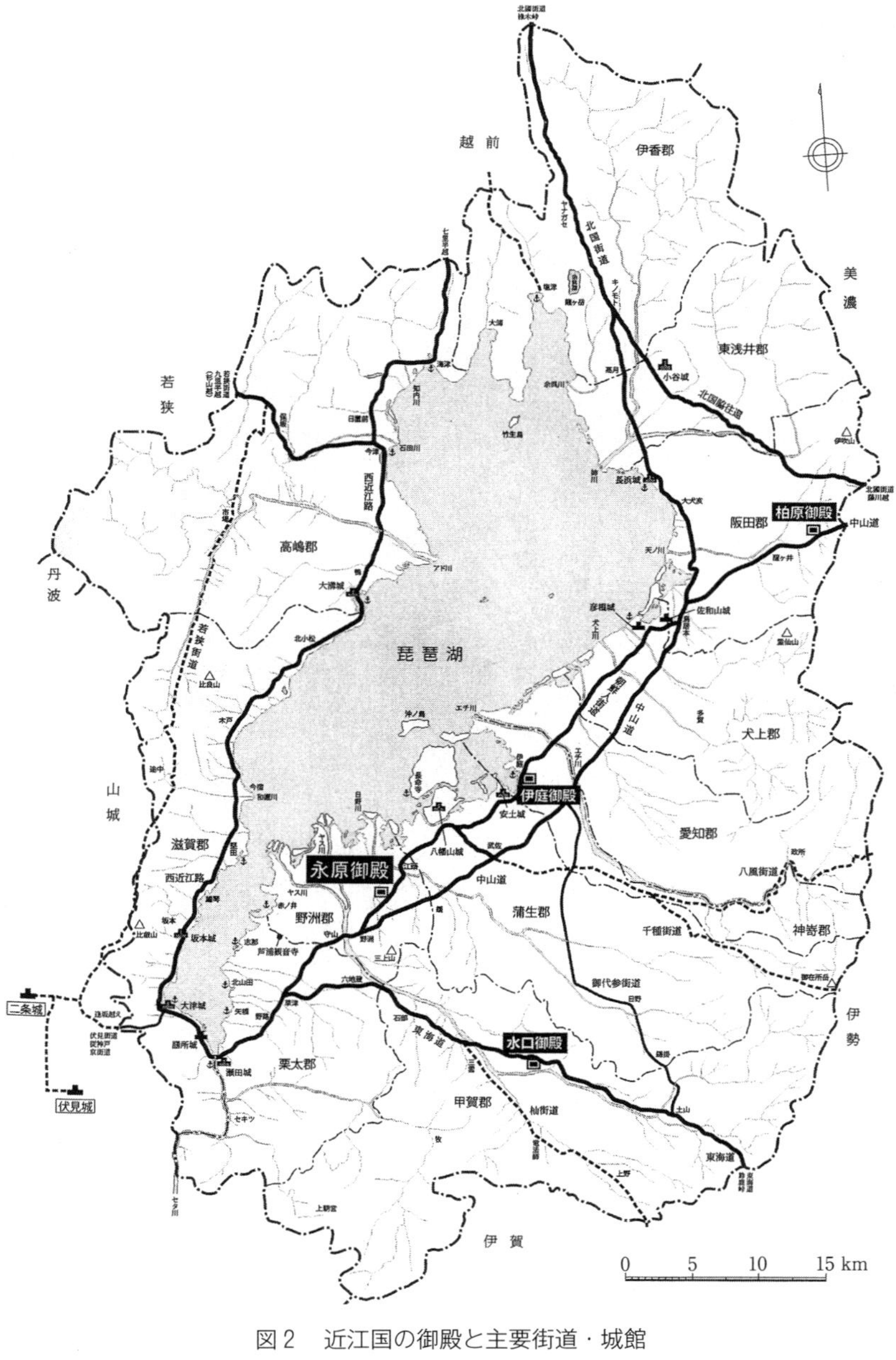

図２　近江国の御殿と主要街道・城館

れた(1)。近江国には、東海道に水口御殿(水口城)、中山道に柏原御殿、下街道に伊庭御殿と永原御殿が設けられた(図2)。本稿では、文献史料や指図に加え発掘調査を実施している永原御殿を中心に近江国における上洛御殿の特性について叙述する。

一 近江国の上洛御殿

1 水口御殿・水口城(図3)

水口御殿(甲賀市水口町、古御殿)は、元和六年(一六二〇)秀忠五女和子(東福門院)が後水尾天皇の女御として入内する際に築造されたとする考えが有力である。一七世紀半ばの「水口古図」には、宿場の南に方形屋敷(南北五三間、東西五〇間)が描かれ、古御殿屋敷代官預りとみえる。

水口城は、寛永九年(一六三二)正月秀忠が亡くなると、寛永十年五月、嶋三安を普請奉行、跡部良保を作事奉行として水口御殿の西約五〇〇メートルの地に新城水口城の築城が下された(『江戸幕府日記』)。七月には上方郡代小堀政一が加わり、京都大工頭中井正純が作事にあたる。中井家の寛永十一年戌六月の「水口御城御指図」によると本丸は南北七九間、東西七五間で、外周には広い堀と高石垣を巡らせ、東と北の出入口には橋が架けられていた。四周には土居を廻し、四隅には矢倉を備え、北東の矢倉は東と北の門を結ぶ多聞矢倉で、堅固な城館となっている。内部には東に遠侍、広間などの表向の間があり、その奥に小姓衆、大番衆部屋がある。北西域は賄所で、奥まった南西域に御殿、休息所、風呂屋、御亭の奥向の殿舎が設えられていた。水口城は寛永十一年、家光下向時のみの使用であったが、寛文年間からは一万石の大名が一年交代で管理の任に就き、寛文九年(一六六九)には建物の見分が行われ、寛

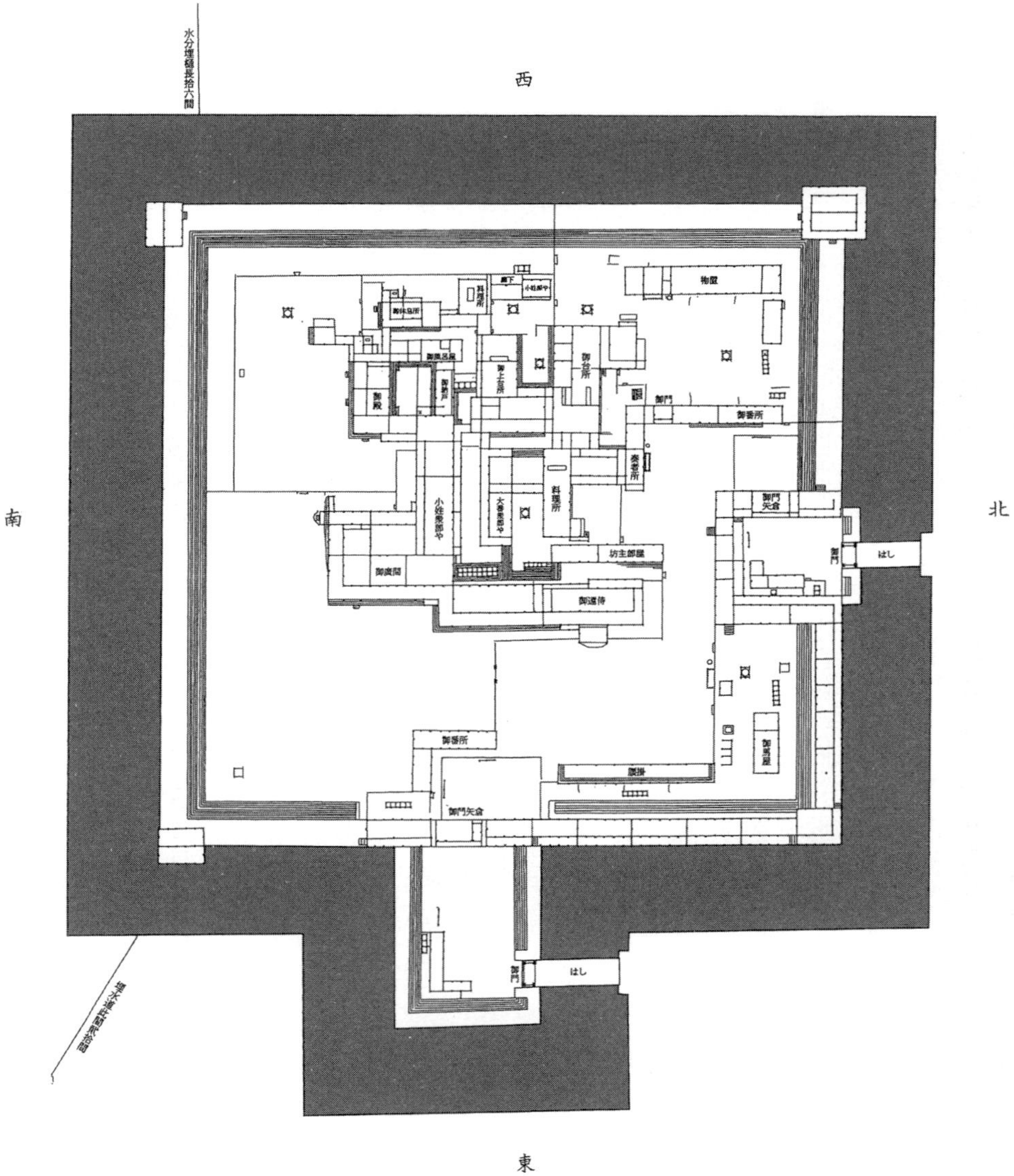
西
南
北
東
水分埋樋長拾六間
物置
料理所
廊下
小姓部や
御休息所
御風呂屋
御殿
御納戸
御上台所
御台所
御門
御番所
奏者所
料理所
大番衆部や
小姓衆部や
御広間
坊主部屋
御遠侍
御門矢倉
御門
はし
御番所
御門矢倉
御馬屋
御門
はし

図3　水　口　城（寛永11年）

文十年に修理された。天和二年（一六八二）加藤明友が二万石で入封するが、本丸御殿は幕府から預かり受けたものとして使用せず、北に二の丸を建てて藩庁とし正徳三年（一七一三）まで維持された。

2 柏原御殿

柏原御殿（米原市山東町）は、中山道柏原宿の一角に設けられた休泊施設である。家康は天正十六年（一五八八）に西村勘介屋敷を宿所としたが、元和九年、秀忠の上洛に際し御殿を建てたと伝える。また、寛永十一年の家光上洛にあたり西村家の敷地に御殿が建立された。「柏原御殿絵図」（個人蔵）には、街道に面した間口四二間、奥行三八間の屋敷地内に、高壁・瓦塀と二つの門、三方に格子垣が描かれている。館内には三間四方で南北二間つづきの遠侍の間と東に膳所、廊下を挟んで台所があった。また、遠侍の北に御守殿所、台所の北に御つぼね所とあり、ともに「御上洛翌年御畳ミ」と付記される。屋敷の東には六間四間の賄所、西には鷹匠部屋、南には番屋敷があった。御殿は家光上洛後に御守殿所、御つぼね所が解体され、賄所も寛文年間には取り払われた。そして元禄二年（一六八九）に残る建物も入札により売却された。発掘調査は実施されておらず、街道に面した屋敷の一角に井戸跡のみが残されている。

3 伊庭御殿（図4）

伊庭御殿（東近江市能登川町）は、下街道沿いの彦根—永原間に位置し、伊庭山を背にした南北に細長い平坦地に設けられた休息所である。『佐治家文書』「江州代官払寄目録」には、元和七年と寛永元年に伊庭御茶屋の修復のための扶持米が計上されたとみえ、元和七年には修復が必要な殿舎が存在していた。

『徳川実紀』寛永十年七月の条には、「此月小堀遠州守政一近江国水口城修造の奉行命ぜられ、同国伊庭の茶亭二条

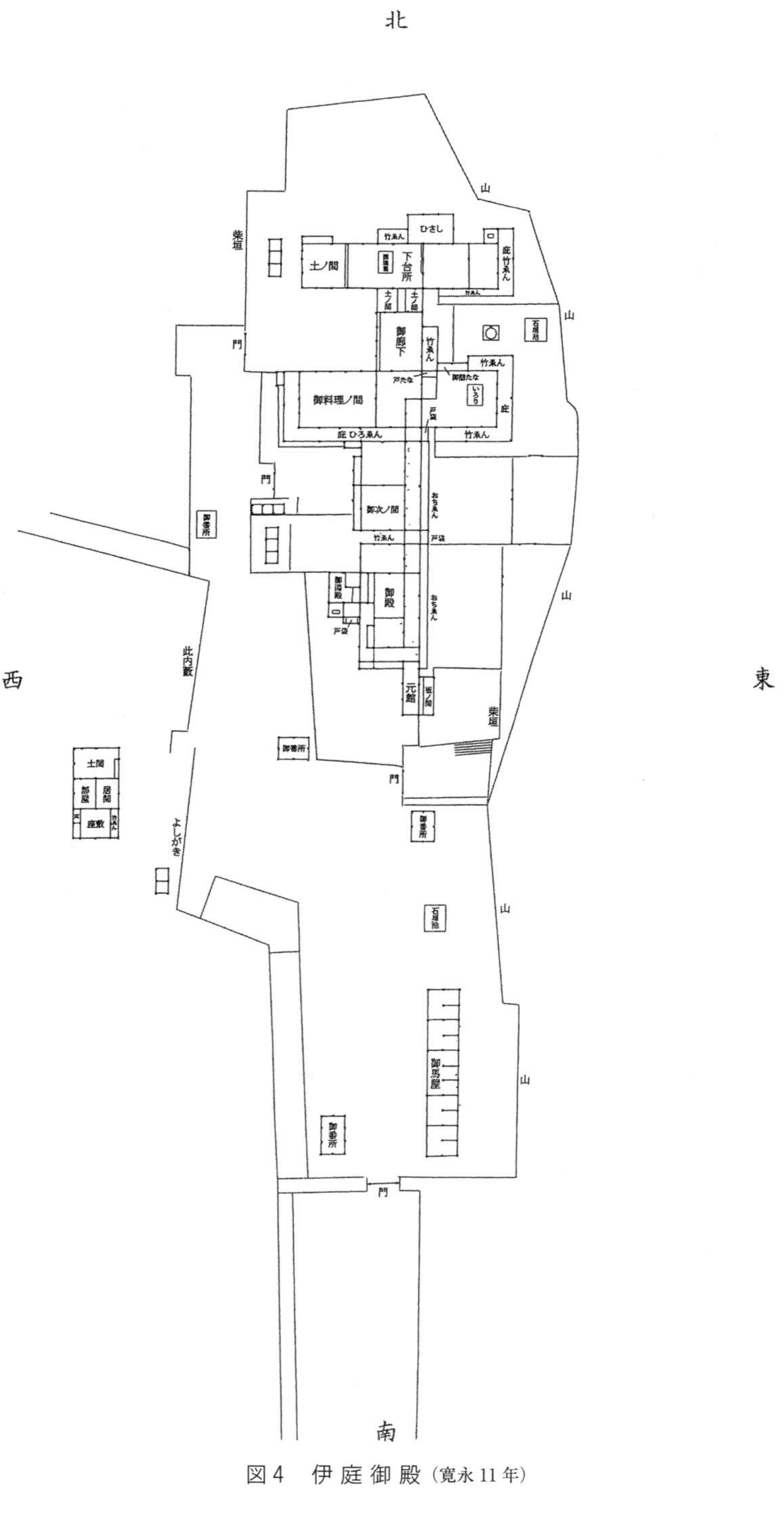

図4　伊庭御殿（寛永11年）

城の茶室をも構造せしめられる」とあり、『佐治家文書』「小堀家家譜」には、小堀政一が寛永十年七月に水口城、八月に東福門院御所、九月に伊庭御茶屋、十月に二条城の普請や作事を仰せられたとある。また、中井家には寛永十一年戌年の「江州伊庭御茶屋御指図」と「寛永十一甲戌年　一伊庭御茶屋御作事之時　小堀遠州守」とみえる文書がある。指図には建物配置と名称が、文書には建物名称と規模、坪数、屋根材などが記されているほか、大破した建物を取り壊したとみえることから、これ以前に築年数を経た建物が存在していたことがわかる。中井家指図による寛永十一年の御殿は、周囲を山と藪、石垣、柴垣で囲い、南の門を入ると二間一間の馬屋と二ヶ所の番所が建ち、奥に東西四間、南北七間半の御殿、二間三間の湯殿、四間六間の次ノ間などがあり、さらに奥に料理ノ間や台所、土ノ間などの賄所があった。

発掘調査では、御殿から料理ノ間に続く廊下東辺の石列や井戸跡の遺構を検出し、一七世紀後半の瀬戸美濃施釉香炉や一八世紀後半の肥前系華瓶、棟を飾る小菊紋瓦などが出土している。地形測量と発掘調査の結果は、中井家指図と符合するものであった。

二　永原御殿

永原御殿（野洲市永原・江部）は、滋賀県南部、琵琶湖南東部の沖積地に位置する。御殿は、慶長六年（一六〇一）十月家康下向時の宿泊を初見とし、家康が六度、秀忠が四度、家光が二度宿泊したほか、大坂の陣にあたり、義利（義直）、頼将（頼宣）が利用している。

家康が、永原に御殿を築いた背景には、遅くとも天正十九年（一五九一）以来、この地が家康の所領であったからにほかならない。(2)天正十二年の小牧・長久手の戦い以降、秀吉と対立していた家康は天正十四年十月に秀吉と和睦し臣礼をとると、天正十九年四月、野洲郡内六万四三七五石余と甲賀郡・蒲生郡内の一部を合わせた九万石余を在京賄料として与えられた(『大谷家文書』「徳川家康知行目録写」)。野洲郡永原は下街道沿いに位置し、京都・上方に一日足らずで行き来できる距離にあり、伏見屋敷を除くと最も西に位置するまとまった自領であり、京都、上方、西国を見据えるうえで要衝の地をなした。

1 史料にみる永原御殿

永原御殿の作事を担った京都大工頭中井家に六舗の指図と修理関係史料が残されている。(3)指図は、寛永十年(一六三三)以前の御殿(以下「初期御殿」という)を示した古指図二舗と寛文十年(一六七〇)の修復箇所を示した指図が三舗、戌年と記された指図が一舗(指図Ⅳ)ある。指図Ⅳは、初期御殿を拡張整備した寛永十一年の御殿を表したと考えられ、殿舎の名称や規模、土居の高さと幅、石垣の有無、塀の延長距離などが書き込まれている。また、寛永十一年の作事と寛文元年、寛文十年の修復に関する史料が残る。

(1) 初期御殿(図5)

古指図に図示された初期御殿は、本丸と南に二の丸が付随する城館である。本丸は方形居館で、南北約六〇間、東西約五六間の規模がある。外周には堀を巡らせ、南と東に矢倉門があり、南を除く三方に土居(土手)を廻し、土居の北西隅を除く三方に矢倉(番所)を置く。内部は南から西に槍之間、広間、対面所からなる表向の間がある。東は台所、料理之間、土之間などの賄所で、中央部は小広間とみられる座敷、年寄衆之部屋、風呂などがあるが御殿(主殿)はみえない。南西には長大な鷹部屋があり、北東には物蔵が置かれていた。(4)

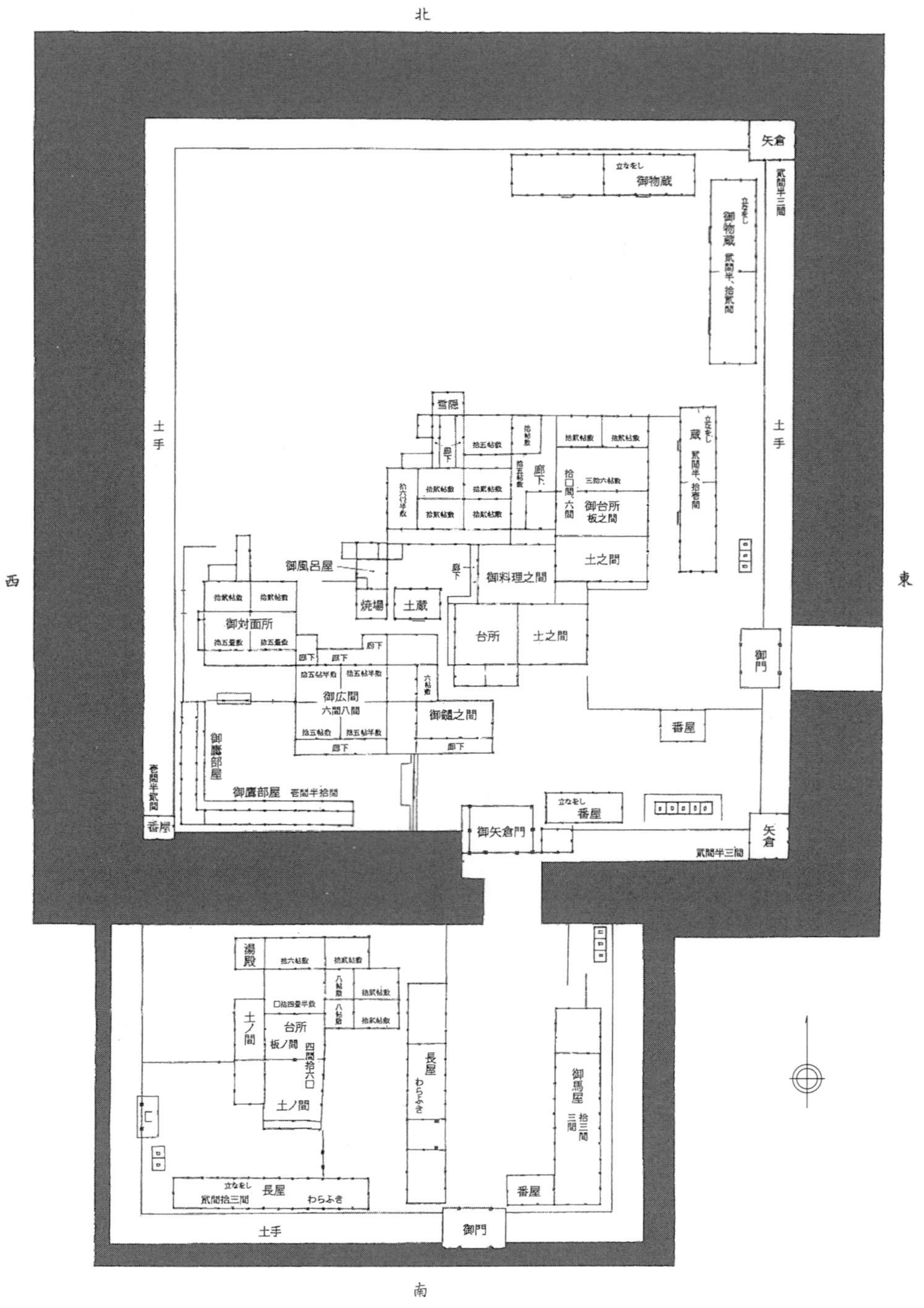
北
西
東
南
矢倉
立なをし
御物蔵
御物蔵
弐間半、拾弐間
弐間半三間
土手
雪隠
拾五帖敷
拾弐帖敷
廊下
御台所
板之間
土之間
蔵
弐間半、拾壱間
御風呂屋
焼場
土蔵
御料理之間
御対面所
拾五畳敷
台所
土之間
御門
御広間
六間八間
御鎖之間
番屋
御鷹部屋
御鷹部屋　壱間半拾間
壱間半弐間
番屋
御矢倉門
番屋
矢倉
弐間半三間
湯殿
拾六帖敷
拾弐帖敷
八帖敷
土ノ間
台所
板ノ間
土ノ間
長屋
わらふき
御馬屋
拾三間
三間
番屋
長屋
弐間拾三間
わらふき
土手
御門

図5　永原御殿（初期御殿）

二の丸は、本丸の南に付随する長方形の屋敷地で、南御門と西に門があり周囲に土居と堀を巡らせる。東辺には馬屋と番屋、西は台所、土ノ間、座敷からなる賄所と、藁葺長屋などが建っていた。

古指図は、浅葱色と黄色に色分けされ、本丸矢倉や二の丸長屋など黄色で彩色された建物に「立な越（を）し」と記されていることから古指図の初期御殿が立て直しを要するほどの築年数であったと考えられる(5)。

(2) 寛永十一年の御殿（図6）

寛永十一年七月の家光上洛にあたり永原御殿（初期御殿）は大規模に拡張・改修され、三の丸が新造された。寛永十年九月幕府老中より膳所城主菅沼定芳と代官観音寺（朝賢）に永原御殿の普請が命ぜられ、京都大工頭中井正純らの作事による大規模な拡張が行われた。中井家の指図Ⅳと文書によると、本丸は北西方向に突出させた歪な四辺形で、北辺約六六間、東辺約五〇間、南辺約六五間、西辺約六八間の規模を有する(6)。周囲には高さ壱丈の土居を廻し、四隅には矢倉が置かれ南東隅矢倉は二層であった。本丸の周囲には幅九〜一〇間の堀を巡らせ、土橋で繋がる南と東に御門があった。内部の建物は、南から西に槍之間、広間、対面所、古御殿、御殿（主殿）、御亭の表向の殿舎が雁行に建ち並び、東は賄所で北東には年寄衆之部屋があった。そして奥まった北西域に休息所、風呂からなる奥向の殿舎が設えられた。

二の丸は、本丸の南に位置する東西五八間半、南北約二四間の長四辺形の屋敷地である。四辺に三間幅の堀を巡らせ、北辺を除く三辺に土手と塀を廻す。出入りは南御門のほか西辺に裏之門があった。南御門から本丸に至る東辺沿いは番所と馬屋があり、塀で仕切られた西域には賄所座敷があり、南辺と西辺には長屋が建っていた。

三の丸は、二の丸の南御門と本丸東御門を取り囲む鉤形に設けられた。南御門の南西、東御門の東には常番所（伊賀衆之家）が置かれ、南東域には長大な馬屋と馬屋賄所、米蔵が新造された。

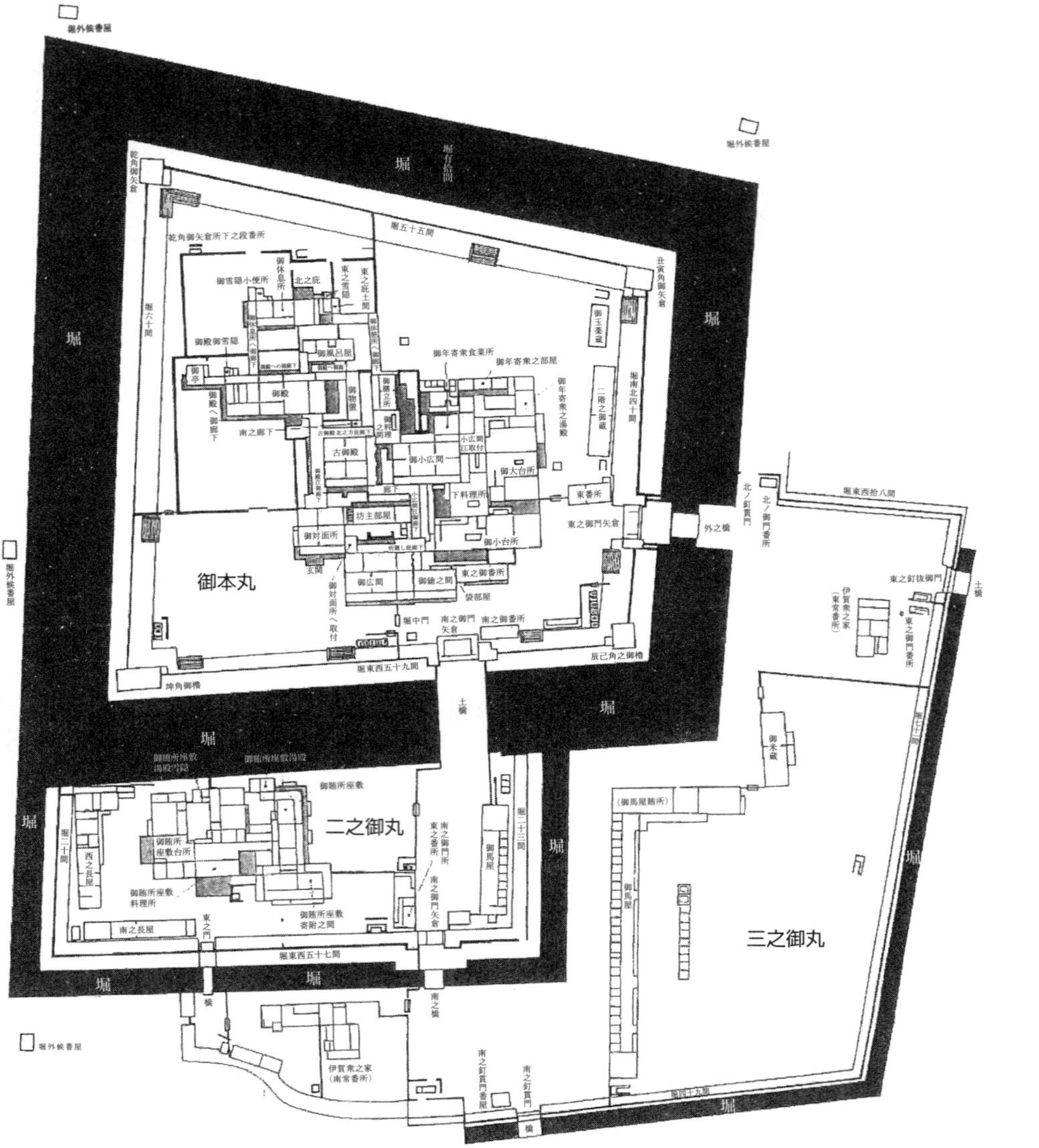

図6　永原御殿（寛永11年）

中井家文書の修復記録から、寛永十一年の御殿は初期御殿の建物のうち、古御殿をはじめ表向の殿舎と賄所、大小の台所、年寄衆食菜所、南之御門などは原位置で初期御殿を繕い、奥向の殿舎を新造したことが明らかにされており（川上一九五八ほか）、古指図と寛永期の指図を照合することで、寛永期の本丸規模が明らかとなる。

2　発掘調査による指図の検証（図7）

測量調査により本丸の東と西の堀外縁部では約一・四メートルの比高差がある。本丸内部は東の堀跡外縁部に比べて約〇・五メートル高く、本丸内は堀の掘削土等によって盛土整地する普請が行われたと考えられる。また本丸には高さ壱丈の土居がコ字形に遺存し、矢倉や御亭の礎石と考えられる石材が一部露出していた。

寛永期の指図には、建物名称の外に石垣の有無や範囲、堀幅、土居の幅や高さ、土居上の塀の延長距離などが附記され、中井家文書からも修復範囲や建築材の仕様などを読み取ることができる。

現況の石垣は、一部で確認できるに過ぎないが、指図Ⅳには南の土橋の西二〇間、北東の矢倉より南に二三間と西に三一間は石垣無、西辺は惣石垣と付記される。石垣は、土居の西辺や南辺に施され、堀際の基底部に石積みを施した腰巻石垣であった。また、指図には、北辺や西辺の土居幅が三間ないし二間半とあり、南御門の東辺と東御門の南辺土居は幅が二間と記されている。この部分は現況も同様に狭くなっており指図の正確さを裏付ける。

〔馬屋跡〕　平成十九年（二〇〇七）度に三の丸南域の調査を実施した結果、耕作土直下で南北方向に並ぶ五間分の礎石列と溝跡を検出し、軒平瓦・丸瓦が出土した。石列は、指図にみられる東西三間、南北五〇間の長大な馬屋の南端にあたり、建物は近接する礎石列や焼石から建替えを伴うものと考えられた。

〔古御殿跡〕　本丸内では平成二十九年度から調査を実施し、本丸中央南西部において表土直下で南北六間、東西三

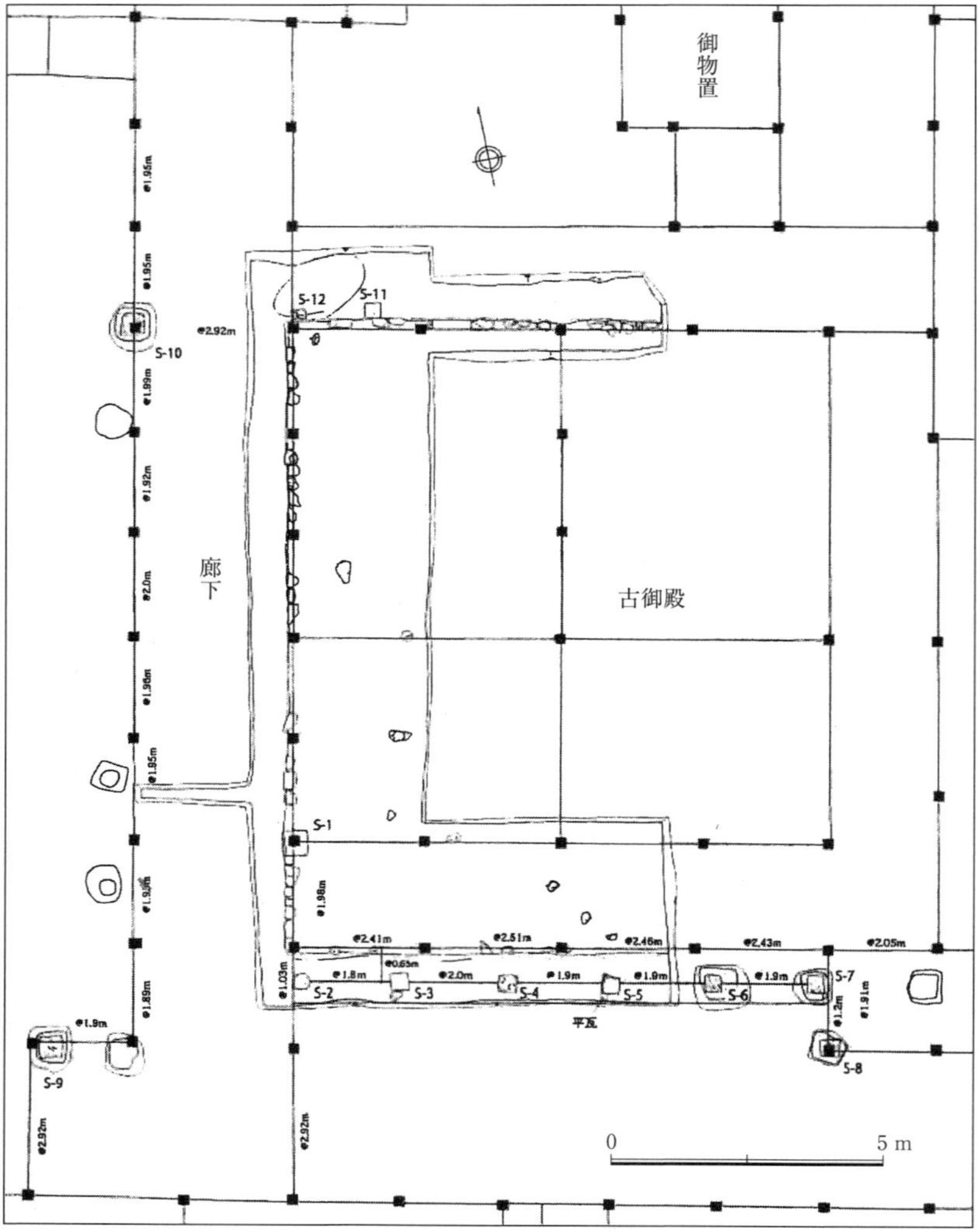

御亭検出状況

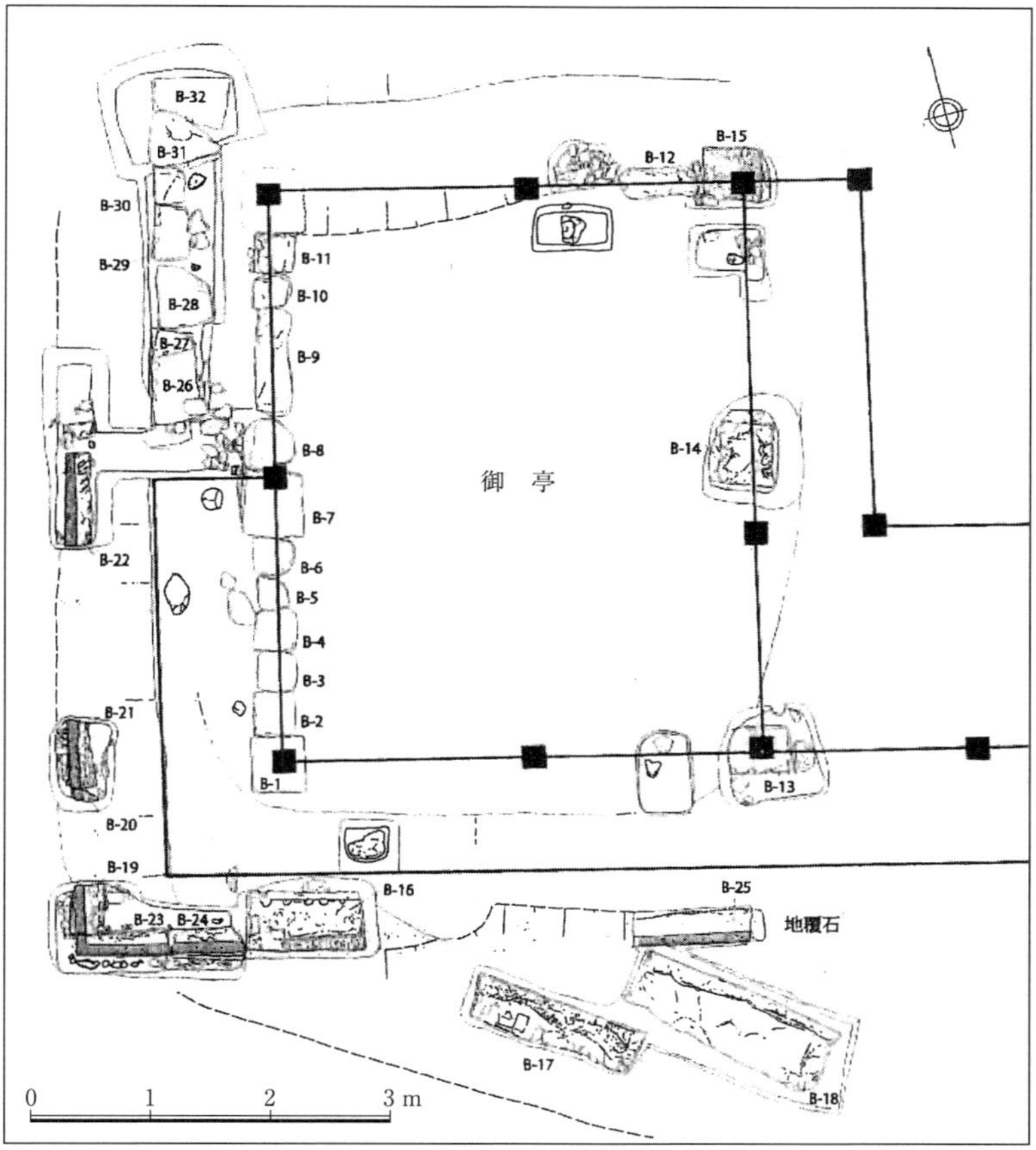
B-32
B-31
B-30
B-29
B-28
B-27
B-26
B-22
B-21
B-20
B-19
B-23
B-24
B-16
B-11
B-10
B-9
B-8
B-7
B-6
B-5
B-4
B-3
B-2
B-1
B-12
B-15
B-14
B-13
御　亭
B-25
地覆石
B-17
B-18
0
1
2
3 m

図７　古御殿・

間以上にわたり、建物礎石と地覆石を検出した。建物内からは束石の一部、建物南面では縁束の礎石列（五間分）を、建物西面からは廊下束石を検出した。建物の礎石と地覆石、建物内部の束石は扁平な自然石で、縁束や廊下には、矢穴を残し正方形に加工した石材が建物より一段低く据え付けられていた。出土遺物には、棟を飾る瓦（平瓦、丸瓦、小菊紋瓦）が出土している。

これらは指図Ⅳにみられる六間六間の古御殿の西半部にあたる。また南で検出した五間分の礎石は古御殿南の濡縁縁束に対応し、西で検出した礎石は対面所から北の御殿につづく幅一間半の廊下縁束であることが判明した。

中井家文書や修復箇所を色分けした指図から、古御殿は寛永十年の修復時に御殿を繕い、北の庇廊下と南の濡縁は、新たに新造されたことが判明している。調査で古御殿とみられる建物の礎石、地覆石、束石には扁平な自然石を使用し、南や西の礎石列には矢穴を残し方形に加工した石材が用いられていた。これらの異なった石材は初期御殿を繕った殿舎と寛永十一年の家光上洛にあたり新造された縁束礎石との違いを表すものと考えられる。

〔御亭跡〕　本丸西域中央部に方形土壇状の高まりが存在し一部に石列が露出していた。指図ではここに御亭《おちん》が建つ。御亭は東の御殿（主殿）からのみ廊下で繋がり、池庭を望む望楼や茶を嗜む数寄屋風の建物だと考えられる。発掘調査では、基壇の外縁で礎石を検出した。礎石は矢穴を残す約〇・五メートル四方に加工された大きな石材で、西辺には南北に高さを揃えた石材が並んでいた。調査では東西列の間柱を検出できなかったが、南北二間、東西二間の建物と考えられる。また、基壇外縁の南辺と西辺の南半にかけて、幅一・四メートル、基段上から〇・七メートル低い位置で地覆石を検出した。土層断面の観察により地覆石から基壇上に向かって盛土による法面が摺り付けられ、西辺では中ほどで地覆石が途絶え、その北方では北に向かって六石以上の板石が列状に降下していた。指図には、東方の御殿から御亭に延びる廊下の南面に幅半間、奥行六間の濡縁が描かれ、濡縁は御亭の南面と西面の途上で終わっており、基壇縁辺と地覆石との間に濡縁が設けられていたと考えられた。また、地覆石が途切れる西辺の途上から北へ列なる板石は、濡縁から北外方に降りる露地風の敷石だと考えられる。遺物は、基壇法面から六角形に面取りした青白磁小鉢や灰釉陶器灯明皿が出土した。

二の丸についても中井家文書に馬屋、南長屋が繕った建物とみえる。二の丸は東に馬屋を配し、南西に長屋を配置する位置関係と建物規模は初期御殿と共通するが、二の丸そのものを大きく南西に拡張していることから、馬屋、長屋は拡張造成後に、移築し繕ったと考えられる。

寛永期の御殿は、初期御殿に比べて本丸、二の丸を二倍程度の面積に大きく拡張し、三の丸を新設する大規模なものであった。発掘調査の結果は指図Ⅳとほぼ合致する結果が得られ、現在の地形も当時の縄張りをほぼ踏襲していることが明らかとなった(7)。

三　御殿の修復と廃絶

御殿は、将軍・大御所が上洛を見越して、止宿の有無に関係なく修復が行われている(『観音寺文書』・『永原共有文書』ほか)。永原御殿は、慶長十九年(一六一四)十月、秀忠家臣鎮目惟明・伊丹康勝に永原代官所の支配が命じられ、家康の上洛に備えて破損個所を修理している。元和元年(一六一五)九月には、観音寺(朝賢)が喜多見勝忠に鷹部屋・厩・長屋の塀の修復を命じるよう依頼しており、初期御殿が慶長十九年から元和元年にはすでに修復を要するほど破損していた。修復は元和五年・七年・八年にも行われ、元和九年には秀忠・家光の上洛に備え、小姓衆御部屋の新築や屋根葺き直し、畳張替えが行われている。さらに寛永元年(一六二四)にも破損箇所を修復、寛永五年には幕府より代官観音寺に瓦葺の米蔵を建て一〇〇〇石を毎年詰め置くよう命じられ、寛永六年十一月には観音寺が角倉与一から御殿破損のための材木を受け取っている。

そして寛永十年九月、家光の上洛にあたり、膳所城主菅沼定芳と観音寺朝賢に御殿普請が命じられた。将軍上洛は寛永十一年の家光上洛を最後に途絶えるが、その後も寛文元年（一六六一）と寛文十年に修復が行われた。とくに寛文十年の修復は、寛文二年五月の地震と寛文八年九月の風雨による被害箇所の修復が図られたようで、『玉露叢』には寛文二年五月の近江・若狭大地震により「櫓二ヶ所ゆり落とし、其の外所々破損す」とみえる。寛永期の指図に比べ寛文十年の指図には、本丸の北西隅と南西隅の二ヶ所の矢倉、北辺土居の雁木や北東隅の玉薬蔵、北西部の番所や塀などを欠く。二の丸も台所や賄座敷の付随建物、南西の長屋と番所の一部を欠いており、地震や風雨で倒壊した二ヶ所の矢倉はその後再建されず、番所を減らし塀で塞ぐなど維持管理の縮小が図られている。しかし寛文十年の修復は、石垣の積み直しや米蔵の新造など大掛かりなもので将軍上洛を想定したものであった。

御殿の廃絶は、伊庭御殿は明らかでないが、永原御殿は貞享元年（一六八四）に建物を売却する入札が行われ（不調）、宝永二年（一七〇五）に残る建物が解体・焼却された。水口城も寛永十一年家光下向時に使用されたのみで、寛文年間以降、大名による管理と修理を経て本丸御殿は正徳三年（一七一三）に取り壊された。柏原御殿も寛永十一年家光上洛時に御殿が建造されたが、家光下向後直後に御守殿は解体され、残る建物も元禄年間には廃棄された。このように上洛御殿は、寛永十一年の上洛にあたり大規模な修復や新造が行われたが、寛文年間には管理の縮小が図られ、貞享から正徳年間にかけ殿舎が廃棄されている。五代将軍綱吉の貞享・元禄の頃に上洛しない何らかの下知が下されたとみられる。

四 近江国上洛御殿の特性

徳川政権初期における最大の課題は、豊臣家の打倒と豊臣系大名が占拠する畿内・上方、西国統治を成し遂げることにあった。家康は、関東・東海の豊臣系大名を西国や奥羽に移封し、一門と家臣の多くを大名に取り立て江戸―京都間の道筋は一門・譜代で固める。慶長六年（一六〇一）正月には東海道に伝馬制・宿駅制を制定し、八月板倉勝重を京都所司代に任じて朝廷・公家の財政を管理下に置くとともに同年末に二条城普請に着手（慶長八年三月頃完成）。慶長七年には伏見城の再建に着手した。近江国ではこれらと軸を一にして慶長六年大津城を廃して膳所城を築き戸田一西を据え（膳所城は江戸時代を通じ譜代の城として継承）、佐和山に井伊直政を（慶長八年佐和山城を廃し彦根城築城に着手）配し、永原御殿（初期御殿）とともに京・西国を統制する重要拠点を担った。また、永原や柏原の御殿にみられる鷹部屋は、家康の上洛御殿を特徴づける建物とみなされる。

慶長二十年大坂夏の陣で豊臣家を滅ぼし、元和二年（一六一六）四月家康が亡くなると、秀忠は畿内と西国大名の統制に着手する。元和三年六月に上洛して大名転封を行い、西国と駿河以西の諸大名らに領知朱印状を一斉交付する。元和五年には福島正則の改易をはじめ大規模な大名転封を行い、大坂を直轄地とし元和六年には西国大名を大動員して大坂城再建に当たらせた。秀忠は、大坂城を将軍直轄の城として大坂城代を据え、大名を定番・加番として常駐させる。また一門・譜代の大名を畿内近国に配置して、京都所司代、大坂城代を核とする一門・譜代の軍事態勢を確立する。これらの城の多くは公儀普請で築造した。また、有事に備えて城詰米制度として大坂城・二条城・近江大津蔵分などに二〇万石以上の兵糧米が備蓄され、近江では彦根城に幕府直轄地からの公儀御用米五万石を備蓄、将軍御殿の水口城に三〇〇〇石、永原御殿にも一〇〇〇石が常備された。秀忠は、五女和子入内のため元和六年に伏見城を解体移築して二条城の御殿拡張造営し、水口御殿の造営、永原御殿の修理を行い、元和七年には伊庭御殿の修復が図られた。このように秀忠は、元和五年から六年にかけて畿内・西国の軍事的掌握と朝廷公儀機能の吸収を見据え、新たな専用宿館の拡張・造営を行った。これら上洛御殿の造営は、小堀遠州守政一が差配し京都大工頭中井正侶らがその職責を担った。

寛永九年（一六三二）正月秀忠が死去すると、幕府は寛永十年五月に上洛の触れを出し、寛永十一年七月に御代始の御上洛を行った。家光の上洛は家康・秀忠の上洛を遥かに凌ぎ、上洛の供奉は軍役令の半数とされたが総勢三〇万七〇〇〇にのぼったとされ（藤井一九九七）、家光の威光を天下に知らしめるものであった。この上洛に先駆けて将軍宿館も大規模に拡張整備が図られた。

柏原と伊庭の御殿は、規模がさほど大きくなく、街道沿いに敷設され、周囲には堀がなく柴垣・葭垣を巡らせる。内部は台所・料理ノ間の賄所と膳所などが広く、昼食・休憩所として整備されたものである。これに対し京都に近い永原と水口には特別な御殿が修造整備された。永原御殿は本丸と二の丸を取り囲む三の丸が新造され、水口城も堀と高石垣が築かれた堅固な城館とされた。本丸内部には諸大名との対面や引見を行う複数の表向の間、年寄衆之間や奏者所の近習の間、広い賄所に加え、北西に御殿・休息所・御亭などの殿舎が設えられた。永原御殿指図の御殿（守殿）は複数の間からなり、西奥には柱間の細分が看取でき、上段・下段の間が連なり床の間・違棚を備えた書院造であったことが窺える。このように寛永期の永原御殿・水口城は、二条城二の丸御殿や名古屋城本丸御殿に準じた格調を備えた殿舎として設えられ、宿泊にとどまらず将軍の政務執行を意図した御殿でそれまでの上洛御殿とは大きく様相を異にするものであった。

寛永期の御殿を特徴づける建物に御亭が挙げられる。永原御殿では、発掘調査によって指図と符合するかたちで御殿から廊下でのみ結ばれた西方の基壇状の高まりに方二間で東に半間の付属棟が付く建物が明らかとなった。御亭は、将軍が池庭を望む望楼や茶室を兼ねた数寄屋風の建物だと考えられ、大きな礎石から二層の建物が想定される。水口城にも中井家指図に御殿から廊下で結ばれた方二間に一間分の付属屋が付く建物があり、元和六～七年の御所南東の禁中小御所東面の御泉水の中に方二間半の建物が描かれている。また寛永三年、後水尾天皇二条城行幸を示す中井家指図中に、二の丸行幸御殿西の御泉水の中にも御亭がみえる。御亭は元和から寛永期の御所や将軍御殿に設えられ、その後許された大名屋敷へと波及するようである。

おわりに

将軍の上洛は、豊臣家の掃封と西国大名の掌握、将軍職の継承、天皇の皇位継承と行幸など時勢の政治状勢に伴い将軍の代替わりを契機として上洛御殿も拡張整備が図られた。御殿は将軍上洛の止宿に関わらず修復が行われている。なかでも寛永十一年の家光上洛にあたり、京に近い永原御殿・水口城は、大規模に修築・新造され、家光の威信を知らしめる格調と規模を備えた御殿として整備された。上洛御殿の多くは現存せず、発掘調査も二条城や伊庭御殿など一部に限られている。その中で永原御殿は作事に係る指図や文書が残され、発掘調査で検出した遺構との証左が可能で、寛永期の御殿はほぼ指図と符合するものであった。また、本丸御殿は初期御殿を原位置で繕っており、これらの殿舎を照合することにより寛永期の拡張範囲が明らかとなり、礎石石材の利用法などから御殿の構造と変遷を明らかにする手がかりが得られている。永原御殿は、史跡整備に伴いその後も南之御門、東之御門、北西隅矢倉と雁木、御休息所の発掘調査を継続実施しており、より詳細に御殿の全容が説き明かされるであろう。

注

（1）徳川将軍専用宿館は、御殿・御茶屋・御茶屋御殿などと称される。中井家文書で永原は、寛永十一年（一六三四）には「御茶屋御殿」「御茶屋」を用い、寛文元年（一六六一）には「御茶屋」と「御殿」を併用し、寛文十年の修理では「御殿」を用いている。

（2）『武徳編年集成』に天正十四年（一五八六）十月二十七日「御在京ノ節御厨トシテ江州守山以下ノ地三万石附属セラル」とあり、天正十四年すでに在京料三万石が与えられた可能性がある。

（3）中井家所蔵（大阪市立住まいのミュージアム寄託）重要文化財「大工中井家関係資料」および京都府立京都学歴彩館所蔵「中井家文書」。

（4）古指図には御殿が描かれておらず北西が広い空白となっている。もう一舗の古指図には北西に御殿や御休息所とみられる輪郭が描かれている。寛永期の指図Ⅳには対面所の北に古御殿がみえ、古御殿は初期御殿の御殿（守殿）と見なされる。このことから古指図は、北西に奥向の殿舎を増築するための計画図と考えられる。古指図の本丸南西の土居に沿って長大なL字形の鷹部屋がある。家康は、雁、鴨、白鳥、鶴を捕る鷹狩（鷹野、放鷹）を好み、猟期の秋から冬場にかけて下向時に鷹狩を行っている。長大な鷹部屋は、家康の意向を踏まえて建てられた初期御殿を特徴付ける建物と考えられる。

（5）下街道の東に面して守護佐々木六角氏直臣永原氏の居城永原城があった。永原城は天正十二年（一五八四）小牧・長久手の戦いに際し、羽柴秀吉が秀次や高山右近らを永原に陣取らせており（『松雲公採集遺編類纂』）、この頃まで城郭としての機能していた。永原御殿は永原城から資材の多くを移し初期御殿を築いたと考えられる。

（6）指図一間は、発掘調査結果から六尺五寸（一・九七メートル）である。

（7）本稿は「近江の徳川御殿」（江戸遺跡研究会編『徳川御殿の考古学』二〇二〇年）を補記・改訂した。挿図は『永原御殿跡総合調査報告書』（滋賀県野洲市教育委員会、二〇一九年）を改訂・引用した。

〔参考文献〕

矢野太郎編　一九一七『国史叢書　玉露叢一』国史研究会

中川泉三原図　一九四一　『近江坂田郡史　改訂』滋賀県坂田郡教育会　日本資料刊行会
村田治郎・川上貢・原桂一郎・三上皓造　一九五八　「永原御茶屋の建築」『日本建築学会文報告集』第五八集（川上貢（一九九八）『日本建築史論考』中央美術公論出版再録）
西川幸治　一九五八　「水口城について」『日本建築学会論文報告集』第三三号　日本建築学会
国史大系編集会　一九六四　『徳川実紀』第一編　新訂国史大系第三八巻　吉川弘文館
国史大系編集会　一九六四　『徳川実紀』第二編　新訂国史大系第三九巻　吉川弘文館
平井　聖　一九七六〜八五　『中井家文書の研究』第一〜十巻　中央公論美術出版
川上　貢　一九七八　「京都大工頭中井家と中井役所」『日本建築学会近畿支部研究報告集』日本建築学会
京都府立総合資料館歴史資料課　一九八一　「総合資料館所蔵の中井家文書について」『京都府立総合資料館研究紀要』第一〇号　京都府立総合資料館
史籍編纂　続群書類従完成会　一九九四　『当代記』
史籍編纂　続群書類従完成会　一九九四　『駿府記』
塚本　明　一九九四　「徳川家康の居所と行動」藤井譲治編『近世前期政治的主要人物の居所と行動』京都大学人文科学研究所報告第三七号　思文閣出版
藤井譲治　一九九四　「徳川秀忠の居所と行動」「徳川家光の居所と行動」藤井譲治編『近世前期政治的主要人物の居所と行動』京都大学人文科学研究所報告第三七号　思文閣出版
佐治飢家文書研究会編　一九九六　『佐治重賢氏所蔵小堀政一関係文書』思文閣出版
藤井譲治　一九九七　『徳川家光』吉川弘文館
根崎光男　一九九九　『将軍の鷹狩り』同成社
谷　直樹編　二〇〇三　『大工頭中井家建築指図集―中井家所蔵本―』思文閣出版
古川与志継　二〇〇七　「永原御殿の歴史をめぐって」『野洲市歴史民俗博物館紀要』第一二号　野洲市歴史民俗博物館
甲　賀　市　二〇一〇　『甲賀市史』第七巻　甲賀の城
藤井譲治編　二〇一一　『織豊期主要人物居所集成』思文閣出版

藤田恒春　二〇一二『小堀遠江守政一発給文書の研究』東京堂出版
東近江市　二〇一三『東近江市史　能登川の歴史』第二巻 中世・近世編
甲　賀　市　二〇一四『甲賀市史』第三巻 道・町・村の江戸時代
山本一博・杉浦隆支　二〇一九『東近江市指定史跡伊庭御殿遺跡総合調査報告書』滋賀県東近江市教育委員会
進藤武・山岸常人・東谷智・谷徹也　二〇一九『永原御殿跡総合調査報告書』滋賀県野洲市教育委員会
原　史彦　二〇二一「熱田東浜御殿・西浜御殿の成立と終焉及び構造の分析」『徳川林政史研究所研究紀要』第五五号

徳川御殿の瓦

――青戸御殿を中心に――

金子　智

はじめに

徳川御殿は江戸時代初頭に誕生し、その多くは江戸時代前期に廃絶しているため、そこに存在していた建物の実態についてては不明な部分が多い。屋根構造についても、江戸時代前期の御殿建築では柿葺《こけら》や檜皮葺《ひわだ》が多かったと考えられ、これまでの徳川御殿の発掘調査において瓦が出土した事例は少ない。

その主因は、本来御殿域内に瓦葺建物が多くなかったことによると考えられるが、一方でわずかながら瓦を出土する御殿跡も確認されている。徳川の御殿において瓦がまったく使用されなかったというわけではなく、一部の建物には瓦葺も存在したようである。

ここでは、とくに関東の徳川御殿における瓦の使用状況を、調査事例が多くかつ一定量の瓦の出土が確認されている東京都葛飾区・青戸御殿の事例を中心に検討する。

一　徳川御殿出土の瓦

徳川御殿の発掘調査において瓦が確認された事例は多くない。二〇〇八年から始まった発掘調査によって三葉葵紋の鬼瓦（図1）が出土して注目された東京都府中市・府中御殿においても、全域からの瓦の出土はごくわずかで、鬼瓦以外には丸瓦がわずかに出土したのみであった（府中市教育委員会二〇一二、府中市郷土の森博物館二〇一八）。これは府中御殿の建物の多くが瓦葺ではなかったことをうかがわせ、出土した瓦が柿葺等の屋根の棟の部分に使用された、いわゆる「甍棟」のものと考えれば、総瓦葺の建物自体が存在しなかった可能性が高い。

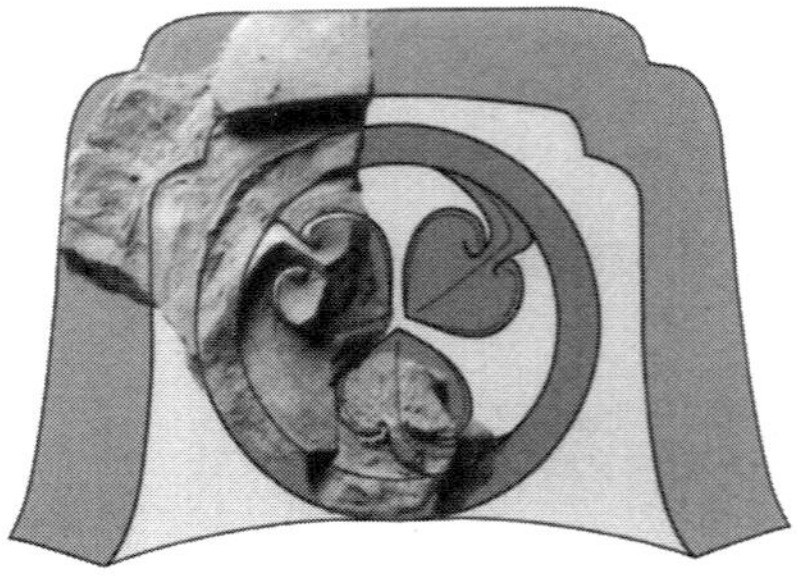

図1　府中御殿跡出土瓦（府中市郷土の森博物館 2018）

他の御殿の調査では、千葉県千葉市・千葉御茶屋御殿などで瓦の出土がみられるが、その数はやはり多くないようである。管見する限りにおいては、やはり徳川御殿における瓦の出土は極めて少ないといえそうである。(1)

このような中、多数の調査が行われており、かつある程度まとまった量の瓦の出土が確認される数少ない徳川御殿の事例が青戸御殿（葛西御殿）である。青戸御殿は江戸中期の廃絶後破却されており、御殿地で使用された瓦の峻別が比較的容易という利点がある。以下、その概要をみていく。

二　青戸御殿出土の瓦

青戸御殿は、慶長十年（一六〇五）に家康が利用したのが最初の記録といわれている。寛永十六年（一六三九）と慶安二年（一六四九）に改修が行われたとされるが、後者には疑念ありという（中野一九八九、谷口二〇一四）。その後明暦の大火（明暦三年〈一六五七〉）までには利用されなくなり、延宝六年（一六七八）頃に取り壊されたと考えられている。遺跡地は「葛西城」と呼ばれる中世城郭の遺跡地であり、発掘調査報告書の多くはこの「葛西城址」（あるいは「青戸・葛西城址」）の名を冠しているが、遺構・遺物共に多くの資料が近世御殿段階に属する。

青戸御殿は、ある程度まとまった量の瓦を出土している数少ない徳川御殿のひとつであるが、その量は近世城郭の多くや江戸の大名屋敷等に比べれば非常に少ない。また出土品には、都内では数少ない中世段階の瓦が混在するほか、御殿廃絶後の新しい近世瓦も含まれている。そのため、分析にあたっては、最初に御殿に伴う瓦を抽出する作業が必要となる。

図2～図5に、これまでの発掘調査で青戸御殿を含む遺跡地から出土した瓦を示した（図中の報告書名は略称、縮尺・図版の向きは適宜修正した）。

図2は、青戸御殿成立以前のものと考えられる瓦である。軒平瓦（1・2）は左右周縁が狭く、2は平部側辺に突起を有する（報告では「掛瓦」と表記）。同種のものは南武蔵地域では中世後期に散見され、東京都台東区・浅草寺にも出土例がある（山崎二〇〇〇、深澤二〇一九）。丸瓦（3～5）、平瓦（6）には古式の斜方向の糸切痕（いわゆるコビキA）が見られ、3の丸瓦には表面に縄タタキも観察されることから、明らかに中世瓦である。5の丸瓦には永享四年（一四三二）の年記とともに「不動坊」の文字が見え、これらの瓦が室町時代に当地近辺に所在した寺院に由来するものであることをうかがわせる（谷口一九九五）。これらの瓦は青戸御殿とは直接の関連はない。

図3は青戸御殿廃絶後の資料である。1～3は一八世紀中葉の「江戸式」軒桟瓦とみられ(2)、一括で出土している。

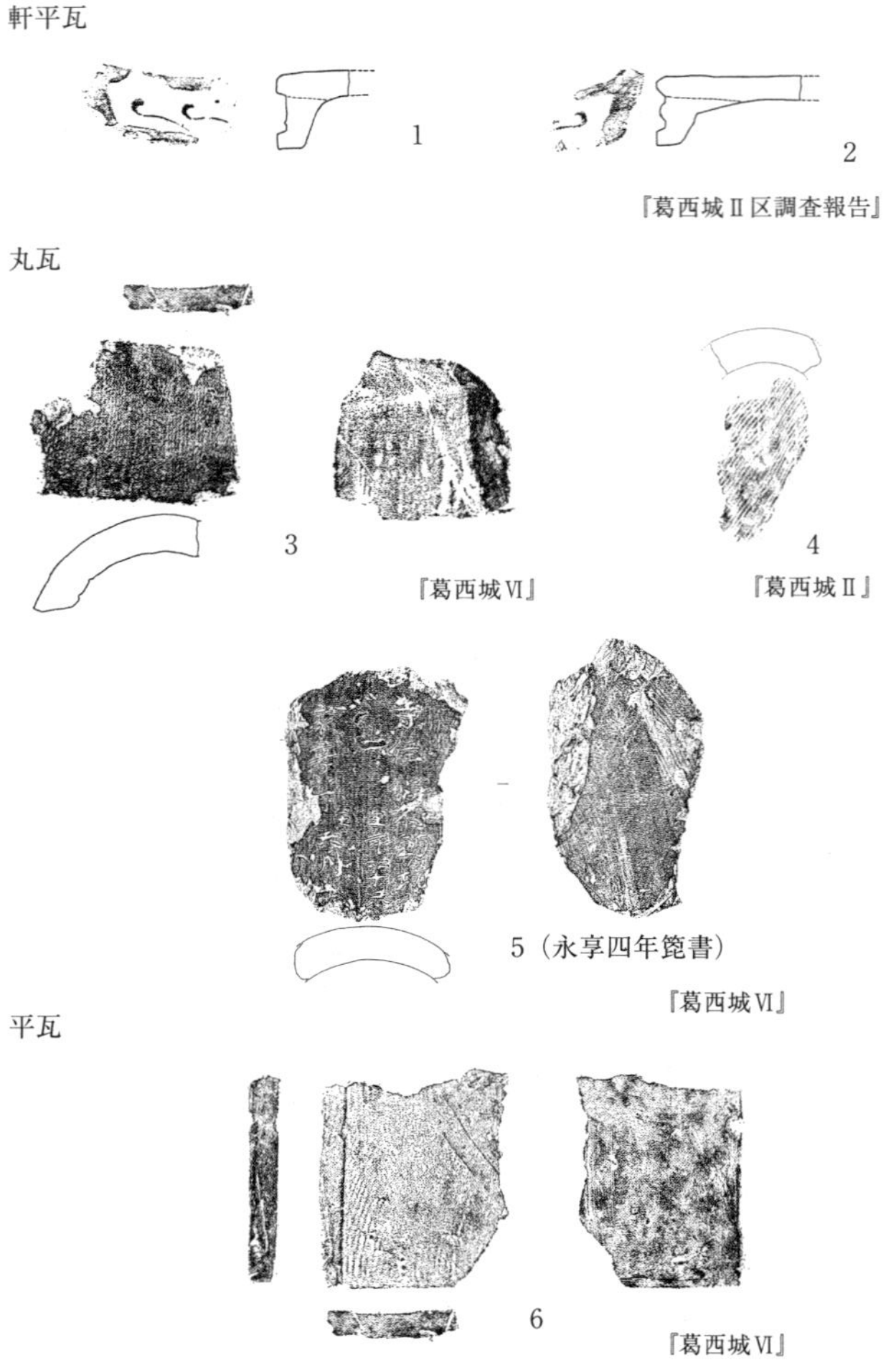

図2　青戸御殿以前の瓦（報文より，S＝1/6）

4も「江戸式」文様で一九世紀に降る資料である。青戸御殿の地は江戸の府外であり、当該地周辺で近世後期段階にどの程度瓦葺が普及していたかについては不明であるが、これらの資料から一八世紀以降の段階で付近に瓦葺建物が存在した可能性が指摘できよう。

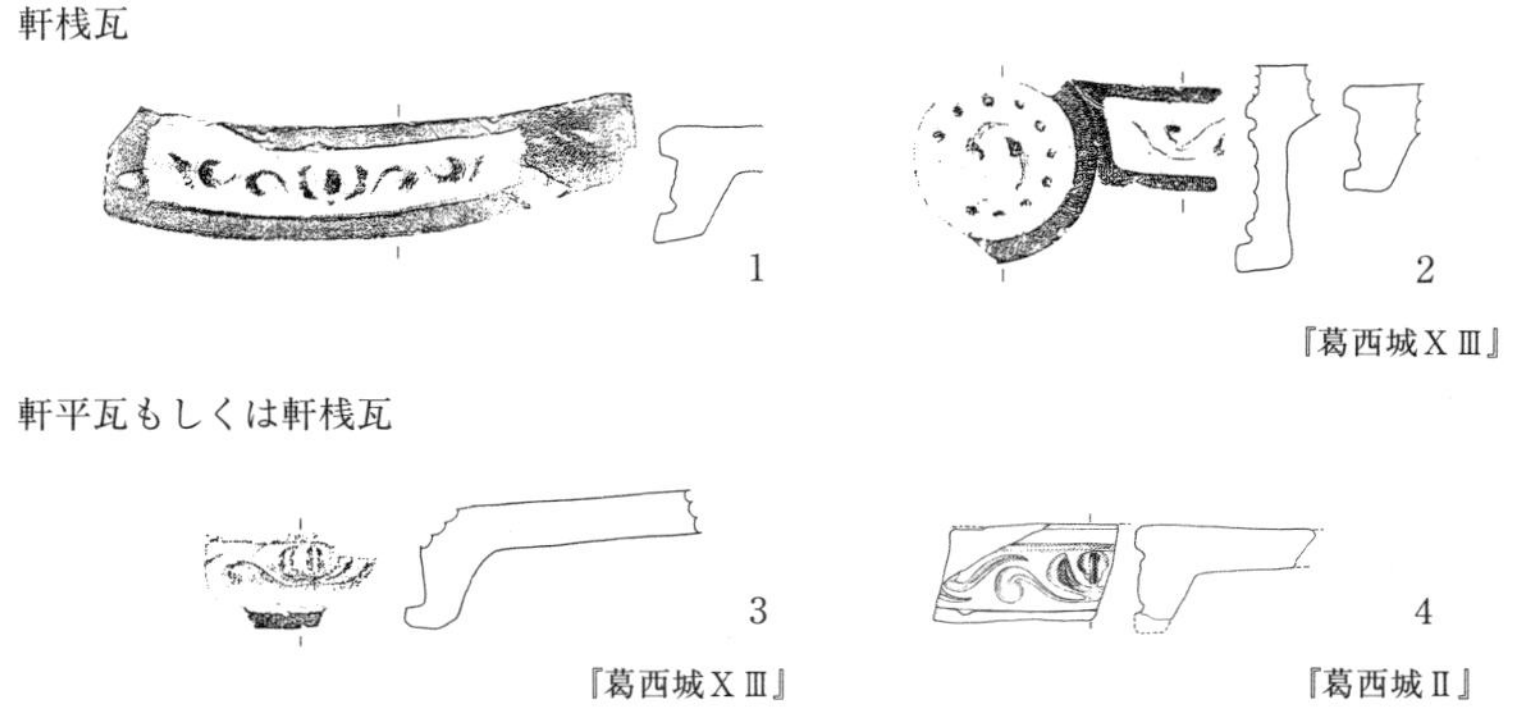

図3　青戸御殿廃絶後の瓦（報文より，S＝1/6）

以上旧・新段階の瓦は、青戸御殿の瓦を分析する際には除外すべきものとなるが、ともに御殿期とは時期差があり様相が大きく異なるため、識別は難しくない。

図4・図5が、青戸御殿の瓦と考えられる資料である。図4は軒瓦で、1・2の軒丸瓦と4の軒平瓦が同じ調査の際に確認されており、セットとなる可能性がある。

連珠三巴文の軒丸瓦は、他にも出土例が散見されるが、破片では時期比定が難しい。軒平瓦は均整唐草文で「江戸式」出現以前の古様の文様であり、一七世紀中葉以前に遡ることは確実である。

軒平瓦の文様は、江戸地域で類例が確認されている。東京都大田区・池上本門寺五重塔は、慶長十三年（一六〇八）徳川秀忠によって建立されたもので、所用瓦には慶長十二年紀州根来寺住云々のヘラ書を有する鬼瓦が伴う（金子二〇〇二）。本門寺の軒平瓦は規格が雄大で、かつ調整も非常に丁寧なつくりであるが、文様自体は3・4のものと非常によく似ている。同文の資料は、寛永十三年（一六三六）下限の東京都千代田区・丸の内一丁目遺跡（丸の内1－40遺跡調査会一九九八）など初期の江戸遺跡から出土がみられる。これらが紀州系の瓦師が関与した製品とすれば[3]、青戸御殿に同系統の瓦が使用されている点は興味深い。ただし4の資料は、池上本門寺や丸の内一丁目遺跡例に比べ左右周縁の幅がかなり広く、後出な印象を受ける。

図5－1・2の丸瓦は、裏面の布目の刺子が粗く古様であるが、糸切痕は平行（コビキB）である。一七世紀前葉～中葉のものとみられる。

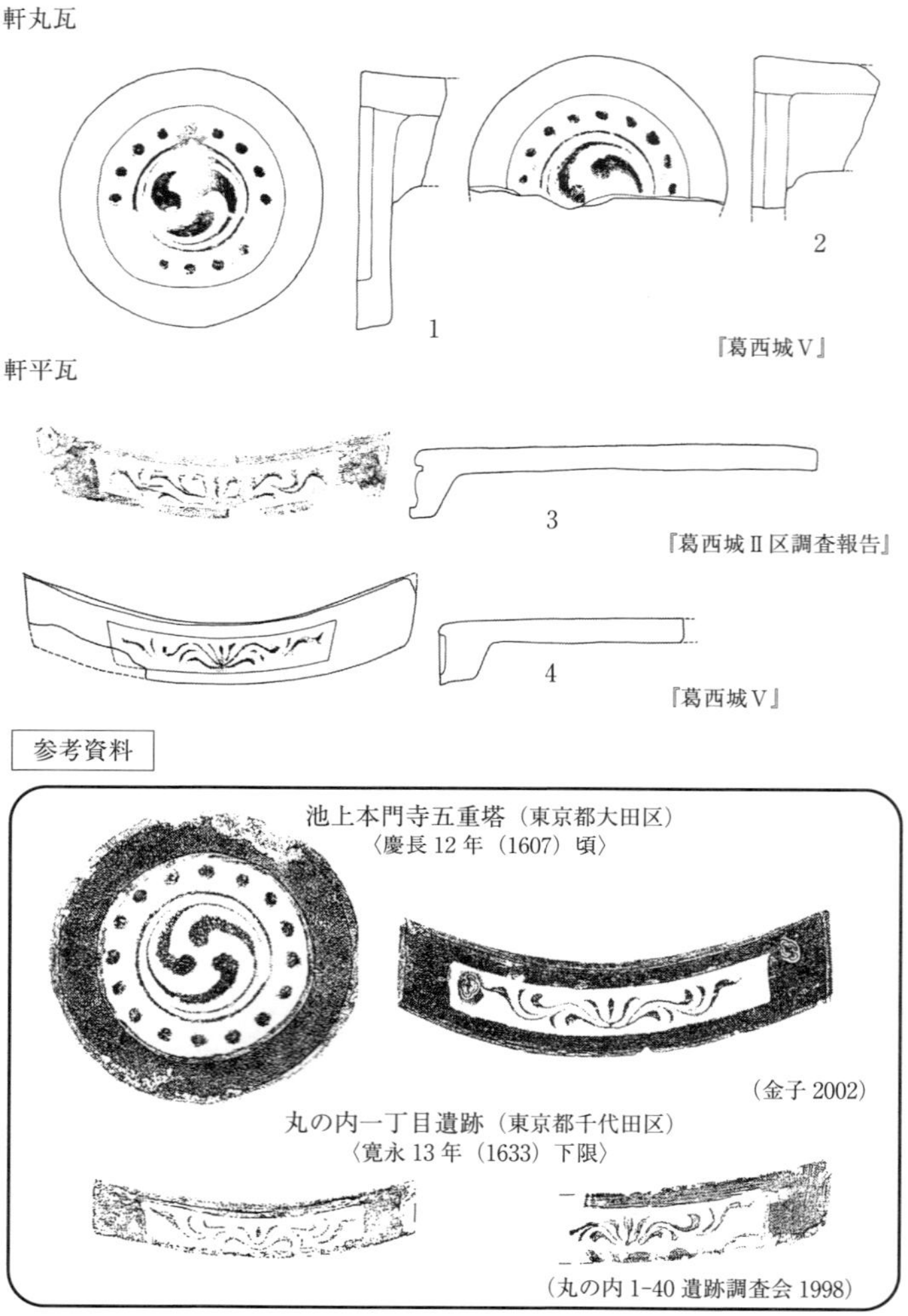

図4　青戸御殿の瓦（1）（報文より，S＝1/6）

鬼瓦は三葉葵紋の文様部が複数確認されている（図5－3・4）。三葉葵紋は徳川家に関連する施設以外で使用される可能性は低く、確実に御殿に伴うものといえる。江戸時代前期の瓦の三葉葵紋は、葉脈が省略されるなど表現がまちまちで統一感に欠けるが、青戸御殿のものも確認された資料に限れば葉脈の表現はみられない。

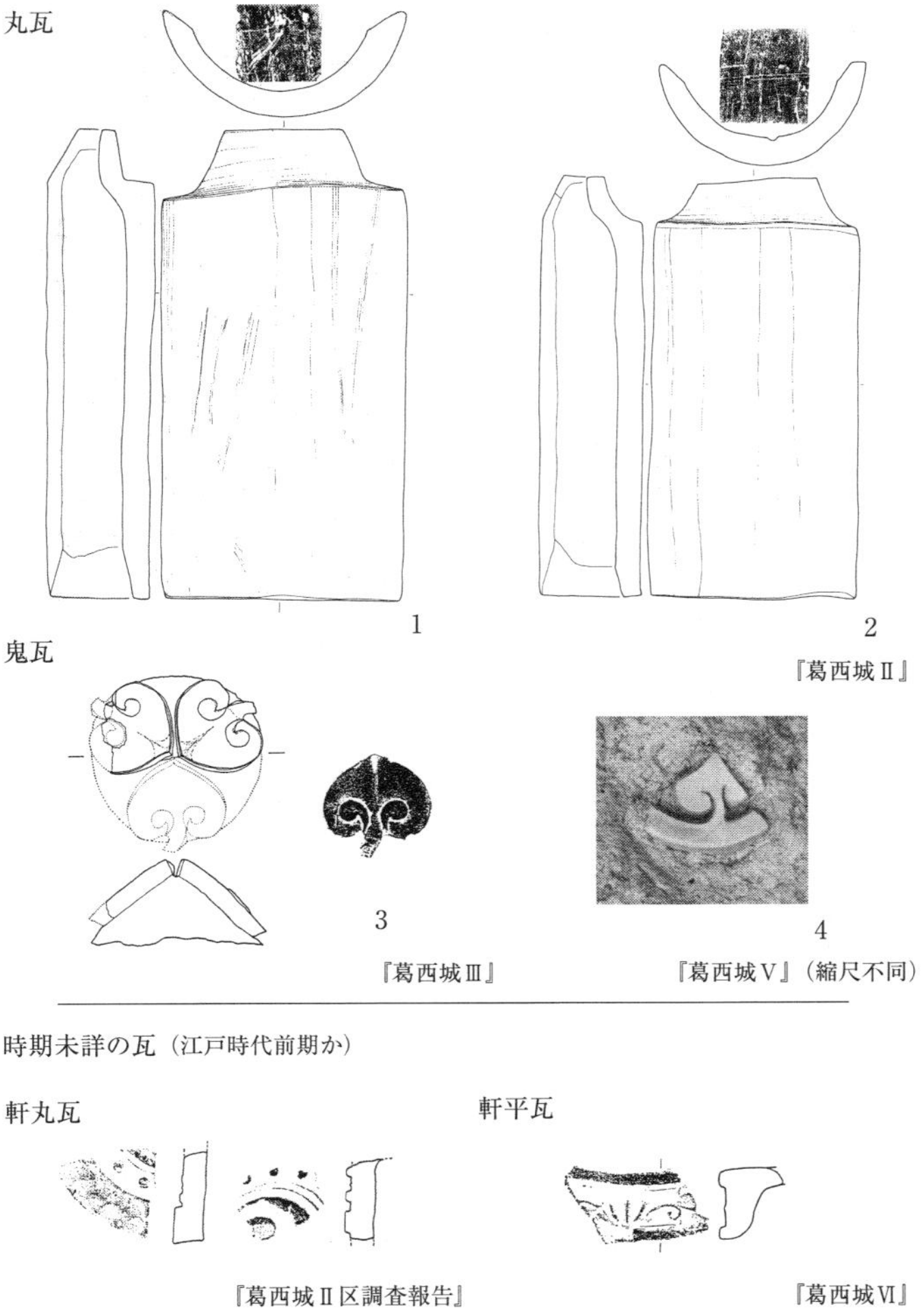

図5　青戸御殿の瓦（2）（報文より，S＝1/6）

上記以外にも御殿段階のものと考えられる軒瓦が散見される。出土地点はまちまちであるが、御殿に伴うと考えられる瓦がまとまって出土した第5次調査Ⅰ区G濠は、『新編武蔵風土記稿』「貞享年中御殿蹟図」では御殿区画外の「御厩屋敷」「御賄屋敷」の間に位置し（葛西城址調査会一九七八）、御殿主郭部以外の建物に使われていた可能性もある。

出土している瓦種については、一七世紀前葉の江戸遺跡に多い棟飾瓦（小菊瓦・輪違瓦など）が見られない点が意外な印象である。甍棟に多く使われることから御殿建築に伴いそうなところだが、未確認である。また、加賀藩本郷邸（東京都文京区・東京大学本郷構内遺跡）では寛永期の御成御殿に関連して使用されたと推定されている「金箔瓦」も確認されていない（金子二〇一二）。なお、瓦の調整についても、多くの江戸遺跡の資料と明確な差異は認められず、「御殿」の瓦の優位性は感じられない。

まとめ――青戸御殿例からみる徳川御殿における瓦の様相

青戸御殿の瓦の詳細な年代は現段階では判断し難いが、他の資料との比較から、慶長期までは遡らない可能性が高い。現段階では、一部の瓦については設置後のある時期（寛永十六年〈一六三九〉あるいはそれよりやや下る段階か）のものと考えたい。御殿という性格上、幕府御用瓦師が製作を担った可能性があり、幕府関連の作事である本門寺五重塔と共通性がみられる点は、これを裏付ける。

では、これらの瓦が使われた建物はどのようなものであろうか。丸瓦・平瓦の他、軒瓦があるため、府中御殿で推定されているような甍棟に使用したもののみとは考え難いが、時期的にみて御殿の建物自体ではなく、何らかの附属建物に使用されたものと考える。御殿周囲の堀からある程度まとまった出土が認められるが、全体では必ずしも多量とはいえず、瓦葺建物はある程度限定されていたものとみられる。

関東の他の御殿を見ると、歴博本『江戸図屛風』に見える埼玉県鴻巣市・鴻巣御殿の建物はいずれも甍棟であり、府中御殿の例からみても、初期段階の御殿で瓦葺がそれほど多く利用されたとは考え難い。栃木県小山市・小山御殿の天和二年（一六八二）『小山御殿建具類引渡書留』（秋山二〇一八参考史料）に記された建物も「こけらふき屋禰」「かやふき屋禰」「板ふき屋禰」であり、瓦葺は見られない。年代や地域による差異があるにしろ、徳川御殿において瓦葺が一般的であったとはいえないであろう。

徳川御殿における瓦葺建物の少なさには、二つの理由が考えられる。

一つは御殿の存在時期が江戸前期に集中しており、そもそも居住空間における瓦葺の使用が少なかったことが挙げられる。江戸遺跡においても、明暦の大火以前の瓦の出土は丸の内地域などの中心部や大大名の屋敷以外では少なく、おそらく屋敷内においても限られた建物に使用されるのみであった可能性が高い。これと同様の傾向と考えれば、必ずしも瓦葺建物が少ないことは不思議ではない。

もう一つは、徳川御殿が恒常的に使われる施設ではなかったことも挙げられる。長期にわたり居住空間として維持されることが前提であれば、防災・防御的な側面も含め瓦葺建物が必要とされた可能性があるが、適時利用を想定したものであれば、むしろ都度の改修を行う前提の簡素な建物が好まれたのではなかろうか。

瓦葺の一般化は一七世紀中葉以降、中でも御殿建築の瓦葺化は桟瓦出現以降と考えられる。それ以前に瓦葺が用いられる建物としては門・櫓あるいは土蔵などが想定されるが、おそらく徳川御殿で出土する瓦も（甍棟利用を除けば）、こういった建物に使用されたものと考えられる。青戸御殿の出土瓦がどのような建物に使用されたものかは現段階では判然としないが、いずれにしろ御殿建築自体は柿葺・檜皮葺等で、瓦葺は補助的に用いられていたものと考えたい。

注

（1）　徳川御殿の多くは一七世紀前葉に属するものが多いが、綱吉期など成立時期の下る御殿も存在する。例えば東京都文京区・小石川御殿（白山御殿・承応元年〈一六五二〉頃成立）の調査では一定量の瓦が出土している（東京都埋蔵文化財センター二〇二〇）。東京都中央区・浜御殿（宝永元年〈一七〇四〉収公）なども含め、武家地において瓦葺が一般化する一七世紀後葉以降の御殿域においては、相対的に瓦葺の建物（おそらくは多くは櫓・塀・土蔵など）が増加している可能性が高い。

（2）　江戸在地系瓦に特徴的な「江戸式」軒平瓦（軒桟瓦軒平部）文様は、明暦の大火前後に出現するとみられるため、これ以前に造営された青戸御殿の瓦には含まれない。一七世紀後半以降の出現とみられる桟瓦についても同様である。

（3）　紀州の近世瓦を分析した菅原正明の分類によれば（菅原一九九三）、根来寺多宝塔創建瓦を祖型とする一群（A系）に当たる可能性がある。

〔参考文献〕

秋山隆雄　二〇一八「小山御殿」『シンポジウム発掘調査からみた青戸御殿』葛飾区郷土と天文の博物館

葛西城址調査会　一九七四『青戸・葛西城址調査報告Ⅱ』（『葛西城Ⅱ』）

葛西城址調査会　一九七五a『青戸・葛西城址調査報告Ⅲ』（『葛西城Ⅲ』）

葛西城址調査会　一九七五b『青戸・葛西城址Ⅱ区調査報告』（『葛西城Ⅱ区調査報告』）

葛西城址調査会　一九七八『青戸・葛西城址調査報告Ⅴ』（『葛西城Ⅴ』）

葛西城址調査会　一九八三『葛西城――葛西城址調査報告』（『葛西城Ⅵ』）

葛飾区遺跡調査会　一九八九『葛西城ⅩⅢ』第1・2・3分冊（『葛西城ⅩⅢ』）

金子　智　二〇〇二「五重塔所用瓦に関する所見（池上本門寺）」『重要文化財　本門寺五重塔保存修理工事報告書』宗教法人池上本門寺

金子　智　二〇一一「資料紹介　江戸遺跡出土の金箔瓦」『江戸の大名屋敷』吉川弘文館

菅原正明　一九九三「紀州における近世瓦の系譜」『日本考古学協会第59回総会研究発表要旨』

谷口　榮　一九九五「東京低地の中世遺跡」『東京低地の中世を考える』名著出版

谷口　榮　二〇一四「徳川家康の江戸入部と葛西」『江戸の開府と土木技術』吉川弘文館
東京都埋蔵文化財センター　二〇二〇『小石川植物園内貝塚・原町遺跡』
中野達哉　一九八九「葛西御殿と近世前期の鷹狩り」『葛西城XIII』第3分冊
深澤靖幸　二〇一九「関東における掛かりの瓦の出現」『府中市郷土の森博物館研究紀要』第三二号
府中市教育委員会　二〇二二『武蔵国府跡（御殿地区）』府中市埋蔵文化財調査報告51
府中市郷土の森博物館　二〇一八『徳川御殿@府中』府中市郷土の森博物館ブックレット19
丸の内1－40遺跡調査会　一九九八『丸の内一丁目遺跡』
山崎信二　二〇〇〇『中世瓦の研究』奈良国立文化財研究所学報第五九冊

徳川の御殿とカワラケ

梶原　勝

はじめに

本稿は徳川御殿とカワラケの関係から御殿の性格を明らかにすることを目的とする。そもそもカワラケはその使用方法が多様で、灯火具、胞衣納、盆行事、七夕、地鎮、仏壇、神棚などで使用されるが、江戸中期、伊勢貞丈によって記された『貞丈雑記』に「古には、祝儀にも常にも、盃というは皆かわらけなり(1)」とあるように「祝儀」すなわち式正の儀礼に用いられていたことも知られている。また式正の儀礼に用いられるカワラケは、大量に消費されることがあり、例えば加賀藩前田邸で検出された池遺構の中から出土した大量のカワラケは、寛永六年（一六二九）に大御所秀忠と将軍家光が御成した時のもので、この時に式正の儀礼が行われた痕跡とされている（東京大学埋蔵文化財調査室一九九〇）。こうした式正の儀礼は、貴人との対面など封建的な身分秩序を維持・確認するために必要な行為なのであるが、徳川の御殿はこのような儀礼が行われる場なのだろうか。御殿とはどのような性格の場なのであろうか。こうした問題に迫るために、まずカワラケの出土例を確認し、次に鷹狩りからみる御殿、カワラケを用いる儀式、御殿に

表1　各徳川御殿の出土遺物

御殿名	現所在地	カワラケ溜まり	陶磁器・土器	食物残滓	動物遺体	瓦	備考
鹿沼御殿	栃木県鹿沼市	×	×	×	×	×	
宇都宮城本丸御殿	栃木県宇都宮市	×	×	×	×	×	
壬生城本丸御殿	栃木県壬生町	×	×	×	×	×	
千葉御茶屋御殿	千葉県千葉市	×	○	×	×	○	
青戸御殿	東京都葛飾区	○	○	○	○	○	三葉葵紋鬼瓦有り
府中御殿	東京都府中市	×	○	×	×	○	三葉葵紋鬼瓦有り
中原御殿	神奈川県平塚市	×	×	×	×	×	
藤沢御殿	神奈川県藤沢市	×	×	×	×	×	
小山御殿	栃木県小山市	×	×	×	×	×	
三島御殿	静岡県三島市	×	×	×	×	×	
泉頭御殿	静岡県磐田市	×	×	×	×	×	
伊庭御殿	滋賀県東近江市	×	○	×	×	○	
永原御殿	滋賀県野洲市	×	○	×	×	○	

注　○：有，×：無・未掘．

来訪した人物を通して御殿の性格を考えてみたい。

一　カワラケの出土例

前述した加賀藩前田邸で催された御成などに際しては、大量のカワラケが消費される。こうした大量のカワラケが消費され一括廃棄あるいは埋納される遺構は「カワラケ溜まり」と呼ばれ、何らかの儀礼に用いられた遺構と認識されている。

では、表1をご覧いただきたい。この表は本書で紹介されている各地区の御殿のうち、発掘調査が行われた御殿を抽出した表である。これらの御殿の中でカワラケ溜まりと認定される遺構は、青戸御殿のみである。詳しくは本書谷口榮論文を参照していただきたいが、青戸御殿では三ヵ所の「カワラケ溜まり」が確認されており、Ⅳ区堀から墨書カワラケを含む総数二四三三点、二次調査Ⅱ区F－32区から一〇八点、三次調査Ⅱ区F堀から二四点のカワラケが出土している。しかもⅣ区堀からは、鷹狩りに関係した動物遺体のほかに共食・饗宴との関係が考えられる食物残滓が大量に発見されている。こうした類の遺物群は、他の御殿ではみられない特殊な事例と現状ではいえる。

二　御殿と鷹狩り

御殿について一般的にいわれるのは、鷹狩りとの関係である。天正一八年（一五九〇）七月、小田原城が開城し北条政権が消滅すると、同年八月徳川家康が北条氏の旧領に入封する。家康は領国の支配を貫徹するため、領国の実情を把握しようとし、その方策の一つが鷹狩りである。鷹狩りは単なる狩猟ではなく、家康の本意からすると、「周辺諸大名の動向や民情人心の帰趨、それに地形などの察知を目的としたものであり、なかでもその主眼は在地土豪層の撫順や家臣団の統制を狙った(2)」ものといわれている。

鷹狩りで各地を巡る際には、その休息所や宿泊所が必要になる。初期のころは在地の寺社や土豪層の屋敷、城跡がそれに充てられていたが、各地への巡遊が恒常化すると特定の休泊所が設けられるようになる。これが徳川の御殿が成立した理由の一つである。

また、家康が入封した時点では豊臣政権が健在で、周辺大名との緊張関係のほか在地の地侍・土豪層との関係など、支配を貫徹する上で領国内外に重要な問題が存在した。そのため城跡利用の青戸御殿などを除くと、天正末年から文禄年間成立の小菅御殿は一〇万余坪で城郭の構えを有していたし、慶長五年（一六〇〇）の関ケ原の戦い直前に成立した大川戸御殿（現、埼玉県松伏町）は、「大川戸陣屋御殿」とも呼ばれ、元禄八年（一六九五）の検地帳によると、構内総面積は馬場を含めて六町一反一畝一五歩、屋敷の周囲に幅二〇間と一三間の堀を巡らし、その内側を土塁で囲んでいたという（本間一九八一）。さらに慶長元年に成立したと推測される中原御殿は堀を有する複郭構造であることが想定されており（栗山二〇一四）、大坂夏の陣頃に成立したと推測される千葉御茶屋御殿は、方形プランの外周に堀を巡らせ内桝形が築かれていた（梁瀬二〇一四）。

以上のことから御殿は、鷹狩りの休泊所という用途以外に陣屋や陣小屋に匹敵する防御機能を有するところに設立理由があったと推察する。つまり領国内を鎮めるための施設であることが第一、外敵からの侵攻を防御するためということが第二であろう。ただし天正一八年に成立したとされる府中御殿は、堀や土塁といった防御施設はない。府中御殿の場合、造営者が家康ではなく豊臣秀吉であるという説（竹井二〇一三）が有力で、これは天正一八年小田原城を開城させた秀吉がその後奥州仕置を実施し、その帰還途中武蔵府中に御座所を造営させたという説である[(3)]。これが事実ならば府中御殿は、家康の造営目的と異なる目的で造営され、よって防御施設などは造られなかったと推察される。

三　儀礼とカワラケ

次にカワラケを使用する儀礼にはどのような儀礼があるのかを確認しておきたい。

江戸幕府の儀礼は、室町幕府の儀礼を模倣・参考にした。例えば小宮木代良によると、慶長五年（一六〇〇）、足利将軍に仕えていた曾我尚祐は、駿府で徳川家康に「公方家の方式」を問われ、翌年から子の古祐とともに秀忠に仕えることを命じられている。さらに尚祐の推挙により、「室町家の法式」に明るい禅僧覚印が慶長六年に秀忠に拝謁し、寛永元年（一六二四）に浅草に海禅寺を開いている。慶長一一年一二月には、家康が細川幽斎のもとへ永井直勝を派遣し、「室町家柳営礼儀・故実」を問わせた。そして幽斎は翌年二月一五日に「室町家式三巻」を家康に提出したとされている（小宮二〇〇六）。またこうした儀礼には吉良家のような足利一門を含む高家の存在が大きい。高家は室町

表２　武家儀礼における主なカワラケ使用の儀礼

儀　　式	内　　　　容
出陣の門出	大将は主殿において角折敷に据えて出される３種の肴を３度飲み食う．角折敷には上部左にカワラケに盛った打鮑，同右に勝栗，下に昆布を三角に並べ，真ん中に三盃（カワラケ・へいこう）を置く．帰陣の際も同様に行われるが，打鮑と勝栗が左右逆になる．
御成	将軍が臣下の邸宅を訪問．主殿で少人数の式三献の儀．その後広間にて饗応．
誕生祝	初夜に少人数で式三献．誕生から３日目に御湯始，御胞衣納，三夜の御祝．三夜の御祝には式三献．
髪置（かみおき）・髪立（かみたて）	３歳の11月15日の祝．このときから髪を伸ばす．その後当人不参で式三献，御肴五献．
袴着（はかまぎ）	男子５歳または７歳の11月15日の祝．白衣をつけた着袴の人を碁盤の上に立たせ，着袴の親または後見人が，広蓋にすえて出された素襖袴または肩衣半袴の腰を結び，その後に三方に三盃をすえて出し，式三献を行う．
帯直（おびなおし）	女子５歳または７歳の11月15日の祝．新調の帯と着物を台に載せ，女子を吉方に向かわせて衣服を着せ，その帯は子孫の多い夫婦が結ぶ．
元服	男子の成人祝．加冠の儀の後，式三献．
鬢曽木（びんそぎ）	女子の成人祝．姫君の髪と衣装が整えられた後，祝の宴が催される．
婚礼	三盃と式三献が婿・嫁待女臈の前に運ばれ，夫婦固めの盃が始まる．
正月五箇日の御対面	正月１・２・３・７・15日の対面儀礼．式三献等．御盃および御練貫頂戴．
年頭御礼（近世）	正月１・２・３日の将軍への年頭挨拶．慶長14年（1609）ごろから開始．3,000石以上の武家の場合，将軍御前で盃（カワラケ）を頂戴し，退出時，呉服を拝領．布衣の諸役人以下の士は，御流を頂戴．呉服の拝領なし．
節朔の御対面	人日（じんじつ；正月７日），上巳（じょうし；３月３日），端午（たんご；５月５日），七夕（しちせき；７月７日），重陽（ちょうよう；９月９日）．式三献．御盃頂戴．
十月亥子（いのこ）の御対面	玄猪（げんちょ），厳重（げんちょう），御成切（おなりきり），御まいり切などともいう．10月亥の日に餅を食す．式三献．
十二月朔日の呉服頂戴	御盃頂戴の際に呉服を賜る．

幕府以来の名門の家系である。

これらのことから室町幕府の儀礼が江戸幕府の儀礼に大きく影響していることがわかる。そこで室町幕府の儀礼の中でどのような場面でカワラケが使われるのか、これについて二木謙一の『中世武家の作法』から拾い出したのが表2である。この表によると武家の人生儀礼、年中行事、対面儀礼の中で式三献やその後の饗宴にカワラケが使われている。おそらくカワラケ使用の儀礼はこれだけでなく建築儀礼などにも使用されたと考えられるが、ともかくこの表中の儀礼を御殿との関係でみると、「出陣の門出」が戦時ではないので除外され、当人がいないと成立しない儀礼、すなわち「誕生祝」「髪置・髪立」「袴着」「帯直」「元服」「鬢曾木」「婚礼」も御殿で行われたとは考えにくい。となると対面儀礼のみが御殿で行われると推測される。

では、こうした対面儀礼が実際に御殿で行われたのであろうか。次節では対面儀礼が行われたのではないかと思われる人物の動向に注目して可能性を追ってみたい。

四　御殿の来訪者

1　豊臣秀吉

前述したように竹井英文によれば、秀吉は奥州仕置の帰還に際し、御座所の普請を命じている。それが天正一八年(一五九〇)七月二八日で、場所は武蔵府中であるという。これが事実ならば秀吉は奥州からの帰途、府中御座所で宿泊した可能性が高くなり、家康から饗応を受けた可能性が高くなる。つまり対面儀礼である。だとするとカワラケが使われた可能性も高いが、現在のところ大量のカワラケは検出されていない。調査区外に廃棄された可能性はある。

2　羽柴秀次

天正一九年正月一四日、奥州仕置後も奥州は不穏な情勢が再発し、そのため羽柴秀次が府中へ出陣してくる（竹井二〇一三）。秀次が府中御座所を利用したかはわからないが、家康も府中に来ており、秀次と対面した可能性が高い。その場所が府中御殿であるならば、やはり饗応の宴が行われカワラケが使用されたと思われる。しかし現在のところ大量のカワラケは検出されていない。

3　徳川家康

数多い鷹狩りの中でカワラケと関係がありそうな事例を述べる。

慶長一三年（一六〇八）九月一八日、家康は鷹狩りの途中、府中にて将軍秀忠と対面している。しかし府中御殿の発掘調査では、大量のカワラケは検出されていない。

大坂夏の陣で豊臣家を滅ぼした後、元和元年（一六一五）一〇月上旬、家康は駿府城から江戸へ向かう途中、中原御殿周辺で鷹狩りを行う。そして一〇月下旬から一一月中旬には葛西方面で鷹狩りを行い、各所の御殿を渡り歩く。そして一二月には再び小杉御殿、中原御殿周辺で鷹狩りを行い駿府城に帰る（葛西城址調査会一九八三、品川区立品川歴史館二〇一〇）。

この中で一〇月二一日からの鷹狩りは、川越・忍・岩槻・越ヶ谷・葛西・船橋・千葉・東金・佐倉などに一ヵ月余を要している。またこの時は、それまでの鷹狩りと異なり、「乗輿の嬬子三人、馬上の婢十八人(4)」、それに旅館の警衛や女房たちの守護として、五〇人の属吏を連れての大規模なものであった（本間一九八一）。豊臣家が滅び、家康の中に緊張の緩みが生じたのか、この時の鷹狩りはかなり遊興的であったという。そこでは饗宴なども行われたのではないだろうか。想像に過ぎないが、青戸御殿で出土した大量のカワラケはこの時のものが含まれているのではないだろうか。

葛西方面や小杉御殿、中原御殿周辺で鷹狩りを行った翌年、元和二年四月一七日家康が死去する。遺体は翌日久能山へ埋葬される。翌元和三年三月一五日、家康の神柩が久能山を立ち、日光へ向かう。その途中三月二〇日は中原御殿に宿泊し、二一・二二日に府中で法要が営まれる。しかし双方の発掘調査では大量のカワラケは検出されていない。

4　徳川秀忠

秀忠の鷹狩りは、小杉御殿周辺も元和四年二月三日、寛永六年（一六二九）八月二日などあるが、主に越ヶ谷・葛西・東金などが多かった。元和四年一一月、寛永二年一二月には井上正就や永井尚政など幕閣の重臣らと茶の湯を催すなど、越ヶ谷御殿で半月以上の鷹狩りを行っている（本間一九八一）。カワラケについては発掘調査が行われていないので不明である。

5　徳川家光

家光は、最も鷹狩りを好み回数も多い。ただし江戸近郊での鷹狩りが多く、あまり遠出はしていない。ただ葛西方面へは、寛永七年から以後、正保・慶安年間（一六四四〜五二）までにかなりの回数遠出しており（葛西城址調査会一九八三）、「獲物を料理し盛大な饗膳の宴を開くこともしばしばであった(5)」という。こうした遊興的な「饗膳の宴」にカワラケが用いられるのかが気になるところだが、青戸御殿では寛永・正保・慶安年間ではないかというカワラケが出土している（永越二〇一九）。また家光は、品川御殿を多く利用しており、寛永一五年四月一日には側近大名を集めた茶会が催されている。家光はその後もこうした茶会を何度も催している（柘植二〇一四）。

6 徳川家綱

家綱の時期になると廃止される御殿が増える。とはいえ家綱も年に数回は鷹狩りに出かけている。ただ回遊する範囲は江戸城の近郊、とくに墨東地域で、日帰りであったという（本間一九八一）。

五 御殿とカワラケの関係

先述したように『貞丈雑記』には、「古は、祝儀にも常にも、盃というは皆かわらけなり」という記述がある。これは「昔は式正の儀礼の時も、普段でも酒を飲む器はカワラケであった」ということだろう。「昔」は伊勢家が室町幕府の政所職であった時のことと考えられ、貞丈がこのことを書き記した時期は江戸中期である。すなわち江戸中期になると祝儀でも普段でもカワラケを用いないことがあると取れる。カワラケの持つ意味が変化しているのであろう。しかし御殿が存続していた江戸初期では、カワラケの使用が「昔」に近い使われ方をしていたと考えられる。つまり少なくとも式正の儀礼ではカワラケが使われていたと考えられるのである。

式正の儀礼でカワラケが使用されると想定した場合、カワラケを使う式正の儀礼にどのような儀礼があるのかを調べ、その中から御殿という場で行われる儀礼を抽出すると、対面儀礼が可能性としては最も高いと考えられる。しかし対面儀礼が行われた可能性があるのは、府中御殿での秀吉と家康の対面、秀次と家康の対面で、家康と秀忠の対面は式正の儀礼が行われたのかは疑わしい。むしろ家康の霊柩が中原御殿や府中御殿で宿泊した時の法要の方が可能性としては高いのではないだろうか。しかし両御殿とも現在のところ、大量のカワラケは出土していない。その他の御殿でも対面儀礼を彷彿させるカワラケの出土は、青戸御殿を除いて今のところない。すなわち御殿という場は、式正の儀礼を行う場ではなかったのではないだろうか。

家康入封直後の鷹狩りは、寺社や土豪層の屋敷、旧城を利用したが、その後御殿が造営された際、未だ在地支配に不安があった家康が、鷹狩りの休泊所と称し、防御的な構えを有した御殿を造営した。しかし元和元年（一六一五）、大坂夏の陣で豊臣家を滅ぼした後は、家康は女房衆や護衛のための家臣を連れて鷹狩りをしている。つまりこの時点から鷹狩りは遊興的な側面が増大する。以後家光の代では、獲物を食し饗宴を開き茶会を催すなど、ますます遊興的な御殿利用を行っている。豊臣家が存続していた時期と滅んでからの時期では、御殿の性格も変化していったのではないだろうか。

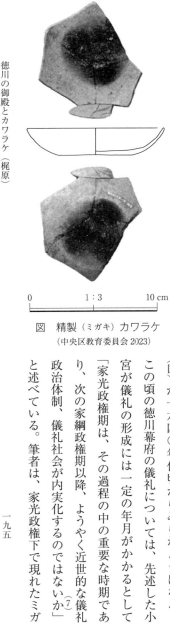

家光の代のカワラケと言えば、江戸市中から出土するカワラケの中で、全体にミガキが施された上質のカワラケ（図）[6]が一六四〇年代頃からみられようになる。

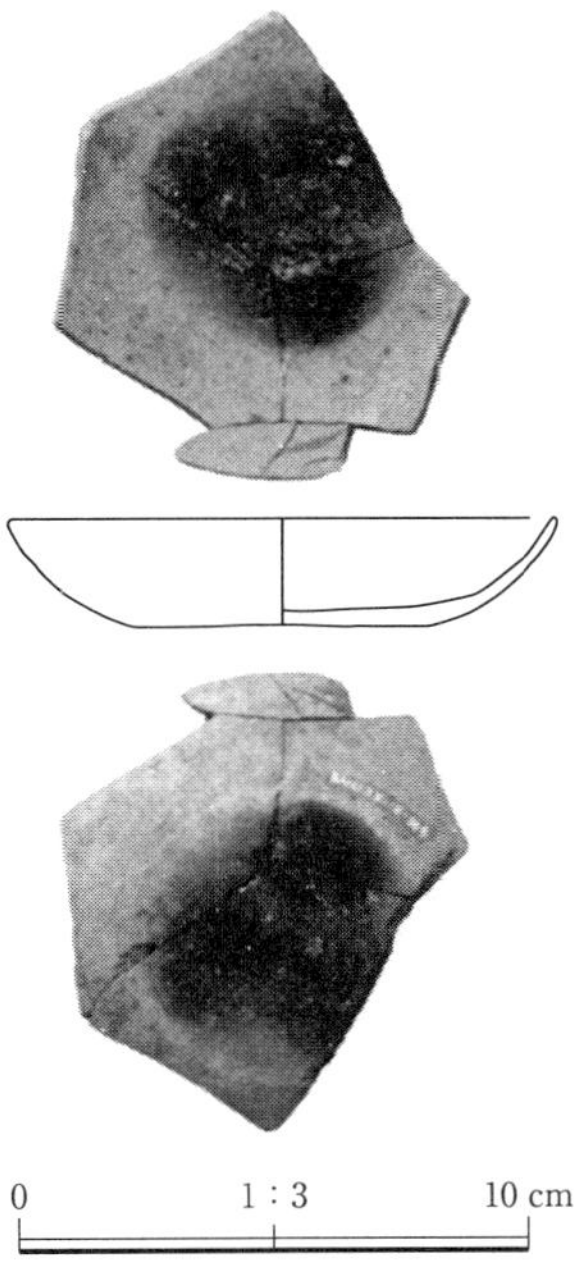

図　精製（ミガキ）カワラケ
（中央区教育委員会 2023）

この頃の徳川幕府の儀礼については、先述した小宮が儀礼の形成には一定の年月がかかるとして「家光政権期は、その過程の中の重要な時期であり、次の家綱政権期以降、ようやく近世的な儀礼政治体制、儀礼社会が内実化するのではないか[7]」と述べている。筆者は、家光政権下で現れたミガキの施されたカワラケが徳川幕府における式正の儀礼に用いられたカワラケであると考えており、家光の晩年における鷹狩りにおいて、こうしたカワラケが出土しないことも式正の儀礼が行われなかった証左ではないだろうか。

そうなると青戸御殿のカワラケをどう位置づけるかということが問題となるが、これについては本書谷口論文で詳述されているので、そちらを参照してほしいが、筆者は、三ヵ所のカワラケ溜まりのうち埋納的な遺構があることは否定しない。ただ遊興的な面も考慮しておきたい。そして家康入封直後の緊張関係の中で造営された御殿が豊臣家滅亡後、在地支配も安定し遊興的な御殿へと変化するとその役目を終え、御殿は解体されると考えたい。

おわりに

事実関係を十分に追えないまま、推測を重ねて述べてきた。したがって本報告は仮説の域を脱してはいない。しかし一定の解釈は出せたのではないかと思う。もちろんカワラケ溜まりや食物残滓の出土状況は、あくまでも「現状では」ということである。今後、発掘調査が重ねられ新たな発見があれば、これまでの解釈に変更が生じることになるかもしれない。そうなることも視野に入れながら、調査の増加を待ちたいと思う。

注

(1) 室町幕府の政所職であった伊勢氏の子孫、伊勢流武家故実家・伊勢貞丈(一七一七~八四)が、宝暦一三年(一七六三)から天明四年(一七八四)の間に書き残したものを子孫の伊勢貞友が編集し、天保一四年(一八四三)に刊行した有職故実書である。

(2) 本間(一九八一)一六頁。

(3) 竹井(二〇一三)文献中の史料5、史料6が秀吉による府中御座所造営説の根拠である。

(4) 本間(一九八一)二七頁。

（5）本間（一九八一）五二頁。

（6）このカワラケは、全体に薄手で硬質に焼成されている。底部から口縁部にかけては内湾ぎみに立ち上がり、口縁部先端が尖るものが多い。中にはケズリ痕や糸切痕が残されているものも若干あるが、全面にミガキが施されているため、ほとんど糸切痕やロクロ目はみられない。また、底部には「内曇り」といって三ツ星のように配置された黒色の丸が内外面にみられるものがある。この「内曇り」について伊勢貞丈は「今時盃に用ゆるかわらけに、「内ぐもり」とて、土器の内を黒く三ツ星の様にやきたる土器あり。内ぐもりという名は、旧記に見及ばず。古はなき物なるべし」と記している（伊勢・島田校注（一九八五）一九五頁）。また、この黒色の丸は糠油によるもので、内外面にみられるのは、内面から浸み出したものであるという（小林照子氏からのご教示）。

（7）小宮（二〇〇六）三二九頁。小宮は家光・家綱を含む一七世紀前半においては、「序列化に基づく武家社会の儀礼化をもって、近世武家内部の秩序形成のための重要な要素と見なし、それをさらに深化させようとするベクトルと、逆に儀礼化にはそれほどの意義を認めず、むしろ序列化には抵抗しようとするベクトル、その二つのせめぎ合いの中から、その後の近世武家社会の基本のかたちが生まれてくる」と評価している。こうした時代背景の中で精製カワラケが出現する。

〔引用・参考文献〕

伊勢貞丈・島田勇雄校注　一九八五『貞丈雑記』平凡社

永越信吾　二〇一九「青戸御殿のかわらけ」『狭川真一さん還暦記念論文集　論集　葬送・墓・石塔』狭川真一さん還暦記念会

江口　桂　二〇一四「府中御殿」『月刊考古学ジャーナル』六五一　ニューサイエンス社

葛西城址調査会　一九八三『葛西城―葛西城址発掘調査報告―』

梶原　勝　二〇一〇「近世・江戸における白色系カワラケの消長とその歴史的意義」『江戸遺跡研究会第二三回大会　都市江戸のやきもの　発表要旨』江戸遺跡研究会

梶原　勝　二〇一二「江戸のカワラケ―一七世紀を中心に―」『江戸遺跡研究会第二五回大会　江戸在地系カワラケの成立　発表要旨』江戸遺跡研究会

葛飾区教育委員会　一九八六『発掘された葛西城』

葛飾区郷土と天文の博物館　一九九九『葛西城―中世の暮らしと戦いを知る―』

栗山雄揮　二〇一四「中原御殿の調査と歴史」『月刊考古学ジャーナル』六五一　ニューサイエンス社
小宮木代良　二〇〇六『江戸幕府の日記と儀礼史料』吉川弘文館
品川区立品川歴史館　二〇一〇『平成二二年度特別展　中原街道』
竹井英文　二〇一三「豊臣政権と武蔵府中―府中御殿の再検討―」『府中郷土の森博物館紀要』第二六号（公財）府中市文化振興財団
　府中市郷土の森博物館
谷口　榮　二〇一四a「総論　徳川将軍家御殿の調査」『月刊考古学ジャーナル』六五一　ニューサイエンス社
谷口　榮　二〇一四b「青戸御殿の調査」『月刊考古学ジャーナル』六五一　ニューサイエンス社
中央区教育委員会　二〇一三『日本橋馬喰町二丁目（第2次）遺跡』
柘植信行　二〇一四「品川御殿―徳川家光と小堀遠州の作事―」『月刊考古学ジャーナル』六五一　ニューサイエンス社
東京大学埋蔵文化財調査室　一九九〇『東京大学遺跡調査室発掘調査報告書3　東京大学本郷構内の遺跡　医学部付属病院地点』
二木謙一　一九九九『中世武家の作法』吉川弘文館
府中市遺跡調査会　二〇一二『府中市埋蔵文化財調査報告第51集　武蔵国府関連遺跡調査報告47　国府地域の調査33　武蔵国府跡
　（御殿地地区）』府中市教育委員会
府中市郷土の森博物館　二〇一八『府中郷土の森博物館ブックレット19　徳川御殿@府中』
本間清利　一九八一『御鷹場』埼玉新聞社
梁瀬裕一　二〇一四「房総の御殿と御成街道」『月刊考古学ジャーナル』六五一　ニューサイエンス社

日光社参における御殿
——下野国を中心に——

……鈴木泰浩

はじめに

日光社参とは徳川将軍による家康の霊廟のある日光山参詣を指すが、大納言、大御所の参詣も含む。江戸時代を通じて一九回（一説には一七回）実施されたとされ、その他計画されたものの中止・延期になったものが八回ある。元和二年（一六一六）四月一七日、徳川幕府初代将軍家康は、駿府城において七五歳で死去する。「一周忌も過候て以後。日光山に小き堂をたて。勧請し候へ」との遺言に従い、二代将軍となった秀忠は日光山の改修に着手する。日光山は、古代男体山信仰に端を発する山岳信仰の聖地として中世期に隆盛を極めるが、戦国期に豊臣秀吉と対立したことにより、その所領の大半を没収され危機に瀕していた。関東最北の霊場に家康の霊廟を配し、徳川幕府の権威の象徴とする計画は、家康、秀忠、家光の三代の将軍に仕えた博識な人物である南光坊天海が深く関わっていたとされる。天海は慶長一八年（一六一三）家康の命により日光山トップの貫主として入山し、戦国期に廃絶した鎌倉公方と

拝　者	年　　代	備　　　　考
2代将軍	元和3年(1617)	東照社鎮座，本多正純小山祇園城内に御茶屋整備　復路壬生城
	元和5年(1619)	本多正純宇都宮城に移封，小山祇園城廃城
	元和8年(1622)	家康7回忌，祇園城址に小山御殿整備　復路壬生城
大納言	元和9年(1623)	
3代将軍	寛永2年(1625)	家光将軍就任も眼病のため7月に実施　往路壬生城
大御所	寛永5年(1628)	家康13回忌
3代将軍	寛永5年(1628)	家康13回忌(4月27日参拝)
	寛永6年(1629)	
	寛永9年(1632)	家康17回忌1月秀忠没　喪中に付き今市御殿より遥拝　復路壬生城
	寛永11年(1634)	上洛のため9月に実施
	寛永13年(1636)	**家康21回忌寛永の大造替　復路壬生城**
	寛永17年(1640)	家康25回忌　復路壬生城
	寛永19年(1642)	家康27回忌
	慶安元年(1648)	家康33回忌(正保2年：1645 宮号授与)　復路壬生城
大納言	慶安2年(1649)	家綱9歳小山御殿泊
4代将軍	万治3年(1660)	(慶安4年：1651 家光没，承応2年：1653 家光廟大猷院竣工)
	寛文3年(1663)	家光13回忌　復路壬生城
	寛文7年(1667)	家光17回忌(寛文6年11月中止決定)
5代将軍	天和3年(1683)	家光33回忌(天和2年小山御殿解体)
	元禄10年(1697)	2月15日に計画されるも，実施されず
6代将軍	正徳5年(1715)	家康100回忌(正徳2年家宣没)
8代将軍	享保13年(1728)	家綱社参より65年(享保改革期)
10代将軍	安永元年(1772)	(明和8年：1771 御台所倫子女王没)
	安永5年(1776)	吉宗社参より48年(田沼意次改革期)
11代将軍	文政8年(1825)	7年11月に計画されるも，9年に延期
	文政9年(1826)	8年11月に再延期が決定されるも，実施されず
12代将軍	天保14年(1843)	家治社参より67年(天保改革期)

ないとされる社参.

載.

表　日光社参一覧

区分	回数	参
前期Ⅰ	1	秀忠
	2※	秀忠
	3	秀忠
	4※	家光
	5	家光
	6	秀忠
	7	家光
	8	家光
	9	家光
	10	家光
前期Ⅱ	11	家光
	12	家光
	13	家光
	14	家光
	15	家綱
	—	家綱
	16	家綱
	—	家綱
	—	綱吉
	—	綱吉
	—	家宣
後　期	17	吉宗
	—	家治
	18	家治
	—	家斉
	—	家斉
	19	家慶

注：※は実施が確認され
出典：鈴木（2021）より転

の関係が深い日光山別当光明院を復活させるなど日光山の復権に取り組んでいる。先の家康の遺言はこの意に沿ったものであろう。

いずれにせよ霊廟の建設は進められ、同時に街道や水路（河川）といった輸送インフラの整備も進み、後の日光への参詣道が整えられていくのである。元和三年に竣工した神となった家康「東照大権現」を祀る東照社を中心とした日光山内は、今に伝わるものと比べると質素な佇まいであるが、決して「小き堂」ではなかった。久能山から日光へ家康の御霊を移す一連の儀式を済ませた後、命日である四月一七日の祭礼に諸大名を伴い臨んだ秀忠一行の日光山参詣が日光社参の嚆矢となる。

話は飛ぶが、寛永一三年（一六三六）家康二十一回忌の法要に合わせ三代将軍家光は、日光山内の大改修を計画する。寛永一一年一一月に開始された改修工事は「寛永の大造替」と呼ばれ、赤色の漆塗り建物が中心だったものを彩色と金メッキの金具や多くの彫刻で覆われた絢爛なものに建て替えられ、現在に至っている。現在の貨幣価値で一〇〇〇億円とも言われる改修事業は幕府の威厳を高めると同時に、社参行列の奢侈さを進めたとされる。そして正保二年（一六四五）には朝廷より宮号が授与され社格の高い東照宮に改称された。

さらに話を急げば、その家光は慶安四年（一六五一）に没するが、遺言により日光山内に埋葬された。承応二年（一六五三）に竣工した大猷院霊廟（大猷院は家光の法号）は、家康のそれを超えぬよう規模は一回り小さく、色も黒を基調とし華美さを抑えた、いわばミニ東照宮とも言える権現造で、非公開の奥院には家康同様の宝塔も建っている。

このように二大将軍の霊廟を有する日光山は、将軍・大名のみならず、朝廷（例幣使）、外交使節団（朝鮮通信使、琉球使節）そして庶民も参詣し、具現化された幕府の権威の象徴として君臨するのである。

一　社参の画期

通例、家綱以前を「前期社参」、吉宗以降を「後期社参」と区分するが、未実施分も通観すると例外があるものの六代家宣までの社参は家康・家光の年忌法要を基調として計画されている。本稿では家宣までを前期、吉宗以降を後期と位置付けることとする。

さらに前期を二期に細分し、その画期を寛永一三年（一六三六）の「寛永の大造替」とする（表）。「大造替」以前の社参ルートや休憩所である御殿・御茶屋は不定であるが、「大造替」以降社参はそれに見合うよう大規模化し、街道や御殿・御茶屋の整備を促し定型化への契機と考えられるからである。

しかし、副作用として大規模化は経費の負担増を招き、社参の実施を困難なものとした。万治三年（一六六〇）に予定された家綱将軍継承後初の社参は、前年一一月に計画されたが「行殿改造する事あるべからず。但軽く修繕すべし」に始まる細微に至る倹約の指示が出され、早くも財政を圧迫していることが窺え「府下志ば志ば火災ありて人心安穏ならず」との理由により二月に中止となっている（『厳有院殿御実紀』）。続く五代綱吉も父家光の三十三回忌に社参を計画するが前年三月に早々中止とし（『常憲院殿御実紀』）、この年に昼食場所であった小山御殿が解体され（『小山御殿建具類引渡書留』)、もはや施設の維持も困難になったことを示している。

家光十三回忌の綱吉社参後六〇年以上の中断を経て、八代吉宗の時代に復活する。財政改革の最中に一〇万人を超える社参行列の企図は、社参の意義の変化を示す。後期社参は何れも改革期の実施であり、これは社参自体より政策史的見地から画期を議論すべきと思われるので、ここでは後期は敢えて細分せずに一括しておく。

なお、社参が行われない年にも、東照宮の大祭、大猷院の法要には諸大名が名代として参詣していたことを付記しておく。

二 旅程と御殿

社参は通常三泊四日の旅程が組まれ、四月一三日に江戸城を出立し、岩槻・古河・宇都宮の各城内の御殿に宿泊後一六日に日光山内の御殿に入り翌一七日の家康命日の参拝に備える。復路で宇都宮に寄らず、壬生、岩槻の両城に宿泊して江戸に帰るルートもあったが、後期社参では使用されていない。

この宿城間に主に昼食等比較的時間が必要な休憩のための施設が設けられ、御殿、御茶屋、御小休所などと称される(図1)。下野国内では社参の前・後期でその様相に特徴的な差異が認められ、これら御茶屋、御小休所を含め「御殿」としてその変遷について述べる。

図1　社参の旅程と御殿（鈴木（二〇二一）より転載）

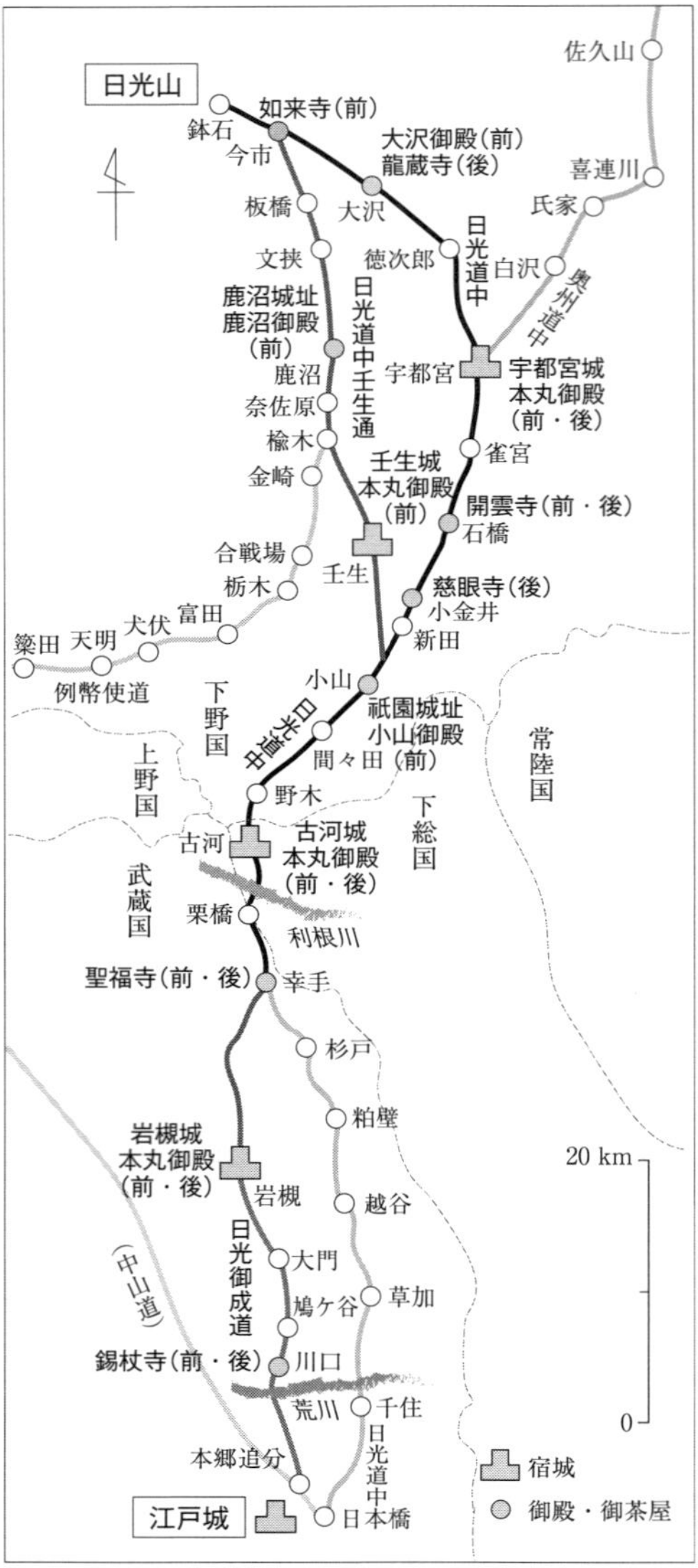

三　下野国における御殿の様相

栃木県内では宿城となった城跡を中心に発掘調査が実施されているが、小山御殿（史跡祇園城跡）を除くとその実態が明らかになった例はほとんどない。これは城跡が学校や、公園、宅地化等、後世の土地利用により近世の確認面が攪乱されているためであり、先行する絵図と一致することで御殿の遺構がわずかに確認されているのが現状である。

1　小山御殿（史跡祇園城跡：小山市中央町）【前期】

平成二一（二〇〇九）～二七年にかけ小山市教委による史跡整備のための調査により、御殿の堀と土塁の一部が検出されている。これらは祇園城南端の曲輪に新設して整備されたものであり、現状は市役所の北東の一角を占めている。

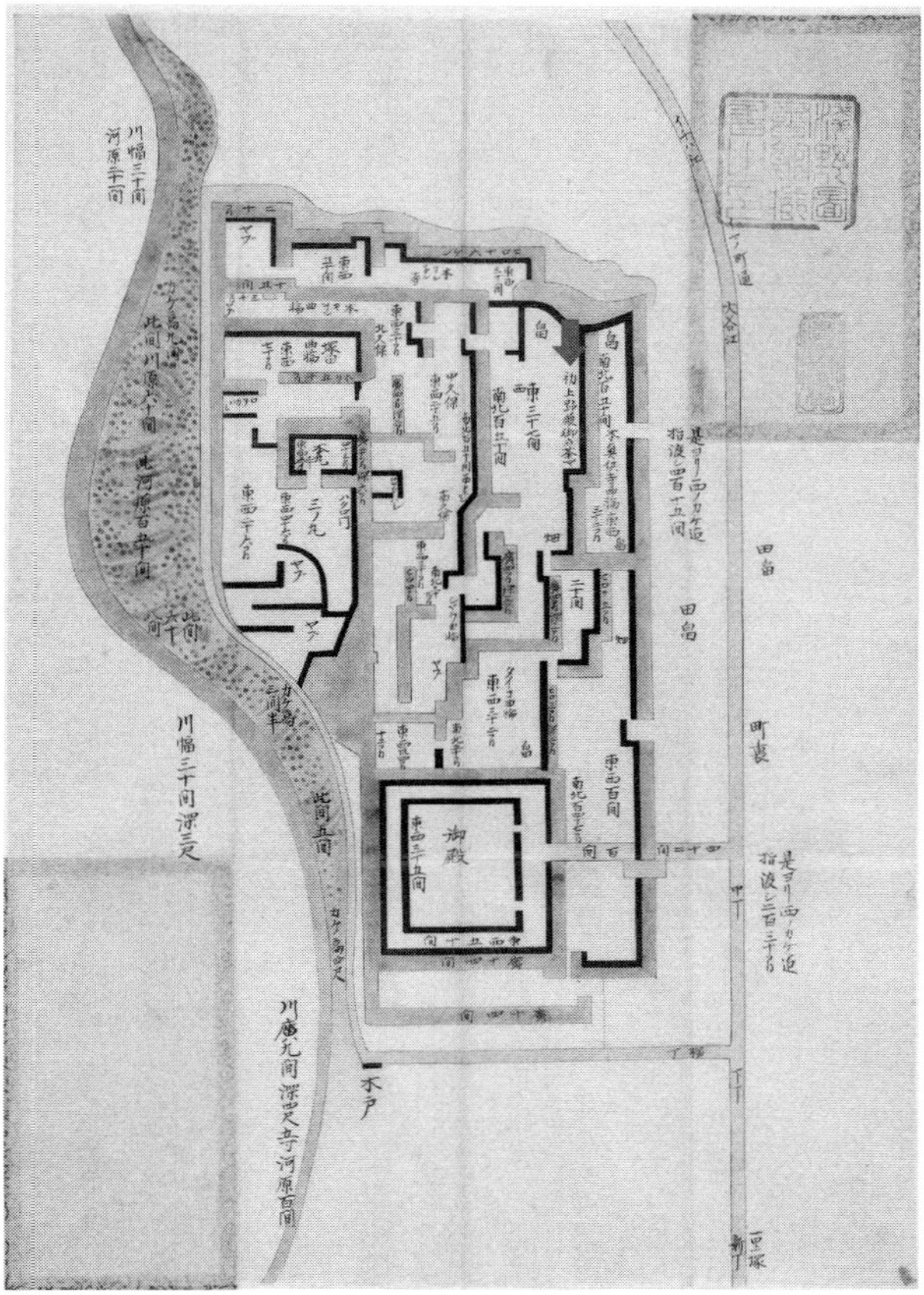

図２　祇園城址と小山御殿・御茶屋（浅野文庫『諸国古城之図』所収「下野国小山城」に加筆，江戸時代前期，広島市立中央図書館蔵）

祇園城は一二世紀中頃に藤原秀郷の流れをくむ小山政光によって築かれたとされる小山氏の居城であるが、天正四年（一五七六）小山秀綱が北条氏に降伏し開城。北条氏により堀や土塁等の改修が行われ、北関東攻略の拠点となっている。小田原征伐後の慶長一二年（一六〇七）頃本多正純が相模国玉縄より入封したが、元和五年（一六一九）に宇都宮へ移封し廃城となった。

図2には二重の堀と土塁に囲まれた御殿が描かれているが、矢印部分に「初上野殿御立茶ヤ」とある。「上野殿」とは正純であり元和五年には移封されていることから、この「茶ヤ」は元和三年初回の社参時に整備された御茶屋であろう。御殿の造営は元和八年と想定されており、(1) 二代秀忠の三回目の社参である家康の七回忌法要に合わせて行われたものと思われる。『江戸幕府小山御殿図』天和二年（一六八二）によると延べ四〇〇畳を超える四棟の主要な建物により構成されている。小山御殿は昼食のための施設であるが、例外的に慶安二年（一六四九）当時九歳であった大納言家綱社参の負担軽減のため、往復路とも宿泊地となっている。先述のとおり天和二年、五代綱吉社参の中止を契機に解体される。

2 慈眼寺（下野市小金井）【後期】

享保一三年（一七二八）、再興された八代吉宗社参にあたり小山御殿の代替となったのは小金井宿の慈眼寺であり、その準備にあたり詳細な図面が作成されている(2)（図3）。

将軍の動線や新築・仮設施設の設置、御徒（警護）の配置が詳細に記されているものの、堀や土塁といった防御施設の記載は認められない。中島義一は「慈眼寺境内に御殿を囲む二重の堀の痕跡が認められる」としている（中島一九七九）。筆者も一条の堀跡らしきものを実見しているが、絵図に記載はない。これは吉宗の時代に堀は機能を失って

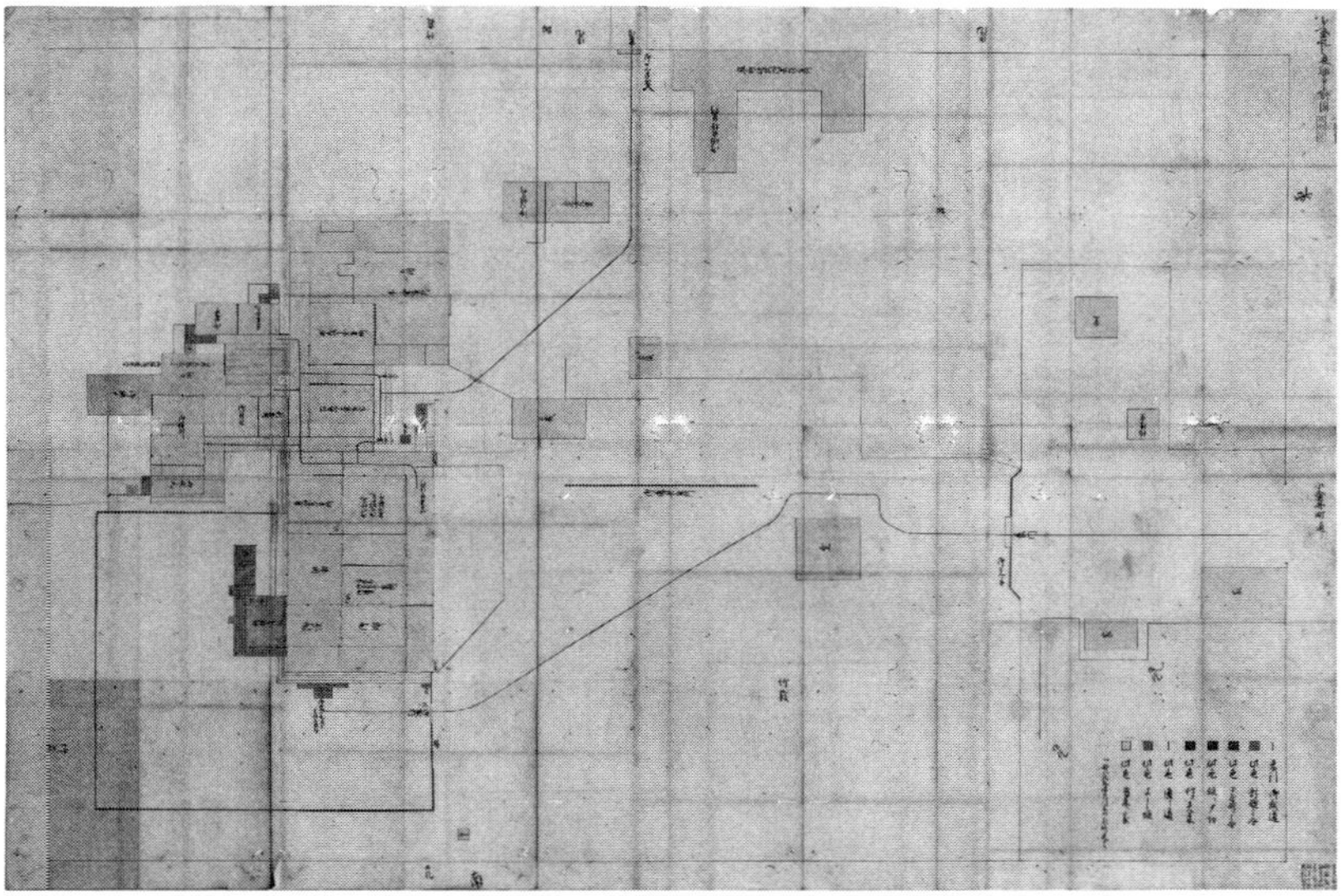

図３　『小金井慈眼寺絵図』（享保期，西尾市岩瀬文庫蔵）

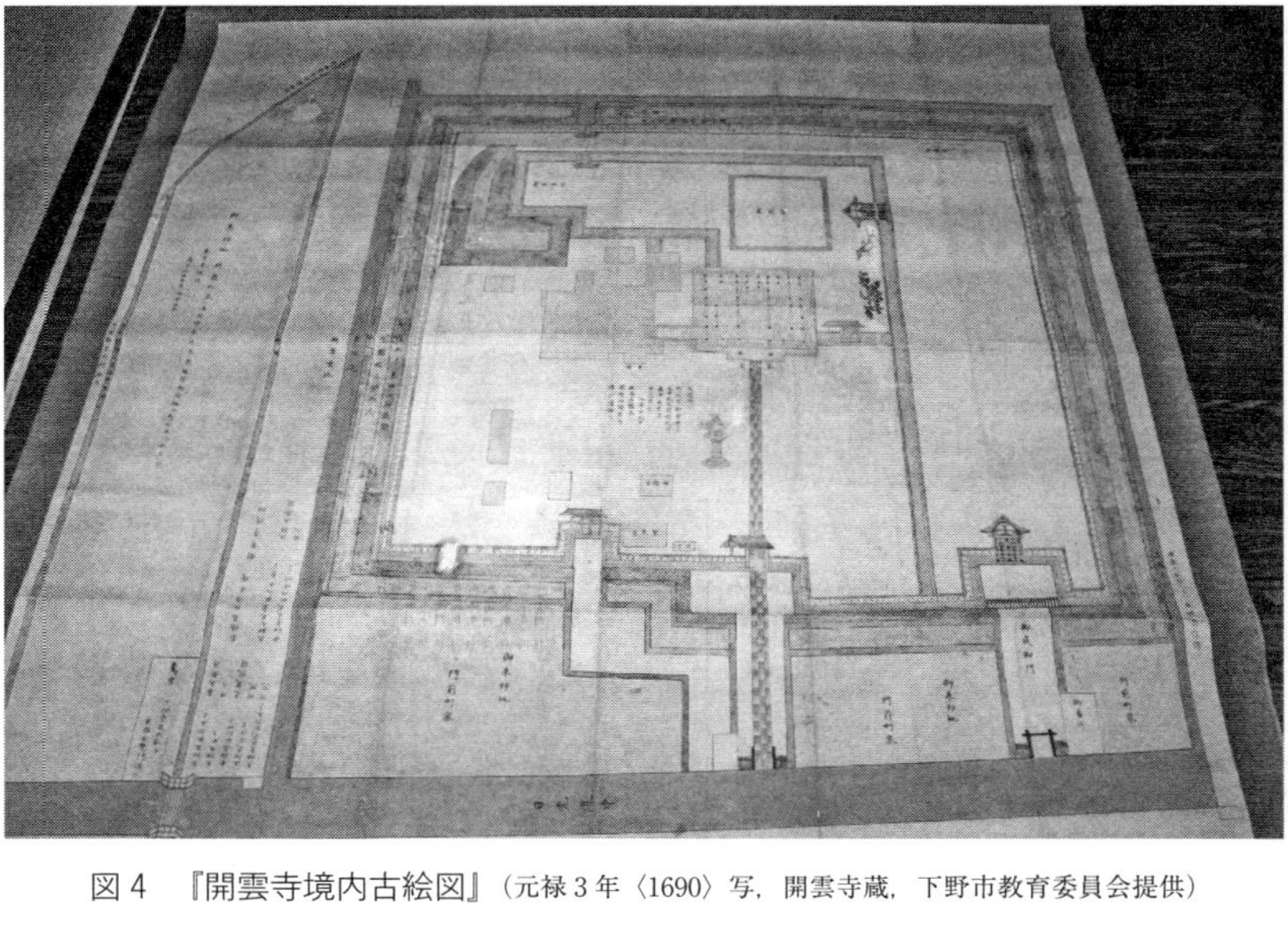

図４　『開雲寺境内古絵図』（元禄３年〈1690〉写，開雲寺蔵，下野市教育委員会提供）

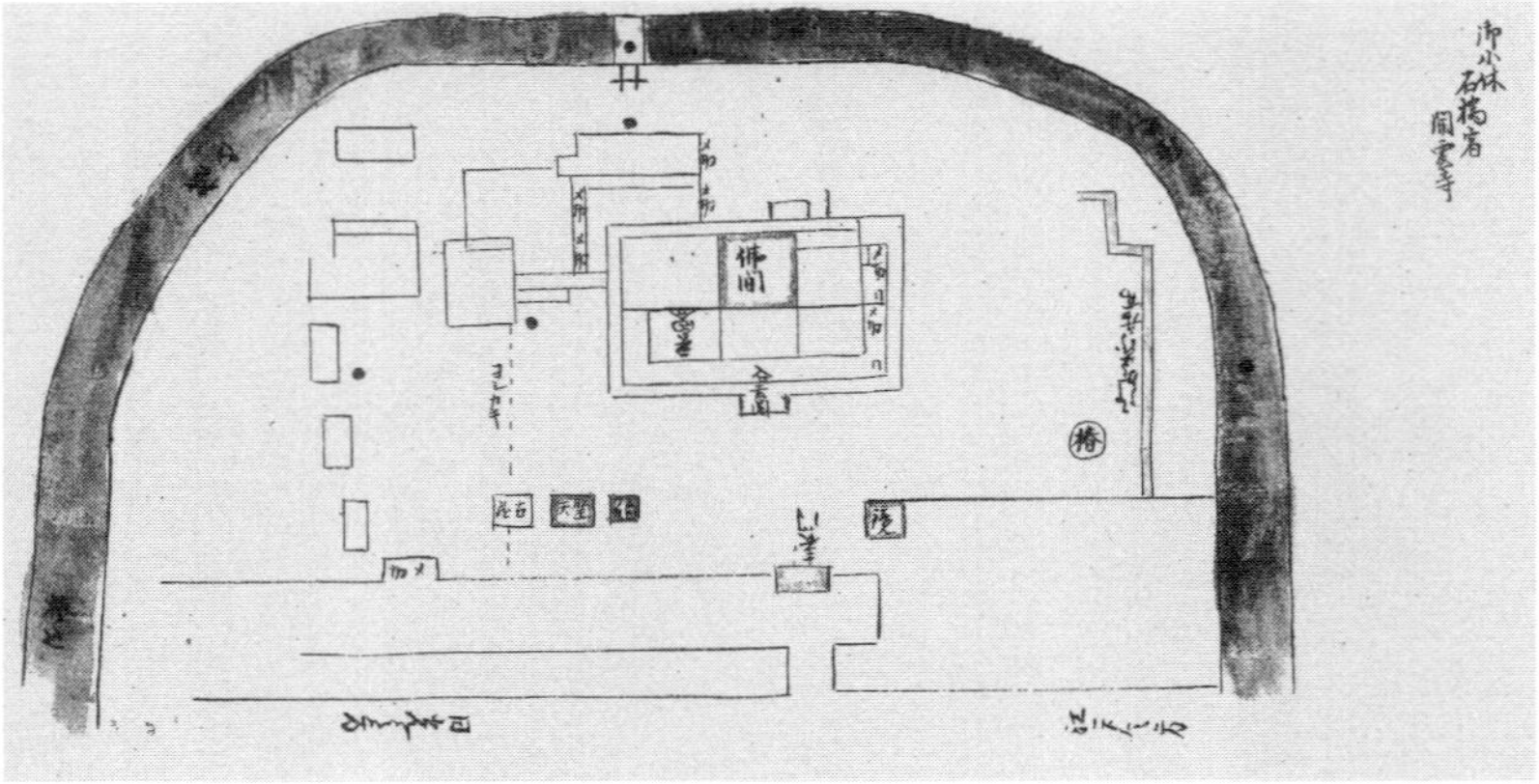

図5　開　雲　寺（『自江戸至日光道路之図』より，国立国会図書館蔵）

いたか、警護上の意義が薄いため記されなかったものと考える。

3　開　雲　寺（下野市石橋）【前期・後期】

石橋宿の開運寺は、二代秀忠三回目社参の元和八年に休憩したことが伝わっており、この時すでに山門とは別に御成門が整備されていたと考えられている。三代家光の社参に際し仮御殿が整備され後に下賜されたとされるが、本格的な御殿が整備されたのは大納言家綱社参の慶安二年時とされている。この御殿はその後焼失し、寛文一一年（一六七一）宇都宮城主奥平忠昌によって再建されている。

開雲寺には元禄三年（一六九〇）の絵図が残されている（図4）。本堂の奥に「御殿地」があるが具体的な間取り等は不明である。特徴的なのは境内地に土塁と堀が廻っていることで、堀の幅は「三間四尺（約六・七メートル）」との記載がある。

開雲寺は後期社参にあっても引き続き休憩所として使用されているが、その様相は異なっている。『自江戸至日光道路之図』（国立国会図書館蔵。年代不詳だが、図中慈眼寺が「御昼休」とあるので後期社参時のものと考えられる）には略図だが、境内周囲の堀状の記載が「植込」とあり、こちらも堀や土塁といった防御施設の記載は認められない（図5）。

4　宇都宮城本丸御殿（宇都宮城跡：宇都宮市本丸町）【前期・後期】

宇都宮城は、鎌倉幕府の有力御家人であった宇都宮氏の居館であったが、徳川幕府の治政以降は譜代大名が配置されることとなった。城下を本格的に整備したのは先述の最後の祇園城主であった本多正純の入城後で、城の拡張や町割り街道整備を精力的に行い、近世宇都宮城下の原型を築いたとされる。

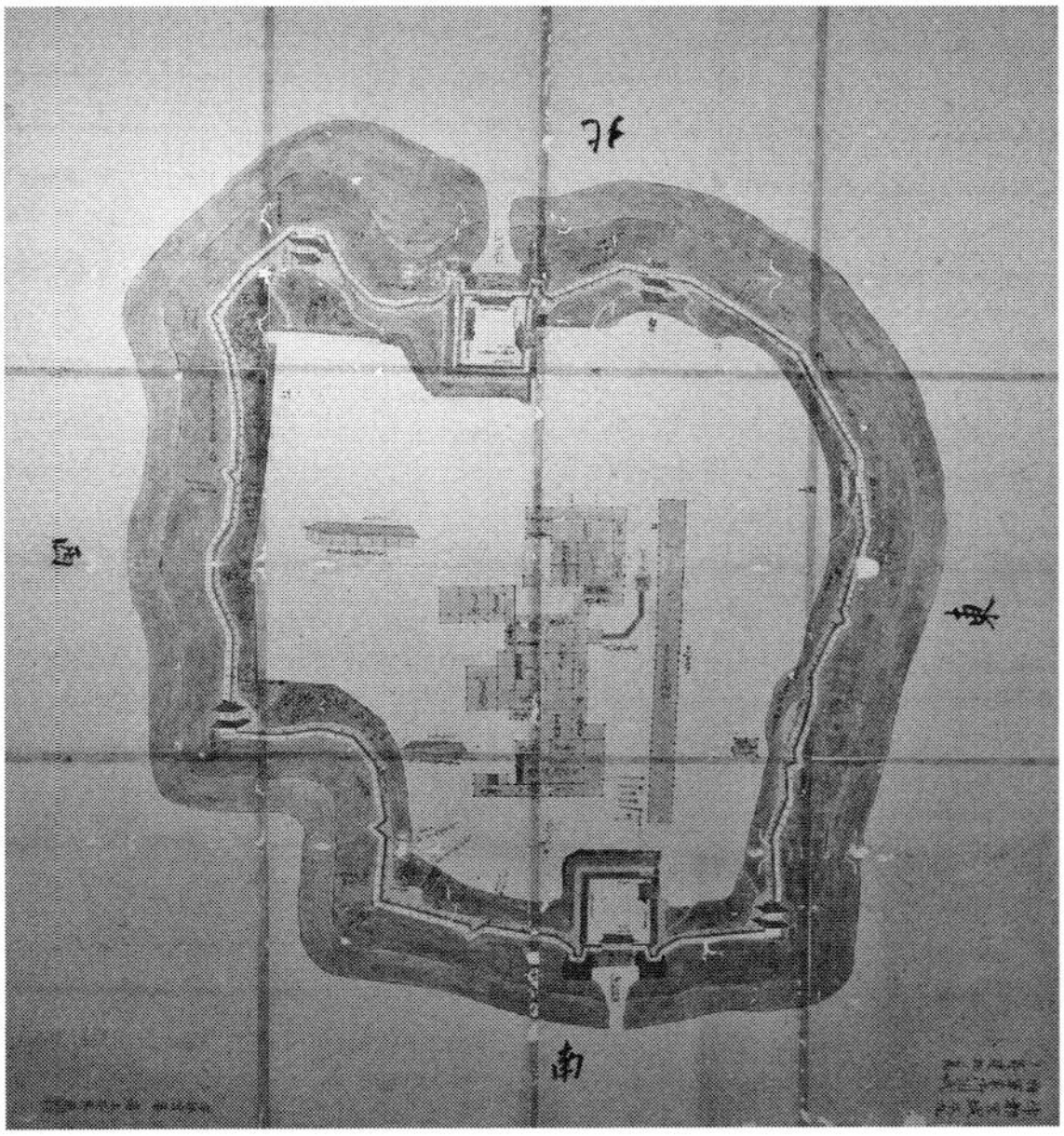

図６　『宇都宮城本丸将軍家御泊城ノ節ノ建物ノ図』（天保期，宇都宮市蔵，宇都宮市指定文化財，宇都宮市教育委員会提供）

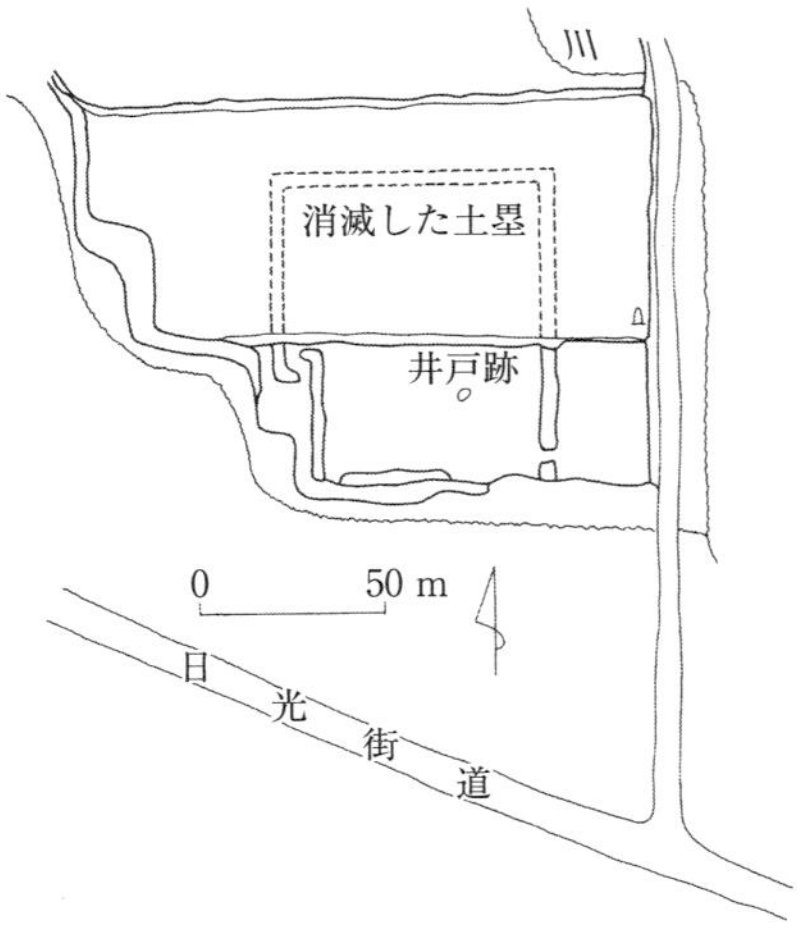

図７　大沢御殿略測図（『栃木県の中世城館跡』より転載）

城は、本丸・二の丸・三の丸・外郭によって構成され、当初本丸には城主の居住する御殿が置かれたが、後に二の丸に移り本丸には社参のための宿泊施設である御成御殿が設けられ、社参のたびに建て替えられたとされている（図6）。戊辰戦争により城と城下は焼失し、また第二次世界大戦以降、土塁の撤去や堀の埋め立てが行われ市街地化が進んでいる。

本丸の一部は公園として残っていたことから再整備を目的とした調査が、平成元年から三ヵ年実施されたが、御殿に伴うと判断できる遺構は検出されていない。

5 大沢御殿（日光市大沢町）【前期】

大沢宿は、宇都宮と日光山内のほぼ中間に位置しており、昼食等休憩するのに適したことから、元和三年、二代秀忠第一回目の社参から御殿が使用されている。御殿の跡地には東西約七六メートル、南北約一〇〇メートルの長方形の区画が残っており（図7）、周囲の堀は戦前に埋められたという。かつては土塁も残っていたようであるが、昭和三五年（一九六〇）の開墾で大部分が消滅したとされる。

6 龍蔵寺（日光市大沢町）【後期】

大沢宿の昼食所も吉宗社参以降は龍蔵寺へ移転している。図8は慈眼寺と一連のものであるが、こちらも堀や土塁といった防御施設の記載は認められない。

なお、「六尺藤」で人気の大澤山龍蔵寺は明治以降移転したもので、社参時の龍蔵寺は日光街道沿い、現在の市立大沢小学校付近である。

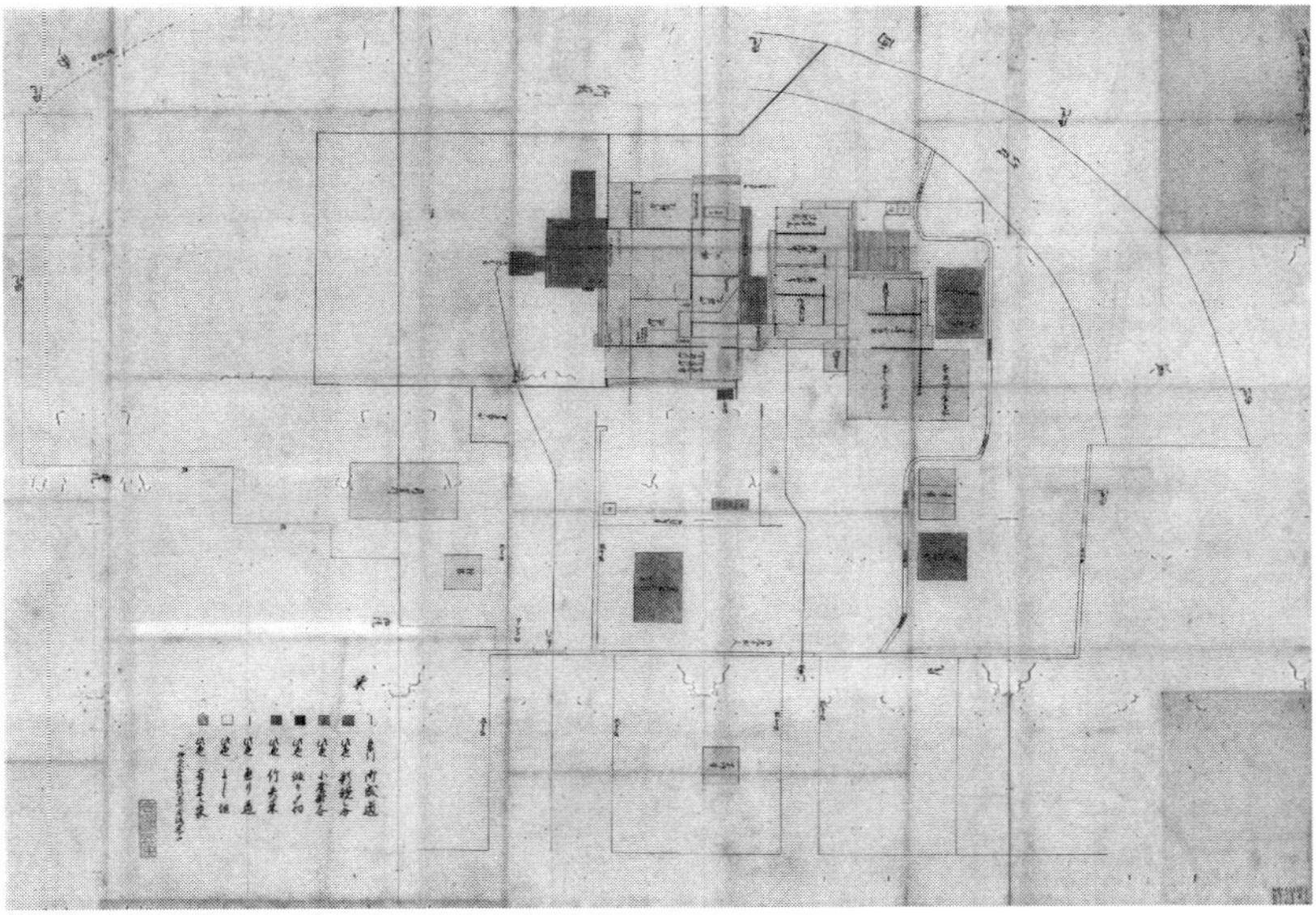

図８　『大沢龍蔵寺絵図』（享保期，西尾市岩瀬文庫蔵）

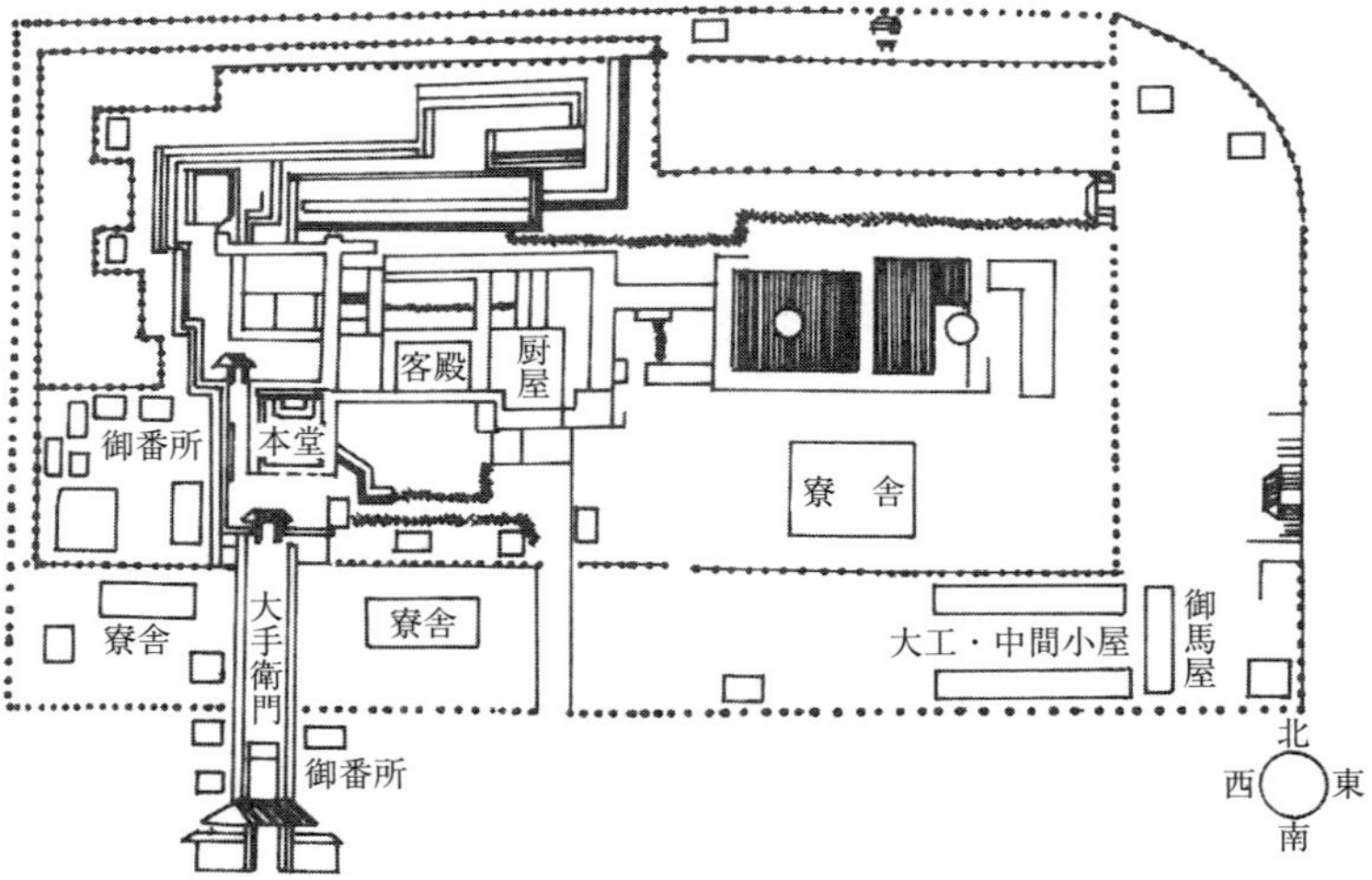

図９　如来寺御殿図（今市御殿，『いまいち市史　通史編Ⅰ』より転載）

7 今市御殿（如来寺：日光市今市）【前期】

寛永九年（一六三二）通算九回目となる三代家光社参時に今市の中心部の如来寺内に整備されたものである（図9）。この年は家康の十七回忌にあたっていたが、その年一月に亡くなった父秀忠の喪中であったことから、山内には井伊直孝を代参させ、自らは今市に留まり東照社を遥拝した。また山内まで二里ほどの所に位置する御殿は服装を整えたり、関係者が謁見するのにも好都合であったであろう。今市御殿は寛文三年四代家綱社参の二年後、如来寺に拝領されており、実質的にその機能を失っている。

8 鹿沼御殿（鹿沼城跡：鹿沼市今宮町）【前期】

社参の往路に係る御殿は右記の通りであるが、前期社参においては復路で今市から壬生道を通り壬生城に宿泊することが幾度かあった。

その際昼食等の休憩所となったのが鹿沼御殿である。鹿沼城は戦国末期の壬生氏の居城で、市域の中心部市役所の周囲に展開する広大な城域を有する。その南端部に御殿地とされる曲輪があり（図10）、戦国期は壬生氏の居館、近世期は壬生藩の陣屋や社参の御殿が存在したとされるが、具体的な様相は不明である。

御殿地は現在、市立中央小学校の敷地であり、校舎建て替えに伴う発掘調査が平成二〇年三月から一〇月にかけて鹿沼市教育委員会より実施されている。調査の結果、明治期の小学校の基礎や中世期の堀跡とそれに伴う大量のかわらけ等が検出されている。近世期と思われるピット等も検出されているが、御殿に伴うものかは不明である。

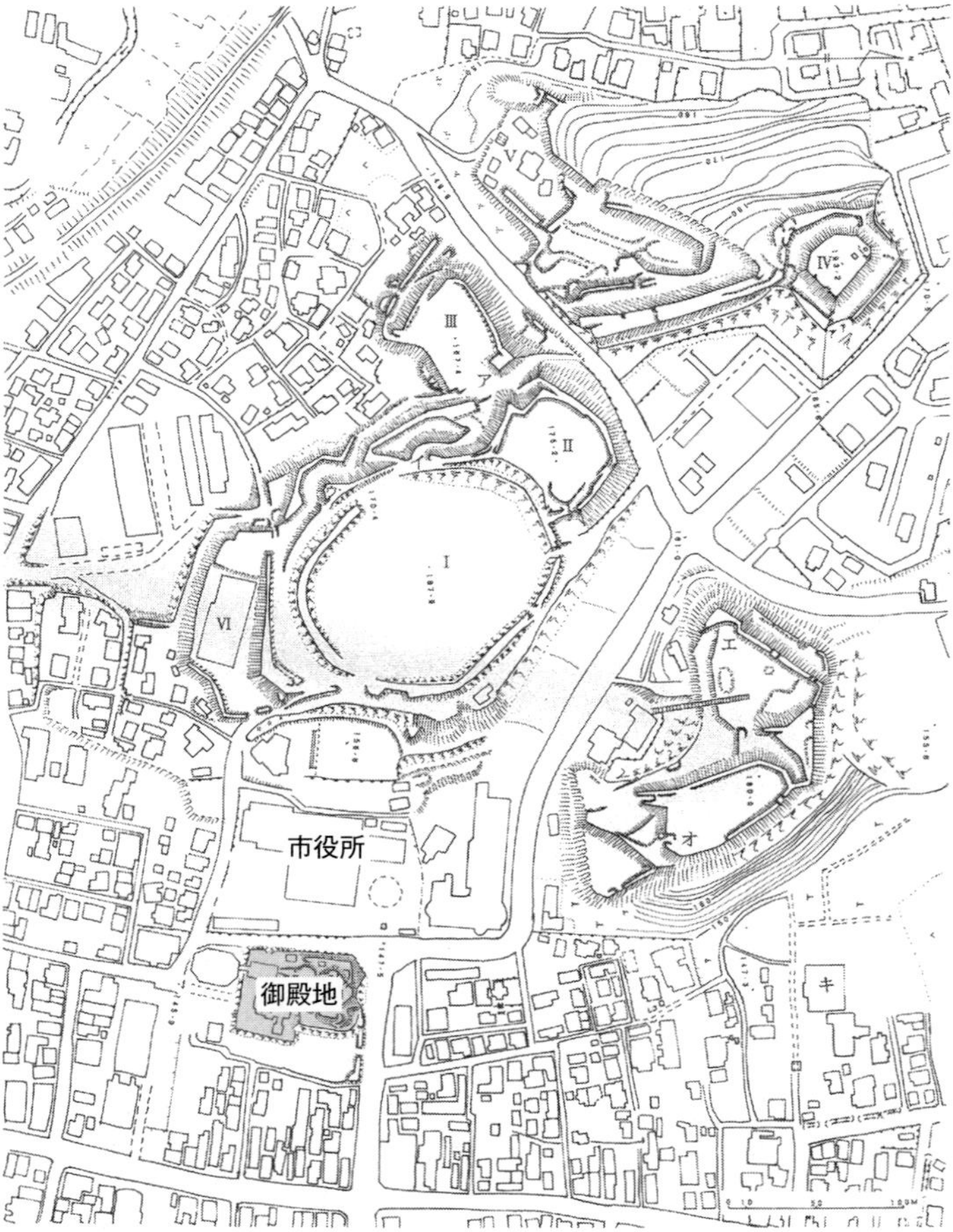

図10　鹿沼城縄張図（網掛け部が御殿地，『鹿沼の城と館』より転載・加筆）

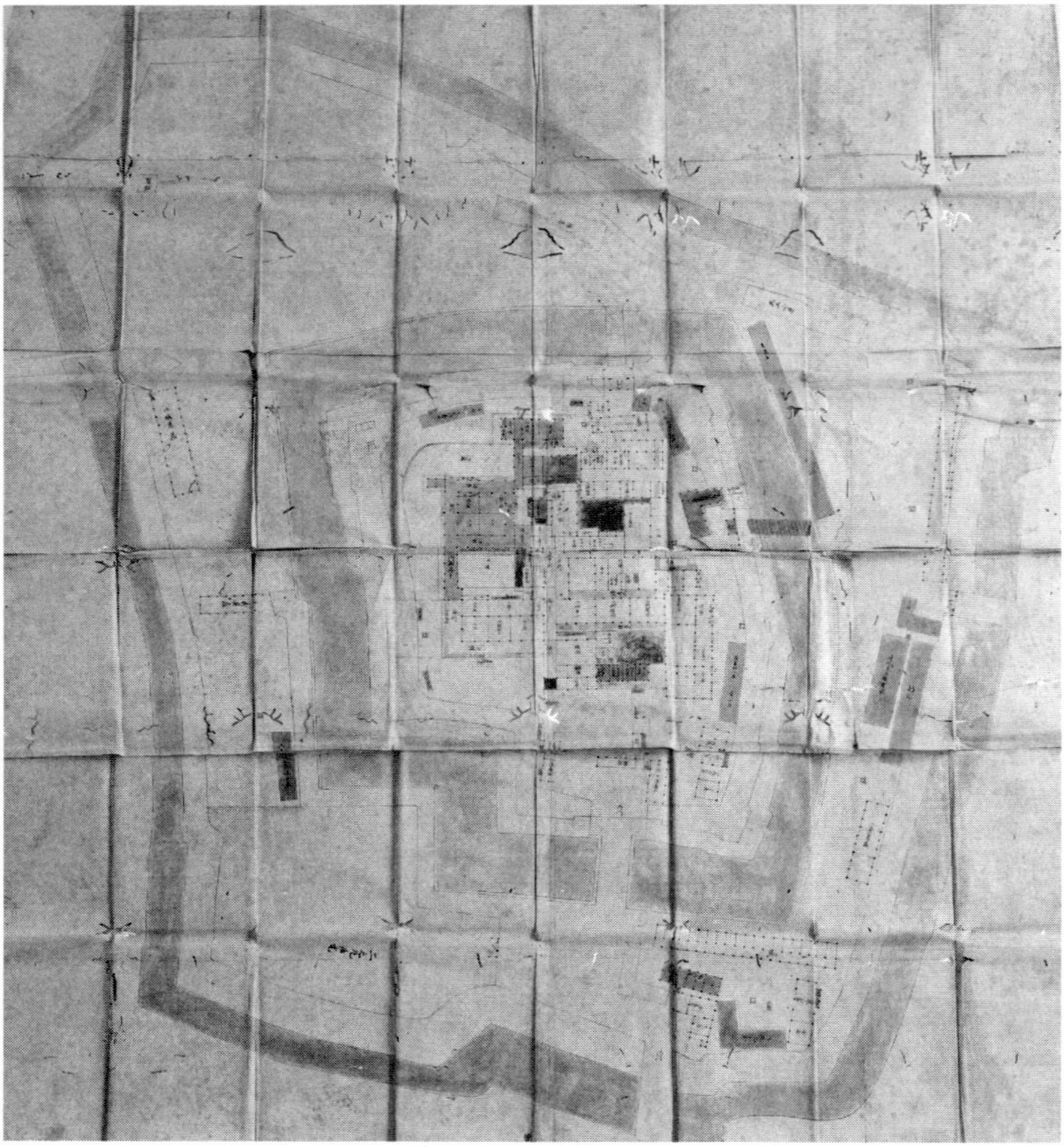

図11　『壬生城本丸・二の丸指図』（元禄12年〈1699〉頃，常楽寺蔵．壬生町教育委員会提供）

図12 『日光山内図屏風』（寛永16年〈1639〉～18年頃，栃木県立博物館蔵）

9 壬生城本丸御殿（壬生城跡：壬生町本丸）【前期】

壬生城は一五世紀後半の文明年間に築城され、以降壬生氏の居城となっていたが、天正一八年、壬生氏は後北条氏とともに滅亡する。その後結城秀康が入城し、慶長五年から寛文一一年までは日根野吉明が城主となる。元和三年、秀忠による最初の社参の復路では壬生城に宿城したとされることから、日根野の時期に御殿は整備されたものと考えられ、それに伴う城郭の拡張が壬生町教育委員会により昭和五九年から平成四年にかけて行われた発掘調査で明らかになっている。

御殿は建坪五六三坪、うち畳間は九二〇畳という広大なものであったが、承応二年（一六五三）に焼失した。現在に伝わる絵図は（図11）、万治二年（一六五九）に再建されたものを描いたものであるが、焼失前と同様に再建されたものと考えられている。しかし、再建された御殿が使用されたのは、寛文三年、四代家綱社参のみであり、以降の社参は復路に壬生道は使われていない。

前述の通り発掘調査では城郭の拡張が認められているが、門の柱穴が一ヵ所絵図と一致している以外、具体的な御殿を示す遺構は判明していない。

10　山内御殿（史跡日光山内：日光市山内）

最後に社参の目的地である日光山内の御殿について述べる。家光は山内に御殿を整備し、その場所は現在の輪王寺本坊にあたるとされているが、実態についてはよくわかっていない（図12）。その御殿は貞享元年（一六八四）に焼失し、再建されずに以後の社参では本坊に宿泊するようになった。近世の本坊は現在の輪王寺本堂（三仏堂）境内地である。

なお、今でも東照宮例大祭（五月一七・一八日）の前日には徳川宗家は輪王寺本坊に宿泊するという。

四　下野国における御殿の変遷

以上、社参に係る栃木県内の御殿について個別に概観してみた。前述のように宿城以外の「御殿」では前期と後期でその様相が異なっており、ここでは包括的に検討を加えるものとする。

1　前期社参における御殿の立地

御殿は、宿城はもとより、昼食等、比較的長時間の休憩場所であっても、基本的に城跡に設けられている。その成立ちは不明確であるが、御殿としての佇まいは徐々に整えられていったのであろう。家康の死から東照社の整備までの時間に鑑みれば当然のことと考えられる。最も顕著な事例は小山御殿であろう。おそらく初回の社参に際し急造されたであろう御茶屋であっても曲輪内に設置されている。

前期社参で城跡を起源としない御殿は、開雲寺、大沢御殿、今市御殿であるが、開雲寺は前述のように境内の周囲に土塁と堀を廻らしている。これらの施設がいつ設けられたのは不明であるが、絵図の制作年代（元禄期）から考えれば、前期社参時の様相を示しているものと言える。

大沢御殿も土塁と堀を伴っていたことが現状からも知られる。その前身が中世城館であった可能性も示唆されており、初回の社参から使用されていることから城館址の転用も視野に含める必要があろう。

唯一例外は如来寺であるが、その背後は大谷川の段丘の崖となっており、防御を意識していないとは言えないし、日光山まで二里余りの距離はもはや安全圏であったのかも知れない。これらのことから、前期社参御殿の特徴は「防御性」と言えるのではないだろうか。

2　御殿の変化

このことを逆説的に示すのが、後期社参における御殿の変化である。小山御殿、大沢御殿は廃止され、それぞれ慈眼寺と龍蔵寺が代替となっている。将軍の使用する施設であることから、相応の改修は行われたと思われるが、絵図を見る限り土塁や堀といった施設は積極的に描かれてはいない。

また、開雲寺においても、前期の図面にあるような強固な施設はその機能を失っているものと思われる。後期社参にあっては前期のような「防御性」は重要な要素とは言えなくなっている。

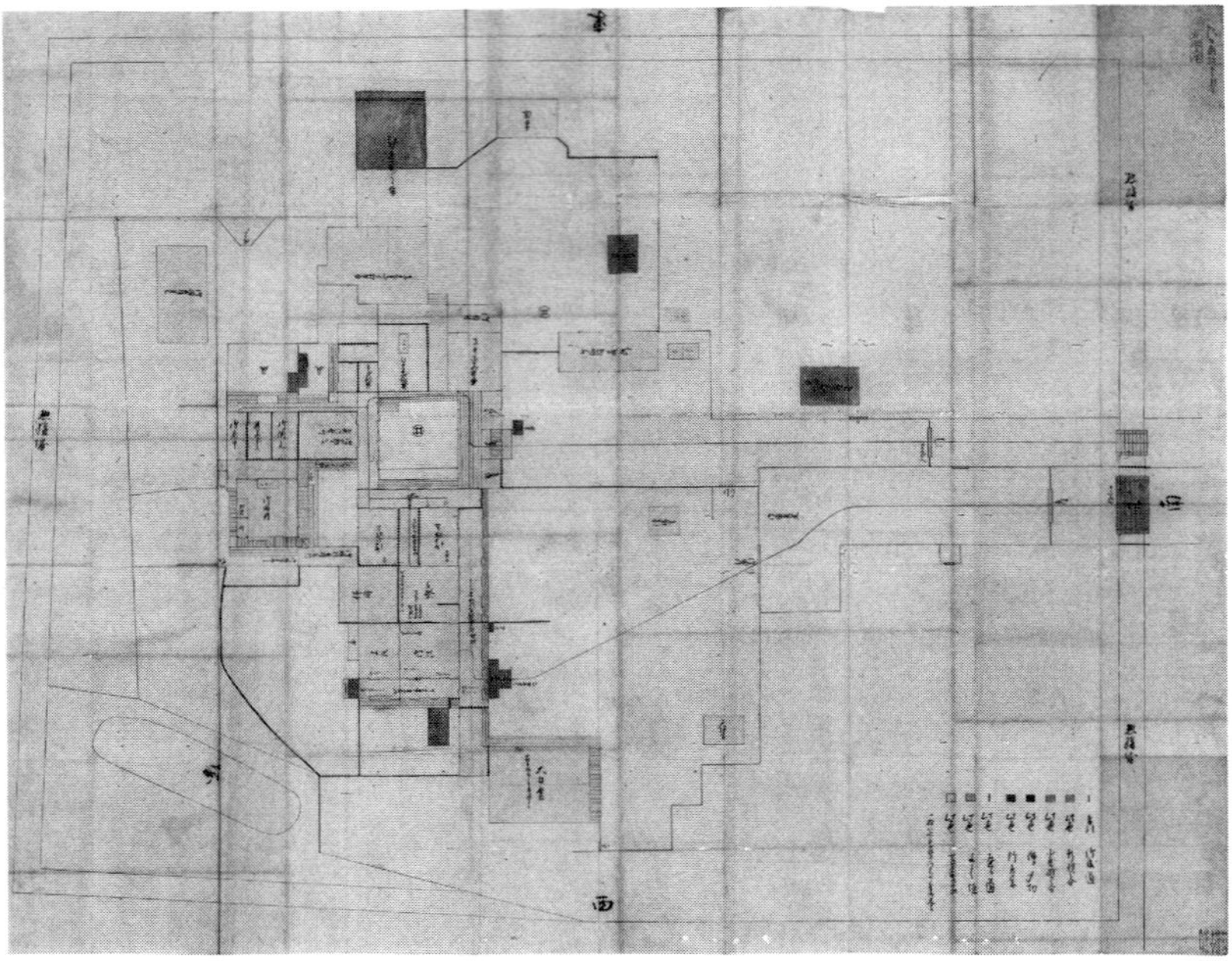

図13　『川口錫杖寺絵図』（享保期，西尾市岩瀬文庫蔵）

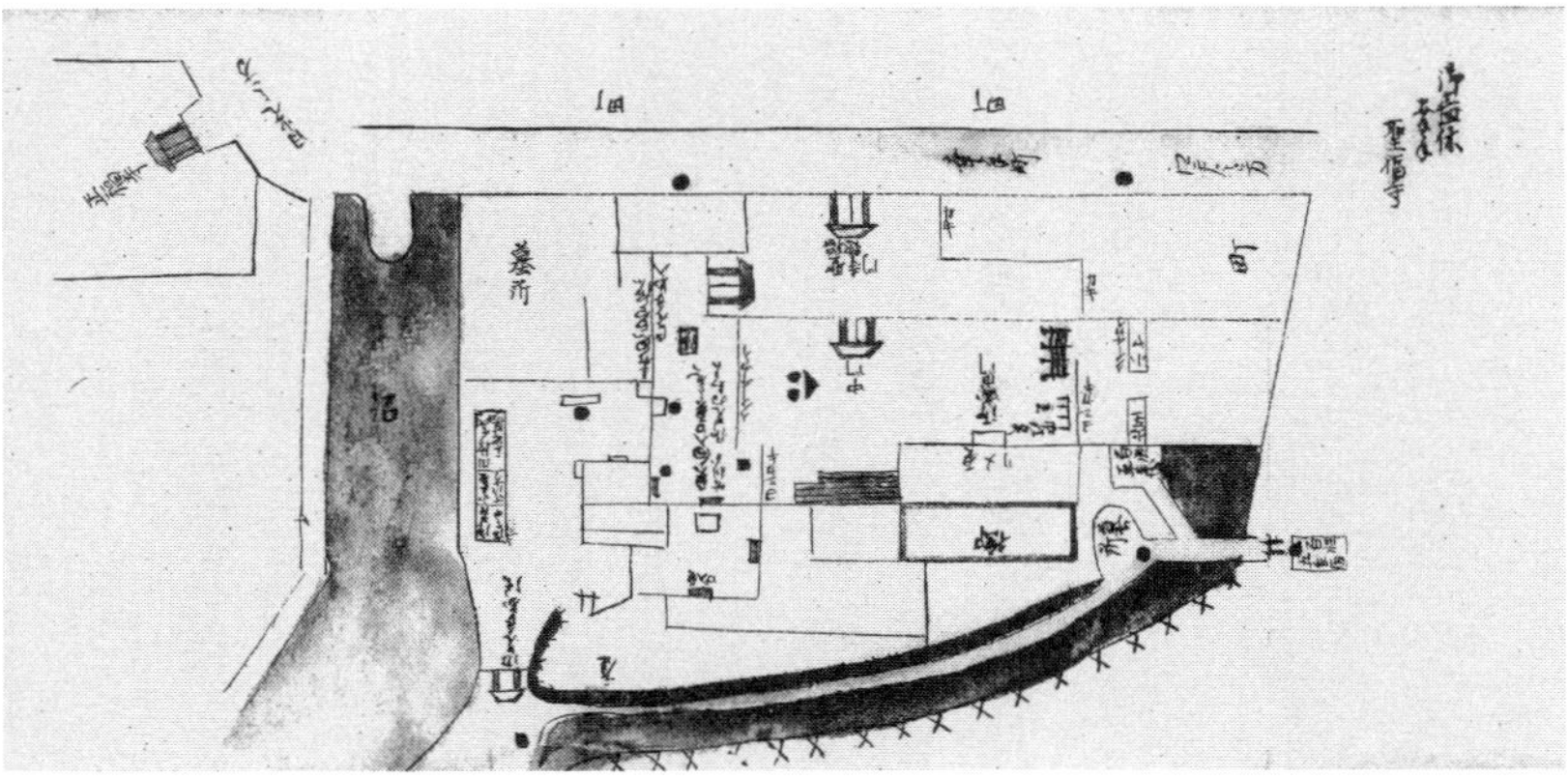

図14　聖　福　寺（『自江戸至日光道路図』より，国立国会図書館蔵）

おわりに

これは利根川以北の下野国の様相であり、以南の「御殿」はどうであったのか。

江戸〜利根川間には宿城である岩槻城を挟んで川口宿錫杖寺と幸手宿聖福寺に前・後期を通じて昼食所が設けられている。いずれも前掲の史料により後期の様相が示されている。

錫杖寺には境内を方形に取り囲む幅一間程の「惣構堀」が描かれている（図13）。土塁の記載はないが、開雲寺のようにかつては強固な防御性を有していた可能性も考えられる。

また幸手聖福寺では境内の北と西側に濠状の湿地が広がっており、地形を利用した要害であったことも否定できない（図14）。江戸に近くとも、荒川を越えるとやはり前期には防御性が意識されたのであろうか。

いずれにせよ現在のところ両寺の前期の状況が不詳であり、今後これらの検討が課題となろう。

注

（1）小山御殿は社参のための新造ではなく、本多正純の小山藩庁を転用した蓋然性が高く、さらにその前身は慶長五年（一六〇〇）の家康陣所と推測される（佐久間二〇一九）。

（2）本図と一連の『川口錫杖寺絵図』『幸手聖福寺絵図』『大沢龍蔵寺絵図』が「西尾市岩瀬文庫古典籍書誌データベース」で公開されている。

〔引用参考文献〕

・論文等

佐久間弘之　二〇一九「本多正純の小山藩庁をめぐって」『企画展　小山藩主 本多正純』小山市立博物館
笹崎　明　二〇一三「再現 壬生城本丸御殿～徳川将軍家の日光社参と壬生宿城～」『大日光八三』日光東照宮
鈴木泰浩　二〇二〇「日光社参における御殿―下野国を中心に―」『徳川御殿の考古学〔発表要旨〕』江戸遺跡研究会
鈴木泰浩　二〇二一「日光社参と御殿―下野国を中心に―」『月刊考古学ジャーナル』七五〇
中島義一　一九七九「徳川将軍家御殿の歴史地理的考察（第3報）日光社参の場合」『駒澤地理』一五

・報告書等

小山市教育委員会　二〇一四『祇園城跡Ⅳ』（栃木県小山市文化財報告書第九二集）
栃木県教育委員会　一九八二『栃木県の中世城館跡』
栃木県教育委員会　一九九二『栃木県埋蔵文化財保護行政年報（平成2年度）』（栃木県埋蔵文化財報告第一二二集）
栃木県教育委員会　二〇一〇『栃木県埋蔵文化財保護行政年報（平成20年度）』（栃木県埋蔵文化財報告第三三七集）
壬生町教育委員会　二〇〇〇『壬生城』（壬生町埋蔵文化財報告第一五集）

・自治体史等

石　橋　町　一九九一『石橋町史　通史編』
今　市　市　一九八二『いまいち市史　通史編Ⅰ』
今　市　市　一九九五『いまいち市史　通史編Ⅱ』
小　山　市　一九九五『小山市史　通史編2 近世』
鹿　沼　市　二〇〇二『鹿沼の城と館』（鹿沼市史叢書7）
国分寺町　二〇〇三『国分寺町史　通史編』
幸手市教育委員会　二〇〇二『幸手市史　通史編1』
野　木　町　一九八九『野木町史　歴史編』

・図録等

川口市文化財センター分館郷土資料館　二〇一三『日光御成街道展』
筑波大学附属図書館　二〇〇九『平成21年度筑波大学附属図書館特別展　日光 描かれたご威光―東照宮のまつりと将軍の社参―』

徳川記念財団　二〇一一　『企画展　日光東照宮と将軍社参』

日光街道ルネッサンス21推進委員会　二〇〇三　『栃木の日光街道—荘厳なる聖地への道—』

〔付記〕

本稿は第三十二回大会発表要旨並びに『考古学ジャーナル』第七五〇号で発表した内容に加筆・修正を加えたものである。

本稿を草するにあたり、東照宮宝物館、輪王寺宝物殿、栃木県立博物館、川口市立郷土資料館、宇都宮市、小山市、鹿沼市、下野市、壬生町、栃木県埋蔵文化財センターの各担当者の方々には多くのご協力を頂きました。末筆ですが記して感謝申し上げます。

貞享二年造営の隅田川御殿御指図

福澤徹三

はじめに

隅田川御殿とは、江戸時代初期から名所《めいしょ》として知られた木母寺《もくぼじ》に建築された将軍御成《おなり》を想定した御殿であり、貞享二年（一六八五）八月五日に完成した。ただ、木母寺本堂に増設する形で建築されたため（後述）、より正確には「木母寺隅田川御殿」と称するべきではあるが、斯界に紹介されたときから隅田川御殿と呼ばれ定着もしているので、本稿でもそれを踏襲することにする。

令和四年（二〇二二）に大熊喜邦旧蔵「隅田川御殿御指図《おんさしず》」が、すみだ郷土文化資料館に寄贈された。これは、貞享二年の普請時の設計図と、ときの将軍綱吉御成を想定した幕府役人の待機場所を示した、資料的価値が極めて高いものである。

本稿では、木母寺に隅田川御殿が造られる要因となった将軍の鷹狩りについて瞥見し、隅田川御殿御指図から読み取れる内容について若干の検討を行う。

一　大熊喜邦旧蔵資料の内容

大熊喜邦《よしくに》（一八七七―一九五二）は、東京帝国大学工科大学建築学科を卒業し、近代建築・日本建築史研究で活躍した。平成二五年（二〇一三）、すみだ郷土文化資料館に一部資料が寄託され、令和四年（二〇二二）寄贈された。寄贈された資料は表1の八点である。喜邦は表1－1「隅田川御殿之図（原図）」の写しを作成し、現在、東京都公文書館所蔵となっている。この写しは早く昭和四年（一九二九）に、当時としてはまだ珍しいカラー図版で『東京市史稿　遊園篇』に掲載され、これにより隅田川御殿の名が広く世に知られることとなった。なお、本稿で扱う「隅田川御殿御指図」は、隅田川御殿之図（原図）の御殿部分の描写に活用され、隅田堤の植桜に尽力した名主坂田氏の植桜説明の一部として活用された（福澤二〇二四）。

二　木母寺の建立と将軍家光・家綱の御成

1　木母寺の建立

木母寺の現在地は、墨田区堤通二丁目一六番一号であるが、これは昭和五一年（一九七六）に移転されたものであり、往事を偲ばせる場所には梅若《うめわか》児童遊園が整備され

表1　大熊喜邦旧蔵史料一覧

no.	資　料　名　称
1	隅田川御殿之図（原図）江戸時代後期～明治時代前期作成
2	隅田川御殿御指図 貞享２年（1685）作成
3	文書袋 明暦３酉年５月御建立より明和年中迄 隅田川御殿之図入 坂田
4	隅田川桜原図
5	向島隅田村寺島村須崎村小梅村大堤通桜植付原木
6	（明治19年〈1886〉）１月17日付濱村大澥書簡（山下先生宛，山下下札付）
7	「隅田川御殿之図」書付
8	文書名メモ書き付箋

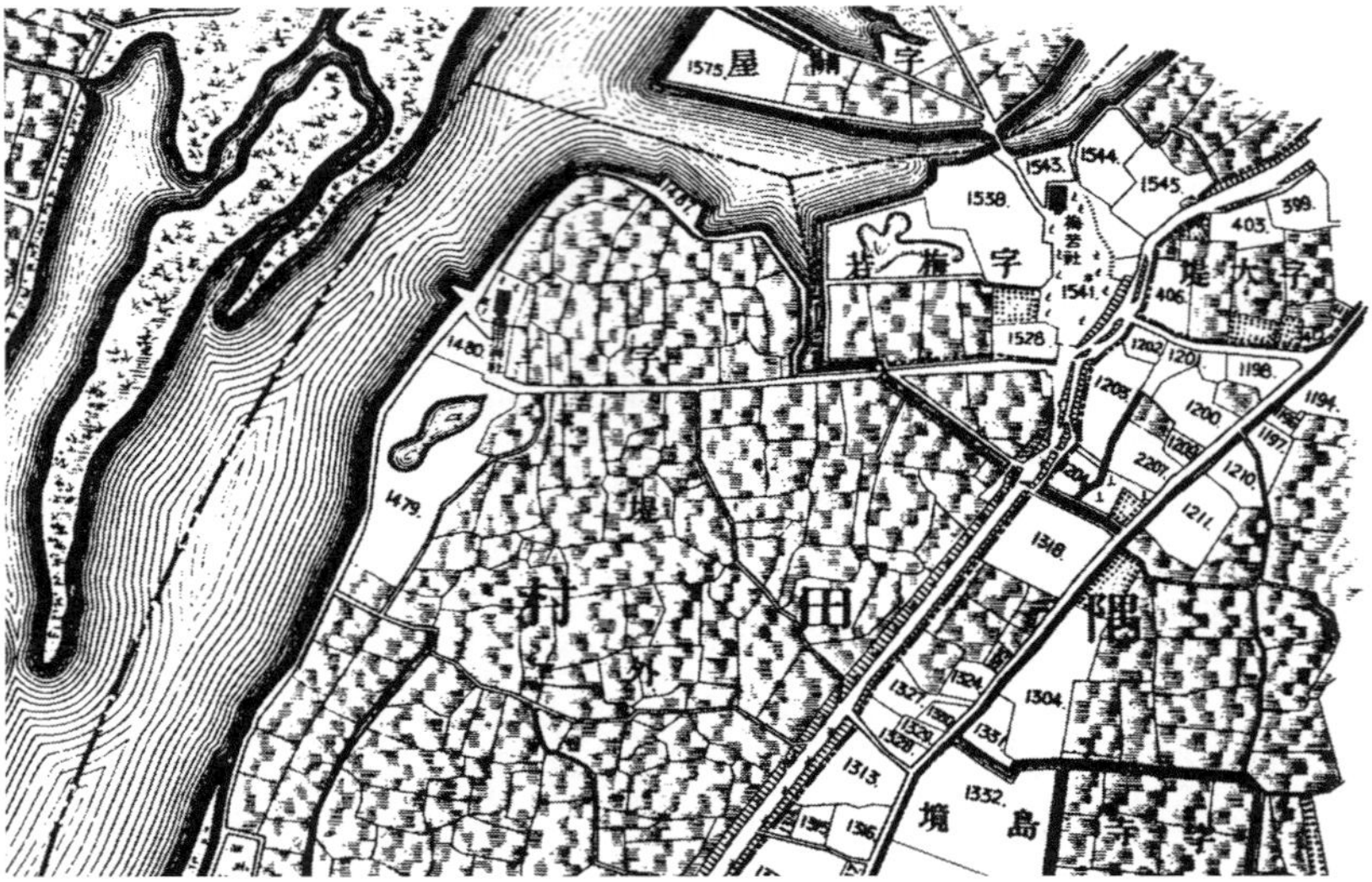

図1　明治20年（1887）の木母寺周辺（内務省地理局「東京実測図」〈『墨田の地図』墨田区立緑図書館〉より）

た（同区堤通二丁目六番一〇号）。幸い、木母寺建立の核である梅若塚の跡地は保存されてある。図1により明治二〇年（一八八七）の木母寺周辺の景観を見よう（墨田区立緑図書館一九七九）。梅若社と記されているのは、廃仏毀釈のあおりを受けて明治元年廃寺したためである（同一二年に仏式復帰した）。

木母寺周辺は、古代東海道の宿場町隅田宿《すだのしゅく》があった場所に比定されており、伊勢物語の主人公在原業平の隅田川渡河の舞台に擬せられている。

また、江戸時代の木母寺絵図には、そばに梅若塚が描かれている。中世の能「隅田川」で人買いに掠われた梅若丸の故地に築かれたとされる「フィクション」の塚は、『梅花無尽蔵』の文明一七年（一四八五）の記述にも見られる。寺伝によれば、木母寺の開基は貞元元年（九七六）とされ梅若寺と号し、天正一八年（一五九〇）に徳川家康が立ち寄り、山号「梅柳山《ばいりゅうさん》」が制定されたとする。現存する資料では、慶長一二年（一六〇七）に前の関白近衛信尹《のぶただ》が梅若寺を訪れ、「木母寺」の墨蹟と詠草二首を残していることから、戦国期の塚が信仰を集め、遅くとも慶長期には住持寺となったのであろう。

慶長一九年の刊記がある『慶長見聞集』は後年の随筆であるが、この頃の木母寺が多くの客を集め、京から江戸に下向した公家衆のエピソードを伝える。訴願事で草創期の江戸幕府を訪れる公家たちにとって、業平渡河と梅若丸故地とされる場所は、江戸下向時にもっとも訪れたい名所の一つであったことだろう（すみだ郷土文化資料館二〇〇八、福澤二〇二二）。

表2　将軍家光の御成箇所（主要部分）

場　　所	回数	比率（%）
麻布（麻生・阿佐布・浅布）	41	4
王子（王子村）	82	8
葛西（笠井）	33	3
品川	189	19
隅田川（角田川・墨田川）	54	5
千寿（千住）	49	5
高田	121	12
城廻（城外，城溝の辺）	184	18
その他	242	24
合　　計	995	100

出典：長山沙織作成の表を加工して作成.

表3　将軍家綱の鷹狩り先

場　所	回数
城構	6
高田	8
麻布	13
隅田川	45
千住・小菅	4
品川	2
雑司ヶ谷	1
合　計	79

2　将軍家光・家綱の御成の動向

三代将軍家光は鷹狩りを、江戸城近郊の日帰り圏内で行うようになった最初の将軍である。御成箇所を分析した長山沙織によると、秀忠の死去により二元政治が終了した寛永九年（一六三二）の翌年から死去する慶安四年（一六五二）までの一九年間では、品川が群を抜いているが、隅田川にも五四回訪れている（全体の五%、表2）。

「正保国絵図　武蔵国」は、正保元年（一六四四）一二月に作成が命じられた。これは、家光が隅田川を訪れてはいるが、木母寺への寺領下付は行われていない時期にあたる。葛飾郡では深川・須田・木下川《きねがわ》が日帰り圏内にあり、この須田（隅田村）の御茶屋が木母寺付近にあった可能性が高い。慶安元年九月一七日の木母寺への寺領五石下付は、家光が訪れた際の立ち寄り先になったことが背景にあった。

さて、四代将軍の鷹狩り・御成・公卿の遊び（隅田川のみ）を、『徳川実紀』により集計すると、隅田川が四五回で群を抜く（表3）。二六年間の在職中八四件で、家光の九九五回（一九年間）と比べて格段に少なく、病弱であったといわれる一面が、このような外出の少なさに表れているのであろうか。年に三〜四回は出かけているが、隅田川はほぼ毎年訪れている。すぐ近くの千住・小菅《こすげ》を加えると六二％になり、家綱の鷹狩りは、隅田川を軸にしていたと結論づけられよう。

『徳川実紀』の記事では、鷹狩りの準備をした関東郡代伊奈半十郎と休息所として使用された木母寺への褒賞が散見される。寛文一一年（一六七一）、木母寺は二〇石の加増を受け、寺領は合計二五石となった。いわゆる向島地域（現在の墨田区北部）でこれほどの寺領を持つ寺社は他になく、家綱の毎年の鷹狩り休息所としての役割が、この知行下付につながったのである。病弱であったものの、家綱は鷹狩りの儀礼としての意義を重んじた。四〇歳で世を去る前々年の延宝六年（一六七八）が、隅田川での最後の鷹狩りとなった（福澤二〇一五）。(注)

三　隅田川御殿の造営と御指図

1　全体の見取り図

『徳川実紀』貞享二年（一六八五）五月一四日条によると、若年寄秋元喬知に隅田川御殿の営作が命じられ、同年八月五日には完成している。「隅田川御殿御指図」はこの営作に関わっての指図である（以下、「御指図」と略称する）。

この営作に至った経緯や目的などを記す資料は見当たらない。綱吉は結果として鷹狩りを終生行わなかったが、生類憐み令の発布（貞享四年）や鷹部屋の鷹を伊豆新島に放す（元禄六年〈一六九三〉）前であり、鷹狩り時の立ち寄りのための整備であった可能性もあるし、また御成として訪れる可能性があって営作されたのかもしれない。

図の法量は、縦九八六ミリメートル、横八三〇ミリメートルで、一部に「方眼」のヘラ押しの跡が見える。跡は消えかかっている部分は多いものの、当初は全体に及んでいたと考えられる。ただし方眼とはいっても、各区画は正方形ではないので、縮尺として機能したのではないようである。また、畳んだ裏書きに「隅田川御殿御指図」と墨書がある。

全体を見渡すに、東から南にかけて大堤（「道」）が描かれ、大堤で隅田村耕地を守る外側に木母寺と御殿は在った（図2、表4）。全体は堀と「なみ木」「よし垣」「藪」で営作以前から囲繞されていた。さらに「×」「・」が連なった区切りが設けられている。「×」は不明だが、「・」は梅若塚②を囲っており、木柵と推定しておきたい。

大堤を歩いてきた一般の参拝者は、表門⑤から境内に入り梅若塚を参拝する。また、梅若塚の裏手に舟着き場㊳があり、隅田川からの参拝順路もあったことがわかる。別に、大堤から分かれて南側から西へ向かう堀外周の道から裏門で寺域に入れる（⑪）。木母寺の通用門であろう。隅田川には御上り場㉔が設けられており、これは将軍専用の舟着き場である。隅田川に面した地域の西側は、木柵で川面と区切られている。木柵は御上り場にも設えられている。

全体の用途は、図の東（上部）三分の一ほどは参拝者のための開かれた空間で、西（下部）三分の二ほどは、塀（後述）、生け垣、柵で囲われた御成のための警衛空間となっている。

2　塗り分けの検討

建物や造作物は、六色で塗り分けされている。表4により、塗り分けの場所を確認していこう。

【1】濃い黄色…⑭⑮⑱など

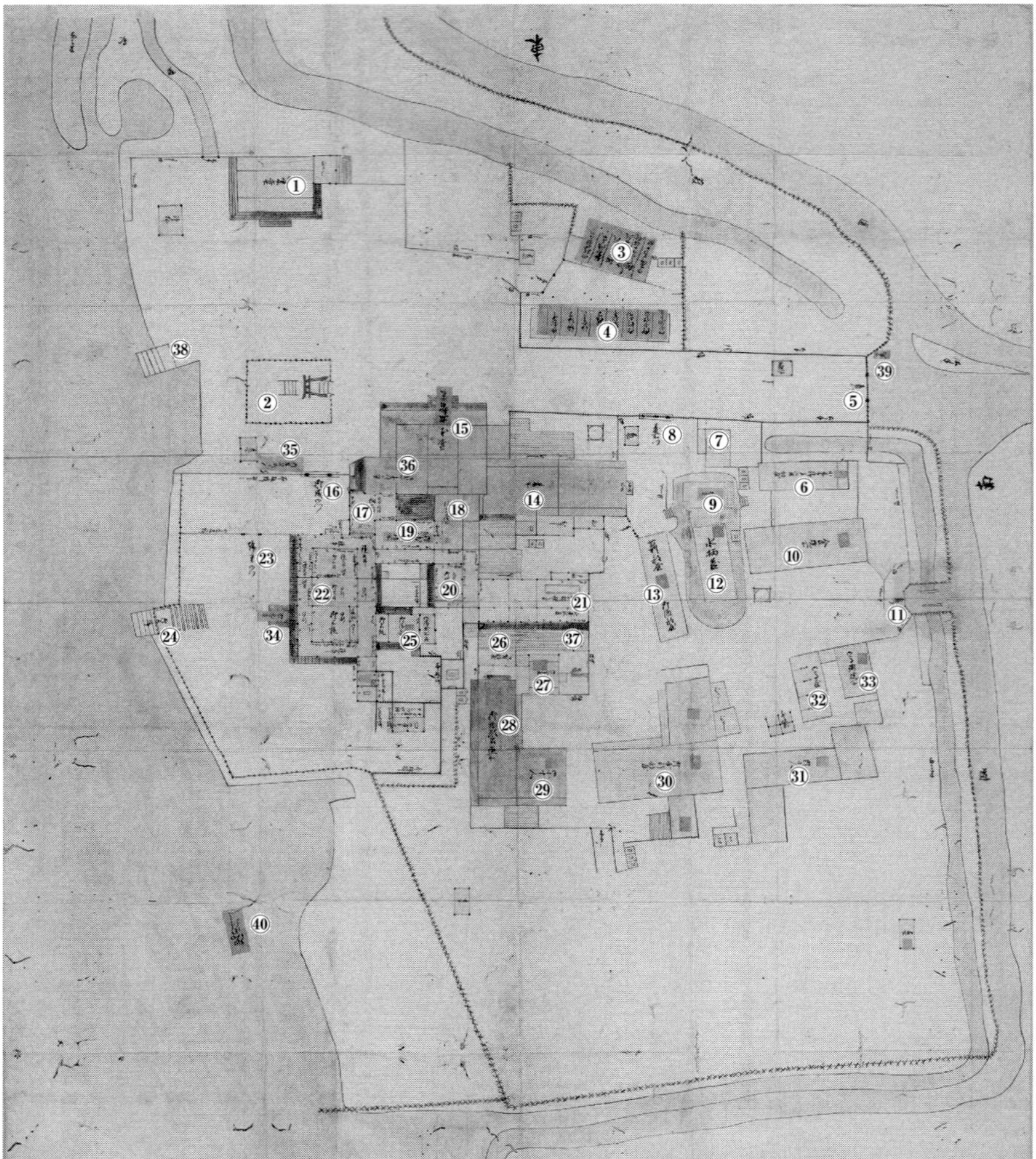

図２　隅田川御殿御指図（すみだ郷土文化資料館所蔵）

表４　隅田川御殿御指図番号表

丸番号	記　　載	縁側	下地色	貼札
①	如来堂	○	4 薄緑	
②	（梅若塚）			
③	御頭番衆，御医師，桐之間頭，御廊下番頭，桐之間番頭，御廊下番（左から）		2 薄黄	5 朱
④	御老中，備後守，伊賀守，若狭守，若御老中，御側衆，御小姓衆，御小納戸衆（左から）		2 薄黄	5 朱
⑤	表門			
⑥	小普請方御用部屋		2 薄黄	6 水
⑦	男部屋		4 薄緑	
⑧	台所門		2 薄黄	
⑨	物置		4 薄緑	5 朱
⑩	食焼所		4 薄緑	6 水
⑪	裏門			
⑫	水搦蔵		4 薄緑	6 水
⑬	薪部屋・御酒部屋		4 薄緑	6 水
⑭	台所		1 濃黄	
⑮	本堂・五智堂		1 濃黄	5 朱
⑯	御成御門			
⑰	桐之間		2 薄黄	
⑱	住寺居所		1 濃黄	
⑲	御老中御詰所		2 薄黄	5 朱
⑳	御膳所	○	2 薄黄	
㉑	御小料理之間			
㉒	御三間，御次間，御上段（上から）	○	2 薄黄	
㉓	塀重御門			
㉔	御上り場			
㉕	御上段，御湯殿，御湯掛所衆（左から）	○	2 薄黄	6 水
㉖	肴部屋		2 薄黄	
㉗	御釜屋		2 薄黄	6 水
㉘	御物頭衆詰所		4 薄緑	6 水
㉙	御小十人		4 薄緑	6 水
㉚	御歩行部屋		4 薄緑	6 水
㉛	御小人		4 薄緑	6 水
㉜	御馬屋		4 薄緑	
㉝	御馬粥焼所		4 薄緑	6 水
㉞	御籠台		3 濃茶	5 朱
㉟	御道具掛け			5 朱
㊱	若御老中御詰所	○	1 濃黄	5 朱
㊲	御水屋	○	2 薄黄	
㊳	舟着き場			
㊴	下馬			5 朱
㊵	隅田川			5 朱

注：丸番号欄は，図中および本文中の丸番号を表す.

【2】薄い黄色…⑰㉒㉕㉗など
【3】濃い茶色…㉞、一部建物の縁側
【4】薄い緑色…⑩㉚など
【5】朱の貼札…③④㊴など
【6】水色の貼札…⑥⑩など

まず、【1】は本堂・五智堂⑮、台所⑭、住寺居所⑱があって、新規営作の対象ではなく元から木母寺の建物として在ったと考えられる。ただし、【2】と同じ黄色で塗られていることから、御成にあたって何らかの手が加えられたと考えておきたい。

【2】は、御三間、御次間、御上段㉒、御上段、御湯殿、御湯掛所衆㉕、御膳所⑳など将軍の儀礼や湯浴み、食事といった御成の中心的行事の場所が塗られている。また、各所にある「番所」や小普請方御用部屋⑥といった警衛や造作に関わる場所も塗られており、御成のために新築された建物であることが明白である。興味深いのは、表門⑤の西側（下側）の塀も塗られており、参拝者のための空間と警衛空間の区切りに、大きく手を入れて建造したことがわかることである。【3】は、如来堂①や㉒に付随していることから、元からあった縁側および新造のものである（表4では縁側欄とした）。また、御籠台㉞も同じ色である。

【4】は、御馬屋㉜、御歩行部屋㉚、食焼所⑩など、将軍の馬や従者、その飲食物の提供といった御成を支える側の支援施設である。御物頭衆詰所㉘、御小十人㉙と、水抦蔵⑫の周囲は、【1】と同じ下塗りの上に薄い緑色が塗られており、この三つは既存施設であったようである。それ以外は、新築されたと考えられる。

重要なのは【5】である。御籠台㉞、御道具掛け㉟、下馬㊴、御老中御詰所⑲、若御老中御詰所㊱など、将軍の導線や老中・若年寄の待機場所など、御成当日を想定した行動指標である。④および③の面々（御老中、備後守、伊賀守、若狭守、若御老中、御側衆、御小姓衆、御小納戸衆、御頭番衆、御医師、桐之間頭、御廊下番頭、桐之間番頭、御廊下番）は、随行した将軍近習の一覧で、備後守・伊賀守・若狭守は御指図の年代特定の決め手にもなった（福澤二〇一五）。

さて、随行者には、家綱時代の鷹狩りでたびたび褒賞を受けていた関東郡代伊奈氏がいない。そういった観点からすると、本堂・五智堂⑮が興味深い。御成の目的が家綱の祈願や参詣に類するものであったことが、想定されるのである。将軍の導線として考えられるのは、表門⑤から入る陸ルートと御上り場㉔から入る舟ルートの二つがある。下馬㊴、御道具掛け㉟、御籠台㉞の朱の貼札の場所を考えると、この時は陸ルートで準備をしていたと考えてよい。なお、【6】を貼っている場所は、多くが【4】と重なるが、共通する知見は見出せていない。

おわりに

隅田川御殿御指図には、営作の細部まで記載されている。今回は作成時期や目的、用途について考察を重ねてきたが、建築史の専門家が読み解けば、また別の知見が大いに期待できよう。移転の経緯から、遺構はすでに失われている可能性が高いが、他の御殿図にはない情報が本図には多くあると考える。すでに当館研究紀要創刊号に、細かい部分まで判読が可能なカラー図を掲載しているので、是非ご覧いただきたい。

注

「隅田川御殿御指図」および「正保国絵図　武蔵国」（埼玉県立文書館収蔵堀口家文書一六九九〈武蔵国絵図〉）の墨田区を中心とする部分は、（福澤二〇一五）に拡大図がカラー図版（一部モノクロ）で掲載されている。

〔**参考文献**〕

すみだ郷土文化資料館　二〇〇八『開館一〇周年記念特別展　隅田川文化の誕生　展示図録』
墨田区立緑図書館　一九七九『墨田の地図』内務省地理局「東京実測図」
福澤徹三　二〇一五「江戸時代前期の向島地域」『すみだ郷土文化資料館研究紀要』創刊号
福澤徹三　二〇二二「近世前期の寺社名所における和歌受容」『書物・出版と社会変容』二八「書物・出版と社会変容」研究会
福澤徹三　二〇二四『すみだ郷土文化資料館　みやこどり』六八

〔謝辞〕

貴重な資料を寄贈して下さいました大熊喜昌様、資料寄贈のきっかけを作って下さった向島百花園茶亭さはら佐原滋元様、資料の受け入れに尽力して下さった田中禎昭氏（すみだ郷土文化資料館専門員〈当時〉）と開館一〇周年記念特別展に尽力して下さった館員諸氏に感謝申し上げます。

府中御殿

深澤靖幸

はじめに

府中御殿は、東京都府中市本町にある（図1）。

近世後期の地誌には「御殿地」として紹介され、明治期には小字としてその名を残したものの、伝承地の認知度はけっして高くはなかった。状況を大きく変えたのは、二〇〇八～一一年に行われた発掘調査である。一万二六〇〇平方メートルに及ぶ調査で近世初頭前後の遺構と遺物が見つかり、三葉葵紋鬼瓦の出土により伝承は証明された。同時に、古代の（推定）国司館跡も姿をあらわし、国史跡古代武蔵国府跡として追加指定を受けたことにより、御殿跡に関わる遺構も保存された。

この発掘を機に、諸史料をもとにした成立から廃絶、その後の土地利用の変遷が整理された（馬場二〇一二）。発掘情報は必ずしも豊かとはいえないが、改めて精査し、御殿の規模や空間構造の復元に関して私見を示しておきたい。

一　諸史料にみる府中御殿

府中御殿は、小田原の役後、関東に移封された家康が奥州仕置きからの帰途の秀吉を饗応するために建造された施設に端を発するらしい（文政六年〈一八二三〉成立『武蔵名勝図会』）。明確な同時代史料を欠いているが、天正一八年（一五九〇）七〜八月のことである。

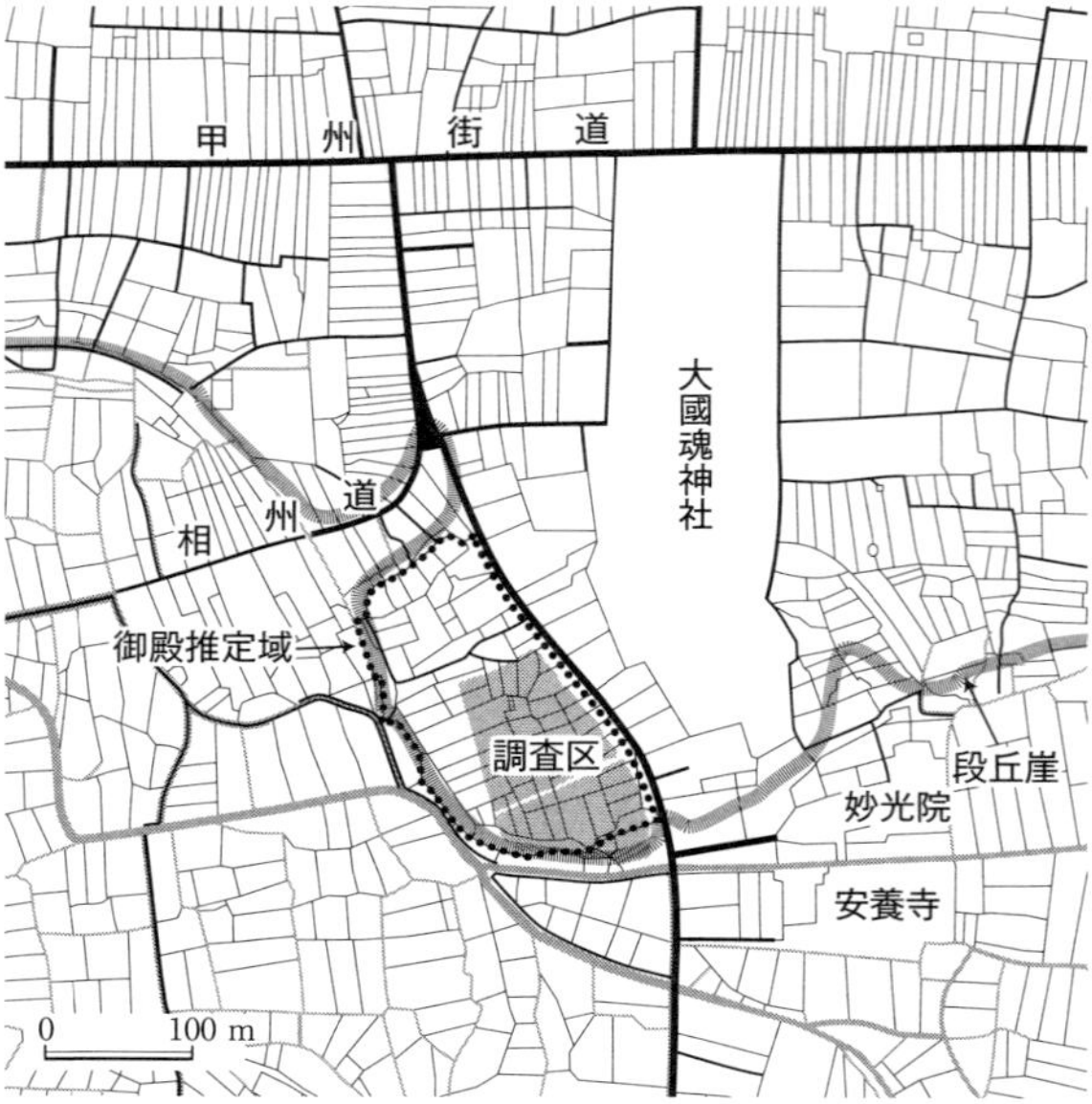

図1　府中御殿跡位置図（明治前期の地籍図に推定される御殿の範囲と発掘調査区を示した）

御殿としての利用が明らかなのは、家康が大御所になってからで、『徳川実紀』には、慶長一三年（一六〇八）（鷹狩途中の家康と秀忠の会談）、同一五年（秀忠の多摩川納涼）、同一六年（九男義直の急病で鷹狩を中止した家康の帰路）の利用が記録されている。また、家康自筆の慶長一五年、同一七年、元和元年（一六一五）の「御鷹野道中宿付」にも武蔵府中が記載され、元和三年には家康の霊柩が久能山から日光への移送時に立ち寄り、法要が営まれている（『日光山紀行』等）。これ以降の利用記録はないが、寛永一六年（一六三九）には修造奉行が任じられている（『徳川実紀』）。

なお、『武蔵名勝図会』が記録した、大久野（日の出町）の番匠落合家に残る古書の写しによれば、天正一八年の造営以降、慶長六年、元和七年、寛永一七年の作事、慶安二年（一六四九）の「府中おつぼねや」の作事に同家が携わっている。また、『新編武蔵風土記稿』（文政一三年完成）は、寛永一一年の火災を伝えている。これらの信憑性には不安があるが、寛永一七年の作事は前年の修造奉行任命に対応する可能性があり、寛永一一年の火災は近くにある妙光院の被災記録（本覚列祖伝）と合致する。したがって、これら作事記録は、事実を反映した部分があり、およそ六〇年の存続期間のうちに、数度の修造が行われたものと考えられる。終焉に関しては、『武蔵名勝図会』等により、正保三年（一六四六）の府中宿大火での焼失がうかがえ、その後は再建されないまま、享保九年（一七二四）には畑地としての再開発が許可されたらしい（「御前菜瓜書上控」〈菊池家文書〉）。

一方、建造者については、秀吉自身とする考えが竹井英文によって説かれている。翌天正一九年一月には、羽柴秀次と家康との会談が府中で行われていて（『家忠日記』）、当該施設の利用が推測される。

以上、諸史料により辿ったが、府中御殿の端緒は豊臣政権下にあり、それが徳川将軍家に継承されたとみてよく、ここに大きな特色がある。御座所段階と御殿段階に二分できることはもちろんで、両者の間には若干の空白期が想定でき、また御殿段階は元和三年、寛永一六年などを区切りに細分できる可能性がある。加えて、「府中おつぼねや」の存在も見逃せない。この性格は不明だが、御殿の跡地に建造されたものとすれば、御殿廃絶後に一段階を設定することができるかもしれない。なお、豊臣政権下の施設と将軍家の御殿が性格を異にしていることはいうまでもなく、豊臣政権下の施設を御殿と呼ぶことは不適切だが、本稿では便宜的にこの前身施設を含めて府中御殿と呼んでおく。

二　発掘調査の概要

1　遺　構

発掘調査は二期に分けて行われている。段丘崖を含む南側のⅠ期調査区は削平が著しく（共和開発株式会社編二〇一二）、御殿に関わる遺構と遺物が確認されたのは、北側のⅡ期調査区に限られた（府中市教育委員会編二〇一二）。御殿に伴う可能性のある一六世紀後半から一七世紀前半と推定される遺構としては、掘立柱建物跡、掘立柱塀跡、井戸跡、焼土廃棄土坑、段切状遺構、鍛冶炉跡等がある（図2）。ただ、掘立柱建物跡や掘立柱塀跡は、数多くの柱穴から抽出・復元できたものにすぎず、史跡指定を前提とした調査に途中で変更されたため完掘に至らず、性格や年代比定の不十分な遺構も少なくない。また、Ⅱ期調査区においても削平された遺構の存在を否定できない点に注意しておく必要がある。

こうした制約はあるものの、掘立柱建物跡と掘立柱塀跡が御殿を構成する遺構であることは間違いない。しかし、掘立柱建物跡のほとんどは小規模である。調査区北端近くのM88－SB10は桁行一〇間、梁行二間の総柱形式で、桁行長は一九・八メートルあるものの、柱穴は小さく、貧弱な建物といってよい。ようするに、御殿を構成する枢要な建物跡は検出されていないのである。一方、掘立柱塀跡はしっかりした掘方をもち、根石を据えたものもある。こうした掘立柱塀によって御殿内部は区画されていたとみてよい。また、掘立柱建物跡や掘立柱塀跡は重複するものがいくつかあり、とくに北東部では四棟の掘立柱建物跡（M88－SB10・12・13・19）が重複していることから、少なくとも三時期の変遷が明らかである。

井戸跡は二基が確認されている。このうち調査区西際にあるM88－SE10は河原石積みで、掘方の直径が四メートルもある大型井戸で、御殿内の枢要な位置を占めるとみてよい。覆土上層に焼土や炭化物を含み、同層中より三葉葵紋鬼瓦片等を出土している。

焼土廃棄土坑は、明確なものが三基ある。被災した廃材等を投棄した土坑と推測され、M88－SX429からは鉄釘や銅製品が出土している。M88－SE10とともに焼失を裏付ける遺構である。

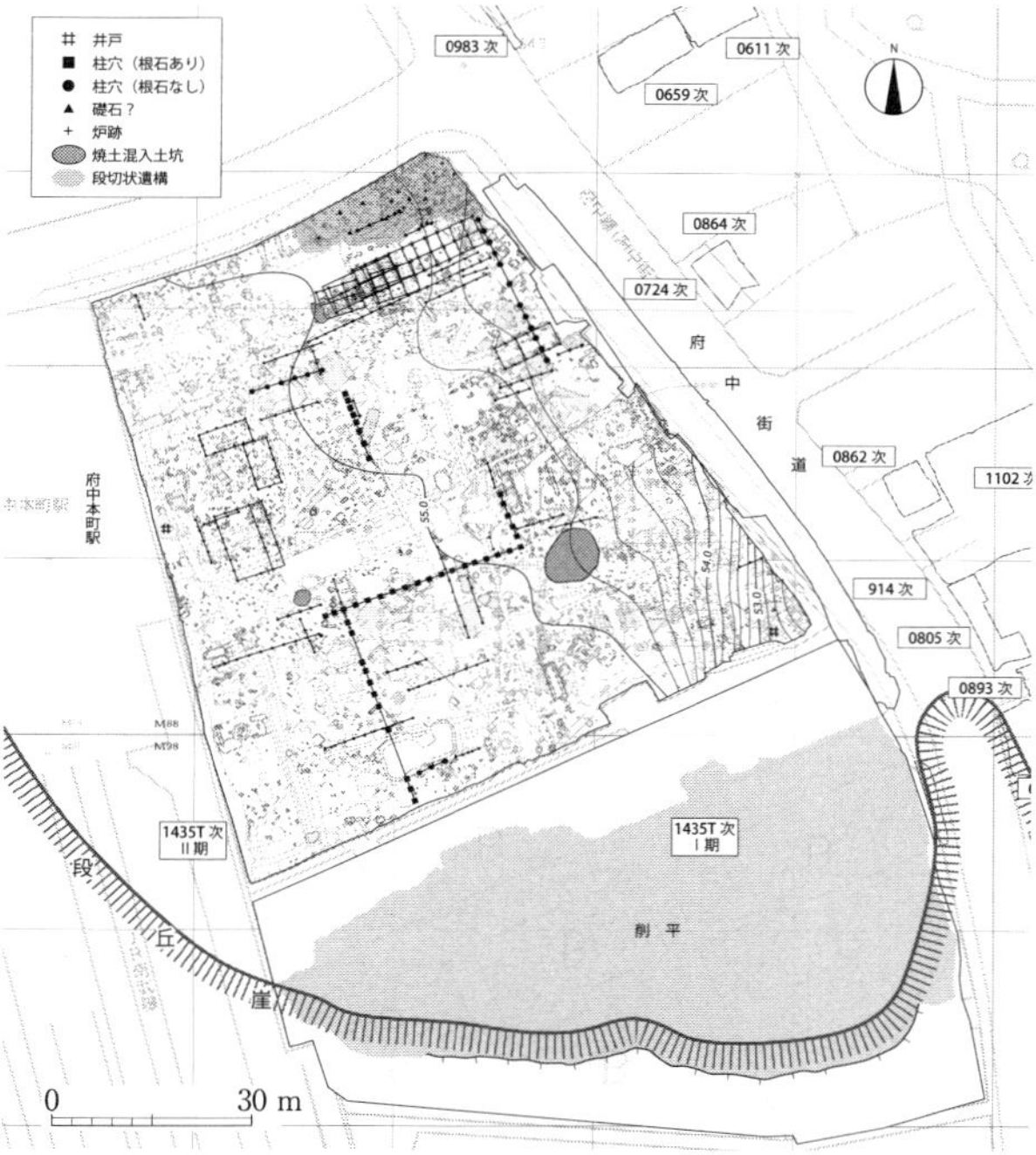

図2　府中御殿跡遺構配置図

北端にある段切状遺構（M88－SX444）は、北へ下降する緩斜面を切り崩して造成された平坦面で、複数の鍛冶炉跡や多くの柱穴が重複している。

2　遺　物

出土遺物としては、国産陶器、かわらけ、瓦、鉄釘、銅釘、銅製品等がある（図3）。陶器は瀬戸・美濃窯の皿、擂鉢、天目茶碗が出土している。一六世紀中葉から一七世紀初頭（大窯2～4段階）のものである。瓦は、丸瓦片と鬼瓦がわずかに出土している。鬼瓦は徳川将軍家の御

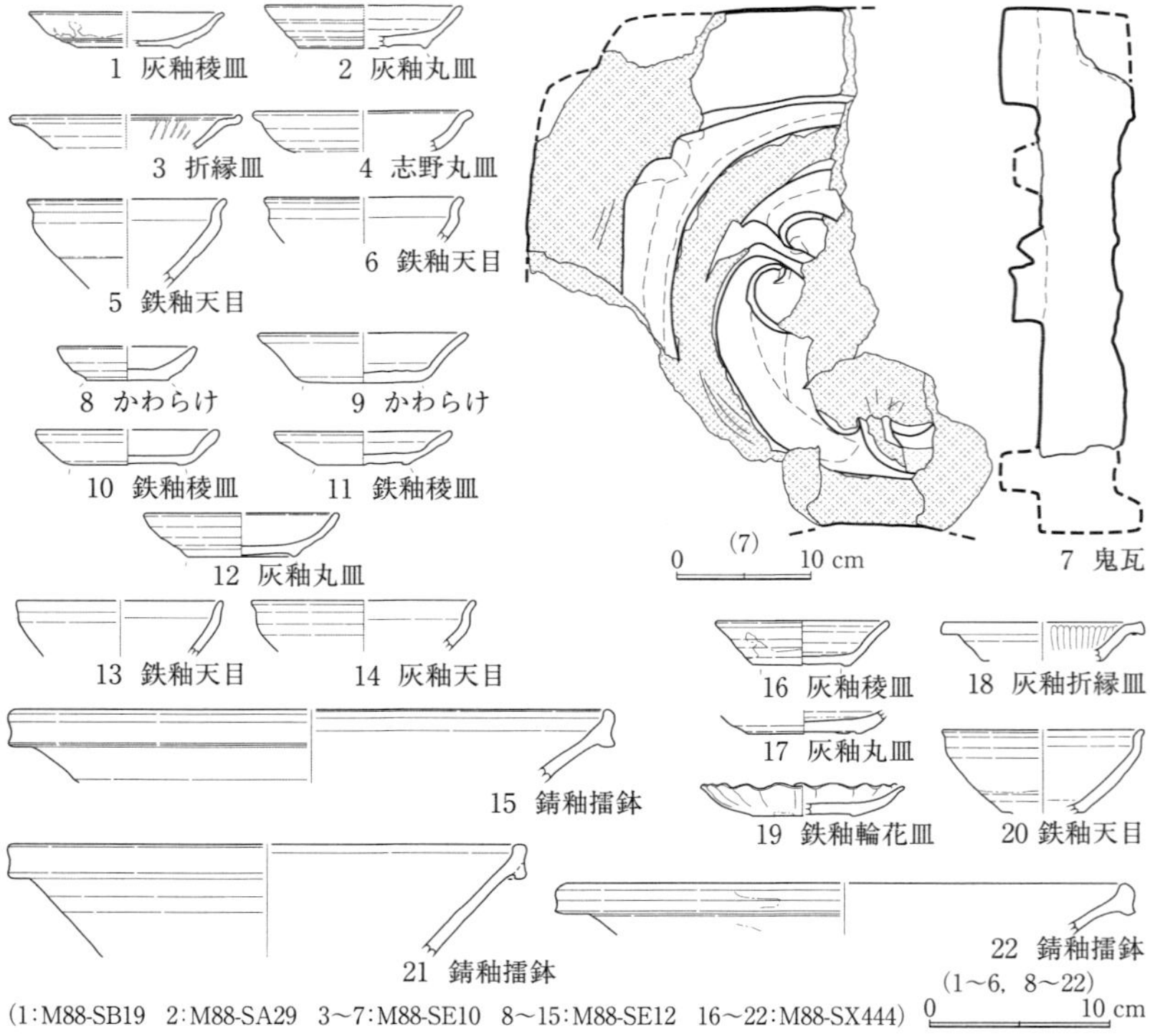

図3 府中御殿跡主要出土遺物

殿であることを実証した遺物だが、三葉葵紋が天地逆になっている点で特異である。鉄釘はM88－SE10や焼土廃棄土坑から多く出土していて、炭化した木材の小片に刺さったままのものもある。銅製品は被熱により変形していて本来の形状は不明だが、建具と推測できるものがある。

以上主要遺物を紹介したが、遺物は調査面積に比してきわめて僅少である。包含層が良好に遺存していないこと、確認にとどめられた遺構があることを考慮しても、少ないといってよい。また、陶器類は日常雑器の類に限られ、奢侈品はない。一六世紀後葉～一七世紀初頭（大窯4段階）を最後にこれ以降のものはほとんどないことも大きな特色である。つまり、造営に伴って持ち込まれた什器ばかりで、御殿として機能していた段階の遺物は被災した瓦や釘、銅製品くらいしかない。休憩・宿泊という機能を反映した遺物相といえる。

三　遺構の変遷の再検討

調査報告書では、真東から北へ、または真北から西へ振れる主軸方位の違いにより掘立柱建物跡と掘立柱塀跡を一八～一九度、二〇～二一度、二五～二六度、二七度の四グループに分け、出土遺物と柱穴の重複関係を整理して、二七度→一八～二一度→二五～二六度という三期変遷案を示している。しかし、これにはいくつかの疑問点があり、すでに諸史料との整合も含めた私案を示している。以下、その要点を述べておく（図4・5）。

まず、掘立柱建物跡や掘立柱塀跡は、一八～二一度と二五～二七度の二つに大別する。前者は調査区の北東部以外に広く分布するのに対して、後者は北東部にほぼ限定されている。主軸方位の違いは時期差ではなく、位置の違いと考えたほうが素直である。ただ、一八～二一度のグループに属すM88－SB12の柱穴を壊して二五～二七度のグループに属すM88－SB10が構築されていることは明らかで、一八～二一度の建物等が先行して存在していた可能性は高い。とすれば、一八～二一度の建物等が造営当初より廃絶まで一貫して主体を占めていたが、後に、北東域に二五～二七度の建物等が造営され、これも廃絶まで存続したと理解すべきだろう。つまり、一八～二一度の建物等のみで構成される段階をA期、二五～二七度の建物等を含む段階をB期と区分するのである。必然的に二五～二七度の建物等はすべてB期に属すことになるが、A期に属す建物等はM88－SB12とこれに直列するM88－SB13以外は特定できない。なお、M88－SB19の柱穴から大窯2～3段階の灰釉稜皿、M88－SA29から大窯4段階の灰釉丸皿が出土している。報告書はこれを遺構の年代にあてているが、これらは建造の上限を示すにすぎない。

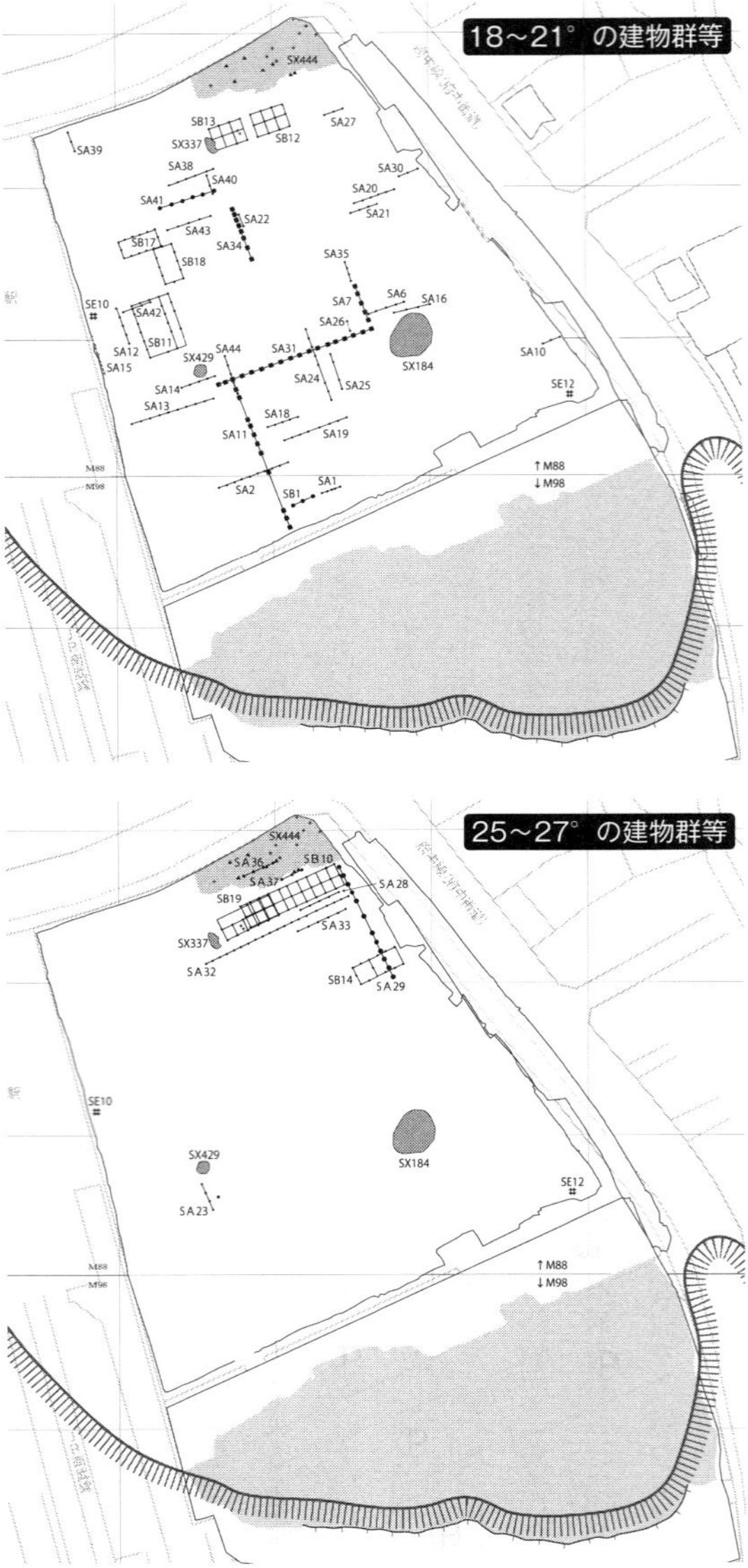

図4　府中御殿跡主要遺構の主軸による区分

以上の所見に諸史料からうかがえる造営等の年代を勘案すると、A期の始期は一五九〇年と考えることに大きな誤りはなかろう。しかしA・B期の境については、一六〇一年頃、一六二一年頃、一六三九年頃が候補となり、判断できない。瓦は一七世紀前葉のものとみられるので、一六三九年の修造に伴うと推測するが、これがB期の開始に当たるとは即断できない。

建物ではないが、井戸跡（M88―SE10）には焼土や炭化物を含み、二次的に被熱した鬼瓦など廃材が投棄されたことがうかがえる。大窯4段階後～新期を最新とする志野丸皿と鉄釉天目なども出土しているが、焼土廃棄土坑とともも

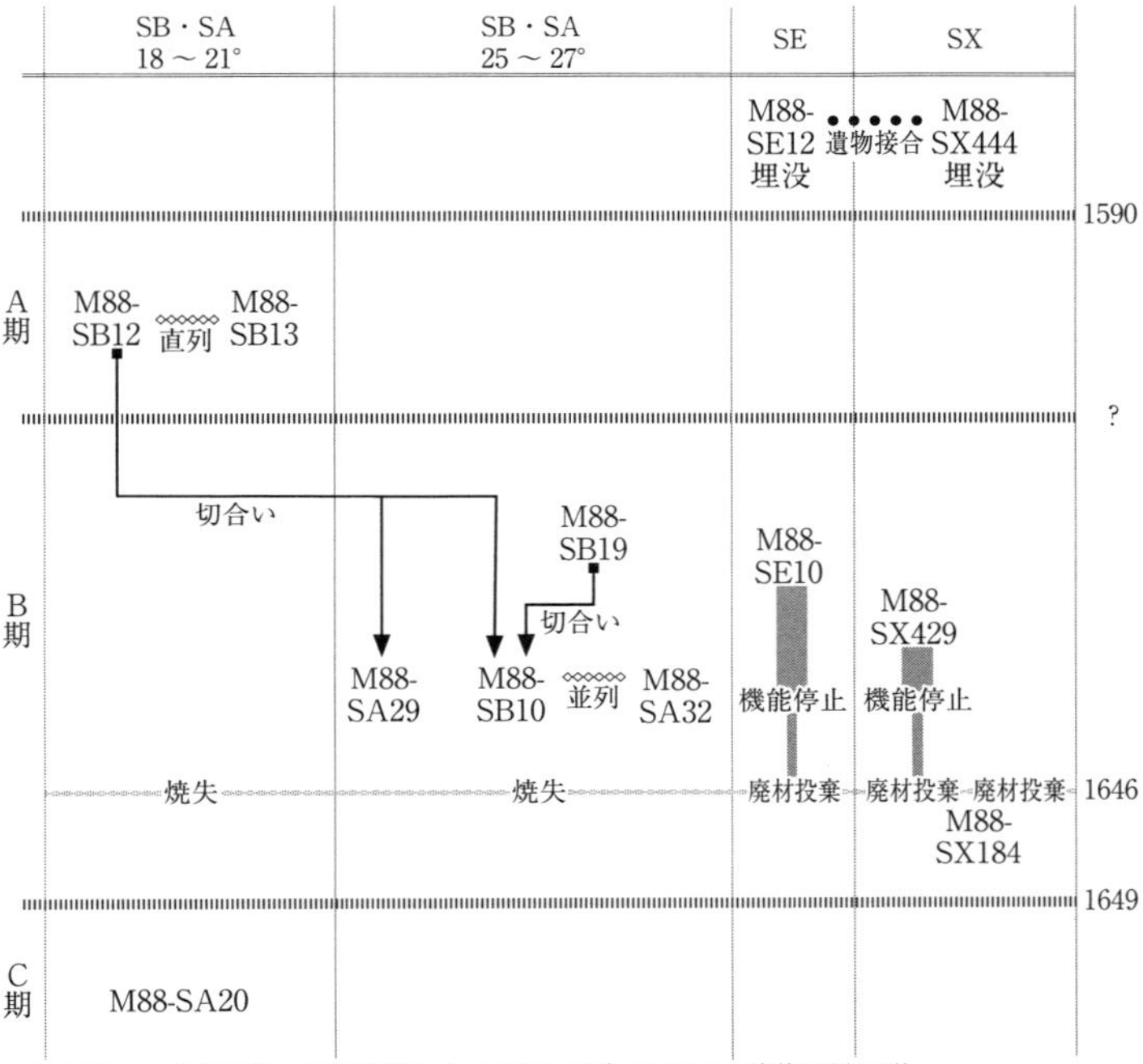

＊B期は，M88-SB19→M88-SB10（＝M88-SA32）を除いて前後関係不明.

図５　主要遺構変遷案

に、焼失とその片付け行為が明らかである。また、掘立柱塀跡（M88－SA20）の柱穴からは、二次的に被熱した丸瓦片が出土しており、火災後に建造されたことを示している。

問題はこの火災の年代で、一六三四年ないし一六四六年の二つの可能性があることになるが、M88－SA20のほかに火災後の建造と判断できる建物は未確認で、焼土廃棄土坑を破壊する建物が確認できないことからすれば、被災後の施設は小規模であった蓋然性が大きい。だとすれば四六年の正保の大火にあたる可能性がより高い。ようするに、一六四六年の焼失とその片付けまでをB期、焼失後の再造をC期に位置付けることが妥当と判断する。そして、御殿として機能したのはB期までで、C期は性格不明だが、一六四九年造営の「府中おつぼねや」に相当するものと推測しておく。なお、M88－SA20は一八〜二一度のグループに属すから、このグループはC期にも存続したと判断できる。そして、「府中おつぼねや」が御殿を継承した施設であったことを推測させる。

以上、建物を中心にA～C期の三期変遷案を提示したが、出土遺物の年代から御殿との関係を想定できる遺構群がほかにも若干ある。調査区北東部の段切状遺構とこれに伴う柱穴群や鍛冶炉跡、調査区南東部の井戸跡（M88－SE12）である。これらからは比較的多くの遺物が出土しているが、陶器類は大窯2～3段階を主体としている。御殿建造直前にあたるが、A期初頭の遺構である可能性も否定できない。

四　御殿の空間構造

1　御殿の規模

御殿の南東にある安養寺が所蔵する「御殿跡絵図」（文政一一年〈一八二八〉作成）は、享保九年（一七二四）に開墾された御殿跡地の課税対象地を示したものだが、これによると段丘崖直下の帯状の田畑が含まれている。また、北側は「小田原道」（相州道）に沿った蓮乗寺や家並の裏手にまで広がっていたことを確認できる。『武蔵名勝図会』所載の挿絵に描かれた「御殿跡地」の場景のとおり、御殿は張り出した段丘面にいっぱいに広がっていたのである。

このうち西側については、府中本町駅の建設により、早くに段丘面が切り崩されてしまっているが、明治前期の地積図を利用することで、本来の段丘崖の位置をおおむね復元できる。これによれば、段丘の切り崩しは最大で東西四〇メートルに及び、結果として、府中御殿の敷地は南北約二五〇メートル、東西約一八〇メートルと復元できる（図1）。

2　御殿の内部構造

以上みたように御殿は広大な敷地を有し、発掘区は敷地全体の中央部から南東寄りに位置することがわかる。調査面積は、御殿全体の半分ほどにすぎず、御殿の構造は調査区の検討のみでは完結しないことが明らかである。

各地の御殿を描いた絵図や関連文書・記録などを参照すると、御殿は鷹部屋や厩、賄屋敷などから構成され、陣屋や伝馬屋敷を併設する場合も少なくない。また、御殿内部のほぼ全域を発掘調査した千葉御茶屋御殿跡では、掘立柱建物跡とともに土壇状の盛土が確認されていて、礎石建物が存在したものと推測されている。当然、礎石建物こそが御殿の中心的な建物であったとみてよい。

府中御殿に関しては、内部構造をうかがわせる史料は皆無で、発掘遺構を基に状況的に推測するしか手立てはない。まず、中心的な建物は未確認で、御茶屋御殿跡の調査例からすると主殿等は礎石建物であった可能性が高い。その場合、調査区外に存在した可能性とともに、調査区内に存在したものが削平された可能性も考慮する必要がある。気になるのは瓦の分布で、調査区西際のM88－SE10から鬼瓦、その周辺から丸瓦三点が出土している。瓦は象徴的に主殿の大棟や車寄せの唐破風上に用いられていたとみられるから、瓦の出土地点近くに主殿があった可能性が浮かぶ。さらに、M88－SE10の東側に小規模な掘立柱建物跡や掘立柱塀跡が確認されていることを踏まえると、調査区の西方の駅舎部分が有力な候補地となるのではないだろうか。段丘崖を目前にして眺望が開けている点も、主要建物が存在するにふさわしい。

一方、調査区の北東隅近くで検出されたM88－SB10は、前述のとおり、その構造から厩ないし鷹部屋の可能性が高い。この建物に並列する掘立柱塀（M88－SA32）も同時存在とみてよいだろう。規模は異なるが、SB10に重複する主軸をほぼ等しくした東西棟の建物跡（M88－SB19）や、M88－SA32と併行するM88－SA28・SA33といった塀跡が存在することからすると、この一画は鷹部屋や厩として継続的に機能していたのだろう。主軸方位から、いずれもB期に属すと考えられる施設である。

なお、M88－SB10やSA32付近を境にして、建物の主軸が異なることを踏まえれば、北側と南側で性格を異にするという空間分節も考えられる。他所の御殿を参考にすると、主要道から導入路を設け、導入路に面して付帯施設を配置する場合が少なくない。これを府中御殿に当てはめるとすれば、相州道から南に向かって小谷の斜面を登る導入路があり、これに面して付帯施設が、その奥に御殿本体が配置されていたと考えることができよう。

以上は、将軍家の御殿としてみた場合の推測である。しかしながら、府中御殿は豊臣政権下に建造されたことも明らかで、これは将軍家の御殿とは機能と性格を異にしていたとみてよい。豊臣政権下に建造された「御座所」に関しては史料も考古学的な情報もほとんど精査されておらず、その構造は不明というほかない。秀吉の軍勢をも収容したとすれば、さらに広い範囲に関連施設が点在していた可能性もある。そうした視点で発掘情報を精査する必要がある。

3　御殿の外郭施設

最後に、御殿の外郭施設、つまり防御機能に関する問題に触れておきたい。

家康が利用した御殿のうち、きわめて良好な姿を残す千葉御茶屋御殿跡は、九五メートル四方の空間を堀と土塁で厳重に区画し、出入り口は内枡形で固めている。神奈川御殿、藤沢御殿、中原御殿も跡地絵図等によると、堀と土塁で囲繞された方形を基調とした城館であったことがわかる。また、年代は下るが、日光社参に伴い造営された小山御殿も堀と土塁を巡らした方形館であった。青戸御殿も戦国期の葛西城を転用していて、その主郭はおおむね方形で堀と土塁で囲まれている。方形を基調として堀と土塁が囲繞する御殿は、ほかにも石橋御殿や大沢御殿などがある。

これに対して、家光の事績を顕彰するために制作されたという『江戸図屛風』（国立歴史民俗博物館蔵）に描かれた鴻巣御殿は、屈曲した白壁の塀で囲われている。家光の時代に造営された品川御殿も、「品川御殿図」に描かれた外郭は塀である。このように防御機能の欠如した御殿もまた存在した。とすれば、御殿には方形を基調とした城館タイプと、防御性の欠如した屋敷タイプの二種があることになる。日光社参に伴って造営された小山御殿などが城館タイプであることからすると、単純に城館タイプから屋敷タイプへ変遷したわけではなさそうである。

改めて府中御殿をみると、南側は発掘しているもののすでに削平、西側と北側は発掘区域外となっているため、外郭施設の存在を明確にすることはできない。しかし、東側においては府中街道の間際まで発掘しているにもかかわらず、土塁や堀の痕跡はまったく見出せていない。むしろ、府中街道に沿うようにM88－SA29が構築されているから、掘立柱塀が外郭施設であった可能性すらある。明治前期の地籍図や「御殿跡絵図」等にも御殿を囲繞する堀や土塁の形跡は見出せず、史料にもそれを推測させる文言はない。府中御殿が防御施設の欠如した屋敷タイプに属すことは間違いあるまい。御殿のなかでも最古級に属す府中御殿がそうである以上、屋敷タイプは初期の段階から存在していたといえる。

府中御殿が豊臣政権下の「御座所」を前身とし、徳川将軍家の「御殿」に転用された可能性の高いことはすでに述べた。そうであるならば、「御座所」もまた防御機能を欠いていたことになる。天正一八年（一五九〇）の時点の秀吉「御座所」の性格を考えるうえで、府中御殿が提起する問題は決して小さくないと思う。

おわりに

発掘による伝承の確定は大きな反響を呼び、その後の研究を促したのは確かである。小稿では空間的な広がりや空間構造の復元を試みた。しかしながら、A~C期の変遷案を示したものの、調査し得た遺構の区分にすぎず、諸史料などからうかがえる造営・焼失との整合についても推測の域を出るものではない。また、府中御殿は豊臣政権下に建造され、その後、将軍家の御殿に継承されたとみられるが、その画期を遺構に見出すこともできなかった。成果といえるのは「御殿跡絵図」を基にした空間的な広がりの復元くらいであり、ほかは課題を提示したにすぎない。

当然、課題は克服していかなければならないが、すでに遺跡そのものが湮滅している部分が大きい現時点では、大きな進展を見込みにくいのも事実である。他所の御殿跡そして「御座所」との比較検討に期待したい。

〔主要参考文献〕

井上　攻　二〇〇八『近世社会の成熟と宿場世界』岩田書院
江口　桂　二〇一四「府中御殿」『月刊考古学ジャーナル』六五一　ニューサイエンス社
共和開発株式会社編　二〇一一『東京都府中市　武蔵国府関連遺跡調査報告書―（仮称）府中本町駅前開発地区（I期）―』
品川区立品川歴史館編　二〇〇八『平成二一年度特別展　品川を愛した将軍家光―品川御殿と東海寺―』
竹井英文　二〇一三「豊臣政権と武蔵府中」『府中市郷土の森博物館紀要』二六
谷口　榮　二〇一四「徳川家康の入部と葛西」『江戸の開府と土木技術』吉川弘文館
馬場治子　二〇一二「府中御殿―史料と考察―」『府中市郷土の森博物館紀要』二五
平塚市博物館編　二〇一六『ひらつかの家康伝説―由緒と地域―』
平野雅道　一九七七「江戸初期の藤沢宿と御殿について」『藤沢市史研究』一〇　藤沢市文書館

深澤靖幸　二〇一八「府中御殿覚書―発掘調査の成果を中心に―」『府中市郷土の森博物館紀要』二八
府中市教育委員会編　二〇二二『武蔵国府跡（御殿地区）』府中市埋蔵文化財調査報告五一
府中市郷土の森博物館編　二〇一八『徳川御殿@府中』ブックレット一九　府中市郷土の森博物館
望月一樹　二〇一一「小杉御殿についての一試論」『品川区立品川歴史館紀要』二六
簗瀬裕一　二〇〇五「徳川将軍の御殿と御茶屋」『城郭と中世の東国』高志書院

〔付記〕
小稿は、二〇一八年に発表した拙稿の要旨を補訂した、二〇二〇年の江戸遺跡研究会での誌上報告に基づいている。

中原御殿

……栗山雄揮

一　相模平野の地理的特性

中原御殿が立地する相模平野は相模川下流域の両岸、旧相模国の中央部を占め、西は大磯丘陵、北は丹沢山地に連なる伊勢原台地、北東は相模野台地に連なる高座丘陵に囲まれる相模国内最大の平地である。地盤は相模川・金目川両水系の河川堆積物と相模湾岸流がもたらす海成の砂礫が織り成す砂州・砂嘴を基盤として、一部に砂丘も発達する。相模川下流右岸の平塚市域は西南西から東北東方向に延びる砂州・砂丘の微高地が南北に波状に連なっており、中原御殿もその微高地の一つに位置して南と北を砂丘間凹地に挟まれる。北側の凹地には谷川、南側の凹地には下田川が流れ、いずれも西流して金目川に合流しているが、現在では暗渠化されている。下田川が流れる凹地を挟んで南側の微高地上には近世東海道が通じている。

この砂州・砂丘域は相模国内において陸上交通と相模川・相模湾の水上交通が交差する交通・物流の拠点であることから、古代には相模国統治の要地として国府が所在した。さらに、周辺諸地域への移動が容易な平地として軍事的

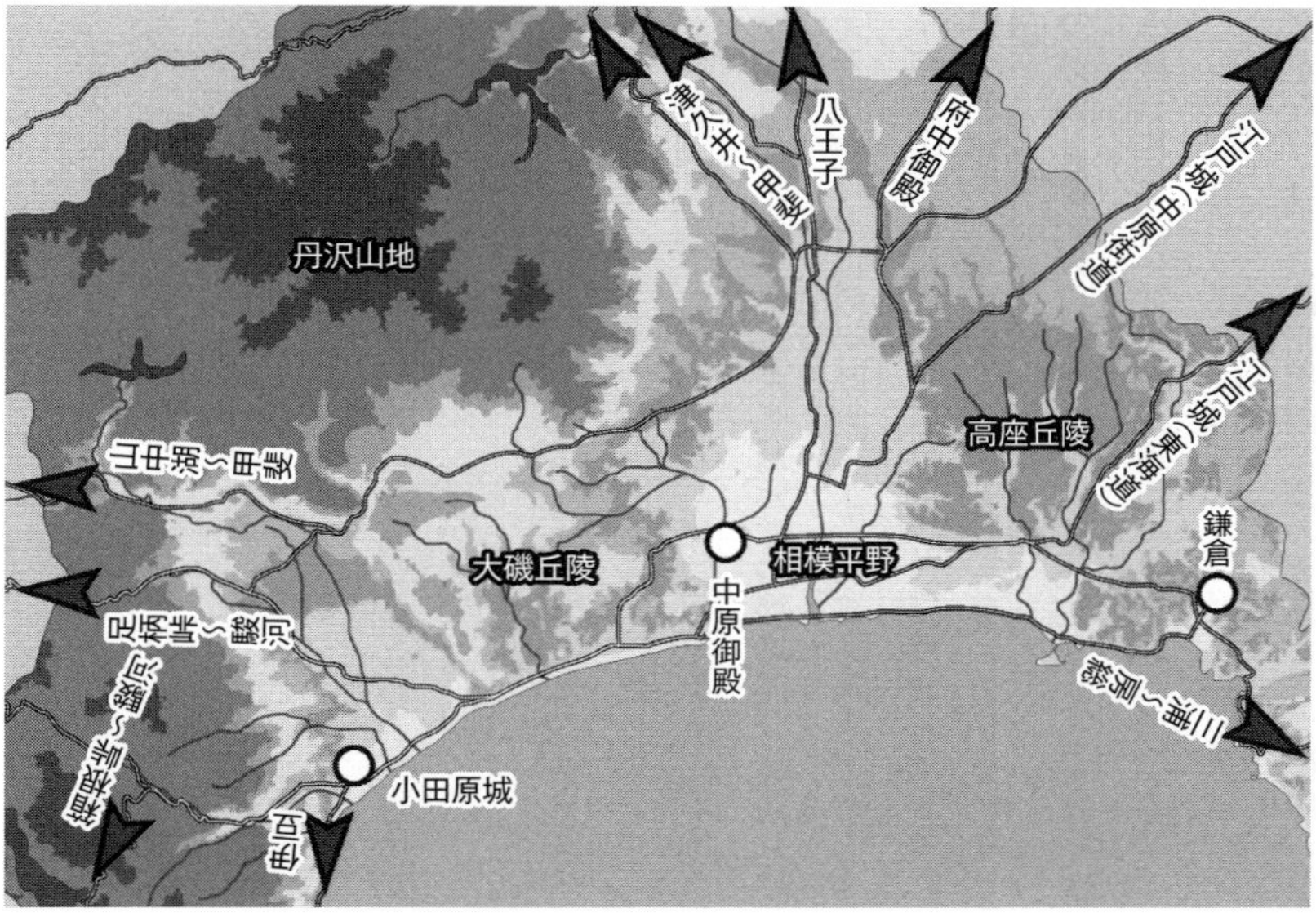

図１　相模平野の地理的特性と中原御殿の位置

にも急所となっている（図１）。このことから室町時代には、関東府の抗争に際してたびたび陣場となっており、鎌倉方・幕府方双方にとって鎌倉をめぐる軍事的な要衝と認識されていた。また、伊勢宗瑞による相模国内での作戦行動は、岡崎城の奪取による相模平野の制圧によって大勢が決まった。そして上杉謙信や武田信玄も、小田原城攻めに際しては平塚市域を攻撃の起点にしている。

二　中原御殿に関する記録

中原御殿に関する詳細な記述は天保一二年（一八四一）に成立した「新編相模国風土記稿」にあり、現在の調査・研究はこの内容を起点としている。

これによると、所在地は南北方向に展開する中原宿の西方九六間（一七四メートル）。規模は東西七八間（一四一メートル）、南北五六間（一〇一メートル）の方形区画で、四方を幅六間（一〇・九メートル）の堀が囲み、東面を表としている。造営年代は慶長年間、中でも慶長元年（一五九六）が妥当と推定している。

家康の逗留記事は慶長一〇年一〇月、一一年一一月、一二年一〇月、一六年一〇月、一六年一一月、一七年一二月、一八年九月、一八年一二月、一九年正月、元和元年（一六一五）一〇月、元年一二月の一一回を載せ、元和三年二月に久能山から日光への家康改葬に際してその柩を止宿させたことが記されている。

その後の中原御殿は寛永一九年（一六四二）に修復の手が入り、明暦三年（一六五七）に引き払われている。元禄一〇年（一六九七）に敷地に松などが植えられ、村民によって東照宮が建立されたとされている。

三　中原御殿所在地の現況

所在地は大字名「中原」「御殿」を遺している。中枢となる方形区画の範囲には「御殿地《ごでんち》」の小字名が遺り、現在平塚市立中原小学校の敷地となっている。周辺には近代まで広大な畑地が広がっていたが、一九七〇年代以降急激な宅地化が進み往時の景観は失われているものの、道路は往時の線形を踏襲しており、城下町特有のL字形の折れやT字路などが随所に見られる（図2）。

中原小学校の敷地は東西一二五メートル、南北一五〇メートルを測る方形で、東・南・北の三面は御殿の区画をほぼ踏襲している。西面は一部に住宅地が占めている。埋蔵文化財包蔵地としては中原小学校敷地内の「中原御殿跡」と西側街区の「御殿D遺跡」の二遺跡にまたがっている。

四　中原御殿周辺の微地形

中原御殿は前述したとおり相模川下流域西側を占める砂丘域の微高地西端部に所在する。南北の砂丘間凹地と西側の金目川は天然の防御機能を有している。北側の砂丘間凹地を西方に流れる谷《や》川《がわ》は現在、そのほとんどが暗渠化されているが、御殿の北側で標高に逆らう不自然な流路をとっている。すなわち御殿の北東地点で南側に屈曲し御殿北辺に沿うように西流した後、北西地点で再度北に屈曲して微高地を横断して金目川に注いでいるのである。谷川の不自然な流路は御殿の四周を囲む堀の水量調節と北側の防衛を図る堀の役割を担うための改修に起因すると考えられる

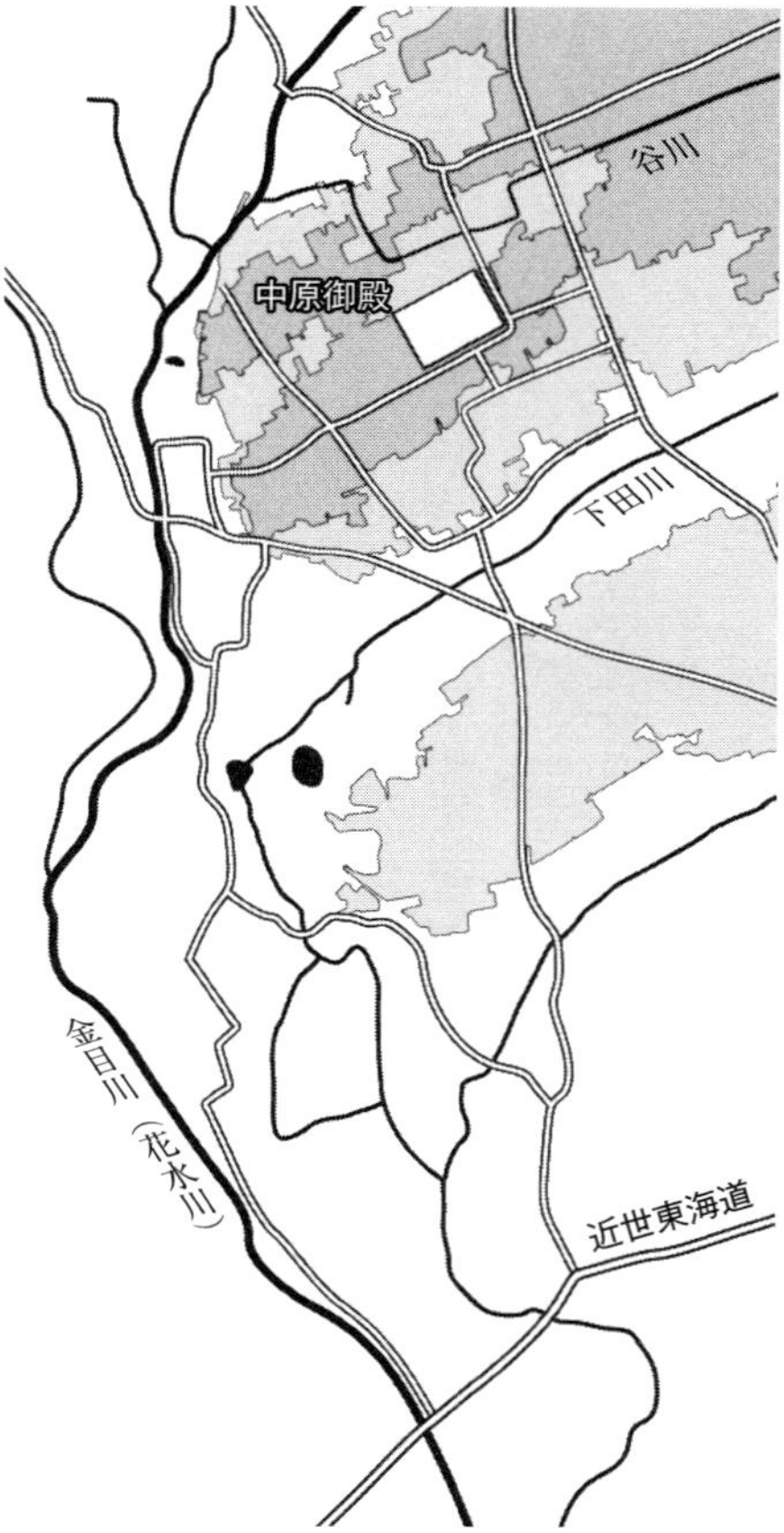

図２　中原御殿の立地と周辺の道路

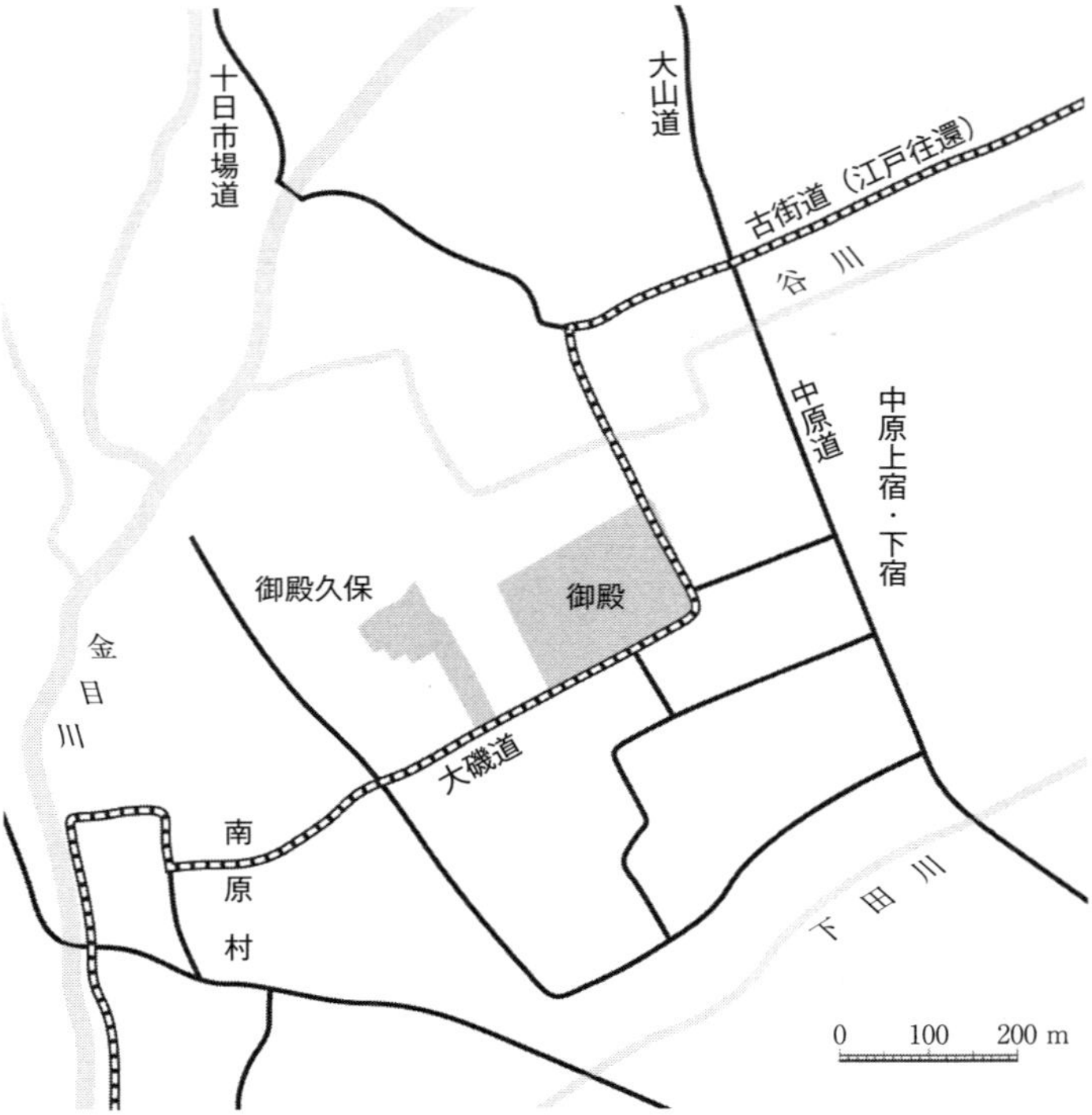

図3　中原御殿周辺の交通路と水路

（図3）。

五　中原御殿と交通路

中原御殿が所在する湘南砂丘域は相模国内の陸上交通、相模川を使った河川交通、そして相模湾を行き交う海上交通の結節点としての機能を持っている。「新編相模国風土記稿」中原上宿・下宿の項には、宿内を通る幅二間の往還として「大山道」「大磯道」「十日市場道」「古街道」の四条を挙げ、古街道を江戸往還としているが、これとは別に宿内の一二〇戸の多くが「中原道」と称する幅四間の往還に連住すると記している。大山道は伊勢原から厚木など内陸へ、大磯道は小田原を経て東海・西国方面へ、十日市場道は秦野盆地を経て甲斐国方面へのルートとなる。そして江戸へ向かう古街道は相模川渡河の手前で北上すれば八王子に向かい、北関東地域や甲斐国方面にも通じる。中原地区は相模国内のみならず、周辺地域とのアクセスにも高い利便性を持つ地点であると言えよう。

いわゆる「中原街道」は古街道と中原道と想定される。相模川の田村の渡しに向かうこの道は、渡しの手前で北上する八王子道と交差するためか、途上の両側に「厚木道」の小字を残している。中原街道と近世東海道との連結には「大磯道」が使われたと考えられるが、方形区画の南縁を南西方向に向かい、西隣の南原村を横断して金目川に達する道がこれにあたる。近世東海道方面に向かう道筋が素直に通っていないのは、西方からの軍事行動に対して御殿を防御するための措置と考えられる。

六　中原御殿の発掘調査

中原御殿に係る発掘調査はこれまで三回実施されている（図4）。

・中原御殿跡第1地点（図5・図6）

中原小学校の体育館兼講堂建設に伴い「御殿D遺跡」として昭和五七年（一九八二）二月一日から三月三一日に実施され「中原御殿跡第1地点」として報告されている。

方形区画の南西寄りの位置で約九〇〇平方メートルを調査し、溝状遺構・井戸址等八三基の遺構を確認したが、御殿に関係すると考えられる遺構は35号溝状遺構（SD35）、1号井戸址、2号井戸址の三基である。

SD35は調査区南西隅で、西から南へL字状に屈曲する大型の溝の北東角部分を検出した。上面の幅は推定で一七メートル、深さは確認面から三・四メートルを測る。覆土には宝永テフラを含んでいないことから、一八世紀初頭に

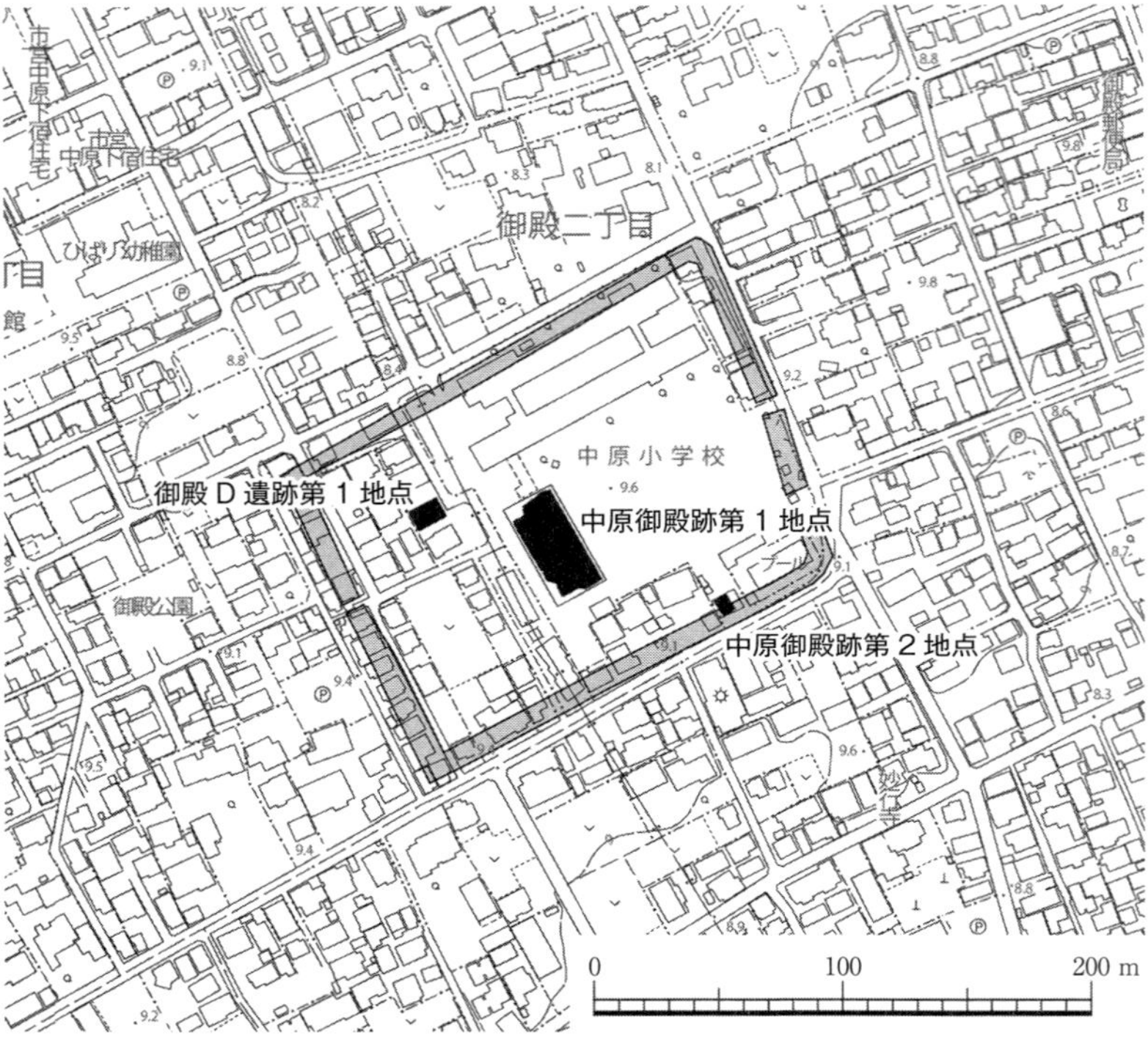

図４　中原御殿の推定範囲と調査地点

は埋没していたとみられる。

1号・2号の南井戸祉はいずれも木枠を伴う円形の井戸で、掘り方の直径は三メートル前後を測る。SD35が埋没した後に掘削されている。

・中原御殿跡第2地点（図7・図8）

中原消防分団の建物建設に伴い平成三年（一九九一）一〇月八日から一〇月二三日に実施された。方形区画の南東部に位置する五〇平方メートルが調査され、溝状遺構と土坑状遺構が検出された。溝状遺構は調査区南部で、東西方向に延びる大型の溝の北岸部を検出した。幅、深さともに不明であるが、検出位置から方形区画を囲む堀の内側と判断されている。覆土下層に宝永テフラの堆積層がある。

御殿D遺跡では個人住宅建設に伴う調査が平成三年八月二七日から九月六日に実施

図５　中原御殿跡第１地点調査区の全景（平塚市教育委員会）

され、「御殿Ｄ遺跡第1地点」としている。七〇平方メートルを調査し、幅四・五〜五・四メートル、確認面からの探さ一・二五〜一・七五メートルの溝状遺構を検出した。覆土は宝永テフラを含む上層部と含まない下層部に二分されるが、テフラの自然堆積層が認められないことから掘削年代を特定できず、一五〜一八世紀としている。溝の再利用の可能性も検討されているが、御殿との関係は明確にできない。

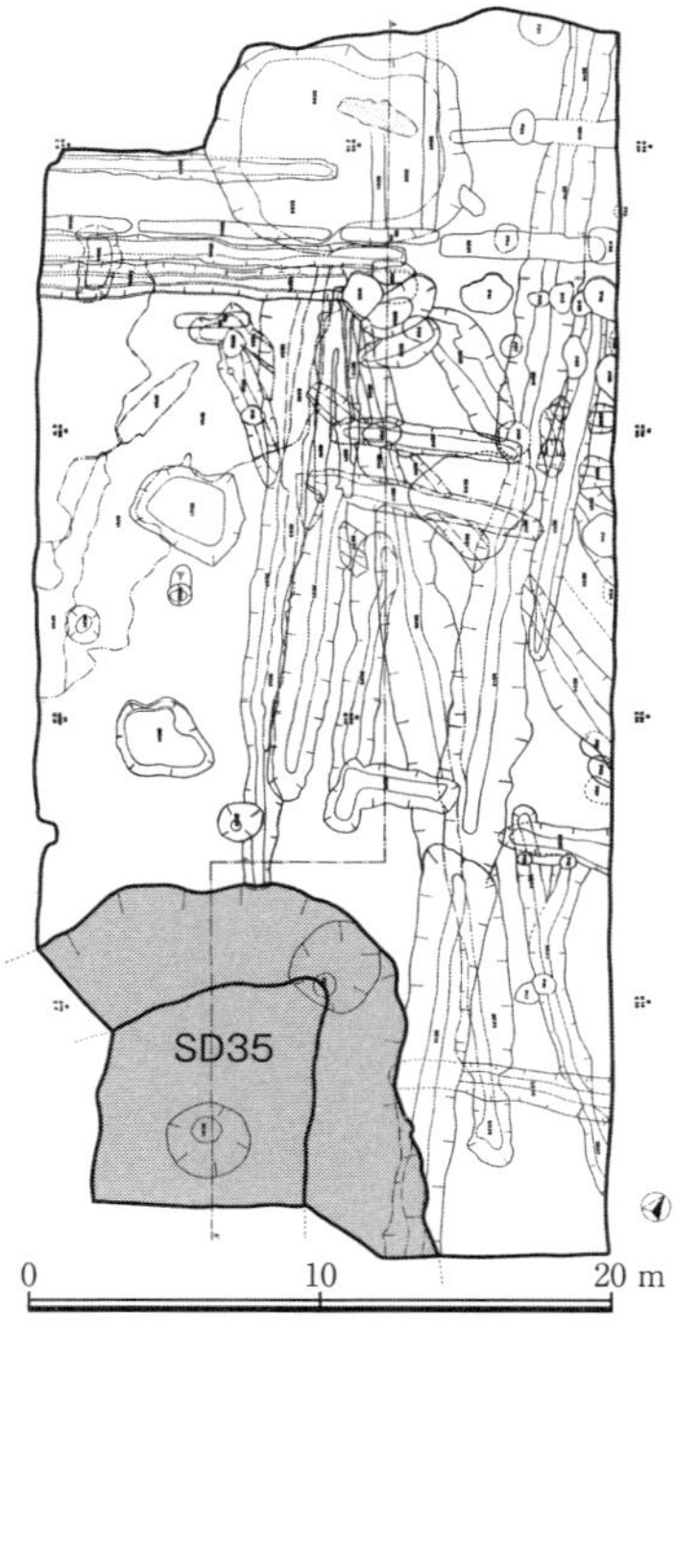

図６　中原御殿跡第1地点調査区平面図（『中原御殿Ｄ遺跡』より転載、加筆）

図７　中原御殿跡第２地点溝状遺構の西側断面の状況（平塚市教育委員会）

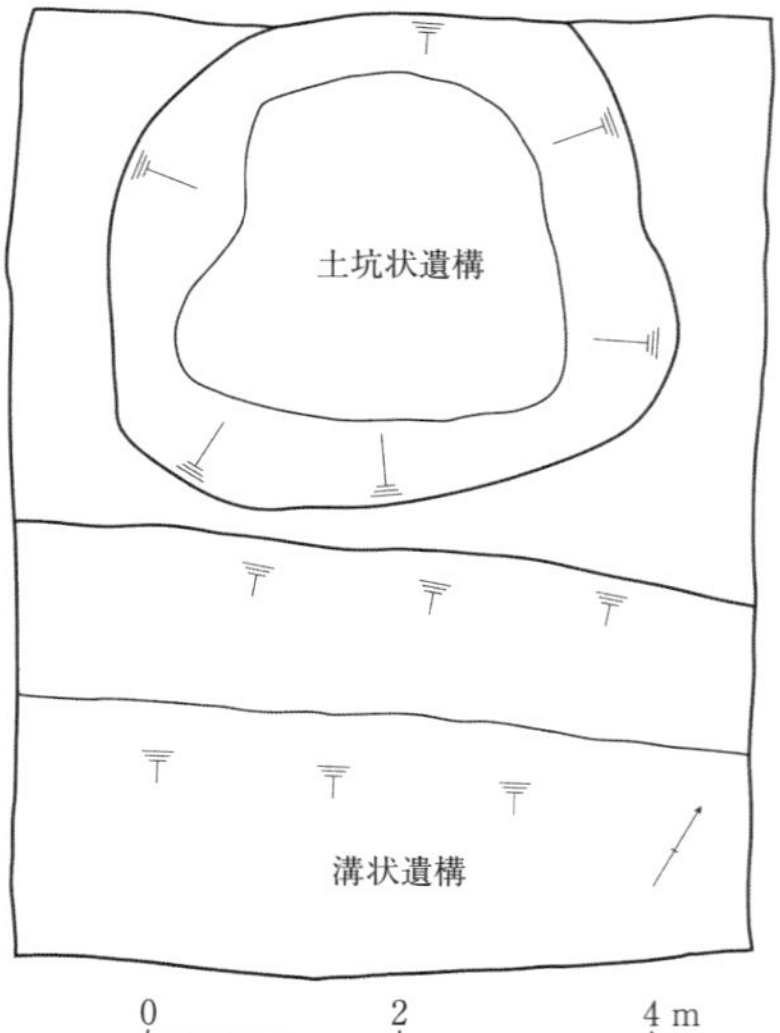

図８　中原御殿跡第２地点調査区平面図
（『中原御殿跡』より転載，加筆）

七　中原御殿の構造

これまでの発掘調査から御殿の構造を復元するのは困難であるが、予察を含めて考えてみたい。

中原御殿跡第２地点で確認された溝状遺構は「新編相模国風土記稿」に記載されている堀の位置と符合することから中心的な方形区画を囲む堀と認められる。また、堀の断面から宝永四年（一七〇七）の富士宝永山噴火の時点では堀として認識できる形状を保っていたことが窺える。一七世紀中葉に御殿が引き払われた後も御殿の位置と記憶は受け継がれていたのである。

中原御殿跡第1地点で検出された35号溝状遺構（ＳＤ35）について、報告書では御殿の方形区画を囲む堀である可能性を指摘する一方、検出位置が方形区画内部の一画にあたることからこれを否定し内部施設の一部と指摘している。筆者は後者を妥当と考えるが、さらにその規模を勘案すれば方形区画内を区分する堀の一部と推定している。御殿Ｄ遺跡第1地点で検出された溝も、御殿に関係するとすれば方形区画内の構造を示す可能性があるが、現状では断定できない。

一方、中心となる方形区画の周辺でも御殿の防御施設と想定できるデータがある。北側の谷川の不自然な流路が防御機能を有する点はすでに述べた。西側では方形区画の西端から西へ約一〇〇メートルの位置に「御殿久保」の小字がある。小字の範囲は東西約五〇メートル、南北約一五〇メートルの狭長な範囲で、微高地の方向に直交する。南西方向からの侵入に備える堀の存在を示す遺名の可能性があろう。方形区画と御殿久保の間から区画の北側に回り込んでいる「御殿後《ごてんうしろ》」の小字は方形区画の外側の郭の名残と考えられる。

つまり、中原御殿は一般に伝えられる方形区画の単郭ではなく、その内部を複数の郭に分割する一方、外部にも郭を配した複郭構造を持つと見るべきであろう。このことは、有事を想定した軍事的な機能を与えられていたことを示唆するものと考えたい。

八　中原御殿の歴史的評価

一般に中原御殿を紹介する際に、鷹狩りの際あるいは江戸と駿府を往復する際の宿舎という説明がなされている。

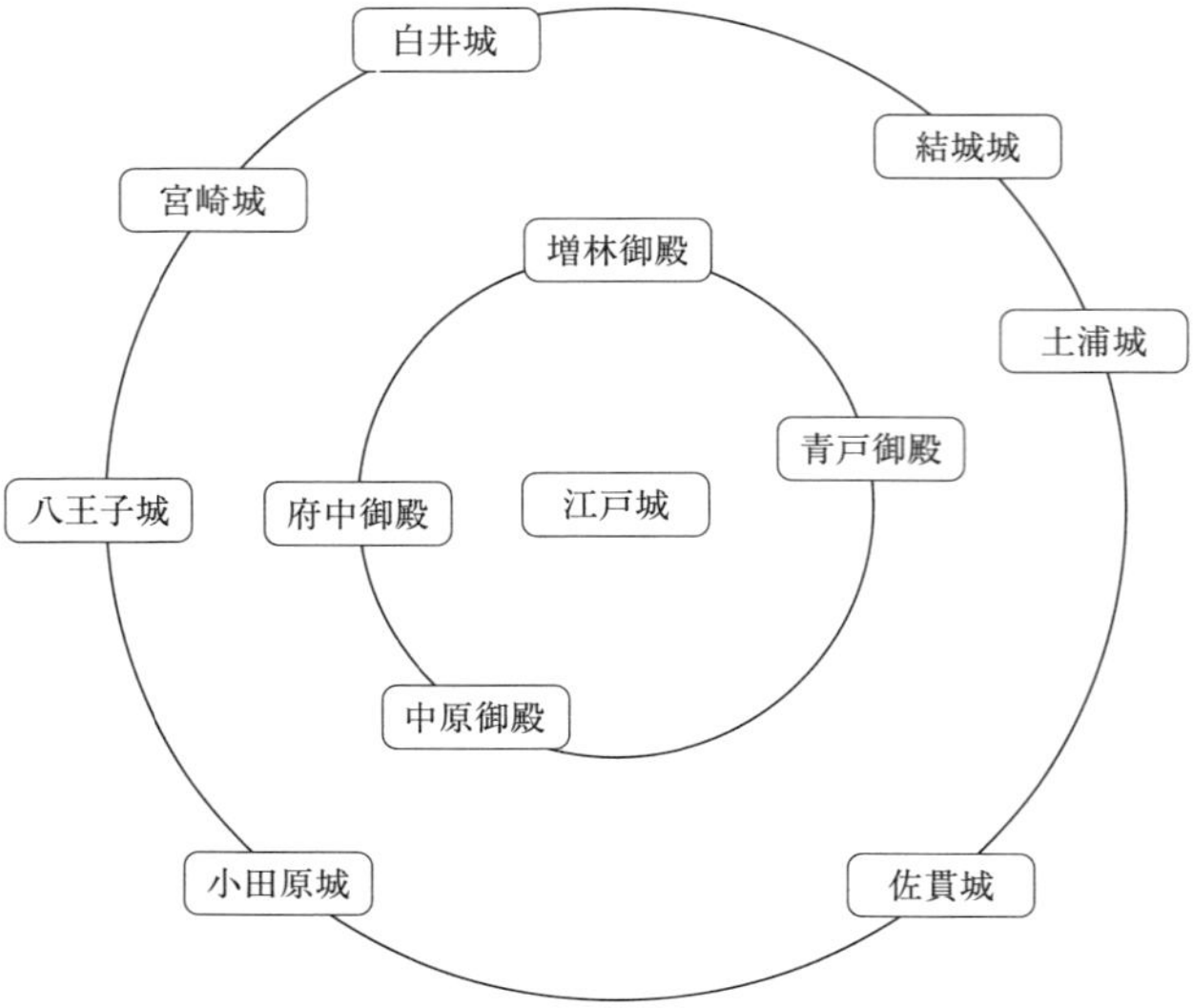

図9　徳川家康の関東防衛構想

平塚市内には他に「御所様堤」や「駒返橋」など家康に関係する伝承や地名がいくつか残されており、合わせて紹介される場合が多い。徳川家直轄領の現地支配に当たる代官所が隣接することからも、現地支配の拠点としての機能が大きいことは間違いない。しかし、相模国内での位置、近隣諸国へのアクセス、近世東海道との連結状況を踏まえて、自然地形を活かした二重三重の防御構造の配置を見るとき、極めて実戦的な軍事拠点の姿を想起せざるを得ない（図9）。

創建年代が「新編相模国風土記稿」の推定する慶長元年（一五九六）、あるいは少なくとも関ケ原合戦以前とすれば、政権内での家康の立場は微妙なものであり、豊臣政権側からの攻撃に対する領国と江戸の防衛を前提とする必要があったと考えられる。数ある御殿の中でも、府中御殿や青戸御殿など関ケ原合戦以前に創建された御殿には、江戸城を防衛するための指揮命令拠点としての軍事的な要素を考慮すべきではないだろうか。

具体的には東海道筋から侵攻してくるとみられる豊臣軍本隊に対して、まず小田原城を前線の防波堤として大軍を受け止め、その東側に位置する大磯丘陵の地形を活かしてゲリラ戦を展開して各個撃破を目論んだのではないだろうか。大磯丘陵の中央部、現在の中井町に旧武田家臣で武川衆の一員である米倉氏や曲淵氏を配置したのは、丘陵地での作戦行動を想定したものだろう。

家康は鷹狩りのため頻繁に中原御殿を訪れているが、これは鷹狩り名目で実施することによって軍事目的を偽装した地形把握や作戦策定の動きと考えられる。鷹狩りの精通者としてやはり旧武田家臣で甲斐と相模の国境に土地勘がある丹澤正忠（後に田澤と改名）を側近くに仕えさせたのも、作戦策定を意図したためと思われる。豊臣方に〝征伐〟の口実を与えることなく防衛の準備を進めるうえで、鷹狩り好きのイメージは大いに役立ったことだろう。「新編相模国風土記稿」には大坂へ赴く途上の伊達政宗が中原で鷹狩りを行うエピソードが記されている。政宗の放鷹を聞いた御鷹場の担当者大岡忠左衛門は「我が首取って家康に見せられるべし」と政宗を罵る。軍事機密をめぐる徳川、伊達両家の鞘当てが背景にあるとすれば、大岡某の一見過剰な反応も充分理解できる。

さらに、甲州道からの侵攻に備える府中御殿は古代の武蔵国府の位置にあり、古代東山道武蔵路に由来する北上ルートは上野・下野へと通じている。また、相模国府が所在した中原御殿とは、古代東海道駅路以来の交通の連携がある。つまり、家康は領国の縁辺部から内側にもう一つの防衛線を構築していた。この防衛線の拠点の一つとして、そして相模西部の丘陵地での作戦行動を指揮して豊臣本隊に対峙する好適地として中原御殿が築かれたのである。

〔参考文献〕

平塚市教育委員会　一九五八『大野誌』
小島弘義他　一九八三『中原御殿Ｄ遺跡』平塚市御殿Ｄ遺跡調査団
平　塚　市　一九九〇『平塚市史９　通史編　古代・中世・近世』
明石新他　一九九三『中原御殿跡』平塚市埋蔵文化財シリーズ24　平塚市
明石　新　一九九三「御殿Ｄ遺跡第１地点」平塚市埋蔵文化財緊急調査報告書６　平塚市教育委員会
平　塚　市　二〇〇三『平塚市史11下　別編　考古（２）』

平塚市博物館　二〇一二『平塚と相模の城館』
栗山雄揮　二〇一四「中原御殿の調査と歴史」『考古学ジャーナル』六五一　ニュー・サイエンス社
栗山雄揮　二〇一七「中原御殿に家康の戦略を読む」『平塚市博物館研究報告　自然と文化40』平塚市博物館

藤沢御殿跡

……宇都洋平

はじめに――藤沢御殿跡の立地

藤沢市の地形は市域南部の沖積低地（湘南低地）と、中北部の台地・丘陵地に大別される。藤沢御殿の位置する一帯は沖積低地の北端部に該当している。御殿の東側には境川、北側には白旗川が流れており、また地形的に南から北にかけ緩やかな傾斜地となっていることから、御殿一帯は周辺に比べ非常に地下水位が高い場所となっている。

一　藤沢御殿の歴史

慶長六年（一六〇一）に徳川家康により東海道が整備されると、大鋸町・大久保町・坂戸町の三町を併せ、藤沢宿が誕生する。藤沢御殿は大久保町に築かれた幕府直営の旅館である。藤沢御殿の建設時期は『新編相模国風土記稿』によると慶長十六年以前とし、『相中留恩記略』には慶長元年に建設されたとしている。徳川家康の藤沢滞在記録を

『慶長記』から確認すると、慶長五年六月二十六日には藤沢に宿泊し、鎌倉遊覧を行い、また同年九月二日には関ケ原の戦いの際に立ち寄っていることから、この頃までには御殿が成立していたと考えられる。なお、平野雅道によれば、藤沢御殿は初代将軍の家康の時代から三代将軍家光の時代までに計二八回利用されている（平野一九七七）。

藤沢御殿の廃止についても、建設時期と同様に明確な時期は不明である。『徳川実紀』に見える寛永十一年（一六三四）八月十九日に徳川家光が上洛からの帰りに宿泊をしていることが最後の利用記録であり、『新編相模国風土記稿』を見ると、天和二年（一六八二）には陸田となり、藤沢御殿はすでに廃止となっていたことがわかる。平野は明暦三年（一六五七）に起こった江戸の大火に伴い御殿の建造物が江戸に運ばれたと推測しており（平野一九七七）、この頃御殿としての機能は失われたと考えられる。ただしすべての建造物が御殿廃止とともに江戸へ運ばれた訳ではなく、『藤沢坂戸新宿高役小割帳控』（堀内家文書）には翌天和三年段階で御殿内もしくは周辺に、「御殿御屋敷」「御蔵屋敷」と見えることから付属の施設が一部存在していた可能性がある。このほかにも後述する裏口の門は峯渡内村の名主である福原家に下賜されたことが確認されている。なお、『御殿内外芝萱場御年貢永取帳』（堀内家文書）を見ると五年後の貞享五年（一六八八）には、御殿跡が畑地となっていることから、この時までには御殿内の空間には建造物が存在していなかったことがわかる。

ちなみに現在も藤沢御殿や陣屋が存在していた名残として、「御殿辺」「御殿橋」「陣屋小路」「陣屋橋」などの地名が藤沢一丁目周辺に残されている。

二　絵図からみる藤沢御殿跡

現在、藤沢市文書館に寄託されている堀内家文書の中に、元禄十一年（一六九八）に作成された『藤沢御殿跡絵図』がある。絵図には、北は御殿の北側に広がる水田、南は藤沢宿の街並み、東は遊行寺山、西は妙善寺までの範囲が描かれている（図1）。図2は御殿の部分を拡大・トレースしたものである。平野雅道は藤沢御殿の構造について論考した際、この絵図について触れているが（平野一九七七）、ここでは改めて絵図から藤沢御殿の構造を眺めていきたい。なお釈文の一部については、藤沢市浮世絵館（当時）の細井守氏の助力を得た。

・御　殿

絵図には御殿の広さが記されており、東西八六間、南北三九間の長方形を呈していたことがわかる(1)（図2－①）。出入口は南側と東側にあり、南側が大手口、東側が裏口となっている。後述する福原家に下賜されたとされる門はこの裏口に設置されていた構造物と推測される。また御殿の南西隅には、東西一六間、南北二〇間の区画があり、「御座之間跡」と記されており（図2－②）、ここが将軍家の宿泊施設が存在していた場所と考えられる。なお元禄十一年段階では、竹藪となっていたことがわかる。

・四周の堀

藤沢御殿は四周を水堀により囲まれていたことを絵図から見ることができる。堀の内側には三間、外側には二間の土手が存在しており、堀の幅は御殿の西側と南側で五間、北側で六間であり、北側の堀幅が西側と南側と比べ一間広い。なお、東側の堀幅についての記述はないが、東西土手の総延長（図2－③）から建物幅や土手幅などを引くと五間となるので、東側の堀も西側と同様五間であったと考えられる。内側の土手には松のような樹木と、笹のような植物が描かれており、外側の土手にはススキのような植物が描かれている。

藤沢御殿一帯は地下水位が高く、確認調査を行うと渇水期以外の時期では湧水に悩まされることが多い。また御殿

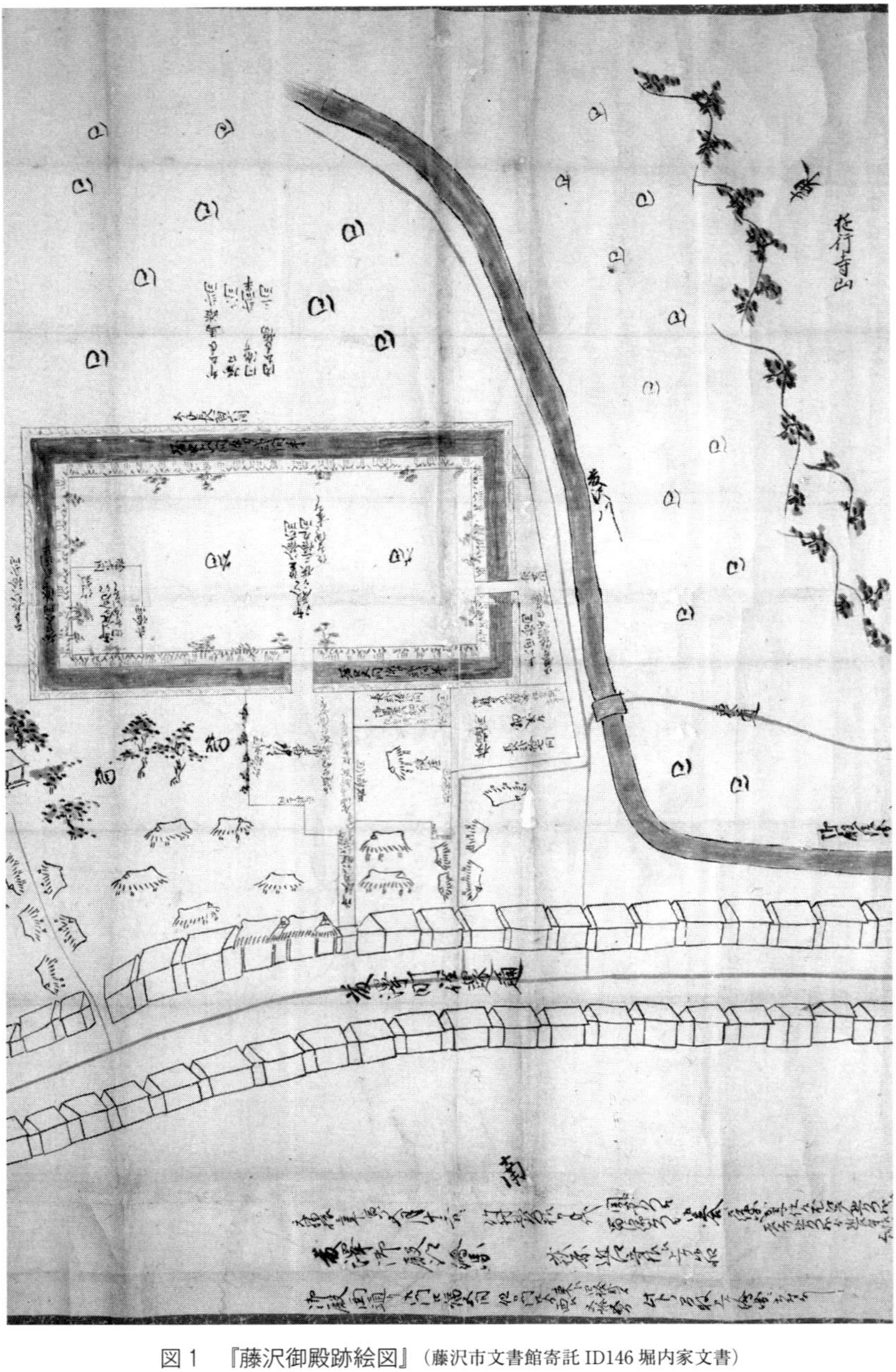

図１　『藤沢御殿跡絵図』（藤沢市文書館寄託 ID146 堀内家文書）

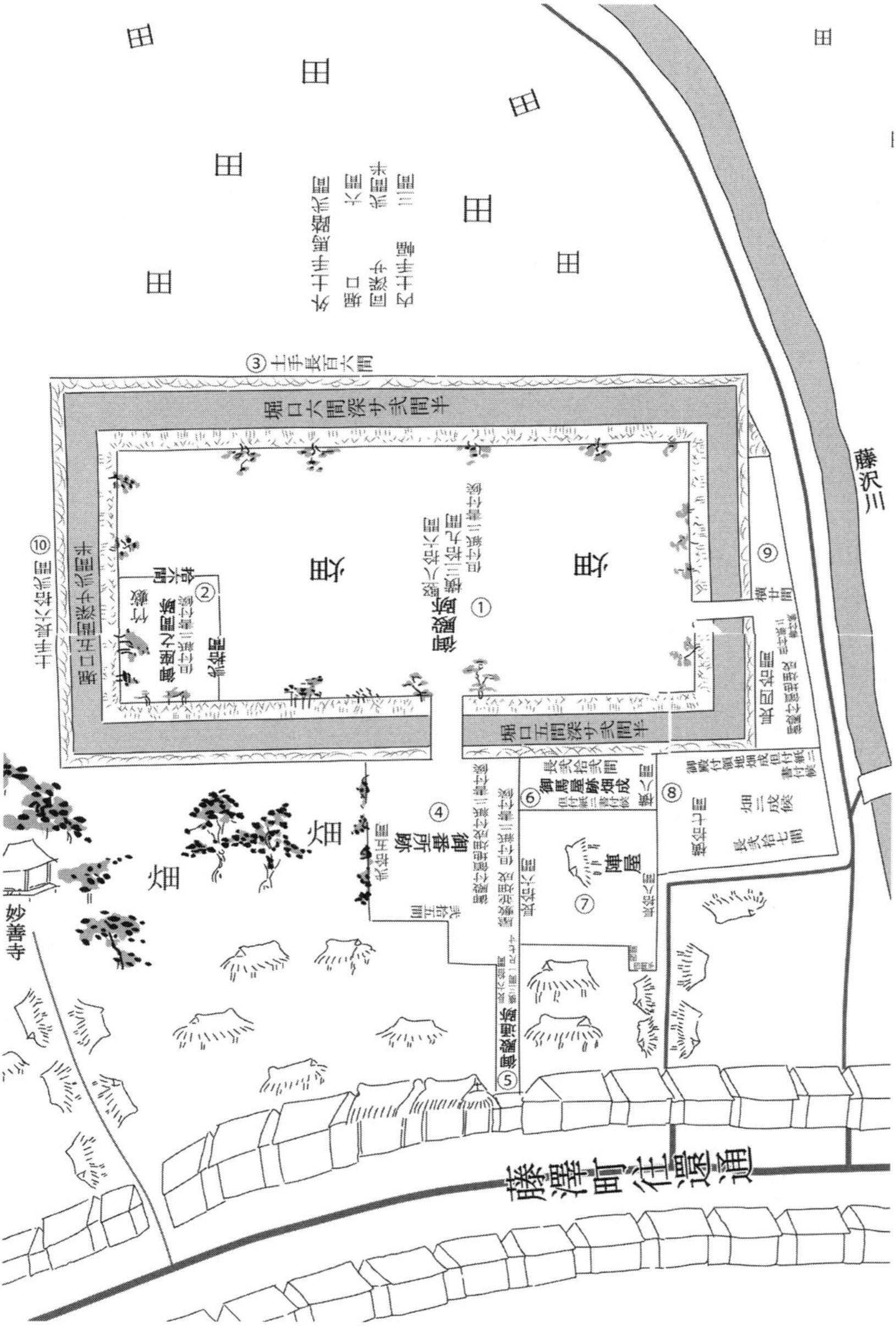

図２　『藤沢御殿跡絵図』御殿跡部分拡大トレース図

一帯の地山は砂質土であり、水に浸かるとすぐに崩落してしまう。そのため東海道藤沢宿遺跡第六地点では、恒常的に水が溜まっている水路には、木製の護岸が採用されている（宮田ほか二〇一二）。このことから藤沢御殿の堀もただの素掘りの堀ではなく、水面下に土留めの基礎を設ける、もしくは土手の斜面に粘性の強い土を張り付けるなど何かしらの崩落防止措置を行っていた可能性が高い。(2)

・御番所跡と御殿通跡

御殿の大手口の南側に御番所跡とされた空間がある（図2－④）。規模は二五間四方であり、すでに建物はなく耕作地となっている。御殿通は長さ六〇間、幅三間一尺七寸（図2－⑤）とある。この道は元禄十一年段階ではすでに宅地や畑になっており、道としての機能は失われていたものと思われる。なお御殿南側一帯は現在の都市計画図からは直線的な区画が見いだせないため、絵図では直線的に描かれている御殿通だが、実際は曲横していた可能性もある。

・御馬屋跡と陣屋

番所の東側に御馬屋跡と記された畑地がある（図2－⑥）。規模は東西二二間、南北八間で東西に長い区画をしている。この馬屋の南側には陳屋（陣屋）と記された区画があり（図2－⑦）、規模は東側で南北一八間、西側で一六間とある。東西方向は馬屋と同じ二二間と推測される。また陣屋の南東隅には東西四間半、南北四間の張り出し部がある。この陣屋は、天和三年（一六八三）に藤沢御殿の御殿番でもあり、陣屋の手代であった二宮長右衛門が甲州番所に転勤となったことで廃絶したと考えられている（平野一九七九）。

この馬屋と陣屋の東側には、東西二七間、南北一七間の区画が存在している（図2－⑧）。絵図には名前が記されていないが、「畑ニ成候」とあることから、ここにも御殿と関連する施設が存在していた可能性がある。また裏口の一帯にも東西二〇間、南北四〇間の台形状を呈した区画が存在している（図2－⑨）。

図3　『相中留恩記略』御殿跡トレース図

なお、この⑧と⑨の区画の東側には南北方向に藤沢川（境川）が流れており、川沿いに東海道から滝山街道に抜ける道や、橋を渡り清浄光寺（遊行寺）方面へ向かう道が朱色で描かれている。これらの道は明治時代に陸軍により作成された迅速測図でも確認することができる。

このほかに藤沢御殿跡を詳細に描いた絵図として『相中留恩記略』挿図がある（図3・トレース図）。『相中留恩記略』は天保十年（一八三九）に峯渡内村の名主であった福原高行・高峰親子により作られた地誌であり、長谷川雪堤が現地に赴いて実景の図取りを行っている。

挿図に描かれた藤沢御殿跡を見ると、御殿には堀の内側に土塁が築かれていたことがわかる。なお御殿の北側土塁は一部途切れて出入口が設けられており、内部に屈曲しながら大手口跡へとつながる道が描かれている。この北側の出入口は『藤沢御殿跡絵図』には描かれておらず、元禄十一年から天保十年までの約一四〇年間の間に耕作や通行のため土塁を削平し、新たに造られたものと考えられる。また挿図を見ると、大手口跡より東の南側の堀と東側の堀はすでに埋め立てられており、耕作地へと変化していたことがわかる。

『相中留恩記略』には御殿跡の記述に続き、御殿裏門についての記述と裏門の挿図がある。これによれば、御殿の裏門は峯渡内村の名主である福原左平太に下賜されたとある。門の大きさは扉一枚が縦七尺三寸、横四尺一寸五分で、上下四段に横位に鋲が打たれている。この扉の寸法から、藤沢御殿の裏門幅はおおよそ八尺三寸（約二五〇センチメートル）であったと考えられる。なお、この扉を下賜された福原佐平太は『相中留恩記略』の制作者である福原高峰自身のことであり、御殿廃止から、この地誌が成立した天保十年頃までの約一八〇年間、御殿の裏門は福原家により地元で保管されていたことになる。

三　藤沢御殿跡の考古学的調査

藤沢御殿の存在は『藤沢御殿跡絵図』や『東海道分間延絵図』『新編相模国風土記稿』『相中留恩記略』などの資料で確認されており、その位置についてもおおよその範囲が伝えられてきたが、周知の埋蔵文化財包蔵地として登録されたのは、平成八年（一九九六）一月になってからである。

藤沢御殿およびその周辺では、近年文化財保護法第九三条に基づく届出が増加しているが、それでも試掘調査に至るものは非常に少ない。令和六年（二〇二四）現在までに本格調査は一度しか行われておらず、その時の調査では江戸期の遺跡は確認されなかった（三ツ橋ほか二〇二二）。ただしこれまでの試掘・確認調査でわずかではあるが藤沢御殿を考察する上で重要な調査地点があることから、ここではそれらの事例を報告していくことにする。

・藤沢一丁目二〇四四番一他地点

本地点は共同住宅建設に伴う試掘調査で、平成十二年六月に試掘調査が行われている。調査は建物建設範囲に二メートル×二メートルの試掘坑を設定し、地下の埋蔵文化財の状況を確認したところ、南北方向に走る巨大な掘り込みが確認された。遺構の覆土最下層からは宝永の火山灰を含む土が確認されたことから、この遺構が藤沢御殿の東側の堀である可能性が考えられた。

共同住宅建設において大きな掘削は発生しなかったたために本格調査には至らなかったが、遺跡の重要性を考え同年八月十四日から十八日までの五日間の日程で立会調査が行われた。調査面積は一九二平方メートルである。

現地表面から一メートル掘削し、遺構の確認を行ったところ、調査区の中央から東側で大型の溝状遺構のプランを確認した。そこで、調査区壁面沿いにトレンチを設定し、さらに五〇センチメートルほど掘削を行ったところ、断面

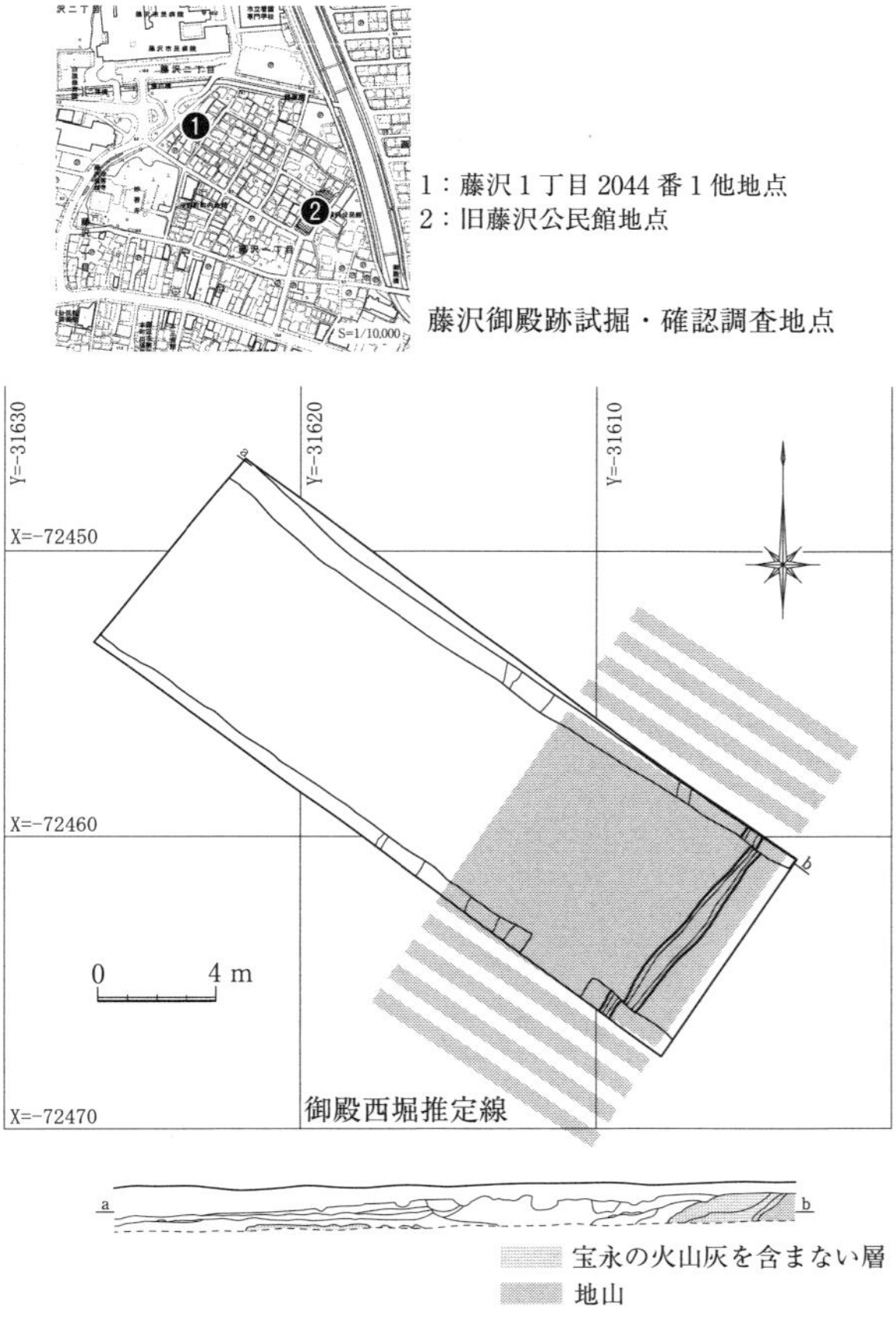

図４　調査地点位置図および藤沢１丁目 2044 番１他地点平面図・土層堆積図

上でも溝状遺構の落ち込みが確認された（図4）。遺構の規模はトレンチ下端で八・七メートル、上端推定約一〇・八メートルである。

遺構は上部の一部しか調査を行っていないため年代を特定できる遺物は出土していないが、覆土の土壌分析の結果、遺構の東側立ち上がりの地山直上に堆積している土に宝永の火山灰が含まれていないことから、遺構は宝永の噴火（宝永四年〈一七〇七〉）以前に掘削されたものであり、噴火時には深さ一メートル以上の窪地を形成していたと考えられる。このことからこの溝状遺構は藤沢御殿西側の堀であると考えられる（加藤二〇〇一a）。

・旧藤沢公民館地点

本地点は消防署の仮出張所建設に伴う調査で、令和四年五月に試掘調査を行った。本調査地点は御殿推定範囲の南東隅に位置していることから、御殿の東側の堀が検出されることが考えられた。そこで三メートル×三メートルの試掘坑を四箇所設定し、遺跡の確認を行ったところ、一部の試掘坑で西から東にかけ緩やかな傾斜をもつ土層堆積が確認されたものの明確に遺構と断定できるものではなく、遺物も確認されなかった。また令和五年一月に同箇所において南側の堀を確認するため敷地の南側で三メートル×三メートルの試掘坑を一箇所設定し、確認調査を行ったが、江戸時代後期の耕作に伴うと考えられる土坑と溝状遺構が確認されただけで御殿の南側の堀は確認されなかった。

四　藤沢御殿の範囲の再検討

平成十二年（二〇〇〇）に確認された大型溝状遺構を藤沢御殿の西側の堀と仮定し、加藤信夫は『藤沢御殿跡絵図』の記載と現在の地割をもとに図5上のような御殿の範囲推定を試みている（加藤二〇〇一a）。また絵図の寸法とは別に地割のみで御殿の範囲を推定する案も提示している（加藤二〇〇一b）。ここでは改めて『藤沢御殿跡絵図』の記述から御殿の規模を割り出し、検討を行いたい。なお単位の変換については、明治二十二年（一八八九）制定の度量衡法に基づいて行うことにする。

『藤沢御殿跡絵図』を見ると、外土手の周りに御殿の幅が記されている（図2－③・⑩）。東西幅は、土手長一〇六間

加藤案

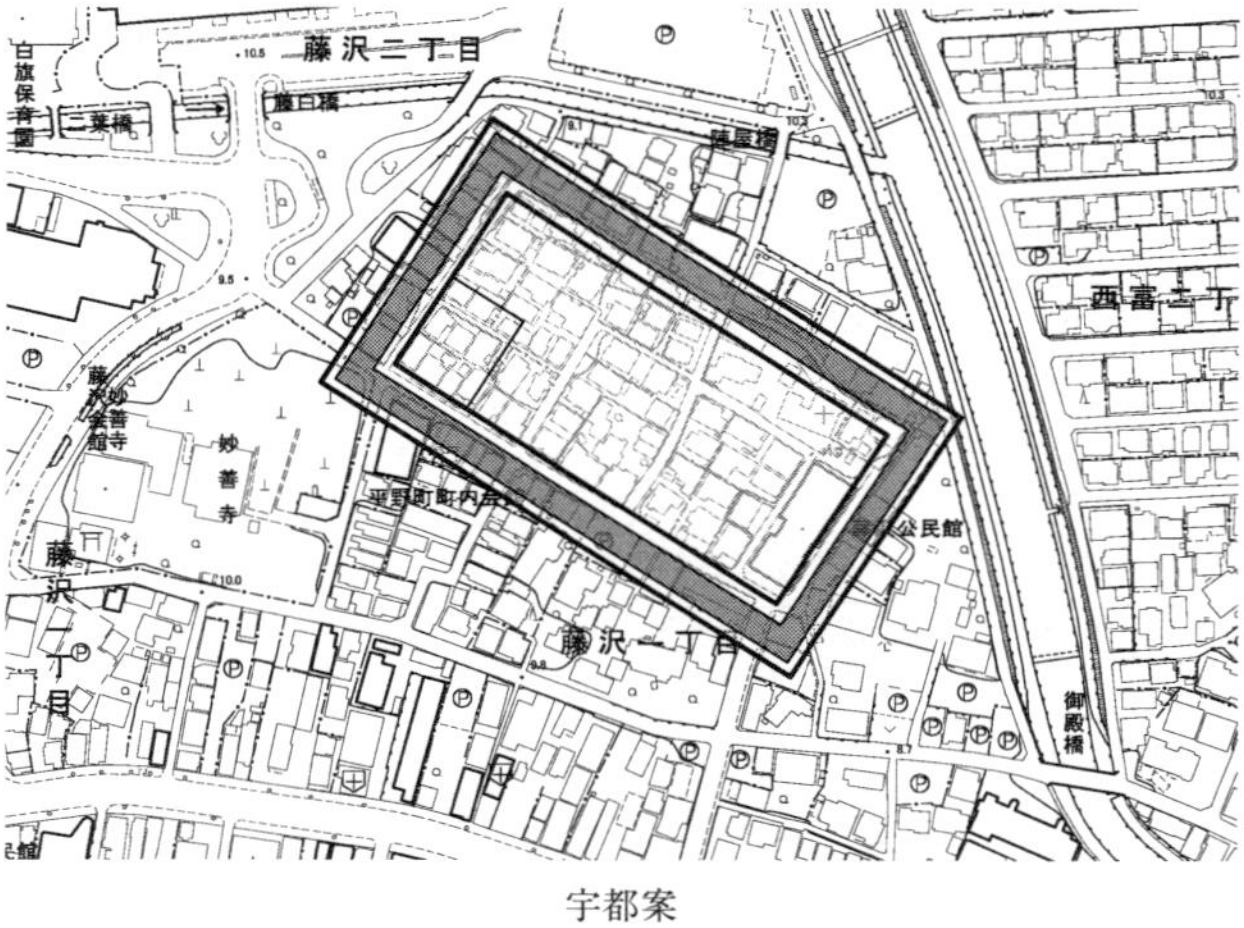

宇都案

石井案（石井2001より）　1間＝1.818 m

御殿全体			
御殿敷地	東西86間（156.4 m）	南北36間（65.5 m）	面積 約10,244 m^2

加藤案（加藤2001a より）　1間＝1.86 m

御殿全体	東西106間（約197 m）	南北62間（約115 m）	面積 約22,655 m^2
御殿敷地			

宇都案　1間＝1.818m

御殿全体	東西106間（192.708 m）	南北60間（109.08 m）	面積 約21,021 m^2
御殿敷地	東西86間（156.348 m）	南北39間（70.902 m）	面積 約11,085 m^2

図5　『藤沢御殿跡絵図』復元案

とあり、これは敷地東西八六間＋内土手三間（×二）＋堀五間（×二）＋外土手二間（×二）と同数である。次に南北幅を見てみると、土手長六二間とあるが、敷地南北三九間＋内土手三間（×二）＋北側堀六間＋南側堀五間＋外土手二間（×二）＝六〇間、と数値が異なる。ここでは各施設の幅を合計した六〇間を御殿の南北方向の長さと考えることにする。この数値を一間＝一・八一八メートルに置き換えると、外土手までを含めた御殿の寸法は東西一九二・七〇八メートル×南北一〇九・〇八メートルで面積は約二万一〇二一平方メートル、御殿の敷地は東西八六間（一五六・三四メートル）×南北三九間（七〇・九〇二メートル）で面積は約一万一〇八五平方メートルとなる。図5の表はこれまでの先行研究で示された御殿の面積と今回示した案の一覧である。

石井案と比較するとメートルへの換算は同じであるが、御殿の南北を三六間としているため、今回の提示した敷地面積のほうが石井案と比べ約八〇〇平方メートル広くなっている。また加藤案では御殿の東西幅は同じく一〇六間だが、南北幅は六二間としており、またメートル換算が一・八六メートルと異なるため、今回の提示した敷地面積のほうが一六〇〇平方メートルほど狭くなる。

御殿の規模の数字的な復元の次に、実際推定地に計算上で復元した御殿がおさまるか考えてみたい。平成十二年に確認された大型の溝が藤沢御殿の西側の堀であることは疑いようがない。よって東側についてもおおよそ位置の検討がつく。問題は南北方向である。令和二年（二〇二〇）開催の江戸遺跡研究会第三三回大会の発表要旨で筆者は御殿跡の推定図を掲載したが、令和四年・五年の試掘・確認調査の結果からこの推定図は見直しを行う必要が出てきた。すなわち、先の推定図では旧藤沢公民館の敷地内に御殿の南側と東側の堀が存在している可能性を指摘したが、実際には敷地内で明確な堀の痕跡は確認されていない。よって御殿の南限を現在の市道藤沢三九〇号線として復元した御殿範囲は成立しない事実が判明した。ここでは前回提示した推定図を撤回し、改めて御殿の位置を推定してみることにする。今回注目したいのは『藤沢御殿跡絵図』に描かれた御殿通跡（図2－⑤）である。この道は御殿正面から東海道までをつなぐ道である。長さ六〇間であり、これをメートル換算すると一〇九・〇八メートルとなる。この道の距離と旧藤沢公民館の調査成果および周辺の地割をふまえると図5下のような位置になる。ただし先述したとおり御殿通は曲横している可能性もあるので、御殿の敷地がこの推定図よりやや南になる可能性もある。

おわりに

藤沢御殿跡は近年調査事例が増え、わずかではあるがその実態が明らかとなってきた。ただし今後御殿跡内部で試掘調査が行われたとしても、天和年間にはすでに耕作地となり、その後宅地化していることから、御殿内の建造物に関係する遺構が検出される可能性は低い。よって今後考古学的手法で藤沢御殿の実像に迫るためには、御殿を囲む堀を検出することが必要不可欠である。

現在、藤沢御殿の推定範囲の大半は個人住宅が建ち並んでいるため、大規模な発掘調査を行う可能性は低い。ただし小さな調査地点の成果が集まり、それらの成果を点と点を線で結びつけるようにすることで藤沢御殿の一端を解明することは可能であろう。

注

（1）平野（一九七七）や石井（二〇〇一）では、南北の間数を三六間としている。

（2）加藤信夫は砂丘上に深さ二間半の水堀を維持することは困難であると考え、水面下に石積み遺構が存在する可能性を指摘している（加藤二〇〇一a）。

〔引用・参考文献〕

石井　修　二〇〇一「藤沢宿の諸施設」『東海道宿駅制度四〇〇年記念　東海道と藤沢宿』藤沢市教育委員会

加藤信夫　二〇〇一ａ「藤沢市No.134（藤沢御殿跡）遺跡」『湘南考古学同好会会報』八二　湘南考古学同好会

加藤信夫　二〇〇一ｂ「「堀口五間」―発掘された藤沢御殿―」『東海道宿駅制度四〇〇年記念　東海道と藤沢宿』藤沢市教育委員会

高野　修　二〇一〇『藤沢市史ブックレット２　藤沢と遊行寺』藤沢市文書館

田中久和　一九九九「福原家旧蔵・絵画資料について」『藤沢市文化財調査報告書』第三四集　藤沢市教育委員会

平野雅道　一九七七「江戸初期の藤沢宿と御殿について」『藤沢市史研究』一〇　藤沢市文書館

平野雅道　一九七九「藤沢宿の陣屋について―大久保陣屋について若干の考察―」『藤沢市史研究』一二　藤沢市文書館

平野雅道　一九八二「藤沢御殿の裏門について―渡内村福原家長屋門との関係について若干の考察―」『藤沢市史研究』一五　藤沢市文書館

三浦俊明　一九八〇『東海道藤沢宿』名著出版

三ツ橋勝ほか　二〇一二『神奈川県藤沢市　藤沢御殿跡第一次発掘調査報告書』斉藤建設

宮田眞ほか　二〇一二『神奈川県・藤沢市　東海道藤沢宿　藤沢市No.78遺跡第６地点発掘調査報告書』博通

東京美術　一九七八『東海道分間延絵図　第二巻　保土ヶ谷　戸塚　藤沢』

藤　沢　市　一九七〇『藤沢市史　第一巻　資料編』

藤　沢　市　一九七五『藤沢市史　第五巻　通史編』

藤沢市文書館　一九七六『藤沢市史資料集（二）我がすむ里（文政一三年）　鶏肋温故（天保一三年）』

有　隣　堂　一九六七『相中留恩記略』

静岡県内の徳川の御殿

……辻　真人

はじめに

東西に長く延びる静岡県には、主に江戸時代の東海道沿いに多くの徳川の御殿が存在していたことが知られている。江戸時代初期にたびたび東海道を往来した徳川家康・秀忠・家光が、宿所として利用した御殿は、三島、蒲原、清水、中泉、新居などにあり、駿府城、田中（藤枝）城、掛川城、浜松城も宿所として利用した。さらに湯治用の熱海御殿、矢倉沢往還の御殿場（御厨）御殿、朝鮮通信使を接待した貝島御殿、鷹狩用の善得寺御殿、相良御殿などもある。また家康は隠居所として泉頭御殿を造ることも計画していたが逝去したため普請は中止になった。

これら御殿の発掘調査は極めて限定的である上に文献史料も少ないため、その実態はほとんどわかっていない。本稿では可能な範囲で静岡県内（伊豆・駿河・遠江）の御殿を東から西へ順に紹介していく。

静岡県内の御殿

1　熱海御殿（静岡県熱海市）

徳川家康は慶長二年（一五九七）三月と慶長九年三月の二回、熱海に滞在して湯治を行っている。二回目の湯治は二人の子供、義直・頼宣を伴い京に上る途中の七日間で、中世以来の湯治法である一回り七日間の逗留であった。前後二回の湯治場所がどこであったのか定かでないが、身分に相応する新建築が用意されたことは想像に難くない。

その後、将軍家光が熱海に湯治する計画があり、寛永元年（一六二四）に大番組頭兼松下総守正直と揖斐与右衛門が奉行となって初めて御殿を建設し、さらに同十六年には佐久間将監実勝と小林彦五郎が奉行を務めて建直し（改築）を実施した。この御殿の敷地は六〇間四方といった大きなもので、傍らに弓馬場まであったと伝えられている。しかしいずれの湯治計画も実行寸前まで行きながら中止になっている。実際に熱海御殿を利用したのは家光の愛妾品川御前で、寛永十八年五月八日から二十八日までの二一日間滞在した記録が残っている。やがて御殿は破損するままに放置され、元禄の頃には幕府によって取り払われてしまったが、天明二年（一七八二）頃にも礎石だけは配置されたままで残り、弓馬場の跡も面影を残していたらしい。

熱海御殿の遺構はほとんど残っていないが、現在の熱海市役所付近が御殿地であったと伝承されている。

2　三島御殿（静岡県三島市）

三島御殿は徳川家光が元和九年（一六二三）七月に、将軍宣下のために上洛するにあたり新築されたと一般には伝えられている。さらに『寛政重修諸家譜』には旗本日下部定勝が、大猷院殿御上洛の御催しがあるために伊豆国三嶋御殿の普請を奉行した功により、寛永十年二月七日に二〇〇石の加増を受けたこと（巻第六百七十）や、市岡定次が伊豆国三嶋御殿の栄作を奉行した功により、同じく二月七日に二〇〇石の加増を受けたこと（巻第三百九十六）の記述がある。この時の普請が新築なのか改築なのか定かではないが、いずれにしても三島御殿は元和九年から寛永十年の間に完成していたものと考えられる。

三島御殿の詳細な記録は何も残っていないが、規模を知ることのできる唯一の資料として、三島市郷土資料館所蔵の「御殿跡之圖」（図１）があげられる（以下〝絵図〟という）。ただし、この絵図の裏面には文久二年（一八六二）七月五日の付箋があり、御殿廃止後数百年を経てからの作図と考えられる。そのため、どの程度正確に御殿地が表現されているのか疑問な部分もあるが、御殿の周囲には石垣が巡り、南側に御庭と本丸、北側に二ノ丸が置かれ、大手は東側に配置された様子を知ることができる。

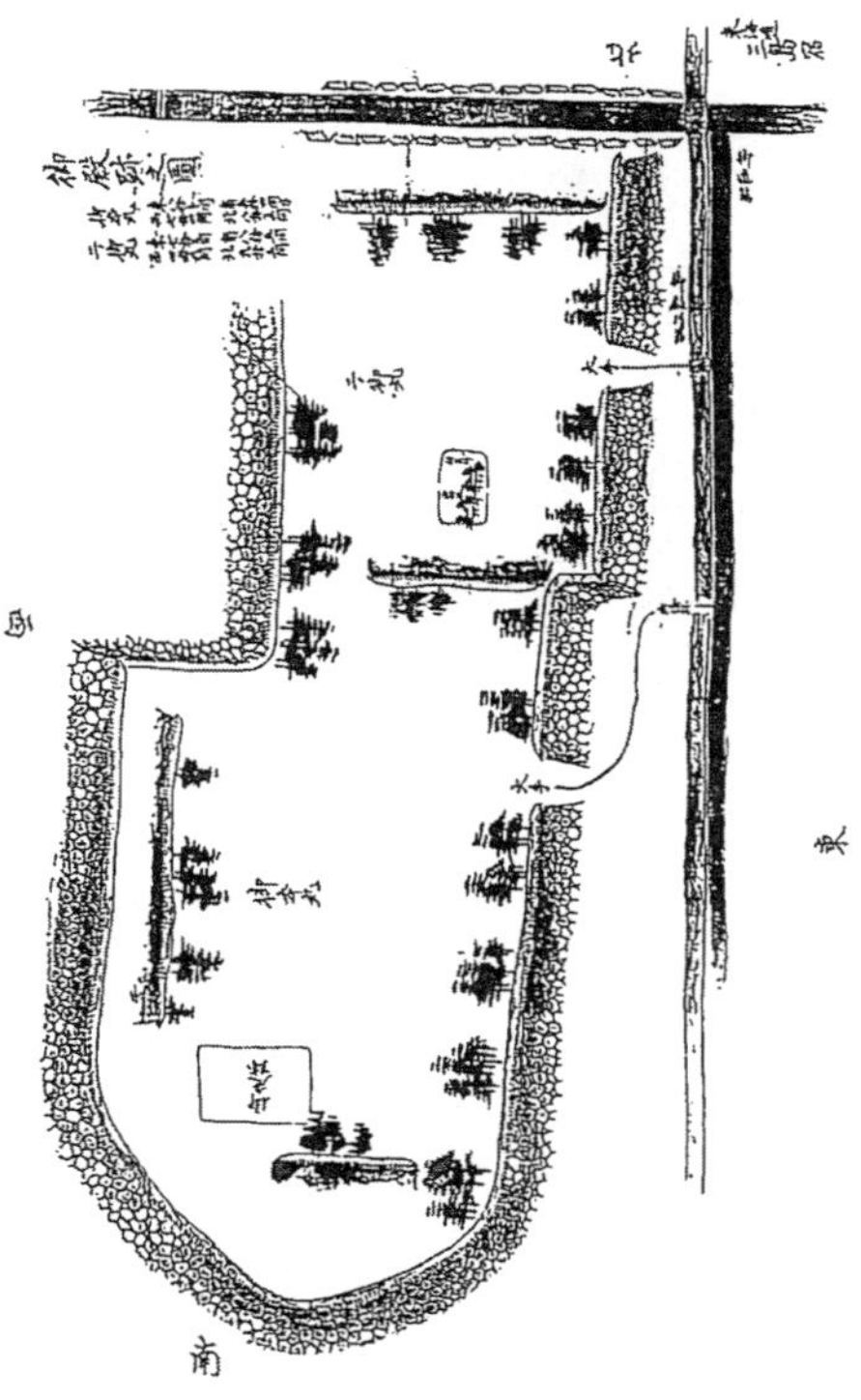

図１　「御殿跡之圖」

三島市街には現在でも地図上のＥＦＧＨＩの位置に断続的に石垣が残っており、その線形は絵図に描かれる石垣の南側部分と似通った曲線を描いていることから、これが御殿の南側を区画する石垣と推定できる。そして御殿の北側を規定する旧東海道の道筋は、県道三島富士線によって踏襲されている。また東側を区画する御殿川は小さな水路と化してしまったが今もなお御殿地の東側を南へ流下し、西側には四宮川の痕跡を認めることができる。したがって三島御殿は、御殿川と四宮川に挟まれる微高地上に位置していたことになる。本丸の東辺と西辺はそれぞれ石垣の延長線上のＤＦ・ＨＪ、南辺は石垣の示すＦＧＨとなり、絵図の中央やや北よりに描かれている土塁を、本丸と二ノ丸を区画する土塁とするならば本丸の北辺はＣＤＬとなる。一方、二ノ丸の東辺は御殿川沿いのＡＢＣ、西辺はＫＬＭ、南辺は本丸の北辺と同じくＣＤＬ、北辺は旧東海道沿いのＡＮＭとなる。そして二つの大手の位置は、地形から判断してＢとＥの辺りに推定でき、以上が御殿地の推定範囲となる。

絵図に記される御殿地の範囲は、本丸は東辺八一間・西辺七四間・南辺五四間半・北辺八五間、二ノ丸は東辺七三間・西辺四六間・南辺八五間・北辺九三間ということになる。基準尺を田舎間（一間＝六尺≒一八二センチメートル）と仮定して計算した各辺の長さと、地図上の計測値を比較すると、その距離はほぼ一致する（図2）。しかし二ノ丸西辺だけは、絵図に記載された長さと実際の計測値に二倍程度の誤差が生じ、両者の整合性に欠けている。このような誤差が生じた理由として、御殿廃絶後に、二ノ丸北西部の一角に建てられた樋口本陣の存在があげられる。『樋口本陣目録』によると、同本陣は間口一九間一尺、奥行き四二間四尺とされており、間口三四・九メートル、奥行き七七・七メートルとなる。この奥行き分の距離と絵図に記載された西辺四六間（八三・七メートル）を合計すると一六一・四メートルとなり、先ほど地図上で求めた二ノ丸西辺の実測値一六五・〇メートルに近い数字が得られる。あくまでも推測の域を出るものではないが、御殿地の払い下げや本陣建設に際して、二ノ丸西辺北部の石垣の一部が破壊されたと考えられないだろうか。絵図にもこの部分の石垣は描かれておらず、作者が二ノ丸西辺に残された石垣の寸法を記載したとするならば、御殿地の外周の距離については、絵図の記載と計測値がほぼ整合し、御殿地の面積は、約三万八二

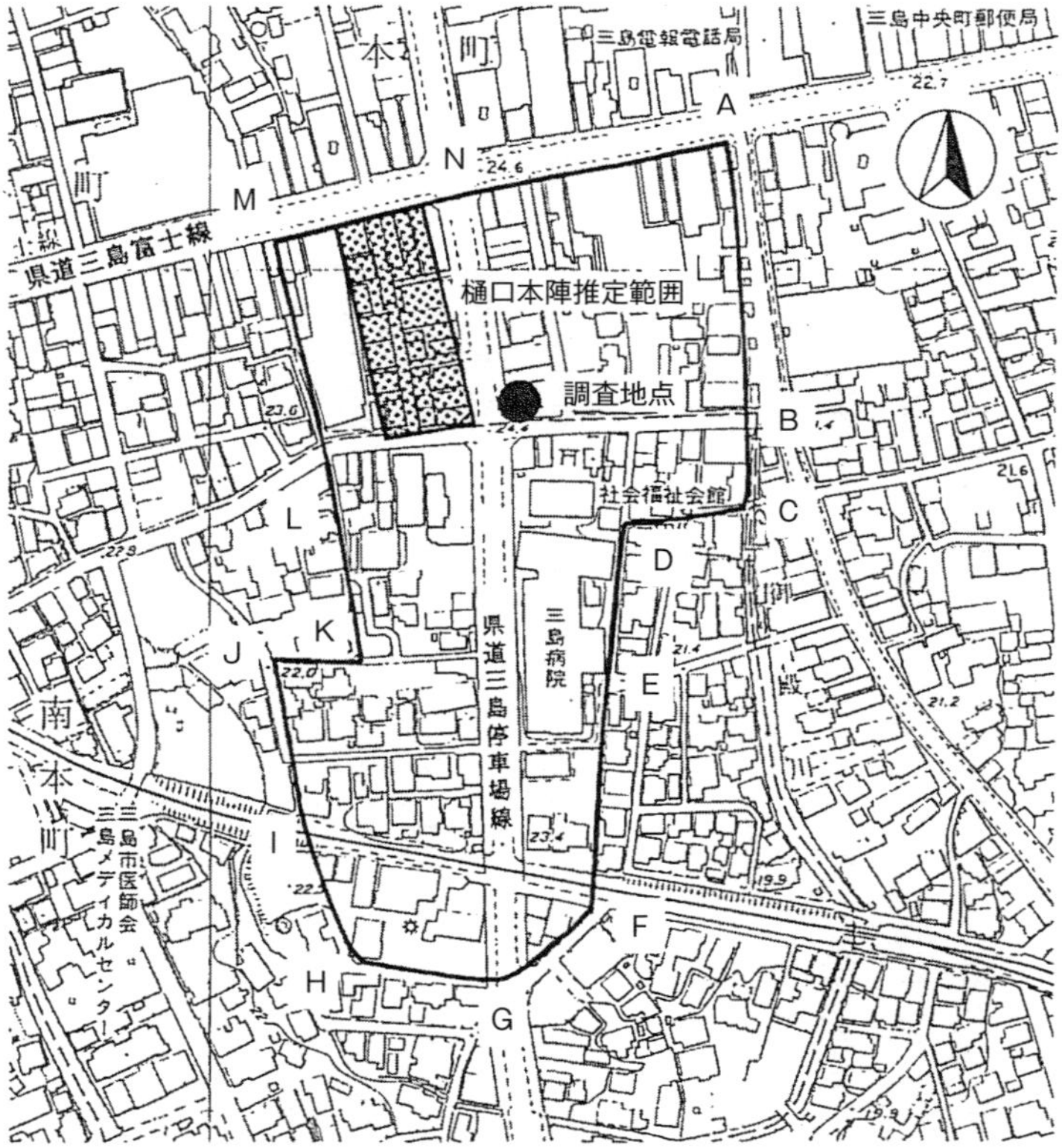

位置	本丸				二ノ丸			
	東辺 DF	西辺 HJ	南辺 FGH	北辺 CDL	東辺 AC	西辺 KM	南辺 CDL	北辺 AM
御殿跡之圖記述	81間	74間	54間	85間	73間	46間	85間	93間
メートル換算値	147.4 m	134.7 m	99.2 m	154.7 m	132.9 m	83.7 m	154.7 m	169.3 m
地図上の実測値	150.0 m	120.0 m	100.0 m	150.0 m	140.0 m	165.0 m	150.0 m	175.0 m

図２　三島御殿推定範囲

六三平方メートル（一万一五七四坪）となる。このように広大な御殿であったがゆえに維持管理が困難になったのであろうか、寛永十一年七月を最後に将軍家の上洛が行われなくなると、それ以後利用されることなく廃止され、元禄三年（一六九〇）には畑になっていたという記録がある。

その後の御殿地の利用について詳しいことはわかっていないが、樋口本陣に災害の時の避難場所として御殿跡地を指示している絵図が残されていることや、「明治時代の始め頃には、老松雑草が生い茂り、狐や狸の棲みかになっていた」と言い伝えがあること、さらに明治二十三年（一八九〇）発行の地図「三嶋宿」では、御殿地一帯は真っ白で地図記号さえ書き込まれない奇妙な空間になっていることから、畑又は荒れ地となっていたのであろう。このことは明治二十年代前半頃まで人々の意識の中に将軍家の御殿地に対する遠慮のような感覚が残されていたことを示しているのかもしれない。

三島御殿跡ではこれまでに一二地点で試掘確認調査を実施しているが、残念ながら徳川の御殿の存在を示す遺構と遺物は出土していない。

3　御殿場御殿（静岡県御殿場市）

徳川の御殿の多くは土地の名前をとって「〇〇御殿」と呼称するのが一般的であるが、静岡県御殿場市の名称は「徳川家康の御殿があったという伝承に由来する」ため、御殿に土地の名を冠すると「御殿場御殿」という名称になる。御殿場市周辺は古くは御厨地方と呼ばれていたため、「御厨御殿」と呼ぶべきかもしれないが、現代の土地勘に合わせて本稿では「御殿場御殿」と表記する。

御殿場御殿は徳川家康が江戸から駿府へ向かう時に足柄街道（矢倉沢往還）を利用することになり、元和元年に街道から少し西に入った丘の上に「御殿御茶屋」の普請を始めたが、家康は翌元和二年四月に逝去した。この時、御殿はまだ普請造営中であったが沼津代官長野九左衛門の命により工事が進められ、ほどなく完成したと伝えられている。

そして寛永十年に御厨地方が小田原藩領になると藩主の稲葉正勝は早速御殿の修繕を命じ、次いで稲葉正則が正保二年（一六四五）から明暦元年（一六五五）までの一一年間に八回御殿を利用しているが、延宝六年（一六七八）には利用する人もなく管理もおろそかになっていたようである。さらに貞享三年（一六八六）に藩主が大久保氏に代わると、御殿の維持費による藩財政の圧迫や農民の負担を理由に、ほどなく御殿は解体されてしまった。

この御殿に関係する図面や記録などの資料は皆無に近いが、「御殿場旧古記」によれば、御殿跡の規模は東西五〇間（約九〇メートル）、南北四五間（約八一メートル）で、面積は七反五畝歩（約七五アール）となっている。そして建物については小田原藩主稲葉正則の嗣子正通の「たかね日記」の記述から、屋根は萱葺きで、柱には松材が使われていたこと、住居の周囲は竹で編んだ垣根（御殿場垣）で囲まれていたこと、屋敷内に引き込まれた水路には石橋が架かっていてその向かいには厩があったことなどが、わずかに伝わっているのみである。

4 泉頭御殿（静岡県駿東郡清水町）

徳川家康が隠居所として元和二年に造営を計画したが、家康の逝去あるいは家臣の反対を理由に計画が中止になった幻の御殿である。当地は北条氏康によって沼津城の向城として柿田川東岸一帯に築かれた泉頭城の跡地で、現在は柿田川公園になっている。公園南部に堀切と小郭が残存しているほかに、発掘調査で障子堀が確認されているが、総じて遺構の保存状態は悪い。

5 善得寺（今泉）御殿（静岡県富士市今泉）

徳川家康が文禄三年（一五九四）に鷹狩のための御殿を整備したのが始まりという。この地は太原雪斎の呼びかけにより天文二十三年（一五五四）に武田信玄、北条氏康、今川義元の三人が一堂に会して、いわゆる甲相駿三国同盟が結ばれた伝承のある善得寺の跡地にあたる。家康は鷹狩で一〇回以上善徳寺御殿を利用し、後に徳川忠長の御茶屋になるが、忠長の失脚後廃止された。

現在でも富士市今泉四丁目一帯を御殿と呼ぶが、御殿の詳細は不明である。

6 蒲原御殿（静岡県静岡市清水区蒲原）

徳川家康が天正十年（一五八二）に織田信長を蒲原の「御茶屋」で饗応したことが知られているが、このころの御茶屋は今川氏の休泊所を利用した仮設的なものと考えられている。「諸国古城之図・蒲原」には海沿いを東西に走る東海道から少し北に離れた城山の麓に、西側に表門を持ち、東を河川、西と南を堀と石垣で囲む御茶屋空間とその西側に馬場が描かれていて興味深い。

その後、家光の上洛を画期として蒲原御殿は大規模に拡張・整備されたとみられている。そして『大日本五道中図屛風』の「神原」の部分には、街並みに面した南側に表門を構え、敷地の中央に入母屋瓦葺き建物、その南と西に入母屋板葺き建物を配し、周囲を築地塀で囲って東西に門を持つ「御茶屋」が描かれており、御殿の大まかな建物配置を知ることができる。また元禄三年の検地帳の記載から、御殿屋敷の規模は二町四反九畝一〇歩（＝七四八〇坪）と広大で、南側には幅二間の堀が設けられていたと推定されている。このように大規模に整備された御殿も、寛永十一年の家光の上洛以降は将軍の宿泊はなく、各地の御殿と同様に一七世紀後半にはその機能が失われていったことが窺われる。

さらに元禄十二年八月十五日の大津波（高潮）により甚大な被害を受けた蒲原宿は、宿場全体が北に移転するが、あたかも蒲原御殿を南北に二分するかのような位置に東西に延びる東海道を付け替え、その両側に短冊型地割の家屋が密集する新しい宿場町として生まれ変わったのである。この宿場移転により蒲原御殿は完全に姿を消したが、このような移転が可能になったのは、すでに御殿の機能が失われていたからと推定されている。

7 清水御殿（静岡県静岡市清水区下清水）

岡清水というやや内陸の小高い丘の上にあり、近くを流れる巴川の河口に清水湊があった。慶長十二年に普請が始まり、一年間の中断の後に慶長十四年に完成した。家康はたびたび頼宣を伴って船に乗って遊覧したが、周辺地域の警備の目的もあったと考えられる。

現在はその位置が推定できるだけで詳細は不明である。

8 貝島御殿（静岡県静岡市清水区三保）

三保半島の先端部にあり慶長十四年四月に月見櫓が完成したと伝わる。関ケ原の合戦から大坂の陣までの政治的に緊張した時期に、至近距離にある清水御殿と連携して海陸の監視所として、あるいは江戸や京へ向かう途中の休泊所として重要な役割を果たした。さらに慶長十九年十月には清水、貝島の両御殿に警備の諸将を配置して大坂の陣へ出馬の準備をした。また朝鮮通信使の接待に使用されたともいう。

現在は埋め立てられて工場の敷地となり、御殿の面影を残すものは何も残っていない。

9　相良御殿（静岡県牧之原市）

武田勝頼が高天神城への兵站基地として天正四年に築いた相良古城の跡地へ、徳川家康が鷹狩のための屋敷として天正十四年に造営した御殿とされている。御殿の建物配置や存続期間は不明だが、田沼意次が明和五年（一七六八）に御殿跡を本丸とした相良城の築城を開始した。

相良城は松平定信の命で天明八年に完全に破却され、現在は本丸跡地に牧之原市相良史料館が建っている。

10　中泉御殿（静岡県磐田市中泉）

徳川家康が中泉府八幡宮神主秋鹿《あいか》氏から天正六年に屋敷地の献上を受け、その地に小堡を築いたのが始まりとされている。そして御殿の建設は伊奈忠次に命じて天正十二年に着手して天正十五年に完成したとされている。御殿一帯は沼沢地で葦が繁茂していたため鳥獣が多く生息しており、鷹狩を好んだ家康はしばしばこの地を訪れたほか、上洛の際の宿泊施設として利用した。中泉御殿は家康没後も維持されていたが、築五〇年を超えて老朽化が進んだのか寛永十一年の家光の上洛では見付宿大円寺の仮御殿を利用している。そして寛永十六年に大改修を行ったが、以後ほとんど利用されることなく寛文十年（一六七〇）に御殿は廃止された。

中泉御殿一帯は御殿・二宮遺跡としてこれまでに一三〇次を超える発掘調査が行われており、数少ない御殿跡の発掘調査例として注目されている。従来の調査で確認された土塁や堀の存在によって概要の把握ができていたが、八四次調査で主殿域へつながる正門（薬医門）をはじめ主殿域を囲む塀や内部を区切る仕切塀、堀や土塁を確認したこと

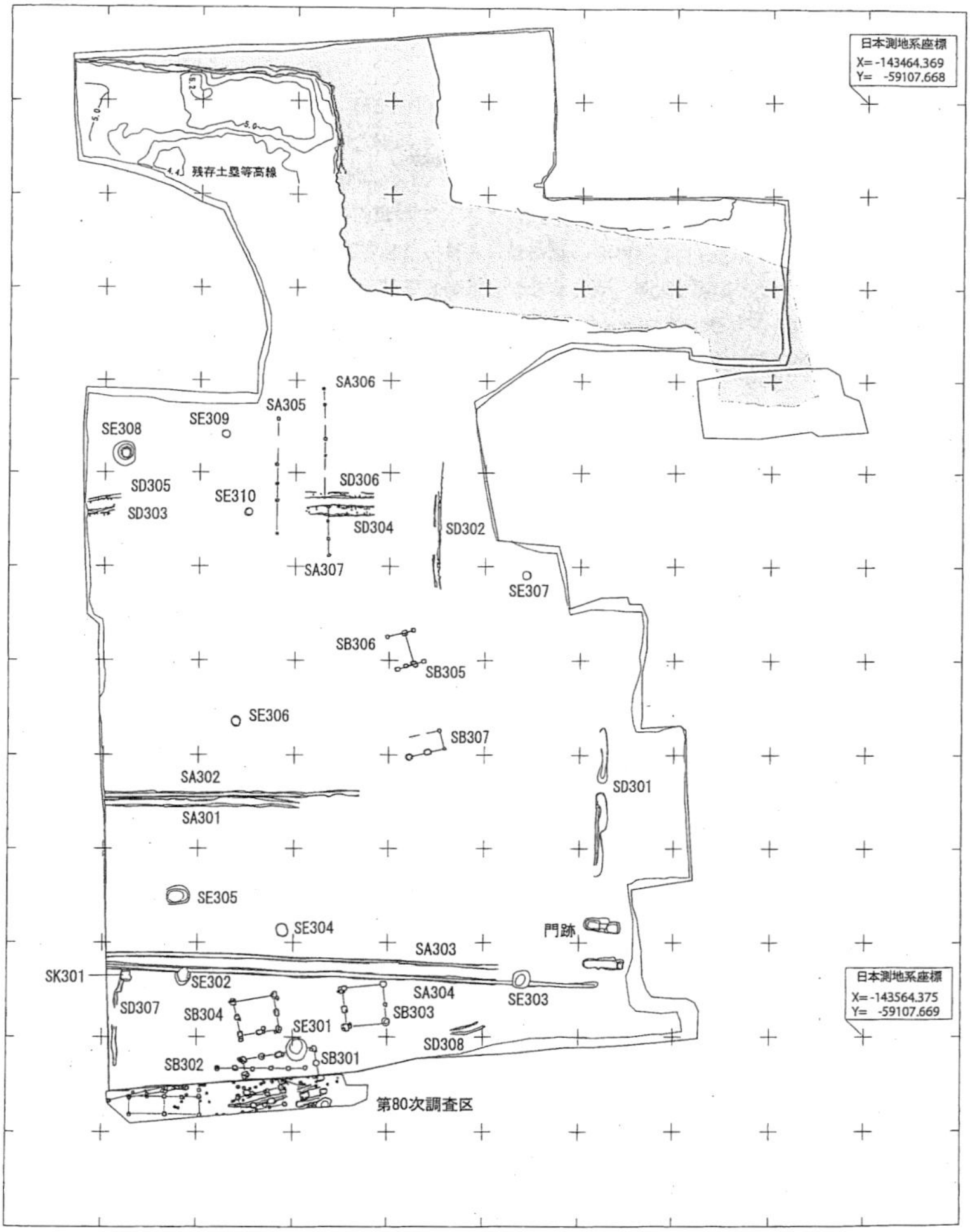

図３　中泉御殿以降の遺構（『御殿・二之宮遺跡第 84 次発掘調査報告書』（2006）より転載）

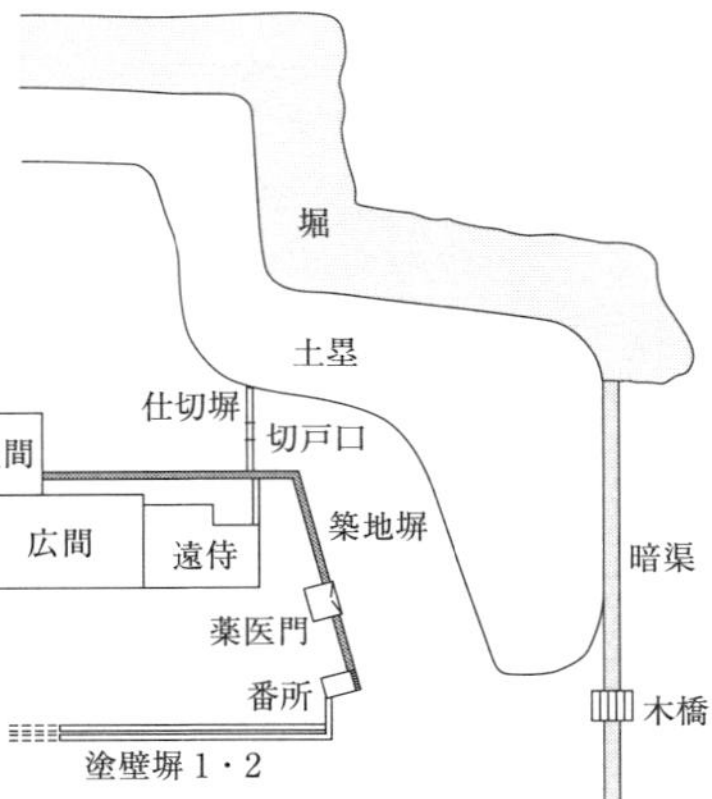

図４　中泉御殿前期想像図

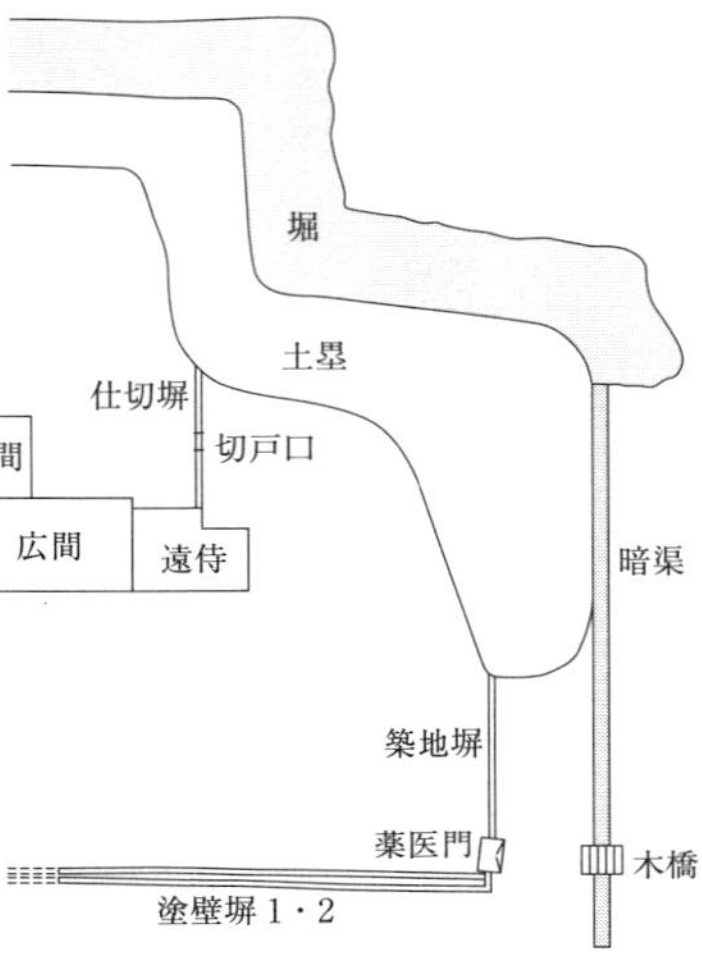

図５　中泉御殿後期想像図（『御殿・二之宮遺跡第84次発掘調査報告書』（2006）より転載）

により、前後二期の内部空間の検討が可能になった（図３）。

発掘調査報告書では、前期の中泉御殿（図４）は北と東を築地塀、南を掘立柱の塗塀（ＳＡ301・302）で囲い、東には掘立柱の薬医門（ＳＢ305・306）と番所（ＳＢ307）を配置し、その内部に遠侍、広間、御座間など最低限の建物を配置していたことを推測している。一方後期の中泉御殿（図５）は前期の塀をすべて撤去して南側へ主殿域を拡張し、南には掘立柱の塗塀（ＳＡ303・304）、東には築地塀を巡らせて塀の接続部分には東向きの薬医門を想定し、その画期を寛永十六年の改修に求めている。また中泉御殿は徳川家康の別荘として知られているが、堀は幅一〇メートル、深さ二〜三メートル、土塁は下底面幅が一〇〜一三メートル以上、高さ二〜三メートルで、極めて軍事的色彩の強いものであったと指摘している。

11　新居御殿（静岡県湖西市新居町）

元和五年の将軍秀忠の上洛に際して、一日の行程である浜松〜吉田（約九里）の中間地点に休泊施設が必要となり、新居宿に御殿を設けたという。この御殿がいつまで存続していたのか定かでないが、延宝三年に信州伊那谷から新居御殿御用の材木（榑木）を筏下げしていることから、この時期まで御殿が存続していたことは確かである。元禄十二年八月の暴風雨で倒壊し、その後再建されることはなかったと推定されている。この御殿の規模は定かでないが、元禄十五年の検地帳には御殿屋敷跡の範囲は東西二七間、南北平均一八間、面積四八六坪で、その中に何らかの囲いに覆われた東西六間、南北八間、四八坪の御守殿跡が存在していたとの記載がある。

養鰻池の砂を採取する工事に伴って実施した発掘調査では、逆L字の平面形で南と東に面を持ち、さらに杭列を伴う石組みと、礎石状の大石と根固め用栗石からなる石組みが出土している。前者の石組みは何らかの土地区画遺構、後者は建物の礎石と考えられる。また養鰻事業者が池中の大石をしばしば取り除いたという証言もあることから、これらの大石を礎石とするならば、かなり大規模な建物があったことが推定される。

12　その他の御殿

一七世紀初頭の将軍上洛の道筋は、浜松宿から浜名湖北岸を通る本坂道（姫街道）を利用して吉田宿に出るのが一般的であったため、途中の野地と三ケ日に御殿が設けられていた。しかし本坂道は距離的にも遠く本坂峠の難所もあったことから、交通施設が整備されて今切口の渡船が制度的に確立すると、東海道の道筋は浜名湖南岸に変更され野地御殿と三ケ日御殿は使用されなくなった。

おわりに

静岡県内の徳川の御殿について、その多くが詳細は不明であることを承知していたが、今回調べてみて「分からないことが分かった」というのが実感である。

徳川将軍家の御殿でありながら、どうして文献史料がほとんど残っていないのだろうか。御殿という名称を用いながらも緊急時には軍事拠点としての利用があるため、内部情報を秘匿する必要があったのかもしれない。そのため御殿の存在を伝えるのはわずかな伝承のみという場合が大部分で、御殿が現実の遺跡として認識されないまま市街地に埋没してしまっている。

そんな中でわずかに三島、御殿場、中泉、新居の各御殿で発掘調査が行われているが、御殿場御殿からは水路跡が、新居御殿からは土地区画遺構と礎石状遺構が出土しただけで、三島御殿に至っては近世の遺構と遺物は一切出土していない。唯一中泉御殿で堀、土塁、塀、門など出土して内部空間の検討が可能になったが、そのほかの御殿については伝承の域にとどまっている。文献史料の新たな発見と発掘調査の進展に期待したい。

〔主要参考文献〕

熱海市誌編纂委員会　一九六七　『熱海市史　上巻』

中島義一　一九七八　「徳川将軍家御殿の歴史地理的考察（第2報）」『歴史地理学会会報第97号』

新居町　一九八六　『新居町史　第4巻　考古・古代中世資料』

静岡県教育委員会　一九九四　『静岡県歴史の道　東海道』

三島市教育委員会　一九九四　「三島御殿遺跡第1地点」『三島市埋蔵文化財発掘調査報告Ⅲ』

藤枝市郷土博物館　一九九六『第十回特別展　田中城絵図』
磐田市教育委員会　二〇〇六『御殿・二之宮遺跡第84次発掘調査報告書』
伊藤裕久　二〇〇七「宿・根小屋について」『蒲原城跡総合調査報告書』静岡市教育委員会
磐田市教育委員会　二〇〇八『御殿・二之宮遺跡―発掘調査報告書―』
御殿場市教育委員会　二〇一七『御厨の御殿調査報告書』
野洲市教育委員会　二〇一九『永原御殿跡総合調査報告書』
磐田市誌編纂委員会　一九八一『中泉代官』磐田市誌シリーズ第六冊
磐田市史編さん執筆委員会　一九八七『磐田市誌　上巻』静岡県郷土誌叢刊

〔謝辞〕
本稿を執筆するにあたり次の方々から資料の提供と多くの助言をいただいた。記して感謝申し上げる次第である。
栗木崇（熱海市教育委員会）、佐藤祐樹（富士市教育委員会）、岡村渉（静岡市教育委員会）、岩木智絵（藤枝市教育委員会）、松下善和（牧之原市教育委員会）、竹内直文（磐田市教育委員会）、切池融（湖西市教育委員会・新居関所史料館）。

あとがき

徳川の御殿を考察した本書では、御殿の役割、軍事的機能の有無、遊興的性格の有無などが論じられている。これらを総じてみれば御殿を通して徳川権力の動向を探ることになる。こうした論点に迫るために本書では、考古学はもとより、文献史学も含めて多角的な視点からアプローチがなされている。

徳川の御殿の場合、時期的、あるいは段階的な変遷、例えば天正十八年（一五九〇）徳川家康の関東入封から始まる豊臣秀吉政権下の御殿と、慶長三年（一五九八）の秀吉死去から大坂夏の陣で豊臣家滅亡までの御殿と、それ以後の御殿の役割や性格には違いが本書から読み取れる。つまり御殿の地理的な立地とその時々の政治的背景を踏まえた地政学的な考察から時期的な性格の差が理解できよう。

一方、具体的な遺構から時期別の御殿の様相を見出し、軍事的な遺構や遊興的な遺構を評価することによって、さらに深く御殿の性格に迫れることも本書で読み取れる。例えば堀や土塁、城門に匹敵する枡形の有無などである。ただその評価も、軍事的とみるか、権力を誇示する装置とみるか評価の分かれるところでもある。また発掘調査は御殿全面を調査した例が少ないため、その後の調査によって過去の見解と新たに発掘して得られた見解が異なることがある。本書では宇都洋平氏による藤沢御殿の例がそれである。

出土遺物からは、遺物の使用方法を踏まえて考察することで御殿の性格に迫れることも語られている。例えば、瓦の種類やその形態、そして多寡は御殿内の建物の様相が推測でき、建物の実態に迫れることが金子智氏によって述べられている。また、カワラケからは、式正の儀礼に用いられるとされているが、まとまって出土しているのは青戸御殿のみであり、しかも大規模な饗宴が行われた場所であるとすると、江戸市中の大名屋敷の例からは、大量の魚介類・鳥獣骨を含む食物残滓が食器とともに出土しているのに、それも青戸御殿のみで他にはない。ということは式正の儀礼・饗宴などは行われなかったのか、御殿内の未掘地に埋まっているのか、あるいは儀礼や饗宴後、使用したものは御殿外に廃棄されたのか、問題を残す結果となっている。

以上のような論点から各執筆者は、それぞれの見解を披瀝している。御殿の性格を知るうえではわかりやすいのだが、その見解は相反する見解もみられ、その点は読者それぞれが評価してほしい。

最後に、二〇二〇年二月一日・二日の江戸遺跡研究会第三二回大会から四年半もの時を経ているにもかかわらず執筆者の先生方には、快く執筆の労を取っていただき感謝しかない。この場を借りてお礼申し上げる。

本会は、二〇二三年春から本書の企画を練っており、七月には執筆者に承諾を得ていた。そして本年夏に原稿が集まり現在に至っている。その間、村田文夫先生におかれては、承諾を得た直後の八月四日から体調を崩され入院となり闘病の末、本年三月二五日にご逝去された。したがって先生の原稿を受け取ることは叶わなかった。やはり四年半という時間は長すぎた。ご冥福をお祈りするとともに、もう一年この企画が早ければと残念でならない。合掌。

二〇二四年一二月

江戸遺跡研究会
世話人　梶原　勝

執筆者紹介（生年・現職／論文掲載順）

古泉　弘（こいずみ　ひろし）　一九四七年生まれ　江戸遺跡研究会世話人代表
平野明夫（ひらの　あきお）　一九六一年生まれ　國學院大學兼任講師
根崎光男（ねさき　みつお）　一九五四年生まれ　法政大学名誉教授
簗瀬裕一（やなせ　ゆういち）　一九五八年生まれ　元千葉市史編さん担当
谷口　榮（たにぐち　さかえ）　一九六一年生まれ　葛飾区教育委員会生涯学習課兼務産業観光部観光課主査学芸員
進藤　武（しんどう　たけし）　一九六二年生まれ　野洲市歴史民俗博物館専門員（学芸員）
金子　智（かねこ　さとし）　一九六六年生まれ　江戸遺跡研究会会員
梶原　勝（かじはら　まさる）　一九五五年生まれ　江戸遺跡研究会世話人
鈴木泰浩（すずき　やすひろ）　一九六〇年生まれ　日光二荒山神社附属宝物館
福澤徹三（ふくざわ　てつぞう）　一九七二年生まれ　すみだ郷土文化資料館学芸員
深澤靖幸（ふかさわ　やすゆき）　一九六三年生まれ　府中市郷土の森博物館館長
栗山雄揮（くりやま　ゆうき）　一九六一年生まれ　平塚市博物館学芸員
宇都洋平（うつ　ようへい）　一九七九年生まれ　藤沢市役所郷土歴史課
辻　真人（つじ　まさと）　一九六三年生まれ　三島市郷土資料館館長

徳川御殿の考古学

二〇二五年(令和七)二月十日 第一刷発行

編 者 江戸遺跡研究会

発行者 吉川道郎

発行所 株式会社 吉川弘文館
郵便番号一一三—〇〇三三
東京都文京区本郷七丁目二番八号
電話〇三—三八一三—九一五一〈代〉
振替口座〇〇一〇〇—五—二四四番
https://www.yoshikawa-k.co.jp/

印刷＝株式会社 三秀舎
製本＝誠製本株式会社

ISBN978-4-642-04370-0

江戸遺跡研究会編

江戸の園芸

六五〇〇円　Ａ５判・二五六頁・原色口絵四頁

大名庭園に始まり、鉢植え植物の流行で庶民まで浸透して発展を遂げた江戸の園芸文化。考古・文献・絵画資料や植物学的知見も踏まえ実態を追究。都市江戸の「園芸」について議論を深め、成果を結集して到達点を示す。

江戸の大名屋敷

六五〇〇円　Ａ５判・二七二頁・原色口絵四頁

参勤交代制度に伴い建築され、巨大都市江戸を支えた大名屋敷。多くの遺跡発掘の事例から、豪華絢爛な様相が明暦大火後に変遷する姿を検証。都市の成立・維持に果たした役割や大名の生活をも復元し、その全貌に迫る。

江戸築城と伊豆石

六〇〇〇円　Ａ５判・二七四頁・原色口絵四頁

江戸城の石垣や城下の建設に用いられた伊豆石。この相模西部や伊豆半島産出の石材が、どのように切り出され江戸まで運ばれたのかなどを追究。石丁場遺跡や石材の刻印から、江戸城普請に関わった人びとの姿にも迫る。

（価格は税別）

吉川弘文館

江戸遺跡研究会編

〈オンデマンド版〉

江戸の食文化

A５判・三三六頁

一二〇〇〇円

江戸時代のゴミ溜めから掘り出された陶磁器・食物残滓・木製品など「タイムカプセルに残された江戸の食生活」と、文献史学・美術史学・民俗学などが対象とする「伝えられてきた江戸の食生活」の双方から〝江戸の食文化〟に迫る。

江戸文化の考古学

A５判・三二四頁

一二〇〇〇円

江戸遺跡から出土した考古資料は何を語るのか。考古学と各専門分野の研究者が多彩な視点からアプローチした学際的成果。化粧・料理・喫茶・人形など、発掘されたさまざまな遺物から江戸の人々の生活文化を浮彫にする。

墓と埋葬と江戸時代

A５判・二六〇頁

九〇〇〇円

江戸時代、人びとはどのように葬られたのか。土葬と火葬、納棺時の姿勢、墓標、副葬品など、庶民から大名まで多様な墓の発掘から解き明かす。さらに六道銭や鍋被り葬にも触れ、江戸の墓をさまざまな角度から考察する。

（価格は税別）

吉川弘文館

江戸遺跡研究会編　〈オンデマンド版〉

江戸の祈り —信仰と願望—

A5判・三一四頁
一一五〇〇円

都市江戸の人々は、生活の平安・向上を願い、様々な宗教活動を行っていた。発掘された遺構・遺物をもとに、修験道、地鎮め、マジナイ、墓標、鎮守、富士講など信仰の実態を解明。都市民の行動、精神のあり方を探る。

災害と江戸時代

A5判・二四二頁
八五〇〇円

近世遺跡を発掘すると、地震・火事・洪水などの痕跡が数多く検出され、地域史の復原に重要な役割を果たしている。全国の発掘事例から近世都市遺跡の形成と災害との深いつながりを再発見。近世考古学に一石を投じる書。

江戸時代の名産品と商標

A5判・二八六頁・原色口絵四頁
九〇〇〇円

江戸時代の名産品や商標はどう生まれ、普及したのか。様々な品をとりあげ、売る側の戦略と消費する側の満足度、ブランド志向で生まれたコピー商品を検証。モノと名の広がりと評価から「名産品」誕生の実態を解明する。

（価格は税別）

江戸遺跡研究会編 〈オンデマンド版〉

江戸の上水道と下水道

八〇〇〇円 Ａ５判・二二六頁・原色口絵四頁

江戸には、神田上水・玉川上水などの上水網、生活排水・雨水などを処理する下水網が設けられていた。文献や絵画、発掘調査から大規模な江戸の上水・下水を紹介。現代へと繋がっていく江戸時代の土木技術を明らかにする。

江戸の開府と土木技術

九〇〇〇円 Ａ５判・二七八頁・原色口絵四頁

徳川家康が入国したころの江戸は、どのような姿をしていたのか。いまだ不明な点が多いその様相を、地形環境や遺構群を素材に描き出す。また、土木技術の側面から、江戸が都市としていかに開発されてきたのかを考える。

〈価格は税別〉

吉川弘文館